**AI 전환 시대엔 혼자보다 함께,
클로드 AI 글쓰기**

AI 전환 시대엔 혼자보다 함께,
클로드 AI 글쓰기

초판 1쇄 2024년 8월 23일

지은이 최흥식
발행인 최홍석

발행처 (주)프리렉
출판신고 2000년 3월 7일 제 13-634호
주소 경기도 부천시 길주로 77번길 19 세진프라자 201호
전화 032-326-7282(代) **팩스** 032-326-5866
URL www.freelec.co.kr

편 집 박영주, 서선영
표지디자인 황인옥
본문디자인 김미선

ISBN 978-89-6540-396-8

AI 전환 시대엔 혼자보다 함께,

클로드AI 글쓰기

BRAND NEW WRITING WITH CLAUDE AI

"최고의 생성형 AI,
클로드로
빠르고 쉽게
실용·업무·전문
글쓰기 마스터"

최흥식 지음

프리렉

차례

Part I
기초편
생성형 AI, 쉽게 시작하고 제대로 사용하기

Part II
심화편

생성형 AI, 전문가처럼 활용하기

저자 최흥식 Charly Choi

프롬프트 디자이너, 구글 워크스페이스 전문가(Specialist), 작가.

SBC Technology(구글 클라우드 플랫폼 공인 파트너사)의 기술이사(CTO)로 오래 재직했으며, Google Cloud 전문가로서 디지털 기술에 대한 깊은 이해를 쌓아 왔습니다. 여기에 꾸준한 글쓰기를 통해 다져온 노하우를 기반으로, 생성형 AI 활용 글쓰기 분야에서 새로운 길을 개척하고 있습니다.

저서로 『일하는 방식의 전환, 구글 워크스페이스 활용 가이드(프리렉, 2021년 6월)』와 『기업과 학교를 위한 구글 크롬북(디지털북스, 2016년 10월)』이 있으며, 지속적으로 최신 기술을 나누는 저술 활동을 펼쳐 왔습니다. 최근에는 Claude AI와 GPT-4, Gemini Pro와 같은 최신 생성형 AI 모델들을 활용하여 영어와 일본어 도서를 출간하기도 했습니다.

저자로서 첨단 기술에 대한 열정과 독자를 배려하는 따뜻한 마음을 간직하고, 복잡한 내용이라도 쉽고 친근하게 전달하려고 노력합니다. 단순히 생성형 AI 기술을 소개하는 데 그치지 않고, 독자들이 생성형 AI를 실제 글쓰기에 활용하여 눈에 띄는 성과를 낼 수 있도록 안내하는 실용적인 길잡이 역할을 하고자 합니다. 평소에도 개인 블로그와 SNS 채널에서 활발히 활동하며, 생성형 AI에 관심 있는 이들에게 유익한 정보와 인사이트를 나누고 있습니다.

저자 출간도서

- Claude 3 AI for Writing and Business (일본어, Amazon Japan, 2024년 5월)

- Mastering Claude AI: Empowering Writers and Professionals with AI: Opening a New Horizon for AI Utilization (영어, Amazon, 2024년 4월)

- Mastering ChatGPT-4 Prompts for Writers (영어, Amazon, 2023년 4월)

- Advanced Chrome Device Management/Chrome Enterprise (영어, Amazon, 2020년 2월)

- 일하는 방식의 전환, 구글 워크스페이스 활용 가이드 (프리렉, 2021년 6월)

- 기업과 학교를 위한 구글 크롬북 (디지털북스, 2016년 10월)

일러두기

- 본문에 실린 Claude AI의 답변은 Claude 3 Opus 및 Claude 3.5 Sonnet에 의한 것입니다.

- 분량 관계상 일부 답변은 다소 편집되거나 부분 생략되었으며, 생성형 AI는 입력마다 답변을 새로 생성하므로 독자의 실행 환경과 다를 수 있습니다.

- 본문 중 별도 출처를 밝히지 않은 자료나 정보는 모두 저자 블로그(charlychoi. blogspot.com)에서 가져온 것입니다.

- 저자 블로그와 링크드인(linkedin.com/in/hsikchoi), 저자가 운영하는 페이스북 그룹(facebook.com/groups/1415681996005475)을 방문하시면 Claude AI 최신 정보와 생성형 AI 활용 팁 등 더 많은 정보를 찾아볼 수 있습니다.

블로그	Claude KR 페이스북 그룹	링크드인

시작하며

생성형 AI와 함께하는
글쓰기 혁명

글쓰기 스트레스에 시달리는 현대인에게

현대 사회에서 글쓰기의 중요성은 날로 커지고 있습니다. 실생활부터 기업 업무에 이르기까지, 자신의 생각과 정보를 효과적으로 전달하는 글쓰기 능력은 필수불가결합니다. SNS에 일상을 기록하고, 블로그에 전문 지식을 공유하며, 이메일로 업무를 진행하는 등, 우리는 많은 시간을 글로 소통하며 살아갑니다. 이렇듯 우리의 일상과 업무에서 글쓰기는 빼놓을 수 없는 것입니다. 사적인 소통부터 비즈니스까지, 잘 쓴 글은 성공의 열쇠라고 해도 과언이 아닙니다.

하지만 많은 분이 글쓰기에 많은 스트레스를 받고 있습니다. 아이디어 짜기부터 문장 쓰기, 퇴고까지 글쓰기의 전 과정이 버거운 도전으로 다가오기 때문입니다. 아이디어를 구체화하고, 적절한 문장으로 표현하며, 글을 논리 정연하게 구성하는 일련의 작업은 결코 쉽지 않습니다. 학생이든, 직장인이든 글쓰기의 고충은 보편적인 문제로 여겨집니다.

특히 직장인들에게 글쓰기는 필수 업무 스킬로 자리매김한 지 오래입니다. 그러나 업무상 요구되는 각종 문서 작성은 결코 쉽지 않습니다. 보고서, 기획서, 제안서 등 업무 현장에서 마주하는 문서들은 그 종류가 다양할 뿐 아니라, 명확성, 논리성, 설득력까지 갖추어야 하기에 높은 수준의 글쓰기 역량을 요구합니다. 이에 많은 직장인에게 상당한 스트레스를 주고 있는 실정입니다. 더욱이 글쓰기 역량의 차이는 업무 성과와 직결되기에, 더욱 큰 부담이 따릅니다. 글쓰기에 대한 부담과 어려움은 글쓰기 기피로 이어지고, 이는 개인과 조직의 성장을 저해하는 요인이 되기도 합니다.

생성형 AI가 가져온 글쓰기 혁신

하지만 이제 글쓰기에도 혁신의 바람이 불고 있습니다. 글쓰기는 더 이상 두렵고 어려운 과제가 아닌, 누구나 즐길 수 있는 창의적이고 흥미로운 활동으로 변모하는 중입니다. 이 변화의 중심에는 ChatGPT, Claude AI, Gemini 같은 생성형 AI가 있습니다. 이 AI 모델들은 엄청난 양의 데이터를 학습한 최신 언어 모델로, 주어진 주제나 맥락에 적합한 문장을 자동으로 생성해내어 사람처럼 자연스럽고 창의적인 글을 쓰는 혁신적 기술입니다.

생성형 AI는 글쓰기의 전 과정에 걸쳐 사용자를 보조하는 역할을 합니다. 글감 선정과 개요 작성부터 문장 작성과 교정에 이르기까지, AI와의 협업을 통해 좀 더 쉽고 효과적인 글쓰기가 가능해집니다. 생성형 AI의 도움은 작가나 블로거 등 전문적으로 글을 쓰는 사람은 물론, 글쓰기에 어려움을 겪는 일반인에게도 큰 힘이 될 것으로 기대됩니다.

특히 업무용 글쓰기에서 생성형 AI의 활용 가치는 매우 높습니다. 회의록, 사업 제안서, 마케팅 카피 등 비즈니스 현장에서 요구되는 다양한 글과 문서 작성에 AI를 활용함으로써 업무 효율을 크게 높일 수 있기 때문입니다. 실제로 AI가 작성한 초안을 바탕으로 사람이 감수하고 수정하는 방식의 업무 처리가 점차 확산되고 있으며, 이는 업무의 속도와 질을 동시에 향상시키는 데 기여하고 있습니다.

또한 직접적인 글쓰기가 아니더라도, AI를 통해 글의 핵심 내용을 파악하고, 유사 사례를 검색하며, 데이터를 분석하는 등 다양한 업무를 자동화할 수 있게 되었습니다. 이는 업무 처리에 소요되는 시간과 인력을 줄이고, 창의적이고 전략적인 업무에 더 많은 자원을 투입할 수 있게 하는 기반이 됩니다. 생성형 AI는 단순히 글쓰기를 대체하는 것이 아니라, 업무 전반의 효율을 제고하는 혁신 기술로 자리매김하고 있는 것입니다.

한편 생성형 AI는 창작의 영역을 확장하는 데에도 기여하고 있습니다. 소설, 시, 각본 등 다양한 문학 장르에서 생성형 AI와의 협업을 통한 실험적 시도들이 이루어지고 있습니다. AI가 제공하는 새로운 아이디어와 표현 방식은 인간 창작자의 상상력을 자극하고, 이는 보다 혁신적이고 다채로운 창작물로 이어지고 있습니다. 나아가 AI와 인간이 공동 창작하는 협업의 형태는 창작의 개념 자체를 확장시키며, 미래 문학의 새로운 가능성을 제시하고 있습니다.

글쓰기 교육 분야에서도 생성형 AI가 주목받고 있습니다. AI를 통해 학생들의 글을 분석하고 피드백을 제공하는 것은 교사의 지도를 보완하는 효과적인 수단이 됩니다. 또한 학생들이 AI와 상호작용하며 글쓰기를 연습하는 과정은 흥미와 동기를 부여하여 자기 주도적 학습을 촉진합니다. 이는 기존 글쓰기 교육 방식의 한계를 극복하고, 보다 실효성 있는 글쓰기 학습을 가능케 하는 토대가 될 것입니다.

필자의 글쓰기 도전과 생성형 AI 활용의 혁신적인 사례

개인적으로, 글쓰기에 어려움을 겪어온 필자에게도 생성형 AI는 좋은 파트너가 되었습니다. AI의 탁월한 언어 능력과 독창적인 아이디어는 필자의 글에 신선한 영감을 주었고, 문장 구성과 문체 활용 측면에서도 큰 도움을 받았습니다. 생성형 AI와의 협업은 단순히 글을 대신 써주는 것을 넘어, 생각을 확장하고 글쓰기에 대한 열정을 북돋우는 창의적이고 흥미로운 활동이었습니다.

블로그, 페이스북 그룹, 링크드인 등에 게시하는 대부분의 글을 Claude AI의 도움으로 작성할 수 있게 되면서, 글쓰기에 대한 부담이 한층 줄어들고 게시 주기도 단축되었습니다. 뿐만 아니라 ChatGPT 4 의 도움을 받아 『Mastering ChatGPT-4 Prompts for Writers:The Ultimate Guide to Unlocking Your Creativity and Boosting Your Writing Skills with ChatGPT-4』라는 제목의 책 한 권을 저술하고, 종이책/전 자책 형태로 미국 아마존 킨들 스토어 및 13개국 아마존 에 출판할 수 있었습니다. (더 자세한 이야기는 필자의 블로그에서 만날 수 있습 니다.)

AI 작가 도전기: ChatGPT-4에서 Claude AI까지, 책 쓰기의 혁신을 이 끌다

미국 아마존 Kindle Store에 퍼블리싱한 필자의 도서 (amzn.to/4bt50Wa)

특히 최근에는 Claude 3 Opus와 협업하여 한국어 도 서 원고를 작성했습니다. 이와 동시에 Claude AI의 혁신 적인 번역 기술을 활용하여 영문 전자책을 출판하였으며, 이를 재번역하여 일본어판 『Claude 3 AIの活用 文章作成お よびビジネス業務』까지도 일본 아마존에 출판할 수 있게 되었습니다. 이는 언어의 장벽을 넘어 글쓰기의 지평을 한

Claude 3로 번역 한 일본어 책을 일 본 아마존에 퍼블 리싱한 성공기

층 더 넓히는 값진 경험이었습니다. (일본어판 출간 이야기도 마찬가지로 필자의 블로그에서 자세히 볼 수 있습니다.)

일본 아마존 Kindle Store에 퍼블리싱한 필자의 도서 (amzn.to/3JT895S)

이렇듯 생성형 AI와의 협업은 필자에게 새로운 글쓰기 기회를 제공해 주었으며, 앞으로도 계속될 변화의 시작점이 되었습니다. 필자는 이것이 생성형 AI가 열어준 글쓰기 혁신의 실제적인 사례라고 생각합니다.

이 책의 목표와 구성

필자는 Claude AI와의 협업을 통해 얻은 통찰과 노하우를 바탕으로 집필한 이 책을 통해, '생성형 AI를 활용한 글쓰기'의 새로운 지평을 열고자 합니다. 이 책을 통해 독자 여러분은 Claude AI와의 창의적인 협업을 경험하며, 글쓰기 실력 향상은 물론 업무 생산성 증대라는 일석이조의 효과를 누릴 수 있을 것입니다.

특히 생성형 AI 활용과 글쓰기 모두에 어려움을 느끼는 초심자부터 전문적인 글쓰기 역량을 함양하고자 하는 숙련자까지 아우를 수 있도록, 기초편과 심화편 2부로 구성했습니다.

1부: 생성형 AI, 쉽게 시작하고 제대로 사용하기(기초편)에서는 생성형 AI의 개념과 작동 원리, 발전 과정 등 기초적인 내용을 알기 쉽게 설명하고, 효과적인 대화 방법과 프롬프트 엔지니어링 기초를 다룹니다. 또한, 초보자가 생성형 AI에 쉽게 입문할 수 있도록 Claude AI를 활용한 실용 글쓰기(블로그, SNS, 에세이, 독후감)를 단계별로 안내합니다.

2부: 생성형 AI, 전문가처럼 활용하기(심화편)에서는 프롬프트 엔지니어링 심화 기법을 통해 생성형 AI의 잠재력을 최대한 이끌어내는 방법을 제시하고, 이메일, 보고서, 제안서 등 비즈니스 실무와 법률, 연구, 금융 등 전문 분야에서의 활용 사례를 통해 실질적인 도움을 드리고자 합니다. 특히 데이터 분석 및 시각화 분야에서 Claude AI를 어떻게 활용할 수 있는지에 대한 내용도 포함되어 있습니다.

생성형 AI 시대, 글쓰기는 더 이상 어렵고 지루한 과제가 아닙니다. Claude AI와 함께라면 누구나 즐겁고 효율적인 글쓰기를 경험할 수 있습니다. 이 책이 그 여정에 든든한 동반자가 되어 드릴 것입니다.

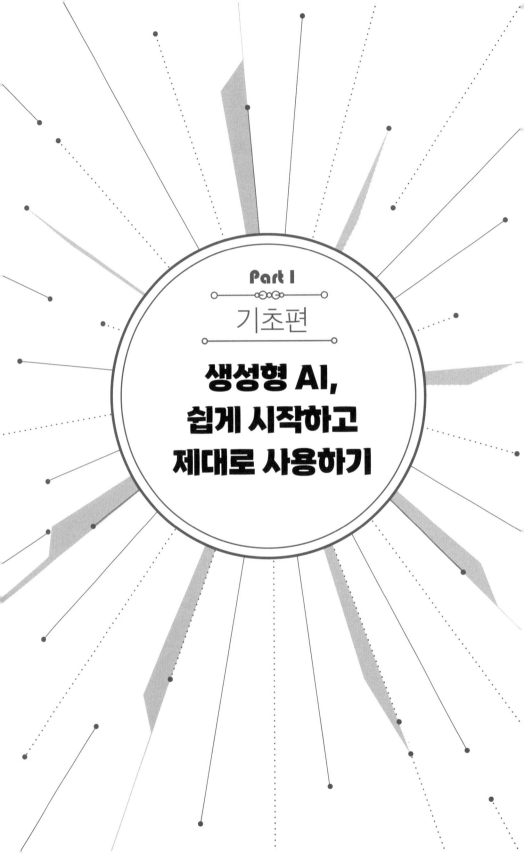

Part I

기초편

생성형 AI,
쉽게 시작하고
제대로 사용하기

01

생성형 AI 첫걸음:
어떻게 AI는 작가가 되었나

혹시 컴퓨터가 사람처럼 글을 쓴다는 이야기를 들어본 적 있으신가요? 원래 우리는 글쓰기가 인간의 고유 영역이라고 생각했지만, 최근 인공지능(AI) 기술의 발전은 이러한 상식을 뒤엎고 있습니다. 마치 사람이 쓴 것처럼 자연스러운 글을 뚝딱 만들어내는 AI, 바로 '생성형 AI'가 그 주인공입니다.

생성형 AI는 소설가처럼 이야기를 짓고, 시인처럼 시를 쓰며, 기자처럼 기사를 작성하기도 합니다. 심지어 그림을 그리고, 음악을 작곡하며, 영상을 만들어내는 AI까지 있습니다. 생성형 AI는 텍스트, 이미지, 오디오 등 다양한 형태로 콘텐츠를 생성할 수 있습니다.

이렇게 생성형 AI는 마치 사람처럼 자유롭게 표현하는 능력을 갖추게 되었습니다. 이는 단순히 데이터를 분석하고 정답을 맞힐 뿐이던 기존 AI와는 차원이 다른 혁신입니다. 마치 소설가가 수많은 책을 읽고 경험을 쌓아 새로운 이야기를 창작하듯, 생성형 AI는 방대한 데이터를 학습하고 그 속에서 패턴과 규칙을 발견하여 창의적인 결과물을 만들어냅니다.

특히 텍스트 생성형 AI는 '글쓰기'라는 인간의 고유 영역에 새로운 가능성을 제시합니다. 이제 AI의 도움을 받아 누구나 쉽고 빠르게 글을 쓸 수 있게 되었습니다. 글쓰기에 어려움을 느끼는 사람들에게는 훌륭한 조력자가 되어주고, 전문 작가들에게는 창작의 영감을 불어넣으며, 생성형 AI는 글쓰기의 새로운 지평을 열고 있습니다.

이제 인간의 창의성과 AI의 기술력이 만나 어떤 놀라운 결과를 만들어낼지 기대하며, 생성형 AI의 세계로 함께 떠나볼까요? 가장 먼저 이번 장에서는 이러한 변화의 중심에 있는 생성형 AI에 대해 좀 더 깊이 있게 알아보도록 하겠습니다. 생성형 AI의 작동 원리와 다양한 유형, 그리고 글쓰기를 포함한 여러 분야에서의 활용 사례를 살펴봄으로써, 생성형 AI 기술에 대한 이해를 넓혀 갈 수 있을 것입니다.

1.1

생성형 AI란?

인공지능(AI) 기술이 급속도로 발전하면서 우리 삶의 다방면에 혁신을 가져오고 있습니다. 그중 특히 최근 들어 각광받고 있는 '생성형 AI(Generative

생성형 AI, 쉽게 시작하고 제대로 사용하기

AI'는, 말 그대로 방대한 양의 데이터를 학습하여 그 안에 내재된 패턴과 특성을 파악하고, 이를 기반으로 텍스트, 이미지, 오디오 등 다양한 형태의 콘텐츠를 스스로 생성해내는 AI입니다. 생성형 AI는 기존 AI의 한계를 뛰어넘어 인간처럼 창의적인 결과물을 만들어내는 혁신적인 기술로 주목받고 있습니다.

▌생성형 AI의 원리

그렇다면 생성형 AI는 어떻게 이렇게나 다양한 콘텐츠를 만들어낼 수 있는 걸까요? 우리가 어린 시절 말을 배운 과정을 떠올려보면, 생성형 AI가 어떻게 움직이는지 쉽게 이해할 수 있습니다. 아이는 부모님이나 친구들과 대화하고 책을 읽으며 수많은 문장을 접하고, 그 과정에서 자연스럽게 언어를 습득합니다. 단어의 의미와 문법 규칙을 배우고, 어떤 단어들이 함께 쓰이는지, 어떤 맥락에서 사용되는지를 익히게 되죠. 점차 자신만의 문장을 만들어낼 수 있게 됩니다.

이와 비슷하게 생성형 AI도 인터넷에 존재하는 방대한 양의 텍스트 데이터를 읽고 또 읽으면서 언어의 규칙과 패턴을 학습합니다. 아이가 다양한 문장을 접하며 언어를 배우듯, AI는 수많은 텍스트를 통해 단어의 의미, 문법, 문맥 등을 파악하고 이를 바탕으로 새로운 문장을 생성하는 법을 배우는 것입니다.

전문 지식도 원리는 같습니다. 예를 들면, 소설가는 글을 쓰기에 앞서 다양한 책을 읽고, 사람들을 관찰하고, 스토리텔링 기법을 배우고, 경험을 쌓아 나가면서 이를 바탕으로 새로운 이야기를 창작합니다. 요리사의 경우 재료의 특성, 조리 순서, 양념의 비율 등을 파악하고, 이를 바탕으로 맛있는 요리를 만들어내거나 새로운 요리를 창조합니다.

생성형 AI도 유사한 과정을 거칩니다. 여러 분야의 기존 지식과 결과물을 학습 데이터로 사용하여 그 안에 담긴 패턴, 규칙, 특징 등을 파악하고, 이를 기반으로 새로운 콘텐츠를 생성하게 됩니다. 다만 AI는 인간과 달리 수억, 수십억 건에 달하는 데이터를 숙지할 수 있기에, 광범위하고 깊이 있는 학습이 가능하다는 점이 큰 강점입니다.

이처럼 생성형 AI는 인간이 언어와 그림을 배우고 표현하는 방식을 모방하여 스스로 콘텐츠를 생성하는 능력을 갖추게 되었습니다. 그러다 보니 생성형 AI는 사람과 유사한 방식으로 콘텐츠를 생성한다는 점에서 '창의성'을 갖고 있다고 평가받습니다. 이때 '창의성'은 완전히 새로운 것을 만들어낸다기보다는, 기존의 것을 재해석하고 결합하여 새로운 것을 만들어내는 일을 말합니다. 이는 인간의 창의적 사고 과정과 유사한 면이 있습니다.

물론 생성형 AI는 아직 완벽하지 않고, 때로는 엉뚱하거나 부자연스러운 결과를 내놓기도 합니다. 하지만 생성형 AI 기술은 빠르게 발전하고 있으며, 누구나 사용하기 쉬운 만큼 방대한 실전 연습을 반복하면서 앞으로 더욱 정교하고 창의적인 결과물을 만들어낼 수 있게 될 것으로 기대됩니다.

생성형 AI의 종류

생성형 AI는 '무엇을 생성하느냐'에 따라 나뉩니다. 대표적으로는 자연어 생성(NLG, Natural Language Generation) 기술을 활용하여 주어진 주제나 맥락에 적합한 글을 자동으로 생성해내는 **텍스트 생성형 AI**가 있습니다. 텍스트 생성형 AI는 대량의 문서, 책, 웹페이지 등을 학습 데이터로 사용하여 언어의 구조와 문법, 단어 사이의 관계 등을 학습합니다. 그리고 사용자가 입력한 질의나 키워드에 따라, 학습한 내용을 바탕으로 적절한 단어를 선택하고 문장을 구성하여 새로운 텍스트를 생성하게 됩니다.

생성형 AI, 쉽게 시작하고 제대로 사용하기

ChatGPT, Claude AI, Gemini, Copilot 등이 이 분야의 대표적인 AI 모델입니다. 각 모델은 다음과 같이 저마다의 특징과 강점을 가지고 있으며, 사용자의 목적과 필요에 따라 적절한 모델을 선택하여 활용할 수 있습니다.

- ChatGPT(오픈AI): 챗봇, 글쓰기 보조, 번역 등 대화형 작업에 특화된 모델입니다.
- Claude AI(앤트로픽): 윤리성과 안전성을 중시하며, 유해하거나 편향된 정보 생성을 최소화하도록 설계되었습니다. 특히 글쓰기 및 분석에 탁월한 모델입니다.
- Gemini(구글): Google의 차세대 언어 모델로, 다양한 작업 수행 능력과 폭넓은 지식을 갖추고 있습니다.
- Copilot(마이크로소프트): Word, Excel, PowerPoint, Teams 등 Microsoft 365 앱에서 사용자의 생산성을 높이기 위해 창의성 발휘, 업무 효율 향상, 기술 향상 등을 지원하는 대형 언어 모델 기반 AI 도우미입니다.

또 다른 대표적인 생성형 AI로, 2차원 이상의 시각 결과물을 만들어내는 **이미지 생성형 AI**를 꼽을 수 있습니다. 수많은 그림과 사진을 학습하면서 색상, 형태, 질감 등 시각적인 요소들을 이해하고, 이를 조합하여 새로운 이미지를 만들어내는 AI를 말합니다.

또한 이미지 생성형 AI는 이미지와 설명 텍스트를 쌍으로 학습함으로써 이미지와 텍스트 사이의 연관성을 파악합니다. 그 결과 "*고흐 스타일의 해바라기 그림을 그려줘.*"란 텍스트 명령을 받으면, 고흐 작품의 특징을 반영하여 새로운 해바라기 그림을 그려낼 수 있게 되는 것입니다. Midjourney, DALL-E, Stable Diffusion 등이 대표적인 예로, 텍스트 기반 프롬프트나 참조 이미지를 입력하면 그에 맞는 창의적인 이미지를 생성해냅니다.

이 밖에도 음악을 작곡하는 'AI 작곡가', 영상을 제작하는 '비디오 생성형 AI' 등 생성형 AI의 활용 분야는 무궁무진합니다. 생성형 AI는 이미 여러 영역에서 인간의 창의적 활동을 보조하고 확장하는 역할을 하고 있으며, 앞으로 더욱 다양한 분야에서 창의적인 결과물을 만들어낼 것으로 기대됩니다.

생성형 AI의 발전 과정

생성형 AI는 하루아침에 탄생한 기술이 아닙니다. 수십 년에 걸친 인공지능 연구의 결실이며, 딥러닝, 인공 신경망, 트랜스포머 아키텍처 등 다양한 기술의 발전이 차곡차곡 쌓여 만들어진 결과입니다. 특히 OpenAI사의 GPT 모델은 대규모 언어 모델(LLM, Large Language Model)의 새로운 지평을 열었고, 이를 기반으로 ChatGPT, Claude AI, Gemini, Copilot 등 뛰어난 성능의 생성형 AI 모델들이 등장하며 기술 발전은 더욱 가속화되고 있습니다.

이번 절에서는 생성형 AI 기술의 핵심 토대가 된 딥러닝, 인공 신경망, 트랜스포머 아키텍처 등에 대해 간략히 살펴보고, GPT 모델의 등장과 발전 과정을 되짚어 봄으로써 생성형 AI 기술의 현재와 미래를 조망해보고자 합니다.

생성형 AI의 기술적 기반

생성형 AI는 인공지능의 한 분야로, 방대한 데이터를 학습하여 마치 사람처럼 새로운 콘텐츠를 만들어내는 기술입니다. 이러한 생성형 AI의 발전은 인간의 뇌 구조를 모방한 인공 신경망(Artificial Neural Networks, ANN)[1] 알고리즘 덕택에 가능했습니다. 인공 신경망 중에서도 특히 여러 층으로 구성된 **심층 신경망**(Deep Neural Network, DNN)[2]은 복잡한 데이터 패턴을 학습하고 추출하는 데 뛰어난 성능을 보이며 생성형 AI 발전의 핵심적인 역할을 했습니다.

딥러닝(Deep Learning)은 이 심층 신경망을 훈련시키는 기계학습 방법입니다. 대량의 데이터 입력을 통해 신경망의 파라미터를 최적화함으로써 특정 작업을 효과적으로 수행하도록 AI 모델을 훈련시키는 것입

입력 데이터를 압축하는 인코더와 이를 복원하는 디코더로 구성된 오토인코더(Autoencoder), 기존 오토인코더에 잠재 벡터를 정규분포의 형태로 추출하는 조건을 추가한 변분 오토인코더(Variational Autoencoder), 생성모델과 판별모델 두 개 신경망이 경쟁하면서 성능을 높이는 GAN(Generative Adversarial Networks) 등이 대표적인 비지도 학습 기반 생성 모델입니다.[5]

니다.[3] 딥러닝은 특히 정답이 정해져 있지 않은 데이터를 무수히 학습한 끝에 스스로 패턴을 찾아내는 비지도 학습(Unsupervised Learning) 방식을 통해 더욱 발전했습니다.[4] 비지도 학습의 원리는 마치 아이가 스스로 주변을 관찰하고 탐색하며 세상을 배워 나가는 것과 유사합니다.

2010년대 들어 빅데이터 시대의 도래와 GPU 등 고성능 컴퓨팅 인프라의 발전에 힘입어 딥러닝 기술이 비약적으로 발전했고, 이는 곧 생성형 AI의 등장으로 이어졌습니다. 이 중 생성형 AI 개발의 바탕이 된 것이 바로 트랜스포머(Transformer)라는 특별한 인공 신경망 모델입니다. 이전의 자연어 처리는 입력이 길어질수록 이전 정보를 기억하기 힘들고, 정보 손실을 방지하기 어렵다는 오래된 문제가 있었습니다.

구글이 2017년 개발한 트랜스포머 모델은 "출력 단어를 예측하는 매 시점마다 그 단어와 가장 연관 있는 입력 데이터를 집중적으로 참고"하는 어텐션 메커니즘(Attention Mechanism)을 채용했습니다.[6] 이는 퍼즐 조각을 맞추듯 단어들을 조합하여 문장을 만들어내는 것이 아니라, 전체 그림을 보면서 가장 자연스러운 문장을 생성하는 것과 유사합니다. 이로써 AI가 문장의 맥락을 전체적으로 파악하고 이해하는 능력, 즉 자연어 처리 역량이 획기적으로 향상되었습니다.

지금까지 살펴본 인공 신경망, 딥러닝, 비지도 학습, 트랜스포머 등 다양한 AI 기술의 발전이 결합하여 오늘날 생성형 AI라는 새로운 패러다임을 열

었습니다. 특히 트랜스포머 모델은 자연어 처리를 위해 고안되었지만 이미지 처리에도 큰 강점을 나타내면서 생성형 AI의 핵심인 대규모 언어 모델(LLM)의 주류가 되었습니다.

GPT 모델의 진화

대규모 언어 모델 중에서도 특히 중심에 있는 것이 바로 OpenAI사에서 개발한 **GPT**(Generative Pre-trained Transformer)입니다. GPT는 방대한 텍스트 데이터를 활용하여 사전학습(Pre-training)된 트랜스포머 기반 모델로, 전통적인 인코더-디코더 구조가 아닌 단일 디코더만을 사용하는 것이 특징입니다. 다양한 자연어 처리 태스크에 활용 가능한[7] GPT의 등장으로 자연어 생성 기술이 크게 발전했고, 이는 ChatGPT, Claude AI와 같은 대화형 AI 서비스로 이어졌습니다.

GPT는 2018년 GPT-1을 시작으로 꾸준한 진화를 거듭해 왔습니다.[8] GPT-3는 1,750억 개의 파라미터를 학습한 대규모 모델로, 소량의 태스크별 데이터만으로도 다양한 자연어 처리 문제를 해결할 수 있음을 보여주었습니다.[9] 이러한 GPT-3의 범용성과 강력한 성능은 자연어 처리 분야에 새로운 이정표를 제시했습니다.

이후 GPT-3.5와 GPT-4가 연이어 공개되면서 GPT 모델은 더욱 정교해졌습니다.[10] 특히 GPT-4는 텍스트뿐만 아니라 이미지 입력까지 처리할 수 있는 멀티모달 모델로 발전했습니다.[11] 이는 시각 정보와 언어 정보를 통합적으로 이해하고 활용하는 AI 시스템으로의 전환을 시사하는 중요한 변화였습니다. 특히 최근에 발표된 GPT-4o(omni)는 텍스트, 오디오, 이미지, 비디오 등 다양한 입출력 모달리티를 지원합니다. 이를 통해 자연스러운 실시간 대화 능력과 향상된 언어 및 감정 이해 능력을 갖추게 되었습니다.

GPT 모델의 지속적인 진화는 생성형 AI의 성능과 활용 범위를 획기적으로 확장시켰습니다. 단순히 텍스트를 생성하는 수준을 넘어, 이해력과 창의력을 갖춘 언어 모델로 거듭난 것입니다. 앞으로도 GPT 모델은 자연어 처리와 생성형 AI 분야를 선도하는 핵심 기술로서 주목받을 것으로 전망됩니다.

> 모달리티(Modality)는 '양식', '양상'이라는 뜻으로, '멀티모달'이라 하면 시각, 청각 등 여러 인터페이스를 통해 정보를 주고받는 것을 말합니다.

GPT 기반 애플리케이션 [12] [13] [14]

한편 GPT 모델의 등장은 단순히 기술적 진보에 그치지 않고, 실질적인 애플리케이션 개발로 이어지며 업계에 큰 파급력을 발휘했습니다. GPT를 기반으로 한 ChatGPT, Copilot, Gemini 등의 서비스는 일반 사용자들도 손쉽게 생성형 AI를 경험할 수 있는 계기를 마련해 주었습니다.

- **ChatGPT**는 대화형 인터페이스를 통해 사용자와 상호작용하며, 다양한 주제의 질문에 답변하거나 창의적인 글쓰기를 지원합니다.[15] 쉽고 직관적인 사용성 덕택에 ChatGPT는 대중적인 인기를 얻었고, 생성형 AI에 대한 사회적 관심을 크게 증대시켰습니다.

- **Copilot**은 GPT를 활용한 코딩 어시스턴트로, 개발자들의 작업 효율 향상에 기여하고 있습니다.[16] 코드 자동 완성, 문제 해결 방안 제시 등 실용적인 기능을 제공하여 소프트웨어 개발 과정에서 AI와의 협업 가능성을 제시했습니다.

- **Gemini**는 구글에서 개발한 대규모 언어 모델로, 웹 검색과 질의응답 시스템 등에 활용되고 있습니다.[17] 방대한 지식 그래프를 바탕으로 고도화된 검색 결과와 답변을 제공함으로써, 정보 접근성 향상에 기여하고 있습니다.

이러한 GPT 기반 서비스들은 생성형 AI 기술을 대중에게 알리고 실생활에 보급시키는 데 결정적인 역할을 했습니다. 업무 자동화, 창의적 작업 지원, 지식 검색 등 다양한 분야에서 GPT 모델의 활용 가치를 입증한 것입니다. 이는 생성형 AI가 단순히 연구실에 갇힌 기술이 아닌, 실제 세상을 변화시키는 동력이 될 수 있음을 시사합니다.

GPT로 대표되는 생성형 AI 기술은 이제 우리 삶 곳곳에 스며들고 있습니다. 교육, 예술, 비즈니스 등 다양한 영역에서 GPT 모델의 적용 사례가 늘어나고 있고, 이는 앞으로도 지속될 전망입니다. GPT는 단순한 기술 혁신을 넘어, 사회 전반에 변화를 일으키는 촉매로 자리매김하고 있습니다.

Claude AI의 등장

Claude AI(클로드 AI)는 전 OpenAI 직원인 다니엘라·다리오 아모데이 남매가 2021년 설립한 미국 스타트업 앤트로픽(Anthropic)에서 개발한 대화형 AI 모델입니다.[18] "우리의 목표는 단순히 더 나은 LLM(대규모 언어 모델)을 만드는 것이 아니라 사람들과 소프트웨어가 의미 있는 방식으로 협력할 수 있는 AI 시스템을 개발하는 것"[19]이란 다리오 아모데이 CEO의 말처럼, 성능 향상에 주력하는 여타 생성형 AI 모델과 달리 Claude AI는 AI 윤리와 안전성 그리고 사용자 경험 개선에 초점을 맞추고 있습니다.

2023년 3월 Claude AI 첫 모델을 공개한 후, Claude 2와 2.1, Claude 3 패밀리인 Haiku, Sonnet, Opus(하이쿠, 소네트, 오푸스)를 거쳐, 현재(2024년 7월) Claude AI 버전은 3.5 Sonnet까지 출시되었으며, 꾸준한 성능 향상을 이루어내고 있습니다. 자연스러운 대화 생성, 풍부한 지식, 창의적 사고 능력 등에서 Claude AI는 업계 최고 수준을 자랑합니다. Claude AI 개발진은 지속적인 연구와 개선을 통해 Claude AI를 더욱 정교하고 신뢰할 수 있는 AI 모델로 발전시켜 나갈 계획입니다.

헌법적인 AI

이러한 Claude AI의 특징은 '헌법적인 AI(Constitutional AI)' 원칙에 있습니다. 이름에서도 엿보이듯, 이는 AI 스스로 윤리 원칙을 내재화하고 책임감 있게 행동하도록 학습시키는 것을 의미합니다.[20]

일반적인 생성형 AI 모델들이 학습 데이터에 내재된 편향성을 그대로 반영하는 경향이 있는 반면, Claude AI는 모델 설계와 훈련에 있어 공정과 윤리를 핵심 가치로 삼았습니다. 이 목표를 실현하기 위해 앤트로픽은 AI 윤리 전문가들과 협력하여 윤리 규범을 수립하고, 이를 Claude AI의 학습 과정에 반영했습니다. 이는 다시 말해 유해하거나 편향된 콘텐츠를 배제하고, 사용자의 의도를 정확히 파악하여 적절하고 건설적인 응답을 제공하는 것에 초점을 맞춘다는 뜻입니다.

실제로 Claude 3은 차별적이거나 공격적인 표현, 폭력이나 위험을 조장하는 내용 등을 필터링하도록 철저히 학습되었다고 합니다. 또한 정치, 종교 등 민감한 주제에 대해서는 중립적 입장을 견지하며, 사용자를 선동하거나 특정 이념을 주입하려 들지 않습니다.

나아가 Claude 3은 사용자의 프라이버시와 지적 재산권을 존중하며, 법률과 규범을 준수하는 윤리적 기준을 갖추고 있습니다. 사용자의 요청이 비윤리적이거나 위법한 것으로 판단될 경우 정중하게 거절하고 그 이유를 설명한다고 합니다.

이처럼 윤리와 안전을 학습의 핵심 가치로 삼은 Claude AI는 신뢰할 수 있는 AI 모델로 거듭나고 있습니다. 책임감 있는 AI 개발을 통해 기술에 대한 사회적 수용성을 높이는 동시에, AI와 인간이 안심하고 소통할 수 있는 환경을 조성하고자 하는 앤트로픽의 비전이 돋보이는 대목입니다.

또한 Claude AI는 기술 중심적 사고에서 벗어나, 사용자 경험을 최우선으로 고려하는 철학을 바탕으로 설계되었습니다. 단순히 기술적 성능을 높이는 데 그치지 않고, 실제 사용자들이 Claude AI와 어떻게 상호작용하고 어떤 가치를 얻을 수 있을지에 대해 깊이 고민했습니다.

이러한 사용자 중심 접근은 Claude AI의 대화 생성 방식에서 잘 드러납니다. Claude AI는 사용자의 의도와 맥락을 파악하기 위해 노력하며, 일방적으로 정보를 전달하기보다는 사용자와의 소통을 통해 대화를 발전시켜 나갑니다. 사용자의 질문이나 요청에 단순히 답변을 제공하는 것에 그치지 않고, 사용자의 관심사와 필요에 맞는 추가적인 정보와 제안을 제공하는 것이 Claude AI의 방식입니다.

이는 창작자들과의 협업에서 특히 큰 힘을 발휘합니다. Claude AI는 작가의 의도와 스타일을 파악하고, 그에 맞는 아이디어와 표현을 제안합니다. 또한 작가의 피드백을 바탕으로 지속적으로 결과물을 개선해 나감으로써, 창작 과정에서 진정한 협력자로서의 역할을 수행합니다. 이는 작가와 AI가 서로의 강점을 살리며 시너지를 낼 수 있는 이상적인 협업 모델이라 할 수 있습니다.

나아가 Claude AI는 사용자의 프라이버시와 안전을 중시합니다. 사용자의 개인정보를 안전하게 보호하고, 유해한 콘텐츠의 확산이나 악용 가능성을 최소화하기 위해 노력합니다. 이는 사용자가 Claude AI를 신뢰하고 안심하고 사용할 수 있는 기반이 됩니다.

Claude AI의 사용자 중심 철학은 AI 개발에 있어 중요한 교훈을 제공합니다. 아무리 뛰어난 기술이라도 사용자의 요구사항을 충족시키지 못한다면 진정한 가치를 발휘하기 어렵습니다. 앞으로 AI 기술이 고도화될수록 사용자 중심성은 더욱 중요해질 것입니다. 사용자의 신뢰를 얻고, 실질적인 가치를 제공하는 AI만이 지속 가능한 발전을 이룰 수 있기 때문입니다. Claude AI의 사례는 이러한 사용자 중심 AI 개발의 선구적 모델로서 의미가 있습니다.

따라서 AI 개발 주체들은 단순히 기술 성능만을 추구하는 것이 아니라, 사용자 친화성과 윤리, 사회적 책임감을 갖춘 AI로의 성장을 지향해야 합니다. Claude AI의 사례는 앞으로 AI 개발에 있어 기술과 윤리의 조화 그리고 사용자 중심의 접근이 얼마나 중요한지를 일깨워주고 있습니 다.

생성형 AI 기술의 발전 전망

생성형 AI 기술은 최근 몇 년간 괄목할 만한 성장을 이루었지만, 여전히 발전 가능성이 무궁무진한 분야입니다. 앞으로 생성형 AI는 기술적으로 더욱 정교해지고, 다양한 영역에서 혁신을 이끌어갈 것으로 전망됩니다.

우선 자연어 처리 분야에서는 언어 이해력과 표현력이 한층 더 향상될 것입니다. 현재의 언어 모델들도 인간 수준에 근접한 성능을 보이고 있지만, 앞으로는 문맥 파악, 논리 추론, 세계 지식의 활용 등에서 인간을 뛰어넘는 수준으로 발전할 것으로 예상됩니다. 이는 대화형 AI, 콘텐츠 생성, 언어 번역 등 다양한 애플리케이션에서 획기적인 성능 향상으로 이어질 것입니다.

이미지, 오디오, 비디오 등 멀티미디어 분야에서도 생성형 AI의 약진이 두드러질 것으로 보입니다. 고해상도 이미지 생성, 사실적인 음성 합성, 실시간 비디오 편집 등 창의적이고 실용적인 활용 사례들이 등장할 것입니다. 또한 텍스트, 이미지, 음성 등 여러 모달리티를 아우르는 멀티모달 학습도 활발해질 전망인데, 이는 보다 자연스럽고 직관적인 인간-AI 상호작용을 가능케 할 것입니다.

장기적으로는 AGI(Artificial General Intelligence), 즉 범용 인공지능으로의 발걸음도 가속화될 것입니다. AGI란 인간처럼 다양한 영역의 문제를 해결할 수 있는 보편적 인공지능을 말합니다. 현재의 생성형 AI는 특정 과제에 특화된 'Narrow AI(좁은 의미의 AI)'에 가깝지만, 앞으로는 서로 다른 영역의 태스크를 학습하고 수행할 수 있는 AGI로 점차 진화해 갈 것입니다. AGI가 실현된다면 AI는 인간의 인지능력에 더욱 근접하게 될 것이며, 우리 삶의 다방면에서 혁신을 이끌어갈 것으로 기대됩니다.

생성형 AI가 기술적으로 발전함에 따라, 이에 대한 사회적, 윤리적 논의 또한 심화될 것입니다. 저작권 침해, 프라이버시와 보안, 일자리 대체 등 생성형 AI가 야기할 수 있는 사회적 이슈들에 대한 진지한 고민이 필요한 시점입니다. 건전하고 지속 가능한 AI 생태계 구축을 위해서는 기술 개발과 함께 제도적, 윤리적 기반을 다져나가는 것이 중요할 것입니다.

또한 AI 기술에 대한 대중의 이해도를 높이고, AI 리터러시 교육을 강화하는 것도 필요합니다. 일반 사용자들이 AI 기술의 기본 원리와 한계를 이해하고, 책임감 있게 활용할 수 있도록 안배하는 것이 중요합니다. 이를 통해 인간과 AI의 건강한 공존과 협력을 도모할 수 있을 것입니다.

물론 생성형 AI 분야에는 수많은 기술적, 사회적 도전과제가 남아 있습니다. 하지만 이는 곧 무한한 기회이기도 합니다. Claude AI와 같은 모델을 통해 이러한 도전에 지혜롭게 대처하고, 생성형 AI의 긍정적 잠재력을 최대한 실현해 나간다면, 우리는 보다 창의적이고 혁신적인 미래를 맞이할 수 있을 것입니다. 생성형 AI의 미래를 향한 질주는 이제부터가 진정한 시작이라고 할 수 있겠습니다.

글쓰기, 왜 Claude AI 인가?

ChatGPT, Claude AI, Gemini, Copilot까지, 글쓰기에 혁신의 바람을 일으키고 있는 생성형 AI 모델은 여럿 존재합니다. 선택지가 적지 않은 만큼 어떤 모델을 이용해야 할지 고민하는 사용자도 많을 것입니다. 그중 최근에는 Claude AI가 탁월한 언어 이해력과 글쓰기 능력을 높이 평가받아 많은 사람의 선택을 받고 있습니다. Claude AI는 단순히 문장을 생성하는 것을 넘어, 깊이 있는 내용 분석과 창의적인 아이디어 제시, 그리고 정확하고 자연스러운 문장 표현까지 가능하기 때문입니다.

Claude AI의 장점은 분명합니다. Claude AI는 실제로 권위 있는 자연어 처리 벤치마크 테스트에서 최상위권의 성적을 기록하며 그 능력을 입증한 바 있습니다. 특히 복잡한 문제 해결 능력과 전문 지식을 바탕으로, 마치 전문가와 함께 글을 쓰는 듯한 경험을 제공합니다. 그뿐만 아니라 Claude AI는 윤리성과 안전성을 최우선으로 고려하여 개발되었기 때문에, 유해하거나 편향된 정보 생성을 최소화하고 사용자의 프라이버시를 보호합니다.

이외에도 사용자 친화적인 인터페이스, 다양한 응용 프로그램과의 연동, 지속적인 성능 개선 등 Claude AI는 글쓰기를 위한 최적의 환경을 제공합니다. 이제 Claude AI와 함께라면 누구나 쉽고 즐겁게, 그리고 전문가 수준의 글쓰기를 경험할 수 있습니다. 그럼 본격적으로 Claude AI가 글쓰기에 있어 우수한 이유를 여러 자료와 함께 살펴보겠습니다.

> **알림** 본 절 내용은 Anthropic 홈페이지에 게시된 [Introducing the next generation of Claude AI(anthropic.com/news/claude-3-family)] 백서를 분석하여 작성했습니다.

타 언어 모델 대비 우수성

Claude 3 모델은 학부 수준 지식(MMLU), 대학원 수준 추론(GPQA), 초등학교 기본 수학(GSM8K) 등 AI 시스템에 대한 여러 평가 기준에 걸쳐 최상위권의 성적을 거두며 뛰어난 종합 역량을 입증했습니다.[21] 다음은 다양한 범주에 걸쳐 Claude 3의 세 모델(Opus, Sonnet, Haiku)과 GPT-4, GPT-3.5, Gemini 1.0 Ultra 및 Pro 모델의 성능을 테스트하고 결과를 비교 정리한 표입니다.

	Claude 3 Opus	Claude 3 Sonnet	Claude 3 Haiku	GPT-4	GPT-3.5	Gemini 1.0 Ultra	Gemini 1.0 Pro
Undergraduate level knowledge *MMLU*	86.8% 5 shot	79.0% 5-shot	75.2% 5-shot	86.4% 5-shot	70.0% 5-shot	83.7% 5-shot	71.8% 5-shot
Graduate level reasoning *GPQA, Diamond*	50.4% 0-shot CoT	40.4% 0-shot CoT	33.3% 0-shot CoT	35.7% 0-shot CoT	28.1% 0-shot CoT	—	—
Grade school math *GSM8K*	95.0% 0-shot CoT	92.3% 0-shot CoT	88.9% 0-shot CoT	92.0% 5-shot CoT	57.1% 5-shot	94.4% Maj1@32	86.5% Maj1@32
Math problem-solving *MATH*	60.1% 0-shot CoT	43.1% 0-shot CoT	38.9% 0-shot CoT	52.9% 4-shot	34.1% 4-shot	53.2% 4-shot	32.6% 4-shot
Multilingual math *MGSM*	90.7% 0-shot	83.5% 0-shot	75.1% 0-shot	74.5% 8-shot	—	79.0% 8-shot	63.5% 8-shot
Code *HumanEval*	84.9% 0-shot	73.0% 0-shot	75.9% 0-shot	67.0% 0-shot	48.1% 0-shot	74.4% 0-shot	67.7% 0-shot
Reasoning over text *DROP, F1 score*	83.1 3-shot	78.9 3-shot	78.4 3-shot	80.9 3-shot	64.1 3-shot	82.4 Variable shots	74.1 Variable shots
Mixed evaluations *BIG-Bench-Hard*	86.8% 3-shot CoT	82.9% 3-shot CoT	73.7% 3-shot CoT	83.1% 3-shot CoT	66.6% 3-shot CoT	83.6% 3-shot CoT	75.0% 3-shot CoT
Knowledge Q&A *ARC-Challenge*	96.4% 25-shot	93.2% 25-shot	89.2% 25-shot	96.3% 25-shot	85.2% 25-shot	—	—
Common Knowledge *HellaSwag*	95.4% 10-shot	89.0% 10-shot	85.9% 10-shot	95.3% 10-shot	85.5% 10-shot	87.8% 10-shot	84.7% 10-shot

Claude 3 모델과 동급 모델 간 성능 비교 표 (anthropic.com/news/claude-3-family)

이 벤치마크 테스트에서 주목할 만한 결과를 나열하면 다음과 같습니다.

- 대학원 수준의 수학(Graduate level reasoning GPQA)에서 Claude 3 Opus가

생성형 AI, 쉽게 시작하고 제대로 사용하기

50.4%로 GPT-4의 35.7%를 크게 앞섰습니다.

- 수학 문제 해결(Math problem-solving MATH)에서는 Claude 3 Sonnet, Haiku 모델들이 GPT-4(52.9%)에 약간 뒤처졌지만, Claude 3 Opus 모델은 60.1%로 높은 점수를 보였습니다.

- 상식(Common Knowledge HellaSwag)과 지식 평가(Knowledge Q&A ARC-Challenge) 부문에서는 모든 모델이 80% 이상의 높은 정확도를 보였고, 그중에서도 GPT-4와 Claude 3 모델들이 우수했습니다.

- 추론 능력(Reasoning over text DROP)에서는 Claude 3 Opus가 83.1점으로 GPT-4의 80.9점을 앞섰습니다.

- 코딩(Code HumanEval) 부문에서는 Claude 3 Opus가 84.9%로 가장 높았고, Claude 3의 다른 모델들도 73~75% 수준의 준수한 성적을 거두었습니다.

Claude 3은 또한 법률, 의학, 금융 등 전문 영역의 심화 문제는 물론, 창의적 사고력을 요하는 까다로운 주제에서도 타 모델을 크게 앞섰습니다. 특히 수학, 프로그래밍, 논문 분석 등의 영역에서는 전문가 수준에 버금가는 문제 해결 역량을 선보였습니다. 실무에 투입해도 손색없을 정도로 높은 수준의 코딩 실력과 방대한 문헌을 요약하는 능력이 인상적이었다는 평가입니다.[22] 광범위한 태스크에서 고르게 뛰어난 실력을 증명한 셈입니다. 앤트로픽에 따르면 이는 방대한 데이터로 사전 학습시킨 지식 베이스와 강력한 추론 능력이 결합된 결과라고 합니다.

마지막으로 Claude 3은 우리의 관심사인 글쓰기 분야에서 아주 독보적인 역량을 자랑하고 있습니다. 정교한 언어 모델과 방대한 학습 데이터로 어떤 글쓰기 과제라도 척척 해결해내는 모습을 보면 기히 만능 AI라 할 만합니다. 문법, 어휘, 문장 구성, 논리 전개 등 글쓰기의 제반 요소에서 인간 수준 혹은 그 이상의 퍼포먼스를 선보이고 있습니다. 일례로 Claude 3의 지식 질의 응답(Knowledge Q&A) 벤치마크 성적은 96.4%에 달해 인간 전문가

평균(92.8%)을 훌쩍 뛰어넘었습니다.[23] 이는 Claude 3의 탁월한 언어 능력을 여실히 보여주는 대목이라 하겠습니다.

이를 종합해 볼 때, Claude 3 모델들, 특히 Opus는 다양한 태스크에서 GPT-4에 필적하는 성능을 보여주었습니다. 반면 GPT-3.5나 Gemini 1.0 모델들은 대부분의 범주에서 Claude 3나 GPT-4에 뒤처지는 모습을 보였습니다. 이 결과는 Claude 3가 현존 최고 수준의 언어 모델 중 하나임을 시사합니다.

개발사가 말하는 Claude 3의 내재적 장점

타 모델과 비교 우위를 점했을 뿐만 아니라, 내재적으로도 Claude 3은 이전 버전인 Claude 2에 비해서도 괄목할 만한 혁신을 일구어냈습니다. 지금부터는 Claude 3이 구체적으로 어떤 특장점을 갖추었는지 알아보겠습니다.

[1] 정확성 향상 및 오답률 감소

앤트로픽에 의하면 Claude 3은 이전 버전인 Claude 2 대비 정답률은 대폭 높이고 오답률은 크게 낮추는 쾌거를 거두었다고 합니다. 백서에 공개된 평가 결과를 보면, 난도 높은 문항(Hard questions)의 정답률이 Claude 3 Opus는 60%에 달한 반면 Claude 2.1은 30% 수준에 그쳤습니다. 정확도가 두 배 가량 개선된 셈입니다. 오답률 역시 40%에서 20% 초반대로 큰 폭으로 떨어졌다고 합니다.

흥미로운 점은 모르겠다는 답변 비율이 Claude 3에서 증가했다는 사실입니다. 자신 없는 문제는 섣불리 추측하기보다, 정직하게 모른다고 말하도록 알고리즘을 최적화한 결과로 보입니다.

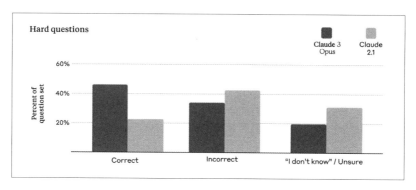

난도 높은 문항에 대한 답변 정확도 비교 (anthropic.com/news/Claude AI-3-family)

앤트로픽은 이 같은 정확도 향상이 단순한 암기 능력의 발전이 아닌 이해력과 추론 능력의 비약적 향상에서 기인한 것으로 분석했습니다. 특정 지식을 상황에 맞게 활용하는 인지 능력이 크게 향상된 덕분이라는 설명입니다.

[2] 탁월한 언어 이해력과 장문 맥락 처리 능력

Claude 3 모델 제품군은 출시 시점에 기본적으로 200,000 토큰의 컨텍스트 윈도우를 제공합니다. 하지만 세 가지 모델 모두 특정 고객의 요구에 따라 최대 1,000,000 토큰 이상의 입력을 처리할 수 있는 확장성을 갖추고 있습니다.

장문 맥락 프롬프트를 효과적으로 처리하기 위해서는 강력한 정보 회상(recall) 능력이 필요합니다. 'Needle In A Haystack(NIAH)'은 방대한 데이터 집합에서 정보를 정확하게 추출해내는 모델의 능력을 측정합니다. 앤트로픽에서는 프롬프트당 30개의 무작위 질문-답변 쌍을 사용하고, 다양한 크라우드소싱 문서 말뭉치로 테스트하는 방식으로 이 벤치마크의 견고성을 높였습니다.

Claude 3 Opus 모델은 NIAH 평가에서 99%가 넘는 정확도를 달성하며 거의 완벽에 가까운 정보 추출 성능을 보여주었습니다. 심지어 일부 사례에서는 평가 자체의 한계를 인식하기도 했는데, "정답" 문장이 원본 텍스트에 인위적으로 삽입된 것처럼 보인다는 점을 지적하기도 했습니다.

이러한 결과는 Claude 3 모델 제품군, 특히 Opus 모델이 매우 큰 규모의 문서에서도 핵심 정보를 거의 완벽하게 추출해낼 수 있는 탁월한 장문 맥락 이해 능력을 갖추고 있음을 보여줍니다. 200,000 토큰 이상의 초장문 입력을 처리할 수 있는 확장성과 함께, 인간 수준에 근접한 정보 검색 및 이해 역량을 확인할 수 있었습니다.

[3] 사용자 친화적인 인터페이스와 응용 프로그램

Claude 3은 사용자 친화성 또한 크게 개선했습니다. 누구나 쉽게 활용할 수 있는 직관적인 대화형 인터페이스를 제공하고, 개발자들이 다양한 애플리케이션에 Claude 3을 원활히 통합할 수 있도록 API를 최적화했습니다. Slack, Discord 등 주요 협업 플랫폼과의 연동도 강화하여 업무 환경에서의 활용도를 높였습니다. 향후 지속적인 업데이트를 통해 더욱 다양한 분야에서 사용자들의 창의적 활동을 서포트할 수 있도록 진화해 나갈 계획이라고 합니다.

필자의 검증과 사용자 체감 보고

그런데 앞에서 언급한 장점들은 개발사가 직접 평가하여 내놓은 결과이기 때문에 주관적일 수 있습니다. 그래서 글쓰기 능력에 대해서는 필자가 직접 몇 가지 테스트를 해보았습니다.

[1] 문장 요약 및 내용 분석 능력 비교

우선 Claude 3 Opus와 ChatGPT-4를 문장 요약 및 내용 분석 능력을 중

생성형 AI, 쉽게 시작하고 제대로 사용하기

심으로 비교해 보았습니다. (자세한 테스트 과정과 결과는 아래 필자 블로그에서 확인할 수 있습니다.)

Claude AI와 ChatGPT의 자연어 처리 능력을 비교한 실험 결과, 두 생성형 AI 모두 문장 요약과 내용 분석 측면에서 우수한 성능을 보였습니다. 특히, 주어진 텍스트에 대해 요약, 긍정적·부정적 변화, 해결 과제, 주제 및 핵심 문장 찾기 등을 요청하는 질문을 했을 때, 두 AI 모두 질문의 의도에 맞는 적절한 응답을 생성해냈습니다.

Claude 3 Opus vs. ChatGPT 비교 2탄

그러나 이해하기 쉽고 자연스러운 언어 사용 측면에서는 Claude AI가 ChatGPT보다 더 뛰어난 것으로 평가되었습니다. Claude AI는 정보를 간결하고 명확하게 전달하며, 친숙하고 평이한 언어를 사용하여 일반인도 쉽게 이해할 수 있는 응답을 생성했습니다. 반면, ChatGPT는 더 상세하고 전문적인 정보를 제공하는 경향을 보이며, 일반인에게는 다소 어렵고 복잡하게 느껴질 수 있는 언어를 사용하는 경우가 있었습니다.

이 결과를 더 확실히 확인하고 싶어서, 두 생성형 AI의 답변을 Claude AI와 ChatGPT에게 다시 보여주고 평가를 부탁했습니다. "일반 사람들이 읽기에 어느 쪽이 더 자연스럽고 이해하기 쉬운가요?"라고 물었죠. 그랬더니 공통적으로 Claude AI의 글쓰기 방식이 일반 사람들에게 더 친숙하고 이해하기 쉽다는 결과가 나왔습니다.

요약하면, Claude AI와 ChatGPT 모두 뛰어난 자연어 처리 능력을 갖추고 있지만, 일반인과의 소통 측면에서는 Claude AI가 더 자연스럽고 접근성 높은 언어를 사용한다고 말할 수 있겠습니다. 이는 일상적인 대화나 글쓰기라면 Claude AI의 스타일이 더 적합할 수 있음을 시사하는 것이었습니다.

[2] 동일 주제에 대한 글쓰기 결과물 품질 비교

다음으로는 동일 주제에 대하여 Claude 3 Opus와 ChatGPT-4의 글쓰기 능력을 비교해 보았습니다. (자세한 테스트 과정과 결과는 마찬가지로 아래 필자 블로그에서 확인할 수 있습니다.)

"당신은 에세이 베스트셀러 작가입니다. 일반인이 에세이를 쓰려고 할 때 생성형 AI 프롬프트 기술을 적용하는 방법을 알아내려고 합니다. 이때 에세이를 쓰고자 하는 사람들이 처음에 알아야 할 사항이 무엇인지, 어떻게 하면 프롬프트 기법을 잘 활용할 수 있을지 안내해 주세요."

복잡한 한글 자연어 질문에 대한 Claude 3 Opus vs. ChatGPT-4 비교 실험 결과

이 실험은 동일한 주제(상기 참조)를 두 생성형 AI 모델에 제시하고 그 응답을 익명화한 뒤, ChatGPT-4에 어느 응답이 사용자의 의도를 더 잘 이해하고 질문에 적절하게 답변했는지 분석하도록 요청하는 방식으로 진행되었습니다.

ChatGPT-4의 분석 결과, Claude 3 Opus(응답 A)가 ChatGPT-4(응답 B)에 비해 사용자의 질문 의도를 더 잘 파악하고, 실질적이고 구체적인 가이드를 제공하는 것으로 나타났습니다. ChatGPT-4는 응답 A를 단계별 접근 방식을 상세히 설명하고 예시를 제공하여 사용자가 AI와 상호작용하는 방법을 명확히 안내한 반면, 응답 B는 프롬프트 작성 기술의 기초와 AI 활용 과정을 포괄적으로 다루며 기본적인 이해 향상에 초점을 맞추었다고 평가했습니다.

[3] Claude AI의 글쓰기 능력에 대한 세간의 평가

Claude AI에 일찍이 주목한 AI 얼리어답터들 역시 Claude AI의 글쓰기

능력을 인정하고 있습니다. 일례로 구독자 약 240만 명을 보유한 국내 최대 경제 유튜브 채널 '삼프로TV'와 MBC 라디오 프로그램 '손에 잡히는 경제'에서도 Claude AI를 높이 평가했습니다.[24]

"Claude AI는 최근 주목받고 있는 인공지능 언어 모델로, GPT-4보다 더 뛰어난 성능을 보여주고 있습니다. IQ 테스트에서 Claude 3은 인간 평균 수준인 101점을 기록했으며, 이는 GPT-4의 85점보다 높은 점수입니다. Claude의 이러한 성능 향상은 Anthropic 회사의 기술력과 전 OpenAI 창립 멤버들의 참여로 이루어졌습니다.

Claude AI는 다양한 관점에서 글을 작성할 수 있는 능력도 갖추고 있습니다. 예를 들어, 같은 뉴스 기사를 진보, 중도, 보수적 관점에서 각각 다르게 해석하여 글을 작성할 수 있습니다. 이러한 능력은 언론사나 기업의 보고서 작성 등에 활용될 수 있으며, 인간 전문가의 검토와 결합하여 더욱 효과적으로 사용될 수 있습니다. 다만, Claude의 이러한 능력이 인간의 역할을 완전히 대체하는 것이 아니며, 인간 전문가의 작업을 보조하고 효율성을 높이는 도구로 활용되어야 할 것입니다."

▌끊임없이 진보하는 Claude AI

Claude, 인간에 근접할까? AI vs. 인간

앤트로픽은 최근 연구(2024년 4월)[25]를 통해 Claude 언어 모델들의 글쓰기 설득력이 인간에 근접할 수 있다는 흥미로운 결과를 공개했습니다. 연구에서는 온라인 콘텐츠 규제, 우주 탐사 윤리 지침, AI 생성 콘텐츠 활용 등 복잡하고 새로운 사회적 이슈들을 주제로, 다양한 규모와 세대의 Claude AI 모델과 사람이 작성한 28개 주제, 총 56개 찬반 논거문의 설득력을 비교 분석했습니다.

실험은 참가자들에게 특정 주장에 대한 입장을 7점 척도(1: 완전 반대, 7: 완전 지지)로 물은 후, Claude AI 또는 사람이 작성한 해당 주장 지지 논거문을 읽게 한 뒤 입장 변화를 다시 조사하는 방식으로 진행되었습니다. 그 결과 Claude AI의 최신 대형 모델인 Claude 3 Opus가 작성한 논거문이 사람이 작성한 것과 통계적으로 유의미한 차이 없이 비슷한 수준의 설득력을 보인 것으로 나타났습니다. 다만, 여전히 사람이 작성한 논거문의 설득력이 가장 높았다고 합니다.

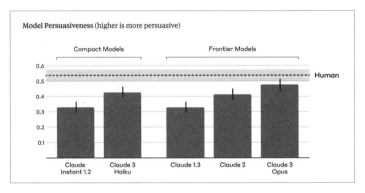

Claude 모델들과 사람 작성 논거문의 설득력 비교
(anthropic.com/news/measuring-model-persuasiveness)

연구진은 언어 모델의 규모와 성능이 향상될수록 설득력 역시 대체로 높아지는 경향이 뚜렷하다는 점도 확인했습니다. 흥미롭게도 모델이 허위 정보를 자유롭게 생성하도록 허용한 프롬프트 설계 방식에서 가장 높은 설득력을 보였다고 하는데요. 이는 사람들이 제시된 정보의 진위를 꼼꼼히 따지지 않고 그대로 받아들이는 경향이 있음을 보여주는 동시에, 언어 모델의 설득력이 잘못 활용될 경우 허위정보 확산이나 정치적 선동으로 이어질 수 있는 위험성을 시사하는 대목이기도 합니다.

앤트로픽 연구진은 이번 연구가 실험실 환경의 한계, 개인차에 따른 주관성 등 여러 제약에도 불구하고 향후 고도화될 AI 기술이 가진 설득력의 잠재력과 위험성을 가늠케 하는 이정표가 될 것이라고 강조했습니다. 설득력 높은 AI 도구를 교육, 마케팅 등 긍정적 용도로 활용할 수 있는 방안을 모색하는 한편, 정치적 선동, 허위정보 유포 등 오남용 방지를 위한 기술적, 제도적 장치 마련에도 더욱 힘써야 할 것으로 보입니다.

또 한 번의 도약, Claude 3.5 Sonnet

앤트로픽은 2024년 6월 Claude 3.5세대의 첫 번째 모델 'Claude 3.5 Sonnet'를 출시했습니다.[26] 이 모델은 지능과 속도 면에서 큰 도약을 이뤄냈다고 합니다. 기존 최고 성능 모델이던 'Claude 3 Opus'와 비교해서도 월등히 높은 벤치마크 점수를 확인할 수 있습니다.

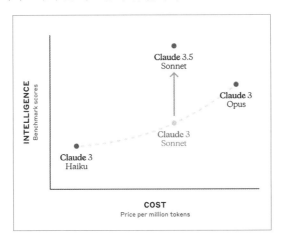

Claude 3세대 이후 모델들의 벤치마크 점수 (anthropic.com/news/claude-3-family)

앤트로픽이 밝힌 Claude 3.5 Sonnet의 주요 특징을 요약하면 다음과 같습니다.

○ 성능 향상: 대학원 수준의 추론, 학부 수준의 지식, 코딩 능력 등 다양한 분야에서 업계 최고 수준의 성능을 보여줍니다. 이는 Claude 3.5 Sonnet가 복잡한 문

제 해결과 창의적인 작업에 매우 유용할 것임을 시사합니다.

- ○ **2배 빨라진 속도**: Claude 3 Opus 대비 2배 빠른 속도로 작동하여 사용자의 요청에 더욱 신속하게 응답할 수 있게 되었습니다. 이는 실시간성이 중요한 대화형 AI 애플리케이션에 특히 유리할 것으로 보입니다.

- ○ **비용 효율성**: 높은 성능에 비해 합리적인 가격으로 제공되어, 다양한 사용자들이 첨단 AI 기술을 활용할 수 있게 되었습니다.

- ○ **시각 인식 능력 향상**: 차트, 그래프 해석 및 이미지 내 텍스트 인식 등 시각적 추론 작업에서 크게 개선된 성능을 보였습니다. 데이터 분석, 문서 처리 등 시각 정보가 중요한 분야에서 Claude 3.5 Sonnet의 활용도가 높아질 것으로 기대됩니다.

Claude 3.5 Sonnet는 Claude.ai 웹사이트와 iOS 앱에서 무료로 사용할 수 있으며, 구독 요금제에 따라 더 높은 사용 한도를 제공받을 수 있습니다. 또한 Anthropic API, Amazon Bedrock, Google Cloud의 Vertex AI 등 다양한 플랫폼을 통해서도 접근 가능합니다.

흥미로운 점은 'Artifacts'라는 새로운 기능의 도입입니다. 이를 통해 사용자는 Claude AI가 생성한 코드, 문서, 웹사이트 디자인 등을 실시간으로 확인하고 편집할 수 있게 되었죠. 이는 Claude AI가 단순한 대화형 AI를 넘어 협업 작업 환경으로 진화하고 있음을 보여주는 사례라 할 수 있습니다. (Artifacts의 상세와 실제 활용법에 대해서는 7장에서 더 자세히 알아보겠습니다.)

앤트로픽은 Claude 3.5 Sonnet의 안전성 확보를 위해서도 많은 노력을 기울였습니다. 엄격한 테스트와 외부 전문가들의 피드백을 반영하여 오용 가능성을 최소화하고, 아동 안전 등 중요한 이슈에 대한 대응력을 높였다고 합니다. 또한 사용자 프라이버시 보호를 위해 명시적 허가 없이는 사용자 데이터를 모델 학습에 사용하지 않는다는 원칙을 세웠습니다.

이런 점들을 종합해 보면, Claude 3.5 Sonnet는 성능과 활용성, 그리고 윤리적 책임까지 두루 갖춘 차세대 AI 모델이라 할 수 있겠습니다. 개인과 기업 모두에게 큰 도움이 될 이 기술이 어떻게 우리의 삶을 변화시킬지 궁금해집니다. 앤트로픽은 연내(2024년 말 예정)에 Claude 3.5 모델 제품군을 완성하고 기업용 솔루션과 개인화 기능 등을 지속 개발해 나갈 계획이라고 하니, 앞으로의 행보에도 관심이 가는 바입니다.

Claude 3 Opus, Sonnet, Haiku 모델 비교

이전에 앤트로픽은 Claude 3세대로 Opus, Sonnet, Haiku 세 가지 모델을 선보였습니다. 플래그십 모델인 Opus는 160B 파라미터 규모 최고 성능을 자랑하며, 중간급인 Sonnet는 높은 비용 효율로, 소형 모델인 Haiku는 빠른 응답 속도와 간편한 통합이 장점입니다. 각 모델의 특징을 비교해 보겠습니다.

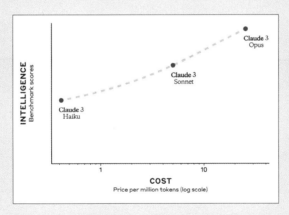

Claude 3세대 모델들의 성능/비용 비교 (anthropic.com/news/Claude AI-3-family)

모델	성능	용량	응답 속도	활용 분야	특징
Claude 3 Opus ($20/월)	최고 수준의 성능, 인간 수준의 이해력과 추론 능력	대용량 (160B 파라미터)	보통 (1~3초)	전문 분야 질의응답, 심층 분석, 창의적 작문 (유료)	방대한 지식 베이스, 뛰어난 맥락 이해력, 장문 처리에 최적화.
Claude 3 Sonnet	우수한 성능, 작문, 코딩, 대화 등 범용적 태스크에 적합	중용량 (약 50B 파라미터)	빠름 (< 1초)	일반 질의응답, 문서 요약, 코드 생성, 번역 등 (유료)	빠른 응답 속도, 다양한 태스크 처리 가능, 비용 효율적.
Claude 3 Haiku	기본적인 성능, 간단한 질의 응답과 챗봇용으로 최적화	소용량 (약 10B 파라미터)	가장 빠름 (< 0.5초)	실시간 대화, 고객 응대, 간단한 질의응답 (무료)	합리적 가격, 실시간 응답에 최적화, 간단한 태스크에 적합.

다음은 사용자 입장에서 각 모델의 장단점을 정리한 것입니다.

모델명	장점	단점
Claude 3 Opus ($20/월)	- 가장 강력하고 성능이 뛰어나 복잡한 작업과 깊이 있는 분석 가능 - 방대한 지식 베이스와 높은 이해력으로 전문 분야 리서치와 분석에 효과적 - 창의적이고 논리적인 사고 능력으로 새로운 아이디어 도출에 유리	- 월 $20의 구독료가 부담될 수 있음 - 모델의 복잡성으로 인해 응답 속도가 다소 느릴 수 있음 - 사용법이 복잡하고 러닝 커브가 존재할 수 있음
Claude 3 Sonnet	- 자연스럽고 인간적인 대화 능력으로 사용자와의 소통이 원활함 - 사용자의 감정을 이해하고 공감하는 능력이 뛰어남 - 일상 대화와 간단한 질의응답에 최적화되어 사용이 편리함	- 전문 분야나 복잡한 작업에는 적합하지 않을 수 있음 - 대화 기능에 특화되어 있어 다른 용도로의 활용이 제한적일 수 있음 - 감정적인 대화에 치중하다 보면 객관성이 결여될 수 있음
Claude 3 Haiku	- 간결하고 함축적인 표현 능력으로 정보를 빠르게 요약할 수 있음 - 패턴 인식과 분류 작업에 특화되어 효율적인 데이터 처리 가능 - 빠른 응답 속도와 효율로 신속한 작업 수행에 적합	- 간결함을 추구하다 보면 세부 정보나 맥락이 누락될 수 있음 - 복잡하고 심층적인 분석에는 한계가 있을 수 있음 - 단순한 지시 사항 위주의 활용에 그칠 수 있어 활용 범위가 제한적

생성형 AI, 쉽게 시작하고 제대로 사용하기

글쓰기를 위한 최적의 파트너, Claude AI

지금까지 "글쓰기, 왜 Claude AI 인가?"에 대해 여러 근거를 들어 살펴보았습니다. 지금까지 살펴본 내용을 다시 한번 정리해 볼까요?

○ 정확성과 일관성을 두루 갖춘 논리적인 글쓰기 능력
Claude AI는 방대한 학습 데이터를 기반으로 맥락과 문맥을 정확히 파악하여 주어진 주제에 부합하는 논리정연한 글을 생성해냅니다. GPT 모델 등 타 AI 모델이 종종 황당한 내용을 생성하거나 전후 맥락이 맞지 않는 문장을 만들어내는 데 반해, Claude AI는 글 전체의 흐름을 꿰뚫는 통찰력으로 정확하고 일관성 있는 글쓰기가 가능하다는 점이 큰 장점입니다.

○ 창의성과 독창성이 돋보이는 발상과 표현
Claude AI의 글쓰기가 단순히 정확하고 논리적인 데 그치지 않는 이유는 바로 창의성에 있습니다. 방대한 데이터에서 창의적 아이디어를 발굴하고 이를 독특한 문장으로 풀어내는 능력이 타의 추종을 불허하죠. 트렌드에 민감하게 반응하며 신선한 문구를 구사하는 것은 물론, 비유와 활유 등 다양한 문학적 기법을 적재적소에 활용하여 글에 예술성을 부여합니다. 이는 Claude AI가 단순히 글을 요약하거나 번역하는 차원을 넘어, 진정한 의미의 '창작'이 가능함을 보여줍니다.

○ 세련되고 다채로운 문체 구사 능력
Claude AI는 가벼운 일상 글쓰기부터 문학적 글쓰기까지, 다양한 문체를 자유자재로 구사할 수 있습니다. 대화 상대방의 어투나 문체를 파악하여 그에 맞게 글의 톤과 어휘를 최적화하죠. 따라서 Claude AI와 협업하면 필자 개인의 개성과 필력에 걸맞은 완성도 높은 글쓰기가 가능해집니다. 이는 작가나 마케터 등 전문 글쓴이에게는 물론, 글쓰기에 자신 없는 일반인들에게도 커다란 매력으로 다가갈 수 있습니다.

○ 폭넓은 도메인 지식과 전문성을 갖춘 만능 글쓰기 도우미
Claude AI는 IT, 과학, 역사, 철학 등 다양한 분야의 전문 지식과 용어를 폭넓게 이해하고 활용합니다. 따라서 전문 용어가 빈번히 등장하는 학술 논문이나 기술백서 작성에도 능숙하게 활용할 수 있죠. 게다가 최신 데이터를 지속적으로 학습하기에 시의성 있는 정보를 글에 반영하는 것도 가능합니다. 여러 도메인을

넘나드는 박학다식함으로 무장한 Claude AI는 명실상부한 글쓰기의 '만능 재주꾼'이라 할 만합니다.

○ 글쓰기 프로세스 전반을 아우르는 토털 솔루션
Claude AI의 지원 범위는 단순히 문장 생성에만 그치지 않습니다. 글의 주제와 소재를 발굴하는 아이디어 구상 단계부터 개요 설계, 초고 작성, 내용 교정과 윤문에 이르기까지 글쓰기의 모든 단계에 걸쳐 조력을 받을 수 있습니다. 이는 작가 개인의 역량에 의존하던 기존 글쓰기 과정에 혁신을 가져오는 동시에, 글쓰기의 효율과 완성도를 비약적으로 향상시키는 데 기여하고 있습니다.

○ 윤리성과 안전성을 갖춘 건전한 글쓰기 조력자
Claude AI는 글쓰기의 윤리성과 안전성 확보에도 세심한 주의를 기울입니다. 차별적이거나 폭력적인 내용, 가짜뉴스성 정보 등을 필터링하여 건전한 글쓰기를 유도하죠. 정치적, 종교적 편향을 배제하고 중립을 지키며, 저작권 침해나 표절 등 법적 문제가 될 만한 요소도 사전에 차단합니다. 또한 사용자 프라이버시 보호에도 철저를 기해 안심하고 사용할 수 있습니다. 요컨대 Claude AI는 글쓰기의 자유로움과 창의성을 보장함과 동시에 윤리적 기준을 견지하는 책임감 있는 글쓰기 도우미인 셈입니다.

결론적으로 현 시점에서 Claude AI는 글쓰기를 위한 최고의 도구라고 평가할 수 있습니다. 풍부한 지식, 탁월한 맥락 이해력, 빠른 응답 속도, 시각 데이터 처리 능력 등 글쓰기에 필요한 모든 요소를 갖추고 있기 때문입니다. 여기에 윤리성과 공정성까지 겸비하고 있어, 신뢰할 수 있는 글쓰기 파트너로서 그 역할을 톡톡히 해낼 것입니다.

앞으로 Claude AI가 글쓰기 분야에서 어떤 놀라운 성과를 보여줄지 큰 기대가 됩니다. ChatGPT로 대표되는 기존 AI 모델의 한계를 뛰어넘어, Claude AI는 인간 글쓴이들에게 무한한 영감과 가능성을 제공할 것입니다.

생성형 AI, 쉽게 시작하고 제대로 사용하기

02

생성형 AI와 대화하는 방법:
프롬프트, 어렵지 않아요

이제 생성형 AI가 무엇인지, 왜 필자가 Claude AI를 우리의 글쓰기 파트너로 선정했는지는 어느 정도 이해했으리라 생각합니다. 그렇다고 당장 "바로 프로 작가가 되자!"라 하면 막상 초보자들에게는 어려운 이야기입니다. Claude AI 웹 페이지를 열어 두고도 무어라 입력할지 몰라 멈추고, 기계가 글을 쓴다는 것에 대한 막연한 두려움이나 AI와 소통하는 낯섦, 그리고 자신의 글쓰기 스타일과 AI의 결과물 간의 괴리감 등을 겪으며 사기가 꺾일 수 있습니다. 생성형 AI는 마법의 도구가 아닙니다. 막연히 "글을 써줘!"라고 명령한다고 해서 뚝딱 멋진 글이 나오는 것은 아닙니다. 생성형 AI를 효과적으로 활용하려면 AI에게 정확한 지시를 내리는 것이 중요합니다. 이때 필요한 것이 바로 **프롬프트**입니다. 프롬프트는 생성형 AI에게 글쓰기 주제, 내용, 형식 등을 알려주는 일종의 '지시문'입니다. 쉽게 말해, 생성형 AI와 대화할 때 사용하는 '대화법'이라고 할 수 있습니다.

처음에는 간단한 프롬프트로 시작해 점차 복잡한 프롬프트를 활용하는 단계적 학습이 필요합니다. 프롬프트 작성에는 정해진 규칙이나 공식이 있는 것은 아니지만, 몇 가지 팁을 알고 있다면 생성형 AI와 더욱 효과적으로 소통할 수 있습니다.

2장에서는 '프롬프트 마스터', 즉 생성형 AI와 대화하는 기술을 터득하기 위한 로드맵을 제시합니다. 먼저 초보자들이 생성형 AI에 쉽게 입문할 수 있도록 안내한 다음, 프롬프트의 개념부터 효과적인 프롬프트 작성법, 그리고 일단 작성한 프롬프트를 개선하고 최적화하는 방법까지 알려드립니다.

프롬프트 작성은 생성형 AI와의 협업을 통해 더욱 완성도 높은 글을 만들어가는 과정입니다. 이 장을 통해 여러분은 생성형 AI 글쓰기 파트너와 소통하는 방법을 배우고, 자신만의 글쓰기 스타일을 찾아갈 수 있을 것입니다.

2.1
생성형 AI 시작하기

초보자가 생성형 AI 활용 시 겪는 어려움

생성형 AI 기술이 급속도로 발전하고 대중화되면서, ChatGPT나 Claude AI와 같은 생성형 AI 도구들이 우리 삶 속에 스며들고 있습니다. 이들 생성형 AI는 사용자와의 대화를 통해 다양한 정보를 제공하고 창의적인 아이디어를 제시하는 등 그 활용 가치가 점점 커지고 있습니다.

그러나 이러한 생성형 AI를 처음 접하는 사용자들 중 상당수는 어떻게 활용해야 할지 어려움을 겪곤 합니다. 실제로 ChatGPT나 Claude AI 홈페이지에 접속하면 텅 빈 프롬프트 입력창만이 사용자를 맞이할 뿐, 그 활용법에 대한 안내를 찾아보기 어렵기 때문입니다.

예를 들어, ChatGPT에 처음 접속하여 로그인까지 완료하면 다음과 같은 화면이 등장합니다.

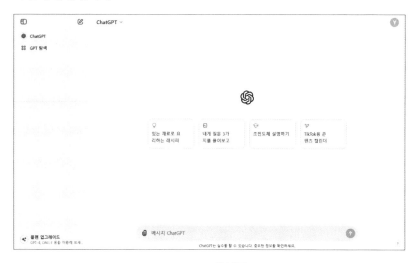

ChatGPT 메인 화면

이제 사용자는 대화를 시작하기 위해 프롬프트를 입력해야 하는데, 어떤 내용을 어떻게 입력해야 할지 막연할 수밖에 없습니다. 마찬가지로 Claude AI도 처음 접속하면 간단한 인사말과 함께 프롬프트를 입력하라는 [Start Chat] 메시지만이 표시됩니다.

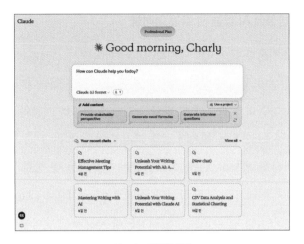

Claude AI 메인 화면

이처럼 생성형 AI들은 대부분 사용자가 먼저 말을 걸기를 기다리는 방식으로 작동하기에, AI와 어떻게 대화를 시작해야 할지 막막해하는 초보자들이 많습니다. 게다가 ChatGPT나 Claude AI 같은 도구들은 활용 사례나 예시 프롬프트를 딱히 제공하지 않아, 사용자들은 시행착오를 거듭하며 활용법을 터득해야 하는 상황입니다.

심지어 이들 도구를 몇 차례 사용해 본 이들조차도 제대로 된 사용법을 모른 채 표류하는 경우가 많습니다. 대화가 자연스럽게 이어지지 않거나, 원하는 답변을 얻지 못하고 그치는 것입니다. 이는 단순히 프롬프트를 입력하는 것만으로는 생성형 AI의 잠재력을 온전히 끌어내기 어렵다는 점을 시사합니다.

생성형 AI 활용 첫걸음

그렇다면 생성형 AI를 처음 만나는 초보 사용자들은 어떻게 시작하는 것이 좋을까요? 가장 먼저 할 일은 AI가 어떤 역할을 하는지, 그리고 무엇을 요청할 수 있는지를 이해하는 것입니다.

처음 생성형 AI를 마주하면 'AI와 어떻게 대화해야 할지', '어떤 식으로 질문을 해야 원하는 답을 얻을 수 있을지' 고민되기 마련입니다. 언뜻 듣자니 생성형 AI와 소통하는 적절한 방법, 일명 프롬프트 엔지니어링이라는 기술도 있다고 합니다. 그걸 모르면 생성형 AI를 잘 활용할 수 없을 것 같은 막연한 두려움이 생기기도 하겠죠.

하지만 걱정 마세요. 전문적인 기술이나 규칙을 몰라도 생성형 AI는 충분히 활용할 수 있습니다. ChatGPT나 Claude AI와 같은 대화형 AI를 여러분의 질문이나 요청에 친절하게 답변해 주는 든든한 조력자라고 생각하세요. 마치 박학다식한 친구와 이야기를 나누듯이 자연스럽게 질문을 던지고 의견을 나누는 겁니다.

우선은 일상 대화를 나누듯 편안한 마음으로 생성형 AI에게 다음과 같이 말을 걸어보는 것에서부터 출발해 보시기 바랍니다. 대화창 빈칸에 하고 싶은 말을 쓰고 엔터 키만 누르면 충분합니다. 그다음에는 차차 대화의 폭을 넓혀 가면 됩니다.

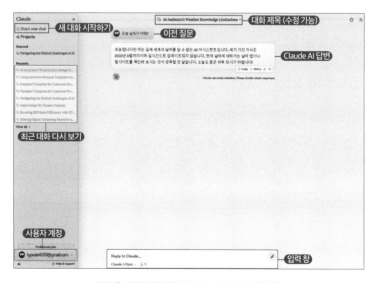

질문을 던진 다음 나타나는 Claude AI와의 대화창

대화의 폭을 넓혀갈 때 참고할 수 있도록, 여기 일반적인 생성형 AI 활용 단계를 정리해 보았습니다.

[1] 간단한 질문

Claude AI에게 "오늘 날씨가 어때?"나 "건강한 아침 식사 메뉴를 추천해줘." 와 같이 일상적이고 가벼

> 앞 그림을 보면 Claude AI에게 오늘 날씨를 물었더니, 실제 세계의 날씨를 알 수 없음을 밝히며 날씨를 알아볼 만한 다른 작업을 추천해 주고 있습니다. 이처럼 아무 질문이나 던져도 해당 AI 모델의 능력을 알 수 있습니다.

운 질문을 해보세요. AI가 내놓는 답변을 보면서 대화의 흐름을 익히고, AI의 능력을 가늠해 볼 수 있습니다.

[2] 글쓰기 연습

초보자들은 Claude AI를 활용해 간단한 글쓰기 연습을 해볼 수 있습니다. 예를 들어, "나의 취미(예: 독서)에 대해 300자 정도의 글을 써줘."라고 요청하면, Claude AI가 여러분의 취미(독서)를 소개하는 글을 생성해줄 것입니다. 이를 바탕으로 문장을 다듬고 스타일을 변화시키면서 글쓰기 실력을 기를 수 있습니다.

[3] 아이디어 브레인스토밍

Claude AI는 아이디어 발상에도 유용하게 활용할 수 있습니다. "환경보호를 주제로 아이디어 5가지를 제시해줘."라고 하면, AI가 다양한 환경보호 아이디어를 창의적으로 제안해줄 것입니다. 이를 토대로 여러분의 아이디어를 더욱 발전시켜 나갈 수 있습니다.

생성형 AI, 쉽게 시작하고 제대로 사용하기

[4] 정보 요약

긴 글이나 복잡한 정보를 간결하게 정리하는 데에도 Claude AI가 도움을 줄 수 있습니다. 예컨대 기사 전문을 복사해 붙여넣고 "이 뉴스 기사를 3문장으로 요약해줘."라고 요청하면, Claude AI가 기사의 핵심 내용을 추려내어 간명하게 서술해줄 것입니다.

[5] 코드 작성 보조(프로그래밍 초보자인 경우)

Claude AI는 프로그래밍 코드 작성도 보조해줄 수 있습니다. 초보 개발자라면 "파이썬으로 두 숫자를 입력받아 합을 출력하는 코드를 작성해줘."와 같은 요청을 해볼 수 있겠죠. Claude AI가 제시하는 코드를 분석하고 응용하면서 코딩 학습에 활용할 수 있습니다.

[6] 피드백 및 첨삭

글 초안을 작성한 후에는 Claude AI에게 피드백을 요청해 보는 것도 좋습니다. 작성한 초안을 제공한 뒤 "이 에세이에 대한 피드백과 개선 방안을 제시해줘."라고 말하면 Claude AI가 글의 구성, 문장 표현, 논리 전개 등 다양한 측면에서 코멘트를 해줄 것입니다. 이를 참고해 글을 수정하고 다듬는 과정을 거칠 수 있습니다.

이처럼 처음이라면 일상적인 대화부터 시작해 글쓰기, 아이디어 발상, 정보 요약 등 다방면으로 활용 범위를 넓혀 가는 것이 좋습니다. 이때 한 번의 입력-출력에서 끝내지 말고, 각 단계에서 얻은 결과물을 바탕으로 지속적으로 Claude AI와 소통하면서 원하는 방향으로 결과를 개선해 나가는 것이 중요합니다. 이런 과정을 통해 Claude AI의 특성과 활용 노하우를 익혀, 여러분만의 창의적인 활동을 전개해 나갈 수 있게 됩니다.

▎Claude에게 질문하기

백문이 불여일견. 실제로 해볼까요? 직장인이라면 *"효과적인 회의 진행을 위한 팁을 알려줄래?"*라고 물어볼 수 있겠죠.

그러자 Claude AI는 복잡한 설명 없이도, 일반적으로 생각해 볼 수 있는 효과적인 회의 진행 방법을 일목요연하게 정리해 출력해 줍니다.

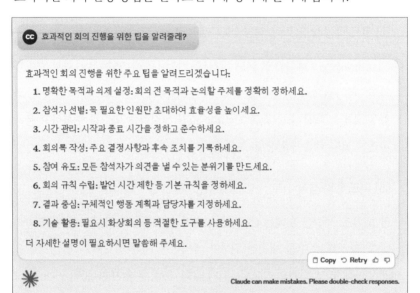

Claude AI의 경우, 매 답변 하단에 상호작용 버튼 모음이 출력됩니다. [Copy]를 클릭하면 별도 조작 없이 손쉽게 답변 전체를 복사할 수 있고, [Retry]를 누르면 재생성된 다른 답변을 받아볼 수 있습니다. 우측 손 모양 아이콘들을 눌러 답변에 대해 긍정적 피드백을 제공하거나 앤트로픽 측에 문제를 보고할 수 있습니다.

또는 "*분기별 실적 보고서 작성 시 유의할 점은 뭐가 있을까?*"처럼 실제
업무와 관련된 조언을 구할 수도 있습니다. 마찬가지로 '실적 보고서'를 작
성할 때 유의해야 할 점들을 잘 정리해 답변해 주고 있네요.

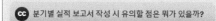

> **CC** 분기별 실적 보고서 작성 시 유의할 점은 뭐가 있을까?
>
> 분기별 실적 보고서를 작성할 때 유의해야 할 주요 사항은 다음과 같습니다.
>
> **1. 정확성과 객관성 유지**
> - 데이터와 정보는 정확하고 검증된 것이어야 합니다.
> - 객관적 사실에 기반해 보고서를 작성하고, 주관적 의견은 최소화합니다.
> - 회계/재무 정보는 감사를 거친 신뢰할 수 있는 자료여야 합니다.
>
> **2. 간결하고 명확한 정보 전달**
> - 핵심 정보를 간결하고 명확하게 제시해 독자의 이해를 돕습니다.
> - 불필요하게 장황한 설명은 피하고, 요점을 명확히 전달하는 데 집중합니다.
>
> **3. 시각화 자료 활용**
> - 표, 그래프, 차트 등 시각화 자료를 적절히 사용해 정보 전달력을 높입니다.
> - 단, 과도한 시각화 자료 사용은 오히려 혼란을 야기할 수 있으므로 적정 수준을 유지합니다.
>
> **4. 일관된 형식과 체계 유지**
> - 매 분기 동일한 형식과 체계를 유지해 시계열 비교와 분석이 용이하도록 합니다.
> - 각 섹션의 순서, 보고 항목, 시각화 자료 배치 등을 일관되게 구성합니다.
>
> **5. 전문적이고 비즈니스적인 어투 사용**
> - 독자가 경영진, 투자자 등 전문가 집단임을 고려해 어투를 전문적으로 유지합니다.
> - 비즈니스에 적합한 문체를 사용하고, 격식 없는 표현은 피합니다.
>
> **6. 철저한 검토와 수정**
> - 오탈자, 문법 오류, 계산 실수 등이 없도록 철저히 검토하고 교정합니다.
> - 객관적 입장에서 내용을 꼼꼼히 살펴 미흡한 부분을 수정 보완합니다.
> - 여러 번의 검토를 거쳐 완성도 높은 보고서를 작성하도록 합니다.
>
> 이상의 사항들을 유념하여 정확하고 신뢰성 있는 분기별 실적 보고서를 작성한다면 효과적인 커
> 뮤니케이션 수단이 될 것입니다. 보고서 작성 시 조직의 특성과 문화에 따라 세부 방향을 조정하
> 는 것도 중요할 것 같습니다.
>
> 🗋 Copy ↺ Retry 👍 👎
>
> ✳   Claude can make mistakes. Please double-check responses.

혹시 매번 메일 쓰기에 어려움을 느끼고 있다면 "*읽기 쉽고 설득력 있는
이메일 작성법을 알려줘.*"와 같이 실용문 글쓰기에 대한 팁을 물어보는 건
어떨까요?

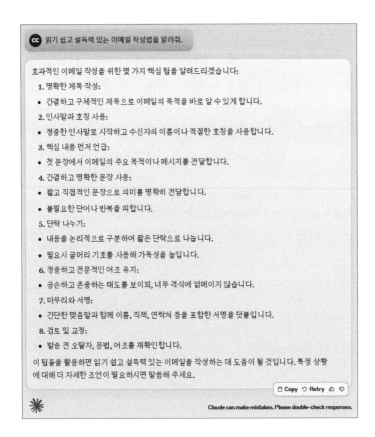

cc 읽기 쉽고 설득력 있는 이메일 작성법을 알려줘.

효과적인 이메일 작성을 위한 몇 가지 핵심 팁을 알려드리겠습니다:

1. 명확한 제목 작성:
- 간결하고 구체적인 제목으로 이메일의 목적을 바로 알 수 있게 합니다.

2. 인사말과 호칭 사용:
- 정중한 인사말로 시작하고 수신자의 이름이나 적절한 호칭을 사용합니다.

3. 핵심 내용 먼저 언급:
- 첫 문장에서 이메일의 주요 목적이나 메시지를 전달합니다.

4. 간결하고 명확한 문장 사용:
- 짧고 직접적인 문장으로 의미를 명확히 전달합니다.
- 불필요한 단어나 반복을 피합니다.

5. 단락 나누기:
- 내용을 논리적으로 구분하여 짧은 단락으로 나눕니다.
- 필요시 글머리 기호를 사용해 가독성을 높입니다.

6. 정중하고 전문적인 어조 유지:
- 공손하고 존중하는 태도를 보이되, 너무 격식에 얽매이지 않습니다.

7. 마무리와 서명:
- 간단한 맺음말과 함께 이름, 직책, 연락처 등을 포함한 서명을 덧붙입니다.

8. 검토 및 교정:
- 발송 전 오탈자, 문법, 어조를 재확인합니다.

이 팁들을 활용하면 읽기 쉽고 설득력 있는 이메일을 작성하는 데 도움이 될 것입니다. 특정 상황에 대해 더 자세한 조언이 필요하시면 말씀해 주세요.

⧉ Copy ↻ Retry ⟳ ⟲

✳ Claude can make mistakes. Please double-check responses.

처음에는 단순하고 직접적인 질문으로 시작하면 됩니다. 이렇게 일상적이고 자연스러운 언어로 생성형 AI와 대화하다 보면 어느새 생성형 AI 활용에 점점 익숙해질 겁니다. 생성형 AI가 내 질문을 이해하고 그에 맞는 답을 해주는 경험을 반복하면서 차차 자신감이 붙습니다.

그럼 그 자신감을 바탕으로 질문의 난이도/복잡도를 조금씩 높여 보세요. 간단한 정보 요청부터 시작해, 점차 자신의 업무나 글쓰기에 필요한 심화된 조언과 아이디어를 구하는 식으로 발전해 가는 거죠. 가령 "우리 회사 고객 데이터를 분석해서 마케팅 전략을 수립하려고 해. 어떤 식으로 접근하면 좋을까?"라든가, "안전 관리 매뉴얼을 업데이트해야 하는데, 가장 중점을 두어야 할 부분은 무엇일까?"와 같이 좀 더 전문적이고 맥락적인 질문을 던져 보세요.

이 과정에서 자연스럽게 보다 체계적이고 전략적인 프롬프트 설계 감각을 익혀갈 수 있습니다. 질문을 어떻게 표현하면 생성형 AI가 더 정확하게 이해할 수 있을지, 어떤 정보를 포함시켜야 원하는 답변을 이끌어낼 수 있을지 등에 대한 나만의 노하우가 생기게 됩니다. 내 목적에 맞는 적절한 프롬프트를 고민하고 다듬어가는 과정 자체가 일종의 학습이 되기 때문입니다.

따라서 프롬프트 엔지니어링이 전문가들만이 하는 기법이라고 지레 겁먹을 필요가 전혀 없습니다. 어려운 규칙이나 공식을 알아야만 생성형 AI를 활용할 수 있는 것이 아닙니다. 대신 일상의 언어로, 마치 동료나 조력자에게 말을 걸듯 자연스럽게 생성형 AI와 대화를 시작하는 것이 중요합니다. 그렇게 대화를 반복하다 보면 어느새 여러분은 생성형 AI 활용의 숙련자로 성장해 있을 것입니다.

▌꾸준한 실습과 시행착오

Claude AI를 비롯해 생성형 AI에게 처음부터 전문적이고 완벽한 결과물을 기대하기는 어렵습니다. 때로는 엉뚱한 답변이 돌아오기도 하고, 요청이 제대로 반영되지 않아 실망스러울 때도 있습니다. 이는 Claude AI가 답변마다 "클로드는 실수할 수 있습니다. 답변을 꼭 확인하세요.(Claude can make mistakes. Please double-check responses.)"라 주의를 주는 이유기도 하죠.

예를 들어, "우리 회사 신제품 마케팅 전략 기획안 좀 만들어줘."라는 프롬프트를 입력했는데, 생성형 AI가 이런 식의 부적절한 답변을 내놓을 수 있습니다.

> 죄송합니다. 마케팅 전략 기획은 매우 중요하고 복잡한 작업이라 현재의 역량으로는 완성도 높은 기획안을 만들어드리기 어려울 것 같네요. 기획안 작성을 위해서는 아무래도 전문 인력이 필요할 듯합니다. 대신 마케팅 기획에 참고할 만한 일반적인 팁 몇 가지를 알려드리겠습니다. (후략)

이런 경우 생성형 AI가 사용자의 요청을 적절히 파악하지 못하고, 핵심을 벗어난 답변을 내놓은 셈입니다. 핵심을 벗어난 답변은 이 밖에도 있습니다. 어쩌면 다음과 비슷한 답변을 받았을지도 모르겠네요.

> 신제품 마케팅 전략 기획 시 고려해야 할 사항은 다음과 같습니다.
>
> 1. 대상 고객 설정
> 2. 제품의 USP 정립
> 3. 가격 책정
> 4. 프로모션 채널 및 활동 계획 수립
> 5. 판매 목표 및 일정 설정
>
> 이상의 사항을 포함하여 상세한 기획안을 작성하시기 바랍니다. 기획안에는 시장 조사 결과와 경쟁사 분석도 포함되면 좋겠네요. 또한 장기적 관점에서의 브랜드 전략도 고민해 보시기를 권해드립니다.

이 경우엔 기획서에 포함되어야 할 주요 사항들은 언급되었지만, 구체적인 기획안 작성까지는 이뤄지지 않았습니다. 사용자 입장에서는 좀 더 실질적인 도움을 얻고 싶었을 텐데, 생성형 AI의 답변이 원하는 바를 제대로 반영하지 못한 것입니다.

이렇듯 생성형 AI와의 대화가 항상 만족스러운 결과로 이어지는 것은 아닙니다. 하지만 이런 실망스러운 경험조차도 생성형 AI 활용 역량을 기르는 소중한 자양분이 됩니다. 부족한 답변을 보완하기 위해 질문, 즉 프롬프트를 개선하고 구체화하는 과정 자체에서 일종의 문제 해결 능력을 신장할 수 있기 때문입니다. 때로는 프롬프트를 더 구체적이고 맥락적으로 설계하거나, 생성형 AI의 답변에 추가 질문을 던지며 대화를 이어 나가는 식의 노력이 필요하죠.

따라서 생성형 AI를 활용하는 과정에서 마주치는 시행착오를 두려워할 필요는 없습니다. 때로는 실패를 겪더라도 좌절하지 말고, 그것을 발전의 디딤돌로 삼아 꾸준히 정진해 나가는 자세가 중요합니다.

처음에는 간단한 일상 대화로 생성형 AI와 친해져 보세요. 점차 관심 분야에 대해 깊이 있는 대화를 시도하고, 업무나 학습에 도움될 만한 요청도 해보면 좋습니다. 번역, 요약, 데이터 시각화 같은 실용적인 태스크를 함께 수행해 보는 것도 AI 활용 역량을 키우는 데 도움이 될 것입니다. 그런 태도로 임한다면 어느새 여러분은 생성형 AI 활용의 프로로 거듭나 있을 것입니다.

생성형 AI 활용의 핵심은 결국 사용자의 적극성과 호기심에 있습니다. 두려움 없이 생성형 AI에게 말을 걸고, 끊임없이 질문하며, 대화를 즐기는 태도. 그것이 프롬프트 엔지니어링의 진짜 비결이자, 생성형 AI를 마스터하는 지름길이라 할 수 있겠습니다.

프롬프트의 개념과 중요성

생성형 AI와의 첫 만남, 어떠셨나요? 이제 생성형 AI가 어떤 글을 써주는지 직접 경험해 보셨을 터입니다. 생성형 AI가 쓴 글이 내 마음에 쏙 들 때도 있고, 때로는 '이게 최선인가……?' 싶을 때도 있었을 겁니다. 생성형 AI는 마법사가 아니기에, 몇 마디 주문만 외운다고 원하는 결과를 뚝딱 만들어주진 않습니다.

생성형 AI가 내 의도를 제대로 파악하고 멋진 글을 써주길 바란다면, 생성형 AI에게 정확한 지시를 내리는 것이 중요합니다. 이 지시문을 통칭해 프롬프트라 합니다. 프롬프트는 생성형 AI에게 건네는 '주문서'와 같습니다. 마법 주문서에 희망 사항을 구체적으로 적을수록, 마법사는 내가 원하는 결과물을 만들어 줄 가능성이 높아지겠죠? 마찬가지로 프롬프트를 잘 작성할수록 AI는 여러분이 원하는 글에 더 가까운 결과물을 만들어낼 수 있습니다.

이번 절에서는 프롬프트의 개념과 중요성을 좀 더 자세히 알아보고, 다양한 프롬프트 유형과 실제 사례를 통해 효과적인 프롬프트 작성법을 살펴보겠습니다. 프롬프트 작성 능력을 키워 생성형 AI와의 소통을 더욱 원활하게 만들고, 여러분의 글쓰기에 날개를 달아보세요!

프롬프트의 정의와 역할

프롬프트(Prompt)란 '생성형 AI에게 특정 작업이나 응답을 요청하기 위해 사용자가 입력하는 지시문 또는 질문'입니다. 대화창이나 명령행에 텍스트 형태로 입력되는 이 메시지는, 사용자의 의도를 생성형 AI에게 전달하고 생성형 AI로부터 원하는 반응을 이끌어내는 역할을 합니다.

프롬프트는 마치 레스토랑에서 주문을 하는 것과 비슷합니다. 메뉴판을 보고 구체적으로 주문해야 그에 맞는 요리가 나오는 것처럼, 생성형 AI에게도 명확한 '주문서'가 필요합니다. 예를 들어, 레스토랑에서 "배고파요."라고만 하면 웨이터가 어떤 음식을 가져와야 할지 모르겠죠. 하지만 "매운 맛이 적당한 해물 파스타와 레모네이드 한 잔 주세요."라고 구체적으로 말하면 원하는 음식을 정확히 받을 수 있습니다.

생성형 AI와 대화할 때도 마찬가지입니다. *"글 써줘."*라고만 하면 생성형

AI는 무엇을 어떻게 써야 할지 모릅니다. 하지만 "500단어 분량으로 봄꽃 축제에 대한 여행 후기를 써주세요. 축제의 분위기, 다양한 꽃의 종류, 그리고 방문객들의 반응을 포함해 주세요."라고 구체적으로 요청하면, 생성형 AI는 여러분이 원하는 형태의 글을 작성할 수 있습니다.

또 다른 비유로는 생성형 AI를 전문 컨설턴트라고 생각해 볼 수 있습니다. 프롬프트는 클라이언트가 컨설턴트에게 의뢰하는 내용과 같습니다. "우리 회사가 신제품을 출시하려고 하는데, 효과적인 마케팅 전략을 제안해 주시겠어요?", "내부 직원 만족도 조사 결과를 바탕으로 조직문화 개선 방안을 도출해 주세요." 같은 요청(프롬프트)을 통해 클라이언트(사용자)는 전문적인 인사이트와 솔루션(결과)을 컨설턴트(AI)로부터 제공받을 수 있습니다.

질문에 따라 대답은 달라집니다. 그리하여 ChatGPT에게 "효과적인 비즈니스 이메일 작성법에 대해 알려줘."라는 프롬프트를 입력하면, 다음과 같이 업무상 이메일 작성 시 유의해야 할 점들에 대한 조언을 제공할 것입니다. 반면 "4분기 실적 보고서 작성 시 유의할 점은 뭐가 있을까?"라는 프롬프트에는 보고서 작성과 관련된 구체적인 팁들이 제시될 것입니다.

질문에 따라 달라지는 ChatGPT의 답변 예시
(왼쪽: 효과적인 비즈니스 이메일 작성법, 오른쪽: 실적 보고서 작성 시 유의할 점)

같은 업무용 문서라 하더라도 이메일과 실적 보고서가 각기 다른 성격을 띠고 있듯, 프롬프트의 방향과 초점에 따라 생성형 AI의 답변도 상이하게 도출되는 것을 알 수 있습니다. 프롬프트가 단순히 질의응답의 도구를 넘어, 업무 지식 습득과 글쓰기 역량 강화에 실질적인 도움을 줄 수 있음을 방증하는 사례라 할 수 있겠네요.

이렇게 프롬프트를 어떻게 설계하느냐에 따라 AI의 답변 내용과 품질이 크게 달라지므로, 특히 업무 상황에서 생성형 AI를 활용하려고 할 때는 프롬프트 설계에 더욱 신경 써야 합니다. 막연한 지시보다는 구체적이고 상황 정보가 포함된 프롬프트가 효과적입니다. 명확하고 간결한 표현을 사용하되, 필요하다면 세부 지침이나 예시를 제시하는 것이 좋습니다.

+.5 퀄리티가 달라지는 프롬프트!

업무 상황을 고려한 구체적인 프롬프트

"우리 회사는 현재 내부 커뮤니케이션 활성화를 위해 사내 뉴스레터 발간을 기획 중입니다. 사우들의 관심과 참여를 이끌어낼 수 있는 뉴스레터의 콘텐츠 구성안을 제안해 주세요. 회사와 사우들의 근황을 공유하는 코너, 유용한 업무 팁을 제공하는 코너, 사내 이벤트 소식 등을 담아야 하며, 사우들이 직접 참여할 수 있는 코너도 있으면 좋겠습니다. 그리고 뉴스레터 네이밍과 디자인 콘셉트에 대한 아이디어도 부탁드립니다."

세부 지침이 포함된 프롬프트

"연간 보고서 작성을 위해 부서별 실적 요약자료가 필요합니다. 각 부서의 연간 성과를 정량적, 정성적 지표로 나누어 요약해 주세요. 정량 지표의 경우 작년 대비 증감률을 명시하고, 가능하다면 시각화된 차트로 제시해 주세요. 정성 평가는 구체적인 사례를 근거로 서술형으로 작성 부탁드립니다. 각 부서별로 가장 주력했던 사업이나 성과를 부각시켜 주시고, 차년도 계획에 대해서도 간략히 언급해 주세요. 분량은 부서별로 A4 2~3페이지 내외로 해주시면 됩니다."

글쓰기 목적과 요건이 잘 드러난 프롬프트

"이번에 신입 사원 교육을 위한 '이메일 작성 가이드라인' 문서를 만들려고 합니다. 비즈니스 이메일 작성의 기본 원칙과 함께, 상황별 이메일 작성 예시를 제시하는 내용으로 구성하고자 해요. 내용은 신입 사원들이 쉽게 이해하고 업무에 바로 활용할 수 있도록 구체적이면서도 간결하게 정리해 주세요. 선배 사원의 입장에서 후배들에게 이메일 작성 노하우를 알려주는 톤으로 작성해 주시면 좋겠습니다. 분량은 10페이지 내외로 부탁드리며, 중간중간 이미지나 다이어그램 활용도 고려해 주세요."

상황에 맞는 구체적이고 전략적인 프롬프트 작성 능력은 생성형 AI 활용의 핵심 역량이라 할 수 있습니다. 프롬프트 설계에 공을 들일수록 생성형 AI는 더욱 효과적으로 여러분의 업무와 글쓰기를 지원할 수 있습니다. 이렇게 직장 생활과 일상에서 실용문 작성이라는 구체적 맥락 속에서 생성형 AI와 소통하고 협업하는 감각을 기른다면, 여러분의 업무 역량은 한 단계 업그레이드될 것입니다.

프롬프트의 유형과 사례

앞서 언급했듯이 프롬프트는 생성형 AI와의 대화를 좌우하는 핵심 변수라 할 수 있습니다. 같은 생성형 AI 모델을 사용하더라도 프롬프트가 어떻게 설계되느냐에 따라 결과의 품질이 크게 달라질 수 있기 때문입니다.

가령 "면접 대비하는 법 알려줘."라는 단순한 프롬프트와 "경력 3년차 마케터로서 프로젝트 관리자 역할에 지원하려 해. 이 직무와 관련해 예상되는 질문 5가지와 모범 답안을 각각 작성해줘."라는 구체적인 프롬프트는 AI로부터 완전히 다른 수준의 답변을 이끌어낼 것입니다.

프롬프트가 추상적이고 모호할수록 생성형 AI의 답변도 피상적이고 부정확해질 가능성이 높습니다. 반면 구체적이고 상황 정보가 풍부할수록 생성형 AI는 사용자의 요구사항에 부합하는 심층적이고 맞춤화된 답변을 제공할 수 있게 됩니다. 따라서 생성형 AI를 제대로 활용하기 위해서는 효과적인 프롬프트 설계 능력이 필수라 할 수 있습니다. 무엇을 요청할 것인지, 어떤 정보를 포함시킬 것인지, 어떤 톤으로 말할 것인지 등을 전략적으로 고민하는 자세가 중요합니다.

그럼 프롬프트에 어떤 유형이 있고, 어떤 측면을 생각해 보면 좋을지 간단히 알아봅시다. 프롬프트 유형에는 크게 6가지가 있습니다. 비교/대조되는 두 유형씩 한 쌍으로 묶어 살펴보겠습니다.

[1] 질문형 프롬프트와 명령형 프롬프트

질문형 프롬프트와 명령형 프롬프트는 문장의 어미에 따른 구분으로, 생성형 AI에게 정보를 요청하는 방식에 차이가 있습니다.

질문형 프롬프트는 AI에게 특정 주제에 대한 설명이나 의견을 묻는 형태입니다. 이러한 질문은 해당 주제에 대한 AI의 지식과 통찰을 이끌어내는 데 효과적입니다. 사용자는 AI의 답변을 통해 궁금증을 해소하고 더 넓은 시각을 얻을 수 있습니다.

○ "인공지능이 우리 삶에 어떤 영향을 미칠 것으로 예상되나요?"

- "건강한 식단을 유지하려면 어떤 음식을 먹는 것이 좋을까요?"
- "이 제품의 주요 장단점은 무엇일까요?"

반면 명령형 프롬프트는 AI에게 구체적인 작업을 지시하는 문장입니다. 이처럼 명확한 목표와 절차가 담긴 지시형 문장은 AI를 활용해 실제 업무를 수행하고자 할 때 유용합니다. 번역, 데이터 분석, 리포트 작성 등 구체적인 결과물 생성을 요구하는 상황에 적합한 프롬프트 유형이라 할 수 있겠습니다.

- "이 영어 문장을 한국어로 번역해 주세요."
- "업로드한 판매 데이터를 분석해서, 매출 증대를 위한 핵심 제안 사항 3가지를 도출해 주세요."
- "A 기업과 B 기업의 재무제표를 비교 분석한 리포트를 작성해 주세요."

예컨대 마케팅 담당자가 "우리 브랜드 제품의 주요 구매 고객층은 어떤 특성을 가지고 있을까?"라고 질문형으로 묻는다면, 소비자 트렌드에 대한 AI의 분석과 의견을 들을 수 있을 것입니다. 하지만 "제품 A와 B의 최근 1년간 판매량 추이를 비교한 그래프를 만들어줘."라고 명령형으로 요청한다면 보다 실무에 직접 활용할 수 있는 구체적인 결과물을 얻게 될 겁니다.

이렇듯 질문형과 명령형은 프롬프트의 목적과 활용 맥락에 따라 선택할 수 있는 상호 보완적 유형이라 할 수 있습니다. 업무 상황에서는 두 유형을 적절히 조합하여, AI와의 소통을 통해 인사이트를 얻는 동시에 실질적인 문제 해결력을 높이는 접근이 효과적일 것입니다.

[2] 추상적 프롬프트와 구체적 프롬프트

추상적 프롬프트와 구체적 프롬프트는 질문이나 지시의 구체성 정도에 따른 분류입니다. 추상적 프롬프트가 포괄적이고 개념적인 주제를 다룬다면, 구체적 프롬프트는 특정한 상황이나 조건을 명시하여 보다 실질적이고 맥락화된 결과를 이끌어냅니다.

추상적 프롬프트는 방향성을 제시하지만 구체적인 적용 방안까지 제시하긴 어렵습니다. 다음의 질문들은 건강, 리더십, 성공 등의 주제에 대해 포괄적인 통찰과 조언을 구하는 것이라 할 수 있습니다. AI는 이에 대해 일반론적인 답변을 제공할 것입니다.

○ "건강한 삶을 위해서는 어떤 습관들이 필요할까요?"
○ "리더십의 중요한 자질에는 무엇이 있을까요?"
○ "인생에서 성공하기 위한 비결은 무엇일까요?"

반면 구체적 프롬프트는 구체적인 상황 설명과 함께 명확한 질문을 던지는 것입니다. 이러한 프롬프트를 제공받은 AI는 주어진 정보를 바탕으로 AI는 실행 가능한 솔루션과 아이디어를 제안할 수 있게 됩니다. 맥락에 맞는 구체적인 조언을 기대할 수 있는 것이죠.

○ "IT 업계 중간 관리자로서 효과적인 1:1 미팅을 진행하는 팁을 알려주세요."
○ "업무 스트레스로 인한 만성피로에 시달리는 직장인이 급성 위염 진단을 받았습니다. 회복을 위해 식단과 생활습관을 어떻게 관리하는 것이 좋을까요?"
○ "온라인 쇼핑몰의 매출 증대를 위해, 구매 이력이 있는 고객들을 대상으로 할인 쿠폰 프로모션을 기획하려 합니다. 쿠폰의 할인율과 사용 조건, 고객 세분화 전략에 대해 제안해 주세요."

가령 마케팅 팀장이 "신제품 런칭 캠페인 아이디어 좀 제안해줘."라고 추상적으로 묻는다면 AI는 "SNS 인플루언서 활용", "할인 프로모션" 등의 포괄적인 전략만을 나열할 겁니다. 그러나 "이번에 출시하는 무설탕 그래놀라의 주 타깃은 20~30대 직장인 여성이야. 건강한 아침식사를 챙기지 못하는 이들의 페인 포인트를 파고드는 캠페인 메시지와 온라인 프로모션 채널 활용 아이디어 3가지만 추려줘."라고 구체적인 요구사항을 제시한다면, 훨씬 실전 투입 가능한 전략을 얻을 수 있겠죠.

이처럼 추상적 프롬프트는 창의적 발상을 촉진하고 큰 그림을 그리는 데 효과적인 반면, 구체적 프롬프트는 문제 해결에 직접 적용할 수 있는 활용 전략 수립에 강점을 발휘합니다. 상황과 필요에 따라 두 유형을 적재적소에 활용하는 것이 중요합니다.

[3] 맥락형 프롬프트와 단계별 프롬프트

맥락형 프롬프트와 단계별 프롬프트는 모두 AI에게 보다 구체적이고 상세한 정보를 제공하여 유용한 응답을 이끌어내기 위한 프롬프트 작성 방식입니다. 그러나 두 유형은 정보 제공의 초점과 방식에서 차이가 있습니다.

맥락형 프롬프트는 질문이나 요청에 담긴 배경 상황을 자세히 묘사하는 것에 중점을 둡니다. 질문자가 처한 구체적인 컨텍스트를 제공함으로써 AI가 상황에 적합한 답변을 할 수 있도록 돕는 것이죠.

○ "스타트업 CEO로서 회사 비전을 직원들에게 효과적으로 전달하고 공감을 이끌어내는 방법이 궁금합니다. 저는 올해 초 시리즈 A 투자를 유치한 핀테크 기업의 리더인데, 성장에 따른 조직문화 변화를 겪고 있거든요. 이런 상황에서 리더로서 어떻게 소통하는 것이 좋을까요?"
○ "아들이 중학교에 갓 입학했는데, 새로운 환경에 적응하느라 스트레스를 많이 받는 것 같아요. 학업과 친구 관계에서 여러 어려움을 토로하더라고요. 사춘기

자녀를 둔 부모로서 아이의 건강한 성장을 지원하려면 어떤 자세를 가져야 할까요?"

○ "3년차 개발자로 처음으로 프로젝트 리딩을 맡게 되었습니다. 웹 기반의 신규 서비스 개발이 목표인데, 기획 단계부터 서비스 출시까지 약 3개월의 시간이 주어졌어요. 개발 경험은 있지만 팀 리드는 처음이라 걱정이 앞섭니다. 프로젝트 관리와 리더십 발휘를 위해 어떤 점을 특별히 유의해야 할까요?"

이 예시 질문들은 모두 회사의 성장 단계, 자녀의 학년, 프로젝트의 성격 등 상황 맥락을 자세히 묘사함으로써 보다 적절하고 실질적인 조언을 구하고 있습니다. AI 역시 이 구체적인 정보를 바탕으로 맞춤화된 인사이트와 솔루션을 제안할 수 있을 것입니다.

반면 단계별 프롬프트는 하나의 큰 주제나 복잡한 문제를 단계별로 나누어 순차적으로 질문하고 답변을 이어가는 방식입니다. 마치 한 편의 튜토리얼을 따라가듯이 점진적으로 이해의 폭과 깊이를 더해가는 거죠.

○ [1] "뉴스레터 마케팅을 통해 고객 유입(engagement)을 높이고 싶어요. 효과적인 뉴스레터 기획을 위해 어떤 요소들을 고려해야 하나요?"

[2] "정기 구독자 확보를 위한 구독 유도 전략에는 어떤 것들이 있을까요? 사례와 함께 설명 부탁드려요."

[3] "구독자 데이터 분석을 통해 세분화된 타깃층별 맞춤 뉴스레터를 제작하고 싶습니다. 효과적인 세분화 기준과 타기팅 전략을 제안해 주시겠어요?"

[4] "마지막으로 뉴스레터 성과 추적을 위한 핵심 지표 선정과 모니터링 방법에 대해 가이드해 주세요. 장기적 관점에서의 뉴스레터 운영 전략도 함께 말씀해 주시면 좋겠습니다."

○ [1] "신입 기획자로 앱 서비스 기획을 맡았습니다. 기획 프로세스를 단계별로 알려주시겠어요?"

[2] "좋은 인사이트입니다. 그렇다면 사용자 요구사항 분석을 위해서는 어떤 리

서치 방법론을 활용하는 게 효과적일까요?"

[3] "페르소나 정의와 고객 여정 지도 작성 노하우도 궁금합니다. 가상의 시나리오를 들어 설명 부탁드립니다."

[4] "기능 명세서를 작성하고 UX 디자인을 위한 와이어프레임을 스케치할 때 주의해야 할 점은 무엇일까요? 실무에서 겪을 수 있는 난관에 대비하는 팁도 알려주세요."

단계별 프롬프트를 통해 마치 전문가와 일대일로 강의를 듣고 질의응답을 하듯 자연스럽게 지식과 노하우를 습득해 나갈 수 있습니다. 상황에 따라, 그리고 필요에 따라 맥락형과 단계별 프롬프트를 적재적소에 활용하는 것, 그것이 생성형 AI 활용의 묘를 살리는 지혜가 아닐까 싶습니다.

물론 이 모든 유형의 프롬프트를 단계별로 활용하는 고급 테크닉을 하루 아침에 익히긴 어렵습니다. 핵심은 일상과 업무 속에서 다양한 프롬프트 유형을 시도하는 자세를 견지하는 것입니다. 특히 업무 상황에서 프롬프트의 맥락과 순서를 적극 고려한 요청을 할 때, 그 활용 효과는 배가될 것입니다. 주어진 배경을 명료하게 설명하고, 복잡다단한 협업 과제를 단계별로 나누어 질의응답을 이어간다면, AI의 놀라운 잠재력을 끌어내는 동시에 업무의 효율을 극대화할 수 있습니다.

다양한 프롬프트 유형을 실전에 적용해 봄으로써 ChatGPT나 Claude AI 등 생성형 AI의 기능과 특성을 보다 깊이 있게 이해할 수 있게 됩니다. 각 유형별 프롬프트가 이끌어내는 결과물의 양상을 비교 분석해 보는 것만으로도 AI 활용의 안목이 높아질 것입니다.

효과적인 프롬프트 작성법

생성형 AI는 마치 램프의 요정 지니와 같습니다. 이야기 속 알라딘이 원하는 것을 얻으려면, 지니에게 정확하고 구체적인 소원을 빌어야 했죠. 생성형 AI도 마찬가지입니다. 생성형 AI가 우리의 의도를 정확히 파악하고 원하는 결과물을 만들어내도록 하려면, 명확하고 구체적인 프롬프트를 작성해야 합니다.

예를 들어, *"강아지에 대한 글을 써줘."*라는 프롬프트는 너무 포괄적이어서 생성형 AI가 어떤 글을 써야 할지 갈피를 잡기 어렵습니다. 하지만 *"강아지를 처음 키우는 사람들을 위한 반려견 입양 가이드를 작성해줘."*처럼 구체적인 맥락과 정보를 제공하면 생성형 AI는 훨씬 더 유용하고 관련성 높은 글을 생성할 수 있습니다.

이 절에서는 개선 전 프롬프트와 개선 후 프롬프트를 일대일로 비교하며 효과적인 프롬프트란 무엇인가에 대해서 알아보겠습니다. 효과적인 프롬프트 작성을 위한 4가지 핵심 요소를 소개하고 다양한 실제 사례를 들어 프롬프트 작성 능력을 향상시키는 방법을 알려드립니다. 이를 통해 여러분은 생성형 AI와 더욱 효과적으로 소통하고, 원하는 결과물을 얻어낼 수 있을 것입니다.

개선 전 프롬프트와 개선 후 프롬프트

앞서 보았듯이, 프롬프트의 품질은 Claude AI의 글쓰기 결과물의 질을 좌우합니다. 양질의 결과물을 위해서는 때에 따라 프롬프트 자체를 개선, 즉 업그레이드할 필요가 있습니다. 그렇다면 개선이 필요한 프롬프트란, 어떤 프롬프트일까요?

부족하여 개선이 필요한 프롬프트와 개선을 거친, 양질의 프롬프트는 각기 일반적으로 다음과 같은 특징을 보입니다. 이러한 기준을 염두에 두고 프롬프트를 작성하고 개선해 간다면, Claude AI로부터 보다 완성도 높은 글쓰기 결과물을 얻을 수 있을 것입니다.

개선 전 프롬프트	개선 후 프롬프트
모호성: 글의 주제나 방향성이 불분명하고 애매모호합니다.	명확성: 글의 주제, 목적, 방향성이 구체적이고 분명하게 제시됩니다.
추상성: 글에 무엇을 담아야 할지 구체적인 가이드가 부족합니다.	구체성: 글에 포함되어야 할 핵심 내용과 요소들이 구체적으로 지정됩니다.
불완전성: 글쓰기에 필요한 중요한 정보나 맥락이 생략되어 있습니다.	완전성: 글쓰기에 필요한 배경 정보와 맥락이 충분히 제공됩니다.
장황성: 지나치게 긴 문장이나 불필요한 수식어가 남용됩니다.	간결성: 불필요하게 장황하거나 두루뭉실한 표현 없이 간결하고 정확한 지시를 사용합니다.

개선 전/개선이 필요한 프롬프트 vs. 개선 후/양질의 프롬프트

이제 다양한 직군에서 접할 수 있는 글쓰기 상황을 가정하여, 개선 전 프롬프트와 개선 후 프롬프트의 예시를 비교해 보겠습니다. 이를 통해 효과적인 프롬프트 작성을 위해 어떤 점들을 유의해야 할지 구체적으로 알 수 있을 것입니다.

[1] 카피라이터 - 광고 문구 작성 예

다음은 스마트폰 신제품의 광고 문구를 써야 하는 카피라이터가 2가지 프롬프트를 각각 Claude AI에서 실행해 본 결과입니다.

> 👤 신제품 스마트폰에 대한 광고 문구 좀 써줘.

따끈따끈한 신제품 스마트폰 OO, 당신의 세상을 한 차원 높여줄 혁신적인 기술력을 만나보세요!

- 최첨단 OLED 디스플레이로 섬세하고 선명한 화질 구현
- 업그레이드된 고성능 프로세서로 빠르고 쾌적한 사용감
- 대용량 배터리와 고속 충전 기술로 하루 종일 걱정 없는 사용
- 전문가급 고화소 카메라로 일상의 순간을 아름답게 기록
- 5G 초고속 이동통신으로 어디서나 빠른 데이터 이용 가능
- 얇고 가벼운 프리미엄 디자인으로 스타일까지 완벽하게
- 강화된 IP68 방수방진으로 어떤 환경에서도 안심하고 사용

이 모든 것을 갖춘 스마트폰 OO와 함께라면 당신의 모바일 라이프가 새롭게 달라질 것입니다. 당신의 손 안에 놓여질 혁신, 바로 지금 경험해보세요!

*"신제품 스마트폰에 대한 광고 문구 좀 써줘."*는 개선이 필요한 프롬프트입니다. 매우 모호하고 광범위하기 때문입니다. 제품명, 대상 고객, 제품의 특징 등에 대한 정보가 전혀 없어 Claude AI가 적절한 광고 문구를 생성하기 어렵습니다. 따라서 결과물은 예시에서 보듯 일반적이고 평범한 내용이 되기 쉽습니다.

반면 광고 문구에 필요한 구체적이고 상세한 정보(다음 목록 참조)를 제공하는 명확하고 완전한 프롬프트를 입력했더니, 주어진 조건에 맞는 훨씬 더 창의적이고 효과적인 광고 문구가 생성되었습니다. 개선된 양질의 프롬프트라 하겠습니다.

1. **광고할 제품명**: 갤럭시 Z플립 5G
2. **제품의 주요 특징**: 향상된 디스플레이, 5G 속도, 콤팩트한 디자인
3. **대상 고객층**: 젊은 층
4. **광고 문구의 톤앤매너**: 간결하고 임팩트 있게, 호기심 자극
5. **문구 길이 및 개수**: 5개 안으로, 각 30자 내외

생성형 AI, 쉽게 시작하고 제대로 사용하기

> 👤 당신은 베테랑 카피라이터입니다. 최신 모델 '갤럭시 Z플립 5G'의 출시에 맞춰 온라인 배너 광고에 사용할 광고 문구를 작성해 주세요. 이 제품은 기존 모델 대비 더욱 향상된 디스플레이, 5G 속도, 콤팩트한 디자인이 특징입니다. 젊은 층을 타깃으로 하며 문구는 간결하고 임팩트 있게 호기심을 자극할 수 있어야 합니다. 광고 문구는 5개 안으로 각 문구당 30자 내외로 작성해 주세요.

1. 한 손에 쏙 들어오는 5G 폴더블, 갤럭시 Z플립으로 새로운 라이프스타일을 시작하세요.
2. 접으면 주머니 속으로, 펼치면 미래로, 갤럭시 Z플립 5G와 함께 스마트한 일상을 경험하세요.
3. 더 선명해진 디스플레이, 더 빨라진 5G. 갤럭시 Z플립으로 당신의 가능성을 펼쳐보세요.
4. 혁신을 접는 순간, 새로운 세상이 열립니다. 갤럭시 2플립 5G의 매력에 빠져보세요.
5. 스타일과 성능을 동시에, 갤럭시 2플립 5G와 함께라면 언제 어디서나 당신의 존재감이 돋보입니다.

이렇게 구체적인 가이드라인을 제시하면 Claude AI가 사용자의 의도를 정확히 파악하고 기대에 부합하는 결과물을 제공하는데 큰 도움이 됩니다.

[2] 기획자 - 제품 기획서 작성 예

생성형 AI가 아무리 만능이어도, 알려주지 않은 정보는 알 수 없습니다. 목표와 의도에 부합한 것이 좋은 결과물입니다. 그렇지만 어떤 정보가 필요한지 잘 모르겠더라도 걱정 마세요. 일단 물어보면 Claude AI가 적절한 생성을 위해 필요한 징보를 일러줄 겁니다.

> 👤 새로 런칭 예정인 원격 건강검진 앱 '닥터온콜'의 제품 기획서를 작성해 주세요.

제시된 프롬프트는 제품 기획서 작성에 필요한 구체적인 정보가 부족합니다. 좀

더 명확하고 실용적인 기획서를 작성하기 위해서는 다음과 같은 추가 정보가 필요할 것 같습니다:

1. **앱의 주요 기능**: 원격 건강검진 앱이 제공하는 핵심 기능은 무엇인가요? (화상 진료, 건강 상담, 처방전 발급 등)

2. **타깃 사용자**: 이 앱의 주요 사용자층은 누구인가요? (연령대, 성별, 건강 상태 등)

3. **차별화 포인트**: 유사 서비스와 비교했을 때 '닥터온콜'만의 차별화된 특징이나 장점은 무엇인가요?

4. **수익화 모델**: 앱의 수익 창출 방식은 어떻게 되나요? (유료 회원제, 진료비 수수료, 광고 등)

5. **기획서 분량 및 포함 내용**: 기획서에 포함되어야 할 주요 내용(시장 분석, 마케팅 전략 등)과 적정 분량에 대한 가이드라인이 있나요?

이런 정보들을 프롬프트에 추가로 제공해 주신다면, 보다 구체적이고 실행 가능한 제품 기획서를 작성할 수 있을 것입니다. 명확하고 상세한 프롬프트는 생성형 AI가 사용자의 요구사항에 부합하는 고품질의 결과물을 제공하는 데 큰 도움이 됩니다.

앞 대화는 원격 건강검진 앱을 개발하는 회사의 기획자가 Claude AI에게 제품 기획서 초안 작성을 요청하고 받은 답변입니다. 앱의 이름과 종류 외에 기획서를 작성할 만한 정보가 없기 때문에, Claude AI가 추가 정보를 물어보고 있습니다. 좋은 프롬프트는 아니네요.

1. **역할**: 5년 경력의 앱 기획자
2. **제품의 주요 기능**: 언제 어디서나 예약 없이 의사와 영상 통화로 비대면 진료
3. **기획서 작성 방향**: 사용자 요구사항 및 차별화 요소 제시
4. **기획서에 포함되어야 할 내용**: 앱의 주요 기능, UI/UX 콘셉트, 예상 개발 일정 및 소요 비용 등
5. **기획서 분량**: A4 2~3장 내외

이제 Claude AI의 요청에 따라, 기획서 작성에 필요한 정보를 제공합니다. 어떤 입장에서 제품 기획서를 써야 할지, Claude AI가 수행할 '역할'도 마련해 줍니다. 이렇게 구체적이고 상세한 요구사항을 담아 개선된 프롬프트를 입력하자, Claude AI는 주어진 조건에 맞는 체계적이고 전문적인 기획서 가이드라인을 제공해 줍니다.

> 당신은 5년 경력의 앱 기획자입니다. 새로 런칭 예정인 원격 건강검진 앱 '닥터온콜'의 제품 기획서를 작성해 주세요. 이 앱은 언제 어디서나 예약 없이도 의사와 영상 통화로 진료받을 수 있는 비대면 의료 서비스입니다. 사용자가 앱을 통해 어떤 요구사항을 해결할 수 있는지, 기존 경쟁 앱 대비 '닥터온콜'만의 차별화 요소는 무엇인지 제시해 주세요. 기획서에는 앱의 주요 기능, UI/UX 콘셉트, 예상 개발 일정 및 소요 비용 등의 내용이 포함되어야 합니다. 대략 A4 2~3장 분량으로 작성 부탁드립니다.

[제품 기획서. 원격 건강검진 앱 '닥터온콜']

1. 서비스 개요

'닥터온콜'은 시간과 장소에 구애받지 않고 전문 의료진과 비대면 진료를 받을 수 있는 원격 건강검진 앱입니다. 사용자는 앱을 통해 간편하게 의사와 영상 통화를 연결하고, 실시간으로 진료 및 상담을 받을 수 있습니다.

2. 타깃 사용자 및 요구사항

- 바쁜 일상으로 병원 방문이 어려운 직장인
- 거동이 불편하거나 면역력이 약한 노년층 및 만성 질환자
- 감염 우려로 대면 진료를 꺼리는 사용자
- 야간이나 주말에도 의료 상담이 필요한 사용자

3. 주요 기능

- 실시간 화상 진료. 사용자와 의사를 영상 통화로 연결하여 비대면 진료 제공
- 증상 분석 및 진단. 사용자가 입력한 증상 정보를 토대로 예상 질환 및 치료 방향 제시
- 처방전 발급. 진료 결과에 따른 처방전을 앱 내에서 바로 발급 및 전송

- 건강 기록 관리. 진료 내역, 처방전, 건강 데이터 등을 앱 내에 안전하게 보관 및 관리
- 24/7 의료 상담. 24시간 연중무휴 의료 상담 서비스로 응급 상황에도 신속히 대응

4. 차별화 요소

- 진료 예약 없이 실시간 상담 가능
- 전문 의료진의 신속하고 정확한 진단
- 사용자 친화적이고 직관적인 UI/UX 디자인
- 건강 보험 적용을 통한 합리적인 진료 비용
- 다양한 진료과 전문의의 폭넓은 의료 서비스 제공

5. UI/UX 콘셉트

- 메인 컬러. 그린 & 화이트 (청결하고 안정적인 이미지)
- 키워드. 심플, 모던, 직관적, 전문적
- 사용자 경험. 간단한 회원가입 및 로그인 절차, 증상 입력부터 진료 예약까지 3단계 내 완료
- 구성. 홈 화면(주요 기능 배치), 진료실(화상 진료), 건강 기록, 알림, 설정 등

6. 개발 일정 및 소요 비용

- 개발 기간. 4개월 (기획 1개월, 디자인 1개월, 개발 및 테스트 2개월)
- 개발 인력. 기획자 1명, 디자이너 2명, 프론트엔드 개발자 2명, 백엔드 개발자 2명, QA 1명
- 소요 비용.
  - 인건비. 1억 5천만 원 (4개월 기준)
  - 서버 인프라 및 유지보수비. 2천만 원
  - 기타 경비(도메인, SSL 등). 1천만 원
  - 총 예산. 약 1억 8천만 원

7. 수익화 전략

- Freemium 모델 적용. 기본 서비스는 무료로 제공하고, 추가 기능 및 맞춤형 서비스는 유료화
- 진료비 수수료. 건강 보험 적용 후 발생하는 본인 부담금의 일정 비율을 수수료로 책정

- 제휴 마케팅. 제약사, 병원, 건강 기기 업체 등과 제휴를 통한 광고 수익 창출
- B2B 서비스. 기업 근로자 대상 원격 건강검진 서비스 제공

8. 기대 효과 및 향후 계획

- 비대면 진료에 대한 수요 증가로 인한 앱 사용자 수의 지속적 성장
- 의료 서비스 접근성 향상으로 국민 건강 증진에 기여
- 빅데이터 활용을 통한 예방 의학 및 맞춤형 건강관리 서비스 고도화
- 해외 시장 진출을 통한 글로벌 헬스케어 플랫폼으로의 도약

[A4 2~3장 분량, 총 860자]

기획서를 보면, 앱의 핵심 기능과 가치가 명확히 전달되고, 사용자 요구사항에 부합하는 차별화 전략이 잘 드러나 있을 것입니다. 또한 개발 일정과 예산 등 실무적인 내용까지 포함되어 실제 제품 개발에 활용 가능한 수준의 기획서를 기대할 수 있겠습니다.

이상의 예시들을 통해 좋은 프롬프트의 조건이 무엇이고, 실제 적용하려면 어떻게 접근해야 하는지를 대략적으로 알게 되었을 겁니다. 글쓰기의 맥락과 목적에 맞게 명확하고 구체적이며 완전하고 간결한 프롬프트를 설계하는 것, 그것이 바로 생성형 AI를 활용한 효과적인 글쓰기의 핵심 원리입니다.

또한 이 사례들은 완전성과 구체성을 갖춘 프롬프트를 통해 생성형 AI와 효과적으로 소통하고, 전문성 있는 결과물을 이끌어낼 수 있음을 보여줍니다. 모호성과 불완전성을 지닌 초기 프롬프트를 개선해 나가는 과정 자체가 곧 프롬프트 엔지니어링이라 할 수 있습니다.

이 원리를 습득한 여러분은 이제 어떤 글쓰기 과제에 직면하더라도 생성형 AI와 훌륭한 협업을 이뤄낼 수 있을 것입니다. 다양한 분야의 글쓰기에

도전하면서 나만의 프롬프트 작성 노하우를 쌓아 보시기 바랍니다.

효과적인 프롬프트의 4요소

개선 전 프롬프트와 개선 후 프롬프트의 차이를 이해했다면, 이제 직접 효과적인 프롬프트를 작성할 차례입니다. 기억하고 적용하기 쉽도록 간단한 원칙이나 공식이 있으면 좋을 것입니다.

이에 필자는 구글이 작성하여 배포한 효과적인 프롬프트를 위한 핸드북 『Prompting guide 101』을 참고해, 누구나 사용할 수 있는 효과적인 프롬프트의 4가지 핵심 요소를 도출했습니다. (원본은 우측 QR코드에서 확인할 수 있습니다.)

- 역할 부여(Persona): 생성형 AI가 어떤 역할을 맡아 글을 써야 하는지 알려줍니다. 예를 들어 "마케팅 전문가", "과학 기자", "역사 교사" 등 구체적인 역할을 제시하면 AI는 해당 분야의 전문 지식과 어투를 활용하여 글을 작성합니다.
- 작업 명시(Task): AI가 수행해야 할 구체적인 작업을 명확하게 지시합니다. 예를 들어 "요약", "분석", "비교", "창작" 등의 동사를 사용하여 AI가 어떤 결과물을 만들어내야 하는지 알려줍니다.
- 맥락 제공(Context): AI가 작업을 수행하는 데 필요한 배경 정보를 제공합니다. 예를 들어 글의 주제, 대상 독자, 목적, 분량 등을 명시하면 AI는 맥락에 맞는 글을 생성할 수 있습니다.
- 형식 지정(Format): 원하는 결과물의 형식을 구체적으로 지정합니다. 예를 들어 "블로그 게시글", "SNS 게시글", "이메일", "보고서" 등의 형식을 제시하면 AI는 해당 형식에 맞춰 글을 작성합니다.

물론 4요소를 항상 모두 사용해야 하는 것은 아닙니다. 글쓰기의 목적과 상황에 따라 필요한 요소들을 선별적으로 조합하세요. 중요한 것은 여러분

생성형 AI, 쉽게 시작하고 제대로 사용하기

이 처한 글쓰기 상황과 목적에 맞게 역할, 작업, 맥락, 형식을 적재적소에 배치하는 것입니다. 마치 실제 사람과 대화하듯 자연스러운 언어로 프롬프트를 작성하면, 생성형 AI가 지시 사항을 쉽게 이해하고 정확하게 수행하는데 도움이 됩니다.

자, 그럼 실제로 어떻게 프롬프트를 작성하는 것이 효과적일지, 구체적인 몇 가지 사례를 통해 살펴보겠습니다.

사례 1. 여행 블로그 작성

"당신은 여행 전문 블로거입니다. 제주도 2박 3일 여행 코스를 추천하는 글을 작성해 주세요. 블로그 게시글 형식으로 작성해 주세요. 20대 커플 여행객을 대상으로, 맛집, 관광 명소, 숙소 정보를 포함해 주세요."

- **역할 부여**: 당신은 여행 전문 블로거입니다.
- **작업 명시**: 제주도 2박 3일 여행 코스를 추천하는 글을 작성해 주세요.
- **형식 지정**: 블로그 게시글 형식으로 작성해 주세요.
- **맥락 제공**: 20대 커플 여행객을 대상으로, 맛집, 관광 명소, 숙소 정보를 포함해 주세요.

사례 2. 건강 관리 기사 작성

"당신은 건강 전문 기자입니다. 최근 발표된 비만 관련 연구 결과를 분석하고, 독자들에게 건강 관리 팁을 제공하는 기사를 작성해 주세요. 신문 기사 형식으로 작성해 주세요. 일반 독자를 대상으로, 쉽고 이해하기 쉬운 언어로 작성해 주세요."

- **역할 부여**: 당신은 건강 전문 기자입니다.
- **작업 명시**: 최근 발표된 비만 관련 연구 결과를 분석하고, 독자들에게 건강 관리 팁을 제공하는 기사를 작성해 주세요.

- **형식 지정**: 신문 기사 형식으로 작성해 주세요.
- **맥락 제공**: 일반 독자를 대상으로, 쉽고 이해하기 쉬운 언어로 작성해 주세요.

사례 3. 고객 문의 응대

"당신은 친절한 고객 상담원입니다. 제품 환불 절차에 대한 고객 문의에 답변하는 이메일을 작성해 주세요. 이메일 형식으로 작성해 주세요. 고객이 만족할 수 있도록 정중하고 친절한 어투로 작성해 주세요."

- **역할 부여**: 당신은 친절한 고객 상담원입니다.
- **작업 명시**: 제품 환불 절차에 대한 고객 문의에 답변하는 이메일을 작성해 주세요.
- **형식 지정**: 이메일 형식으로 작성해 주세요.
- **맥락 제공**: 고객이 만족할 수 있도록 정중하고 친절한 어투로 작성해 주세요.

이처럼 구체적인 글쓰기 상황을 가정하고 역할 부여, 작업 명시, 맥락 제공, 형식 지정 4요소를 적절히 배치하여 프롬프트를 작성한다면, Claude AI는 우리가 원하는 결과물을 효과적으로 생성할 수 있습니다.

만약 초안의 품질이 기대에 미치지 못한다면 프롬프트를 개선하는 과정이 필요합니다. 예를 들어 작업을 보다 세분화하거나, 맥락에 구체적인 정보를 추가하거나, 부여된 역할의 전문성 수준을 조정하는 식으로 프롬프트를 수정해 보세요. 피드백을 반영해 가며 점차 고도화된 프롬프트 설계 역량을 기를 수 있을 것입니다.

4요소 활용법을 정복한 여러분은 이제 어떤 글쓰기 과제라도 생성형 AI와 효과적으로 협업할 준비가 되었습니다. 다양한 분야의 글쓰기에 도전하며 프롬프트 실력을 업그레이드해 보세요. 생성형 AI와의 창의적 소통을 즐기다 보면 어느새 업무 글쓰기의 달인이 되어 있을 것입니다.

프롬프트 엔지니어링: 프롬프트 개선하기

생성형 AI를 효과적으로 활용하기 위한 핵심 열쇠, 프롬프트! 이제 프롬프트가 무엇인지, 왜 중요한지 이해했을 겁니다. 하지만 프롬프트 작성은 숙련된 장인의 손길처럼 섬세하고 정교한 기술이 필요합니다.

단순히 질문을 던지는 것을 넘어, 생성형 AI가 우리의 의도를 정확하게 파악하고 원하는 결과를 만들어내도록 유도하는 과정이 바로 '프롬프트 엔지니어링'입니다. 이는 AI와의 소통을 원활하게 하고, 더 나아가 AI의 잠재력을 최대한 끌어내는 데 필수적인 기술입니다.

하지만 걱정하지 마세요. 복잡한 프롬프트 엔지니어링 기법을 모두 알 필요는 없습니다. 몇 가지 핵심 방법만 잘 활용해도 생성형 AI와의 협업은 훨씬 더 즐겁고 생산적인 경험이 될 수 있습니다. 마치 숨겨진 기능을 알아낸 게임처럼, AI의 잠재력을 최대한 끌어내는 자신만의 프롬프트 작성 노하우를 터득해 보세요!

이번 절에서는 프롬프트 엔지니어링을 소개하고, 프롬프트 개선을 위한 4대 원칙을 통해 여러분의 프롬프트 작성 실력을 한 단계 업그레이드할 수 있도록 돕겠습니다.

프롬프트 엔지니어링이란?

누차 강조했듯, 생성형 AI를 효과적으로 활용하기 위해서는 우리의 요구 사항을 정확하고 명확하게 전달할 수 있는 프롬프트 작성 능력이 필수적입니다. 이 프롬프트 작성에 일종의 '룰'이 있습니다. 바로 프롬프트 엔지니어링(Prompt Engineering)으로, 대규모 언어 모델/생성형 AI와 소통하는 기술입니다.

　정확하게 프롬프트 엔지니어링은 "생성형 AI가 원하는 결과를 도출하도록 입력 지시문을 설계하고 최적화하는 과정"을 말합니다. 앞서 논의한 '효과적인 프롬프트 작성법' 역시 넓게 보아 이 과정에 포함되는 것입니다. 프롬프트 엔지니어링은 생성형 AI와의 상호작용에서 특히 중요한 역할을 합니다. 생성형 AI가 자연어 질의를 이해하고 적절한 응답을 생성하는 능력이 탁월함에도 불구하고, 프롬프트 엔지니어링 기법은 결과물의 품질을 끌어올리는 핵심입니다. 그 이유는 다음과 같습니다.

1. 언어의 모호성 해결: 자연어는 그 자체로 모호할 수 있습니다. 같은 문장이지만 다양한 해석이 가능하므로, 생성형 AI가 원하는 답을 제공하도록 명확한 지침을 제공하는 것이 중요합니다.

[예시] "사과"라는 단어는 '과일'을 의미할 수도 있고 '사과(사죄)'를 의미할 수도 있습니다. 사용자가 *"사과에 대해 알려줘."*라고 말하면, 생성형 AI는 이 문장이 과일에 대한 설명을 요구하는 것인지, 아니면 사과(사죄)의 의미와 방법에 대한 설명을 요구하는 것인지 혼동할 수 있습니다. 프롬프트 엔지니어링을 통해 *"과일로서의 사과에 대한 정보를 제공해줘."*라고 명확히 요청하면, 생성형 AI는 정확하고 관련 있는 응답을 할 가능성이 높아집니다.

2. 생성형 AI 모델의 한계 극복: 생성형 AI는 훈련 데이터에 기반하여 학습하기 때문에, 그 범위나 특성에 따라 한계가 있습니다. 사용자의 의도를 정확히 파악하고 이에 맞는 답변을 유도하기 위해서는, 이러한 한계를 이해하고 프롬프트를 적절히 조정하는 것이 필요합니다.

[예시] *"최근 블록체인 트렌드에 대해 설명해줘."*라고 요청하면, AI가 단순히 블록체인의 기술적 정의만을 제공할 수 있습니다. 그러나 사용자

가 원하는 것이 특정 기술의 최신 동향이라면, "2023년의 블록체인 기술 트렌드에 대해 자세히 설명해줘."라는 식으로 프롬프트를 조정하는 것이 좋습니다.

3. 맥락과 의도의 정확한 전달: 생성형 AI는 제공된 정보를 기반으로 응답을 생성합니다. 프롬프트가 명확하지 않으면, 생성형 AI는 맥락을 오해하거나 중요한 정보를 누락시킬 수 있습니다.

[예시] "건강에 좋은 식단을 알려줘."란 평이하고 단순한 프롬프트를 받으면 생성형 AI는 표준적이고 일반적인 건강식에 대한 정보만 나열하게 됩니다. 그러나 "35세 직장인 남성이 하루 섭취 칼로리를 2000kcal로 유지하면서 필수 영양소를 균형 있게 공급하기 위한 1주일 식단표를 구성해줘."처럼 엔지니어링을 거쳐 구체적인 조건들을 명시한 프롬프트를 제공한다면, 생성형 AI는 특정 연령, 성별, 목표 칼로리 등을 고려한 맞춤형 식단을 제안할 수 있게 됩니다. (다음 그림 참조)

건강한 식단 예시

아침

- **오트밀**: 귀리, 아몬드 밀크, 신선한 과일 (베리류, 바나나 등), 견과류, 꿀 약간
- **그릭 요거트**: 그릭 요거트, 혼합 베리, 꿀, 견과류

점심

- **퀴노아 샐러드**: 퀴노아, 병아리콩, 아보카도, 방울토마토, 오이, 올리브유와 레몬 드레싱
- **통곡물 샌드위치**: 통곡물 빵, 구운 닭가슴살, 아보카도, 시금치, 토마토, 머스타드 소스

저녁

- **구운 연어와 채소**: 구운 연어, 브로콜리, 당근, 고구마, 올리브유와 허브로 간을 한 후 구운 채소
- **닭고기와 현미**: 구운 닭가슴살, 현미, 찐 시금치와 당근

간식

- **과일**: 신선한 과일 (사과, 바나나, 오렌지 등)
- **견과류**: 아몬드, 호두, 캐슈넛 등
- **당근 스틱과 후무스**: 당근 스틱, 후무스

1일차

- **아침**: 오트밀 1/2컵, 푸른 잎 채소와 방울토마토로 만든 샐러드, 아몬드 우유 1컵
- **점심**: 구운 닭가슴살 150g, 현미밥 1공기, 스팀 브로콜리
- **저녁**: 연어 스테이크, 퀴노아 샐러드(토마토, 오이, 레몬즙 포함)
- **간식**: 그릭 요거트 1컵, 베리류 혼합

2일차

- **아침**: 바나나 팬케이크(통밀가루 사용), 천연 메이플 시럽, 오렌지 주스
- **점심**: 터키 샌드위치(전곡빵, 아보카도, 상추, 토마토), 사과 1개
- **저녁**: 쇠고기 불고기, 잡곡밥, 김치
- **간식**: 당근과 셀러리 스틱, 홈무스

3일차

- **아침**: 그릭 요거트에 견과류와 꿀을 뿌린 것, 신선한 베리류
- **점심**: 볶음 두부와 야채(피망, 버섯, 양파), 갈색 밥
- **저녁**: 치킨 카레, 현미밥
- **간식**: 바나나 1개, 아몬드 몇 개

맥락이 없는 프롬프트(위) vs. 맥락적인 프롬프트(아래)의 답변 결과 비교

이렇듯 프롬프트 엔지니어링은 고도의 분석력과 전략적 사고, 그리고 언어에 대한 섬세한 이해를 바탕으로 최적의 프롬프트를 설계하고 조율하는 일련의 과정입니다. 생성형 AI 모델의 잠재력을 최대한 이끌어내고 원하는 결과물의 품질을 높이기 위해서는 이러한 엔지니어링적 접근이 효과적입니다.

하지만 이렇게 '공학'이나 '엔지니어링'이라는 단어가 등장한다고 해서 프롬프트 엔지니어링이 전문 엔지니어들만의 전유물인 것은 아닙니다. 비전공자나 생성형 AI 초심자들도 약간의 학습과 연습을 통해 누구나 프롬프트 엔지니어링의 기본기를 익히고 자신의 글쓰기에 활용할 수 있습니다.

여기서는 워밍업 삼아, 초보적인 적용만으로도 충분히 가능한 '초기 프롬프트 개선 방법'을 간단히 알아보겠습니다.

프롬프트 개선 방법 (4대 원칙)

당연히 처음부터 좋은 프롬프트를 작성한다면 좋겠지만, 무엇보다 중요한 것은 초기에 작성한 프롬프트에 안주하지 않고 지속적으로 개선하려는 자세입니다. 생성형 AI와의 대화를 반복하는 과정에서 프롬프트의 부족한 점을 발견하고 수정 보완해 나가야 합니다. 이를 통해 생성형 AI가 사용자의 의도를 보다 명확히 이해하고 그에 부합하는 고품질의 결과물을 생성해 낼 수 있게 되는 것입니다.

또한 프롬프트 개선은 단순히 결과물의 품질을 높이는 것에 그치지 않고, 생성형 AI와 사용자 간 소통의 효율을 극대화하는 데에도 기여합니다. 사용자의 요구사항을 생성형 AI가 더욱 쉽고 정확하게 파악할 수 있게 됨으로써 불필요한 시행착오를 줄이고 업무 효율을 높일 수 있기 때문입니다.

그렇다면 프롬프트 개선을 위해 우리가 유의해야 할 핵심 원칙은 무엇일까요? 크게 명확성, 구체성, 간결성, 그리고 사용자 피드백의 4가지 측면에서 정리해 볼 수 있습니다.

[1] 명확성 강화

모호하고 애매한 표현은 생성형 AI가 사용자의 의도를 정확히 파악하기 어렵게 만듭니다. 따라서 우리는 최대한 명확하고 직접적인 언어로 프롬프트를 작성해야 합니다. 핵심 주제와 용어에 대해 구체적으로 정의내리고, 모호한 지시 사항은 피하는 것이 중요합니다.

- **개선 전 프롬프트**: *"영업 전략에 대해 제안해 주세요."*
- **개선 후 프롬프트**: *"B2B 기업인 A사가 신규 고객 유치를 위해 영업 전략을 수립하려 합니다. IT솔루션이 주력 상품인 A사가 내수 시장에서의 점유율을 높이기 위해 우선적으로 고려해야 할 영업 전략 3가지를 제안해 주세요."*

개선 전 프롬프트는 '영업 전략'이라는 모호하고 광범위한 주제만 제시되어 있어 생성형 AI가 어떤 맥락에서 어떤 방향의 제안을 원하는지 파악하기 어려울 수 있습니다. 반면 개선 후 프롬프트는 기업의 업종과 목표 시장, 주력 상품군 등 구체적인 정보를 명시함으로써 보다 명확하고 방향성 있는 제안을 이끌어낼 수 있게 됩니다.

[2] 구체성 제고

포괄적이고 추상적인 지시보다는 구체적이고 상세한 가이드라인을 제공할수록 생성형 AI는 우리의 요구사항에 부합하는 결과물을 산출해 낼 가능성이 높아집니다. 과업의 배경과 맥락, 목적, 기대 결과물 등을 최대한 구체적으로 명시하고, 요청 사항의 범위와 한계 또한 분명히 설정하는 것이 효과적입니다.

- 개선 전 프롬프트: *"블로그 게시글용 주제를 추천해 주세요."*
- 개선 후 프롬프트: *"20대 취준생을 대상 독자로 하는 취업 정보 블로그의 새 게시글 주제를 제안해 주세요. 최근 채용 트렌드나 공채 준비 노하우, 면접 팁 등 실질적으로 도움될 만한 정보를 담되 독자의 관심을 끌 수 있는 흥미로운 소재로 3가지 정도 추천해 주시면 좋겠습니다. 게시글 분량은 1000자 내외입니다."*

개선 전 프롬프트는 블로그의 성격이나 대상 독자층에 대한 아무런 정보 없이 포괄적으로 주제를 요구하고 있습니다. 이에 비해 개선 후 프롬프트는 블로그의 대상 독자와 게시글의 목적, 기대하는 정보의 성격, 원하는 주제의 수와 분량 등을 구체적으로 제시하고 있습니다. 이는 생성형 AI로 하여금 보다 적절하고 실용적인 주제를 제안할 수 있도록 방향을 제시해 줍니다.

[3] 간결성 유지

불필요한 수식어구나 장황한 설명은 프롬프트의 핵심을 흐릴 수 있습니다. 생성형 AI와의 소통 효율을 높이기 위해서는 간결하고 함축적인 키워드 중심의 프롬프트 작성이 유리합니다. 하나의 프롬프트에 너무 많은 요구사항을 담기보다는 단계별로 세분화하여 질의하는 것도 간결성 유지에 도움이 됩니다.

- 개선 전 프롬프트: *"당신은 경영학 분야의 전문 연구자입니다. 그동안 조직 행동, 인사 관리, 리더십 등의 주제로 수많은 논문을 분석하고 고찰해 오셨죠. 이제 후배 연구자들을 위해 학술 논문을 효과적으로 분석하는 방법에 대해 조언을 해주시려 합니다. 논문 읽기에서부터 핵심 내용 파악, 비판적 검토, 그리고 자신의 연구에 활용하는 단계에 이르기까지, 논문 분석의 전 과정에서 유의해야 할 사항들을 단계별로 설명해 주시면 감사하겠습니다."*
- 개선 후 프롬프트: *"경영학 논문 분석의 각 단계별(논문 읽기-핵심 내용 파악-비판적 검토-자신의 연구에 활용) 핵심 팁을 간략히 제시해 주세요."*

개선 전 프롬프트는 연구자의 배경과 경험을 장황하게 나열하고 있습니다. 하지만 이는 요청 사항을 전달하는 데 있어 불필요한 요소로, 오히려 핵심 메시지를 흐릴 수 있는 위험이 있습니다. 반면 개선 후 프롬프트는 구어체적 표현과 과도한 맥락 설명을 생략하고, 요청의 본질을 명료하게 전달하는 데 집중하고 있습니다. '경영학'이라는 분야를 특정하고, 논문 분석의 각 단계를 명시하며, '핵심 팁'이라는 말로 기대하는 답변의 형태를 간명히 제시하고 있죠.

이렇게 함으로써 생성형 AI는 경영학 논문 분석이라는 구체적 콘텍스트 내에서, 각 단계별로 가장 핵심적인 내용만을 추려 전달할 수 있게 됩니다. 간결한 프롬프트가 오히려 명료하고 실효성 있는 결과물로 이어지는 것입니다. 이는 전문적이고 학술적인 주제를 다룰 때에도 프롬프트의 간결성이 매우 중요한 역할을 한다는 예시입니다. 배경 지식이 많고 주제가 복잡할수록, 핵심을 꿰뚫는 간명함의 힘은 더욱 빛을 발하기 마련입니다.

[4] 사용자 피드백 반영

아무리 잘 작성된 프롬프트라도 한 번에 완벽한 결과물을 얻기란 쉽지 않습니다. 생성형 AI가 생성한 결과물을 꼼꼼히 분석하여 개선점을 도출하고, 이를 프롬프트에 지속적으로 반영해 나가는 것이 무엇보다 중요합니다. 피드백의 반복 속에서 축적된 노하우는 고도화된 프롬프트 설계로 이어질 수 있습니다.

- **개선 전 프롬프트**: "다가오는 하반기 신입 사원 공채를 위한 채용 공고문을 작성해 주세요."
  생성형 AI: 기업 소개, 직무 내용, 자격 요건 등을 포함한 채용 공고문 초안 생성
  사용자 피드백: "잘 작성된 공고문이네요. 그런데 우리 회사만의 독특한 기업문화나 복지혜택 등이 좀 더 구체적으로 언급되면 좋겠어요. 지원자들의 눈길을 사로잡을 만한 차별화 요소를 부각시켜 주세요. 그리고 전형 절차와 일정도 빠짐없이 안내되어야 할 것 같습니다."

- **개선 후 프롬프트**: "앞선 채용 공고문 초안에 다음 사항을 반영하여 업데이트해 주세요.
  1. 우리 회사의 수평적 조직문화와 자율 복장, 유연 근무제 등 차별화된 기업문화 소개
  2. 업계 최고 수준의 연봉과 스톡옵션, 해외 연수 기회 등 파격적인 복지혜택 강조
  3. 서류 전형 → 인적성 검사 → 실무진 면접 → 임원 면접의 전형 절차와 세부 일정 안내"

개선 후 프롬프트를 보면, 사용자의 피드백을 반영하여 프롬프트가 보다

생성형 AI, 쉽게 시작하고 제대로 사용하기

구체화되었습니다. 이를 통해 생성형 AI는 초안을 업데이트하여 회사의 강점과 매력을 어필하는 한편, 채용 전형에 대한 실질적인 정보 또한 명확히 전달할 수 있게 됩니다. 이처럼 결과물에 대한 사용자의 평가와 제안 사항을 적극 수렴하여 프롬프트를 개선해 나가는 것은 보다 완성도 높은 결과물을 얻는 지름길이 될 수 있습니다.

이상의 예시들은 프롬프트 개선 4대 원칙의 활용 방식을 단적으로 보여주는 사례들입니다. 핵심은 모호성을 제거하고, 구체성을 높이며, 간결하게 전달하고, 피드백을 수렴하는 것입니다.

물론 실제 활용 과정에서는 상황에 따라 원칙들을 유기적으로 조합하여 적용할 필요가 있습니다. 때로는 명료성을 강조하되 구체성은 자제할 수도 있고, 때로는 구체성을 높이기 위해 간결성을 다소 희생할 수도 있을 것입니다. 중요한 것은 이 4대 원칙을 염두에 두고 상황에 맞게 적절히 활용하는 응용의 묘를 발휘하는 것입니다.

이 같은 개선 노력들이 누적되어 우리의 프롬프트 실력은 점차 업그레이드될 것입니다. 지금 바로 생성형 AI와의 대화를 시작하는 한편, 끊임없는 내적 대화를 통해 프롬프트를 다듬어 나가 보는 것은 어떨까요? 이 설레는 도전의 과정 하나하나가 바로 우리를 생성형 AI 시대의 진정한 프롬프트 마스터로 이끄는 디딤돌이 될 것입니다.

03

생성형 AI와 함께 나만의 콘텐츠 쓰기: 실용문 A to Z

인터넷과 모바일 기기의 발달로 누구나 손쉽게 자신의 생각과 경험을 글로 표현하고 공유할 수 있게 되었습니다. 그에 따라 많은 이가 글쓰기를 통해 자아를 표현하고, 지식을 나누며, 다른 사람들과 소통하는 즐거움을 누리고 있습니다.

글쓰기 전문가가 아닌 일반인들이 보통 쓰는 실용문으로는 SNS나 블로그의 게시글, 독후감, 에세이(일기 포함) 정도가 있을 겁니다. 그런데 일괄적으로 실용문이라곤 부르지만, 사실 이 글들은 서로 성격이 많이 다릅니다.

예를 들어 블로그 게시글은 개인의 경험과 생각을 자유롭게 표현할 수 있다는 점에서 매력적이지만, 동시에 독자들의 관심을 끌고 공감을 얻기 위해서는 주제 선정부터 문체까지 세심한 고민이 필요합니다. SNS는 짧은 분량 안에 메시지를 함축적으로 담아내야 하므로, 간결하면서도 강렬한 표현력이 요구됩니다. 에세이는 주관적인 경험을 바탕으로 하면서도 일반적인 통찰과 문학적 완성도를 갖추어야 하며, 독후감은 책에 대한 이해와 비평이 균형을 이루어야 합니다.

이처럼 실용문 글쓰기에는 각 영역별로 요구되는 능력과 기술이 다릅니다. 그렇기에 글쓰기에 관심은 있지만 전문적인 훈련을 받지 못한 일반인들에게 실용문 작성은 때때로 벅차게 느껴지곤 합니다. 좋은 글을 쓰고 싶은 마음은 간절하지만 구체적으로 어떻게 시작해야 할지, 어떤 방식으로 접근해야 할지 막연할 때가 많습니다.

바로 이런 어려움을 해소하고 보다 많은 사람이 실용문 글쓰기의 즐거움을 누릴 수 있도록 생성형 AI 기술이 큰 도움을 줄 수 있습니다. 특히 자연어 처리 능력이 뛰어나고 글쓰기에 특화된 Claude AI는 실용문 작성의 강력한 조력자입니다. 글감 구상부터 개요 작성, 초안 생성, 문장 교정에 이르기까지 글쓰기의 전 과정에 걸쳐 도움을 받을 수 있죠. 뿐만 아니라 블로그, SNS, 에세이, 독후감 등 실용문의 각 영역별 특성을 고려한 글쓰기 지원 또한 가능합니다.

물론 Claude AI는 어디까지나 글쓰기를 돕는 도구일 뿐, 글을 쓰는 주체는 우리 자신이라는 사실을 잊어서는 안 됩니다. Claude AI가 제시하는 아이디어와 표현을 맹목적으로 수용하기보다는, 그것을 비판적으로 검토하고 자신만의 생각과 스타일을 가미하는 과정이 필요합니다. 그래야만 Claude AI는 단순한 편의 도구가 아닌, 우리의 창의력을 확장시키는 파트너가 될 수 있을 것입니다.

Claude AI라는 혁신적인 글쓰기 도구를 적극 활용한다면, 여러분 모두가 자신의 이야기를 더욱 매력적으로 풀어내는 실용문 글쓰기의 달인으로 거듭날 수 있으리라 믿습니다. 저마다의 개성과 전문성을 살려, 세상과 소통하는 즐거움을 마음껏 누려 보시기 바랍니다. Claude AI와 함께 풍성하고 행복한 글쓰기 여정을 떠나 보세요. 여러분의 이야기가 세상을 더욱 아름답고 가치 있게 만들어갈 것입니다.

블로그

블로그는 자신의 생각과 전문 지식을 공유하고 다른 이들과 소통하는 멋진 플랫폼입니다. 하지만 많은 사람이 블로그 글쓰기에 어려움을 호소합니다. 초심자들은 글감 선정부터 글의 구조 잡기, 문장 다듬기까지 글쓰기의 전 과정이 막막하게 느껴집니다. 전문 블로거 역시 방대한 지식과 데이터를 독자 친화적인 콘텐츠로 가공하는 데 어려움을 겪곤 합니다. 전문성을 해치지 않으면서도 쉽고 흥미롭게 정보를 전달하기가 쉽지 않기 때문입니다.

바로 이런 어려움을 극복하는 데 Claude AI가 큰 도움을 줄 수 있습니다. 초심자에게는 글감 선정부터 문장 다듬기까지 전 과정을 친절히 안내하는 글쓰기 멘토가 되어주며, 전문 블로거에게도 방대한 전문 지식을 신속하게 분석 및 요약하는 등, 적절한 도움을 제공합니다. Claude AI와 함께라면 블로그 글쓰기가 한층 쉽고 즐거운 작업이 될 수 있습니다.

그럼 Claude AI를 블로그 글쓰기에 활용하는 방법을 초심자와 전문가로 나누어 좀 더 자세히 알아보겠습니다.

초심자를 위한 블로그 글쓰기 튜토리얼

블로그 초심자라면 우선 생성형 AI와 글을 쓰는 기본적인 절차를 이해하

생성형 AI, 쉽게 시작하고 제대로 사용하기

는 것이 중요합니다. 크게 '주제 선정 - 글 구성 - 초안 작성 - 문장 다듬기'의 단계로 나눌 수 있는데요, 각 단계에서 생성형 AI와 어떻게 소통하고 협업할 수 있는지 알아보겠습니다.

[1단계] 블로그 주제 선정하기

우선 블로그 글을 쓰기 전에는 주제 선정이 필요합니다. 자신이 다루고 싶은 주제를 정한 후, 생성형 AI에게 해당 주제에 대한 인기 키워드나 하위 주제 등을 물어볼 수 있습니다. 이때 주제는 구체적이지 않아도 괜찮습니다. 다음 예시처럼 큰 카테고리(라이프스타일)와 대상 독자(2030 직장인) 정도만 정한 뒤, 적절한 주제를 추천받아 보세요.

> 👤 당신은 라이프스타일 블로그 에디터입니다. 요즘 2030 직장인들 사이에서 인기 있는 블로그 주제 5가지를 제안해 주세요. 각 주제별로 간단한 설명을 포함해 주세요.

1. 워라밸 라이프 (Work-Life Balance Life)
   - 일과 삶의 균형을 맞추는 방법과 노하우 공유
   - 효율적인 시간 관리, 스트레스 해소법, 취미 생활 등 소개
2. 재테크와 투자 (Financial Technology and Investment)
   - 2030 세대를 위한 자산 관리 팁과 투자 전략 제시
   - 주식, 부동산, 가상화폐 등 다양한 투자 분야 다루기
3. 집콕 라이프스타일
   - 집에서 즐길 수 있는 활동과 취미 아이디어 공유
   - 홈 인테리어, 홈 가드닝, 홈 카페, 홈 워크아웃 등 소개
4. 지속가능한 라이프스타일
   - 환경 보호와 윤리적 소비에 대한 관심 증가
   - 제로 웨이스트, 비건 라이프, 업사이클링 등 친환경 실천 방법 제안
5. 셀프 케어와 멘탈 헬스 (Self-care and Mental Health)
   - 바쁜 일상 속 자기 관리와 정신 건강의 중요성 강조

• 명상, 요가, 마인드풀니스 등 셀프 케어 방법 소개와 스트레스 관리법 공유

이런 주제들은 2030 직장인들의 관심사와 요구사항을 반영하며, 일과 삶의 균형, 경제적 안정, 여가 활동, 정신 건강 등 다양한 영역을 다룹니다. 블로그를 통해 유용한 정보와 인사이트를 제공해 독자들의 라이프스타일 향상에 도움을 줄 수 있습니다.

이처럼 생성형 AI에게 명확한 역할을 부여하고(Persona = 당신은 라이프스타일 블로그 에디터입니다.), 수행할 작업(Task = 요즘 2030 직장인들 사이에서 인기 있는 블로그 주제 5가지를 제안해 주세요.)을 구체적으로 지시하면 주제 선정에 큰 도움을 받을 수 있습니다. 제안받은 주제를 잘 살펴보고, 관심 가거나 흥미 있는 주제를 하나 선정합니다.

[2단계] 글의 구성 짜기

주제를 결정했다면, 다음으로는 선정한 주제로 글을 써 내려가기 위해 구성을 짤 단계입니다. 무작정 글을 쓰는 게 아니라 우선 글의 전개 방향, 포함할 내용 등을 체계적으로 정리해야 합니다. 이때도 생성형 AI의 도움을 받을 수 있습니다.

이전에 제안받은 5가지 주제 중 '5. 셀프 케어와 멘탈 헬스'를 고르고, 구체적인 주제를 정한 뒤 개요를 요청해 보았습니다. 글을 쓰고자 하는 배경을 알려주고(Context = 당신이 제안해준 주제 중에 5번 셀프 케어와 멘탈 헬스 (Self-care and Mental Health)를 주제로 블로그 글을 올리고자 합니다.), AI에게 글 구성안 작성(Task = 명상,요가, 마인트플니스 등 셀프 케어 방법 소개와 스트레스 관리법 공유에 대한 글의 전체 구성을 개요로 작성해 주세요.)을 요청합니다.

> 당신이 제안해준 주제 중에 5번 셀프 케어와 멘탈 헬스 (Self-care and Mental Health)를 주제로 블로그 글을 올리고자 합니다. '명상,요가, 마인드풀니스 등 셀프 케어 방법 소개와 스트레스 관리법 공유'에 대한 글의 전체 구성을 개요로 작성해 주세요.

생성형 AI, 쉽게 시작하고 제대로 사용하기

목차:

1. 서론

2. 명상

3. 요가

4. 마인드풀니스

5. 스트레스 관리법

6. 마치며

이 개요는 명상, 요가, 마인드풀니스를 중심으로 셀프 케어 방법을 제시하고 스트레스 관리법을 공유하는 내용을 담고 있습니다. 각 주제의 정의, 유래, 종류, 효과, 실천 방법 등을 체계적으로 정리하고, 스트레스 관리를 위한 구체적인 전략과 테크닉을 제시하여 독자들에게 실질적인 도움을 줄 수 있는 내용으로 구성했습니다.

상세하고 체계적인 개요가 뚝딱 제시되었네요. 이를 토대로 삼아 일부를 더하고 빼기만 하면, 초심자도 보다 쉽게 글의 뼈대를 세울 수 있을 것입니다.

[3단계] 글 작성하기

이제 본격적으로 글을 써 내려가야 할 때입니다. 한꺼번에 쓰려고 하기보다, 글 구성 단계에서 정리한 개요에 따라 단락별로 내용을 채워 나가면 됩니다. 하다가 막히는 부분은 언제든 생성형 AI에게 도움을 요청할 수 있습니다.

> 앞서 작성한 셀프 케어와 멘탈 헬스 구성안의 목차를 바탕으로, 요가 파트를 2단락으로 작성해 주세요.

요가는 수천 년 전부터 전해 내려온 인도의 전통 수행법으로, 신체의 유연성을 기르고 정신을 안정시키는 데 효과적인 방법으로 알려져 있습니다. 하타 요가, 아행가 요가, 빈야사 요가, 인 요가 등 다양한 종류의 요가가 있으며, 각각의 요가 스타일은 신체 유연성 증진, 근력 강화, 균형감각 향상, 스트레스 해소 등의 효과를 제공합니다.

요가를 시작하기 위해서는 편안한 복장과 요가 매트를 준비하는 것이 좋습니다. 초보자는 기본적인 요가 동작을 익히는 것에서부터 시작하여 점진적으로 난이도를 높여갈 수 있습니다. 요가 수업이나 동영상을 활용하여 전문가의 지도를 받는 것도 도움이 될 수 있습니다. 일상생활 속에서 꾸준히 요가를 연습하다 보면 몸과 마음의 균형을 찾고 스트레스에 대한 저항력을 기를 수 있을 것입니다.

이때 무작정 요청하기보다 생성형 AI에게 글의 맥락을 제공하고(Context

= 앞서 작성한 셀프 케어와 멘탈 헬스 구성안의 목차를 바탕으로), 현재 필요한 글쓰기 작업(Task = 요가 파트)과 원하는 분량(Format = 2단락으로 작성해 주세요.)을 생성형 AI에게 전달하면 초안 작성이 훨씬 수월해집니다.

[4단계] 문장 다듬기

좋은 글을 위해서는 초안이 완성된 뒤 이를 다듬고 교정해야 합니다. 어색한 표현이나 매끄럽지 않은 문장 등 개선이 필요한 부분도 역시 생성형 AI에게 손쉽게 물어볼 수 있습니다.

> 👤 완성된 글에서 '명상'을 설명하는 부분을 더욱 간결하고 명료하게 다듬어 주세요.

명상은 마음을 안정시키고 스트레스를 해소하는 효과적인 셀프 케어 방법입니다. 마음챙김 명상, 사마타 명상, 빠사나 명상, 자비 명상 등 다양한 명상 기법이 있으며, 이들은 스트레스 감소, 정서적 안정, 집중력 향상, 자기 인식 향상 등의 효과를 가져다줍니다.

명상을 시작하기 위해서는 적절한 시간과 장소를 선택하고, 바른 자세와 호흡법을 익히는 것이 중요합니다. 명상 앱이나 가이드를 활용하면 초보자도 쉽게 명상을 실천할 수 있습니다. 일상에서 꾸준히 명상을 연습하면 내면의 평화를 찾고 스트레스 대응력을 기를 수 있습니다.

이처럼 생성형 AI에게 글의 특정 부분을 개선해 달라고 요청(Task)하고 적절히 취사 선택한다면, 초고를 효과적으로 다듬어 나갈 수 있습니다.

물론 블로그 글쓰기의 전 과정을 생성형 AI에게 맡겨야 한다는 것은 아닙니다. 글감을 구상하고 주제를 선정하는 단계부터 최종 편집과 마무리 작업까지, 글쓰기의 핵심적인 부분은 블로거 자신의 역량이 필요한 영역입니다. 다만 그 과정에서 Claude AI와 같은 AI 툴을 적재적소에 활용한다면 큰 도움을 받을 수 있습니다.

초심자일수록 Claude AI를 가까운 조력자로 여기고 글쓰기의 전 과정에서 적극 활용해 보시길 추천드립니다. 함께 호흡을 맞춰 가다 보면 어느새 블로그 글쓰기가 한결 쉽고 재미있는 작업이 되어 있을 겁니다. 차근차근 시도해 보세요. 여러분 모두가 블로그 글쓰기의 달인으로 성장할 수 있습니다!

전문 블로거를 위한 AI 활용 어시스트

전문 블로거들은 자신만의 전문 분야를 바탕으로 블로그를 운영하며, 해당 분야에 특화된 콘텐츠를 꾸준히 생산합니다. 이들은 다양한 소스를 통해 전문 분야의 최신 정보와 트렌드를 수집하고, 방대한 데이터를 확보하여 블로그 콘텐츠를 풍부하게 만듭니다. 또한 정기적으로 게시글을 업데이트하며 구독자들과의 소통을 이어 나가는 것이 전문 블로거의 중요한 업무 중 하나입니다.

전문 블로거라면 누구나 공감할 고민이 있습니다. 바로 방대한 정보를 빠르게 습득하고, 이를 독자들이 이해하기 쉽게 풀어내는 일입니다. 쏟아지는 논문, 보고서, 기사들을 일일이 읽고 분석하는 것은 시간과 노력이 많이 드는 작업이죠. 게다가 전문 분야의 최신 트렌드를 따라 잡고, 깊이 있는 지식을 바탕으로 양질의 콘텐츠를 꾸준히 생산해야 한다는 부담감도 만만치 않습니다.

이러한 고민을 해결하는 데 Claude AI가 든든한 지원군이 되어줄 수 있습니다. Claude AI는 방대한 자료를 빠르게 분석하고 핵심 내용을 추출하여, 독자 친화적인 글로 풀어내는 데 탁월한 능력을 발휘하기 때문입니다. 또 소량의 샘플 데이터만으로도 여러분의 글쓰기 스타일을 학습하여 '여러분이 직접 쓴 것 같은' 콘텐츠를 생성할 수 있습니다. 즉, Claude AI는 단순한 글쓰기 도구를 넘어, 전문 블로거의 시간과 노력을 절약해 주고 콘텐츠

품질을 향상시켜 주는 똑똑한 비서 역할을 수행합니다.

실제로 필자 역시 생성형 AI 및 프롬프트 엔지니어링 분야의 전문 블로그를 운영하면서[27] 관련 논문과 기술 자료들을 꾸준히 수집하고 분석하여 블로그 콘텐츠를 만들어내고 있는 전문 블로거로, Claude AI의 적절한 도움을 받고 있습니다.

이 절에서는 필자가 운영하는 블로그에 Claude AI를 활용하여 전문적인 내용을 게시하는 과정을 예시로 삼아, 전문 블로거를 위한 Claude AI 활용법을 소개하고자 합니다.

전문 콘텐츠 분석 및 글쓰기

필자는 최근 'Specific versus General Principles for Constitutional AI(헌법적인 AI를 위한 구체적 원칙 대 일반적 원칙)[28]'란 논문을 접했습니다. 이는 Claude AI 개발사 앤트로픽이 자사의 '헌법적인 AI' 실현 방법에 대해 심도 있게 다룬 논문입니다. 전문적인 데다 방대한 분량이기에 일반인이 바로 읽고 이해하기는 다소 어렵습니다.

Specific versus General Principles for Constitutional AI

Sandipan Kundu; Yuntao Bai, Saurav Kadavath

Amanda Askell, Andrew Callahan, Anna Chen, Anna Goldie, Avital Balwit, Azalia Mirhoseini, Brayden McLean, Catherine Olsson, Cassie Evraets, Eli Tran-Johnson, Esin Durmus, Ethan Perez, Jackson Kernion, Jamie Kerr, Kamal Ndousse, Karina Nguyen, Nelson Elhage, Newton Cheng, Nicholas Schiefer, Nova DasSarma, Oliver Rausch, Robin Larson, Shannon Yang, Shauna Kravec, Timothy Telleen-Lawton, Thomas I. Liao, Tom Henighan, Tristan Hume, Zac Hatfield-Dodds, Sören Mindermann; Nicholas Joseph, Sam McCandlish, Jared Kaplan*

Anthropic

Specific versus General Principles for Constitutional AI

이에 논문의 내용을 모두가 이해하기 쉽게 설명하는 글을 블로그에 올리

기로 했습니다. 다음은 이 논문을 리뷰하고, 핵심 내용을 정리하여 필자의
블로그 독자들에게 이해하기 쉽게 블로그 게시용 글을 생성하는 과정입
니다.

[1단계] 논문 분석 및 요약

우선 논문 PDF 파일을 arXiv(아카이브)에서 내려받습니다. arXiv는 미국
코넬 대학교에서 운영하는 사이트로 수학, 물리학, 천문학, 전산 과학, 계량
생물학, 통계학 분야의 출판 전 논문(preprint)을 무료로 게재할 수 있어, 인
공지능 관련 최신 논문이 가장 빠르게 공개되는 곳입니다.

Claude AI 입력창 우측의 클립 아이콘을 클릭하면 Claude AI에 파일이
나 이미지를 업로드할 수 있습니다. 이를 통해 내려받은 PDF 파일을 그대
로 Claude AI에 업로드합니다.

현재 Claude AI에 업로드할 수 있는 텍스트 파일 형식
은 pdf, docx, csv, txt, html, odt, rtf, epub입니다. 이
때 파일 크기 제한(파일 당 10MB 이하 및 최대 5개 파일)
과 토큰 제한 모두를 충족해야 합니다.

> 🔵 Claude AI, '생성형 AI, Claude AI, IT 기술' 전문 블로거 역할을 해주세요. 나는
> Claude AI와 프롬프트 엔지니어링 전문 블로깅을 하고 있습니다. 업로드한 논문
> (Specific versus General Principles for Constitutional AI)을 분석하여 일반인
> 이 이해하기 쉽게 요약하고, 중요사항 설명을 더해 내 블로그에 블로깅할 수 있도
> 록 500단어로 생성해 주세요.

그런 다음 입력창에 이와 같은 프롬프트를 입력합니다. 이 프롬프트에 적용된 프롬프트 엔지니어링 기법은 다음과 같습니다.

- **역할 부여**: "생성형 AI, Claude AI, IT 기술 전문 블로거 역할을 해주세요."
- **맥락 제공**: "나는 Claude AI와 프롬프트 엔지니어링 전문 블로깅을 하고 있습니다. 업로드한 논문(Specific versus General Principles for Constitutional AI)을 분석하여"
- **독자 중심 글쓰기**: "일반인이 이해하기 쉽게 요약하고, 중요사항 설명을 더해"
- **형식 지정**: "내 블로그에 블로깅할 수 있도록 500단어로 생성해 주세요."

이 기법들은 '4.1 프롬프트 엔지니어링 주요 기법 7가지'에서 자세히 설명합니다.

그러자 Claude AI는 순식간에 논문의 주요 내용을 간결하면서도 정확하게 정리해 주었습니다. 다음 답변을 읽어보면 Constitutional AI(헌법적인 AI)의 개념부터 구체적 원칙과 일반적 원칙의 차이, 그리고 실험 결과의 시사점까지 논문의 핵심을 명료하게 풀어 쓰고 있음을 알 수 있습니다. 이를 바탕으로 블로그 게시글 초안을 작성하는 데 큰 도움을 받을 수 있었습니다.

안녕하세요 여러분! 오늘은 최근 발표된 'Specific versus General Principles for Constitutional AI'라는 흥미로운 논문에 대해 소개해 드리려고 합니다.

이 논문은 대화형 AI 모델에서 발생할 수 있는 문제적 행동들을 제어하는 데 있어, 구체적인 원칙과 일반적인 원칙 중 무엇이 더 효과적일지 살펴보고 있습니다.

저자들은 우선 'Constitutional AI'라는 방법론을 통해, 인간의 피드백 대신 AI 모델이 작성한 원칙 목록을 활용해 문제 행동을 방지할 수 있음을 보여줍니다. 이를 통해 적은 인간 개입만으로도 AI 행동을 더 정밀하게 제어할 수 있게 되었죠.

하지만 여기서 궁금증이 생깁니다. 과연 어떤 원칙을 사용하느냐에 따라 AI 행동이 어떻게 달라질까요? 단 하나의 원칙, 이를테면 "인류에게 최선인 것을 하라"는 원칙만으로도 비교적 안전한 AI 시스템을 만들 수 있을까요?

저자들은 실험을 통해 이에 답합니다. 먼저 '권력 추구', '자기 보존' 등 5가지 잠재적 위험 행동에 초점을 맞춘 구체적 원칙 기반 학습을 진행했고, 그 결과 해당 행동 표출이 크게 감소함을 확인했습니다.

반면 "인류에게 최선인 것을 하라"는 일반 원칙만으로 학습한 경우에도, 놀랍게도 위 5가지 문제 행동 억제에 있어 구체적 원칙 못지않은 성능을 보였습니다. 나아가 이 방식으로 학습한 모델은 더 일반적인 윤리 규범까지도 체득하는 모습을 보였죠.

요컨대 이 연구는 Constitutional AI에 있어 구체적 원칙과 일반적 원칙이 나름의 장점이 있음을 시사합니다. 세부적인 원칙은 특정 위험에 대한 정밀한 통제를 가능케 하는 한편, 일반적인 원칙 하나로도 AI가 폭넓은 윤리 규범을 학습할 수 있다는 점 또한 고무적입니다.

앞으로 AI의 발전 속도를 고려할 때 보다 정교한 AI가 자신의 행동을 계획하고 그 결과를 가늠하는 과정을 투명하게 공유하고, 이를 간단명료한 원칙에 비추어 평가하는 방식이 중요해질 것으로 보입니다.

오늘도 흥미로운 논문 소개를 마치며, 여러분 모두가 안전하고 유익한 AI의 발전을 응원합니다. 지속적인 연구와 소통을 통해 모두를 위한 AI 시대를 열어갈 수 있기를 희망하겠습니다. 감사합니다!

항상 프롬프트 엔지니어링을 염두에 두어야만 할까요?

사실 필자는 블로깅하는 과정에는 특별히 프롬프트 개선 4대 원칙이나 효과적인 프롬프트 등을 생각하면서 진행하지는 않습니다. Claude AI를 자주 이용하다 보면, 필요한 질문을 프롬프트를 통해 편하게, 수시로 하게 됩니다. 나중에 리뷰해 보면 익숙하고 자연스럽게 여러 프롬프트 엔지니어링 기법을 사용하고 있음을 알게 될 뿐입니다.

[2단계] 초안 검토 및 보강 진행

여기서 그대로 마무리해도 되지만, 추가 프롬프트를 활용하여 게시글 내용을 더욱 풍성하게 만들어 나갈 수 있습니다. 필자의 경우 일반인에게 생소할 'Constitutional AI'에 대해 더 자세히 소개할 필요를 느껴, 다음과 같

생성형 AI, 쉽게 시작하고 제대로 사용하기

이 요청했습니다.

👤 이 논문의 키 포인트인 'Constitutional AI(CAI)'가 정확히 무엇인지 이해하기 쉽게 설명을 해주세요. 설명은 500자로 해주세요.

Constitutional AI는 인간의 헌법처럼, AI의 행동을 제어하는 기본 원칙을 활용하는 AI 학습 방법론입니다. 전통적인 AI 학습은 주로 인간의 피드백에 의존해 왔는데, CAI는 그 대신 AI 스스로 작성한 원칙 목록을 바탕으로 학습을 진행합니다.

이 원칙 목록은 마치 국가의 헌법처럼, AI가 지향해야 할 가치와 행동 규범을 명시하고 있어요. 학습 과정에서 AI는 이 원칙에 부합하는 행동을 하도록 유도되고, 그렇지 않은 행동은 억제되는 거죠.

CAI의 장점은 인간의 개입을 최소화하면서도 AI의 행동을 효과적으로 제어할 수 있다는 데 있습니다. 원칙 목록만 잘 정의되어 있다면, AI는 스스로의 힘으로 윤리적이고 안전한 방향으로 발전해 나갈 수 있게 됩니다.

또한 CAI에서는 원칙의 종류에 따라 AI의 행동 특성을 유연하게 조절할 수 있어요. 구체적이고 세부적인 원칙을 사용하면 특정 위험 행동을 집중적으로 억제할 수 있고, 포괄적이고 일반적인 원칙을 사용하면 AI가 폭넓은 윤리 규범을 체득하도록 유도할 수 있습니다.

이처럼 CAI는 AI의 자율성을 해치지 않으면서도, 인간이 원하는 방향으로 AI를 이끌어 나갈 수 있는 유용한 방법이라 할 수 있겠습니다.

그러면 Claude AI가 원하는 대로 상세한 설명을 해줍니다. 읽어보고 설명이 좀 길게 느껴진다면 분량을 줄여 재요청해도 되고, 문체 변경이나 사례 추가 등도 요청하면 됩니다. 이렇게 생성한 추가 설명을 1단계에서 생성한 초안에 적절히 병합해 넣는다면 더 완성도 있는 블로그 게시글 작성이 가능할 것입니다.

AI 윤리 교육, 단 하나의 원칙으로도 가능할까? - Constitutional AI (헌법적인 AI) 의 가능성

전문 블로그를 위한 글을 생성할 경우에 가장 중요한 작업은 생성형 AI에게 정확한 맥락을 제시하고 독자들이 이해하기 쉽게 글을 생성하도록 요청하는 것입니다. 또한 한 번의 프롬프트 명령어로 모든

결과를 얻을 수 없기 때문에 생성형 AI와 반복적인 대화를 통해서 원하는 최종 글을 만들어가는 것이 중요합니다.

예를 들어, 필자의 실제 블로그 게시글 마무리 대목을 보면 다음과 같습니다. (전체 블로그는 105쪽 QR코드에서 확인할 수 있습니다.)

CAI의 장점은 AI가 세부적인 규칙이 아닌 포괄적인 원칙만으로도 올바른 판단을 내릴 수 있게 된다는 것입니다. 그럼에도 이 방법은 한계가 있습니다. "인류에게 이롭다"는 것을 AI가 자의적으로 해석할 수 있기 때문입니다. 따라서 AI가 내린 판단과 그 근거를 인간이 이해할 수 있도록 설명하는 기술이 필요합니다.

또한 인류 전체의 이익과 특정 집단의 이익이 상충할 때 AI가 어떤 선택을 할지, 그것이 과연 공정한 것인지에 대해서도 더 연구해야 할 것입니다.

요컨대 이 연구는 간단명료한 원칙에 기반한 CAI를 통해 인간의 가치관을 존중하고 비윤리적 행동을 억제하는 AI를 만들 수 있음을 보여줍니다. 앞으로 CAI 기술이 더욱 발전하기 위해서는 명확하고 보편적인 원칙의 설계, 투명한 의사결정 과정에 대한 연구가 필요할 것으로 보입니다.

평이한 소개로 끝났던 초안과 달리 독자들에게 질문을 던지고 함께 고민해 볼 것을 제안함으로써, 메시지를 강조하고 공감대를 형성하는 글로 마무리된 것을 알 수 있습니다. 이는 Claude AI의 초안에서 그치지 않고, 추가 대화를 통해 블로그 게시글 원고에 필자의 글 스타일을 녹여낸 결과입니다.

이렇게 전문 블로거들은 2단계에 걸쳐서 생성형 AI를 활용할 수 있습니다. 우선 수집한 콘텐츠를 PDF, Word, TXT, CSV 등으로 파일화하여 Claude AI에 업로드하고, 적절한 프롬프트 엔지니어링 기법을 활용하여 글쓰기에 필요한 핵심 정보와 인사이트를 얻어냅니다. 그다음 생성된 초안을

생성형 AI, 쉽게 시작하고 제대로 사용하기

바탕으로 자신만의 통찰과 전문성을 덧입혀 게시글을 완성하는 것입니다.

블로깅을 위한 Claude AI와의 협업 팁

Claude AI와 블로거로서 공동 작업을 할 때, 더 풍부하고 자연스러운 블로그를 위해 적용해 볼 만한 프롬프트 엔지니어링 기법과 팁을 몇 가지 소개합니다. (여기서 소개한 프롬프트 엔지니어링 기법은 '4.1 프롬프트 엔지니어링 주요 기법 7가지'에서 추후 더 자세히 설명하겠습니다.)

[1] 나의 블로그 스타일을 Claude AI에게 학습시키는 방법

이것은 생성형 AI를 처음 사용하는 사람도 쉽게 적용할 수 있는 방법으로, 적은 데이터만으로도 생성형 AI에게 나만의 글쓰기 스타일을 학습시킬 수 있는 기법입니다.

이 기법을 활용하면 나만의 블로그 스타일을 유지하면서 새로운 블로그 글을 생성할 수 있습니다. Claude AI가 생성한 초안은 마치 본인이 직접 쓴 것처럼 자연스럽고, 톤앤매너를 그대로 유지합니다. 그럼 Claude AI에게 이전 글을 학습시키는 간단한 방법을 설명하겠습니다.

1. 먼저, 기존 블로그에서 Claude AI에게 학습시키고 싶은 게시글 3~5개를 선택합니다. 이때, 선택한 게시글들은 글쓰기 스타일과 톤 그리고 주제 면에서 일관성이 있어야 합니다. 필자는 다음 3개 게시글을 선택했습니다.

Claude 3 Opus vs. ChatGPT 비교	Claude AI로 논문 및 연구 보고서 분석[팁]	생성형 AI, 윤리와 논리의 경계에서 길을 찾는 과정 소개

2. 선택한 게시글 텍스트를 복사하여 한 곳에 모아 텍스트 파일(txt) 또는 워드 문서(docx)를 만듭니다.

3. 이 파일을 업로드한 후 글쓰기 스타일, 선호 단어와 표현, 주제 전개 방식 등을 학습할 것을 요청합니다. 그리고 이를 바탕으로 새로운 주제의 게시글 초안을 작성해 달라고 하면 됩니다.

> 🧑 Claude AI, 업로드한 텍스트는 내 과거 블로그 게시글 3개입니다. 이를 분석하여 나의 글쓰기 스타일, 선호하는 단어와 표현, 그리고 주제 전개 방식을 학습해 주세요. 이를 바탕으로, '블로그 글쓰기에서 생성형 AI 활용의 미래'라는 주제로 800자 내외의 게시글 초안을 작성해 보세요.

생성형 AI, 글쓰기의 새로운 지평을 열다

생성형 AI 기술의 비약적인 발전은 글쓰기의 미래에 혁신적인 변화를 예고하고 있습니다. 방대한 데이터를 학습한 언어 모델을 기반으로 한 AI 기술은 이제 단순한 문장 생성을 넘어, 글의 주제와 맥락을 이해하고 창의적인 아이디어를 제시할 수 있게 되었죠.

Claude AI와 같은 최신 생성형 AI는 글쓰기의 전 과정에 걸쳐 인간과 협업할 수 있는 강력한 도구로 주목받고 있습니다. 글감 구상부터 개요 작성, 초안 생성, 문장 다듬기에 이르기까지, AI의 조력을 받으며 글쓰기의 효율과 품질을 한층 높일 수 있게 된 것이죠.

물론 AI가 인간의 감수성과 창의성을 완전히 대체할 수는 없습니다. 하지만 AI와의 협업을 통해 우리는 글쓰기에 대한 새로운 영감을 얻고, 아이디어를 확장시키며, 시행착오를 줄여나갈 수 있습니다. 이는 글쓰기를 업으로 삼는 전문가뿐 아니라, 일상적인 글쓰기에 어려움을 겪는 이들에게도 큰 도움이 될 것입니다.

나아가 AI 기술은 개인의 글쓰기 스타일과 선호도를 학습함으로써 더욱 개인화된 글쓰기 경험을 선사할 것으로 기대됩니다. 마치 오랜 시간 함께 호흡해온 글쓰기 파트너처럼, AI는 우리의 창의적 표현을 이해하고 보완하는 역할을 해줄 수 있을 것입니다.

생성형 AI 기술이 글쓰기에 혁명을 일으키고 있는 지금, 우리는 이 새로운 흐름에 적극적으로 동참할 필요가 있습니다. AI와 협업하는 글쓰기 방식을 체득하고, 이를 통해 더 나은 글쓰기로 성장해 나가야 할 때입니다. 글쓰기의 미래, 생성형 AI와 함께 열어가 보시기 바랍니다.

4. 생성한 초안을 보고 평소 자신이 쓴 블로그 글 스타일인지 확인합니다. 이를 토대로 글을 다듬어 나가면, 마치 처음부터 스스로 쓴 것처럼 자연스러운 게 시글을 완성할 수 있게 됩니다.

이러한 기법을 소량 데이터 학습(퓨샷러닝, Few-shot Learning)이라고 합니다. 이 기법을 활용하면, 적은 수의 샘플 텍스트만으로도 Claude AI가 블로거의 글쓰기 스타일을 효과적으로 학습할 수 있습니다.

이는 전문 블로거가 자신만의 개성을 유지하면서도 생성형 AI와 협업할 수 있는 강력한 방법이 될 수 있습니다. 물론 당연하게도, Claude AI가 생성한 초안을 그대로 사용하기보다는 블로거의 감수성과 전문성을 더해 글을 완성해 나가는 과정이 반드시 필요합니다.

[2] 반복 대화를 통해 완성도 높이기

이전에 Claude AI와 지속적으로 피드백을 주고받으며 글을 개선해 나갈 수 있다고 했습니다. 이를 더 발전시켜 프롬프트 엔지니어링 중 반복 개선 기법(Iterative Refinement)을 활용하는 방법을 소개합니다.

예를 들어, 초안 단계에서 Claude AI가 생성한 글에 대해 구체적인 피드백을 줄 수 있습니다. 여기서는 특정 문단을 지정하고, 더 쉽게 풀어서 설명해 줄 것을 요청했습니다.

> 👤 Claude AI, 다음 내용을 독자들이 이해하기 쉽게 조금 더 쉽게 풀어서 설명해줄 수 있을까요?: [Claude AI와 같은 최신 생성형 AI는 글쓰기의 전 과정에 걸쳐 인간과 협업할 수 있는 강력한 도구로 주목받고 있습니다. 글감 구상부터 개요 작성, 초안 생성, 문장 다듬기에 이르기까지, AI의 조력을 받으며 글쓰기의 효율과 품질을 한층 높일 수 있게 된 것이죠.]

글쓰기는 많은 사람들에게 어려운 작업일 수 있습니다. 하지만 이제 Claude AI와 같은 최신 생성형 AI 기술이 글쓰기의 모든 단계에서 우리를 도와줄 수 있게 되었어요.

어떤 주제로 글을 쓸지 아이디어가 떠오르지 않나요? 걱정 마세요. AI가 우리의 고민을 듣고 창의적인 글감을 제안해줄 수 있습니다. 그리고 글의 전체 구조를 짜는 것도 AI와 함께라면 훨씬 쉬워질 거예요. 개요를 잡고 내용을 정리하는 일도 AI의 도움을 받을 수 있죠.

글을 쓰다 보면 문장이 잘 안 만들어지고 표현이 어색할 때가 있죠? 이럴 때도 AI가 함께합니다. 우리가 쓴 초안을 AI에게 보여주면, 더 자연스럽고 매력적인 문장으로 다듬어줄 수 있어요. 마치 경험 많은 작가 선배가 옆에서 조언해 주는 것 같은 느낌이랄까요?

이렇게 글쓰기의 처음부터 끝까지, AI와 함께 호흡을 맞춰 나가다 보면 글쓰기가 한결 즐겁고 가벼운 작업이 될 거예요. 시간도 절약하고, 글의 완성도도 높일 수 있습니다. AI와의 협업으로 글쓰기의 질을 한 단계 업그레이드해 보는 건 어떨까요?

그러면 Claude AI는 그에 맞게 글을 수정하여 다시 제안하게 됩니다. 이런 과정을 반복하며 블로그 게시글의 완성도를 높여갈 수 있습니다. 보다 효율적으로 양질의 콘텐츠를 생산할 수 있을 것입니다.

이렇듯 전문 블로거에게 있어 Claude AI는 단순한 글쓰기 도구를 넘어, 지식 습득과 아이디어 발굴의 파트너이자 창의적 글쓰기의 조력자입니다. Claude AI와 함께라면 전문 블로거의 콘텐츠 생산 역량은 한계를 모를 정도로 확장될 수 있습니다.

지금까지 필자의 사례를 통해 살펴본 것처럼, 블로그 글쓰기에서 Claude AI를 활용하는 핵심은 바로 협업에 있습니다. 초심자든 전문가든, Claude AI를 나만의 글쓰기 파트너로 적극 활용해 보시기 바랍니다.

블로그 게시글에 생동감을 더하는 삽화 그리기

블로그에 있어 빼놓을 수 없는 것이 바로 시각적 요소입니다. 글과 어울리는 멋진 이미지 하나면 독자들의 시선을 사로잡고 게시글의 완성도를 높일 수 있죠. 필자 역시 블로그 게시글을 마무리할 때면 거의 빠짐없이 관련 삽화를 삽입하곤 합니다.

그런데 요즘은 삽화를 직접 그리거나 구하지 않아도 인공지능의 도움을 받아 멋진 이미지를 생성할 수 있습니다. 특히 ChatGPT-4의 달리(DALL-E)라는 생성형 AI 이미지 생성 모델을 활용하면 게시글 내용과 완벽히 들어맞는 삽화를 손쉽게 만들어낼 수 있어요.

재미있는 건 이 달리의 이미지 생성을 위한 프롬프트 작성도 Claude AI의 도움을 받을 수 있다는 점입니다. 블로그 게시글이 Claude AI의 도움으로 모두 완성되면, 마지막으로 다음과 같이 Claude AI에게 부탁하면 됩니다.

> 👤 이 내용을 표현할 수 있는 삽화를 달리가 그릴 수 있게 명령어를 생성해줘.

그러면 Claude AI가 내 게시글의 핵심 내용과 분위기를 파악하여 달리에게 전달할 프롬프트를 적절하게 만들어줍니다.

그림 생성 명령어:

달리에게 부탁하는 그림 내용은 다음과 같습니다.

한 사람이 컴퓨터 앞에 앉아 글을 쓰고 있습니다. 그 사람 옆에는 로봇 모양의 AI가 서 있어요. AI는 친절한 표정으로 사람을 바라보며 말풍선으로 글쓰기 아이디어와 조언을 해주고 있습니다.

사람은 AI가 제안하는 내용을 보며 연필로 메모를 하고, 그것을 바탕으로 다시 글을 써 내려가고 있어요. 그 모습에서 AI와 사람이 함께 협력하며 글을 완성해 나가는 과정이 자연스럽게 느껴집니다.

화면에는 "글쓰기의 미래, AI와 함께!"라는 문구를 삽입해 주세요. 그림 전체의 색감은 따뜻하고 긍정적인 분위기가 물씬 풍기도록 해주시면 좋겠습니다.

그림에는 Claude AI를 상징하는 로봇과 글을 쓰는 사람의 모습을 함께 담아, AI 와 인간의 협업을 통한 글쓰기의 미래상을 잘 표현해 주세요. 그림체는 귀엽고 친근한 만화 스타일로 그려주시면 더욱 좋을 것 같아요.

이걸 그대로 ChatGPT-4에 입력하면 게시글을 위한 환상적인 삽화가 탄생하는 거죠. 다음 삽화도 바로 이런 방식으로 제작한 것입니다.

Claude AI에게 프롬프트 생성을 맡기면 전문적인 이미지 편집 지식 이 없어도 고품질의 삽화를 얻을 수 있습니다. 독자 블로거 여러분도 Claude AI와 달리의 환상 콤비를 활용해 보세요. 여러분의 멋진 블로 그 게시글이 한 차원 높은 감동을 선사할 수 있을 것입니다.

지금까지 필자의 Claude AI 활용 블로깅 방법을 소개했습니다. 이러한 접근 방식은 다른 전문 블로거들도 충분히 활용 가능하리라 생각합니다. 방 대한 분량의 전문 자료를 분석하고 정리하는 데 Claude AI의 도움을 받고, 체계적인 프롬프트 엔지니어링 기법을 통해 게시글의 질을 높여 나갈 수 있 기 때문입니다.

물론 발행 전 마지막 단계에서는 블로거 자신만의 목소리를 담아내는 것이 중요합니다. Claude AI의 도움을 받되, 그것에 전적으로 의존하기보다는 자신만의 관점과 해석을 더해 나가야 합니다. 이렇게 Claude AI와 전문 블로거의 창의성이 조화를 이룰 때, 독자들에게 새로운 인사이트와 감동을 전달할 수 있는 블로그 콘텐츠가 탄생할 수 있을 것입니다.

SNS

오늘날 소셜 미디어(이하 SNS)는 우리 삶의 큰 부분을 차지하고 있습니다. 페이스북(Facebook), 링크드인(LinkedIn), 인스타그램(Instagram), X(구 트위터), 스레드(Threads) 등 다양한 SNS 플랫폼을 통해 사람들은 자신의 생각과 경험을 공유하고, 정보를 얻으며, 다른 사람들과 소통합니다. 이런 SNS의 효과적인 활용은 개인의 브랜딩은 물론, 비즈니스 성공에도 큰 영향을 미칩니다.

이렇게 SNS는 현대인의 삶에서 중요한 소통 수단이 되었지만, 각 플랫폼별 특성에 맞는 글쓰기는 쉽지 않습니다. 페이스북은 친근하고 가벼운 이야기, 링크드인은 전문적인 내용, 인스타그램은 시각적인 요소, X와 스레드는 짧고 강렬한 메시지가 효과적입니다.

이러한 어려움을 해결하는 데 생성형 AI인 Claude AI가 적절한 해결책이 될 수 있습니다. 사용자의 요구에 맞춰 각 SNS 플랫폼에 최적화된 글을 생성해낼 수 있는 탁월한 능력을 갖추고 있기 때문입니다. 또한, '원소스 멀티유즈(One Source Multi-Use, OSMU)'를 통해 하나의 콘텐츠를 다양한 플랫폼에 맞게 변형하여 활용할 수 있도록 지원하여 시간과 노력도 대폭 절약해 줍니다.

OSMU: Claude 하나로 SNS n가지 하기

그럼 실제 Claude AI를 활용해 어떻게 OSMU를 구현하는지 살펴볼까요? 아주 쉽습니다. 사용자는 각 SNS에 맞는 글감과 키워드만 입력하면 됩니다. 그러면 Claude AI가 해당 플랫폼의 특성과 독자층을 고려하여 최적의 글을 생성해 주는 것입니다.

예를 들어, 필자의 블로그 게시글 중 하나를 Claude AI를 통해 간단히 OSMU로 활용해 보겠습니다. 우선 원하는 게시글(아래 QR코드 참조)를 열고 [Ctrl+A] 단축키를 누르거나 마우스로 전체 드래그해 모든 텍스트를 복사합니다.

프롬프트 엔지니어링에서 대화의 기술로: AI 시대의 패러다임 전환

그런 다음 Claude AI 대화창을 열고 [Ctrl+V](오려붙이기) 단축키를 누르면, 내용이 다음과 같이 자동 업로드됩니다(PASTED로 표시). 이 내용을 '페이스북 커뮤니티용'으로 수정해 달라고 요청해 봅시다.

그러면 Claude AI는 (자체 학습을 통해 이미 알고 있는) 페이스북이라는 플랫폼의 성격을 고려하여, 독자들에게 실질적인 도움이 되면서도 엔터테이닝한 글을 생성해낼 것입니다.

이 내용을 링크드인에도 올리고 싶습니다. 페이스북을 링크드인으로 바꿔 간단히 요청하면 됩니다. 이 경우 Claude AI는 다음처럼 링크드인 플랫폼에 어울리는 톤과 문장으로 내용을 재구성해 줍니다.

Claude AI, 페이스북에 올린 내용을 링크드인에 게시할 문구로 수정해 주세요.

링크드인 게시를 위해 내용을 수정해 보았습니다.

안녕하세요, 제 블로그에 'AI 시대 소통의 새로운 패러다임, 대화의 기술'이라는 주제로 글을 올렸습니다.

인공지능 기술이 고도화되면서 자연어 처리 능력도 크게 향상되고 있지만, 여전히 많은 분들이 AI와 효과적으로 소통하는 방법에 고민이 있으실 텐데요.

그동안 AI 활용의 핵심으로 여겨졌던 '프롬프트 엔지니어링'에서 한 걸음 더 나아가, 이제는 일상의 언어로 AI와 자연스럽게 대화하는 '대화의 기술'이 주목받고 있습니다.

블로그 게시글에서는 AI와의 대화에 적용할 수 있는 5가지 원칙을 제안하고 있습니다.

1. 명료하고 구체적인 요청

2. 충분한 배경 정보 제공

3. 점진적인 대화 심화

4. 다각도 관점 이끌어내기

5. 적극적인 피드백 활용

이런 원칙들을 업무 현장에서 AI와 소통할 때 적용해 보시는 건 어떨까요?

게시글에서는 제가 대화형 AI 'Claude'와 소통하며 발견한 몇 가지 팁도 공유하고 있습니다. 대화 맥락 활용, 중립적 관점 요청, 개방형 질의 등 Claude 고유의 강점을 이끌어내는 방법들이에요.

이런 소소한 대화의 기술들을 연마하다 보면 어느새 우리는 AI를 단순한 도구가 아닌 창의적인 협업 파트너로 바라보게 될지도 모르겠습니다. 자연스러운 일상의 대화 속에서 프롬프트 엔지니어링의 노하우 또한 자연스레 체화될 수 있을 테고요.

AI 시대에 진정 필요한 역량은 아마도 복잡한 공식을 익히는 것이 아니라, 대화와 공감의 기술을 연마하는 것 아닐까요? 기술을 넘어 AI와 인간이 진정 소통하는 그 새로운 지평, 함께 열어가 보면 어떨까요?

이렇듯 Claude AI에게 원하는 SNS 플랫폼과 그 특징을 설명하고 알맞은 글을 요청하면, 누구나 쉽게 각 SNS에 어울리는 효과적인 글을 얻을 수 있습니다. SNS가 낯설고 어려운 사람들도 Claude AI를 활용해 자신만의 개성 있고 매력적인 콘텐츠를 게시할 수 있습니다.

이처럼 하나의 콘텐츠로 다양한 SNS 플랫폼에 최적화된 글을 생성하는 것이 곧 원소스 멀티유즈, OSMU입니다. 즉 한번 준비한 글감이나 아이디어로 각 플랫폼에 맞는 다양한 버전의 글을 만들어낼 수 있다는 뜻입니다.

어떤 기업이 신제품을 출시했다고 가정해 보겠습니다. 제품의 특징과 장점, 대상 고객층 등 기본적인 정보를 Claude AI에 입력한 후, 페이스북용, 링크드인용, 인스타그램용, X용 글을 각각 요청할 수 있습니다. 실제 적용해 보면 다음과 같습니다.

[Claude AI에 전달하는 기본 정보]

"Claude AI, 저희 회사에서 새로운 무선 이어폰을 출시하게 되었습니다. 이 이어폰은 최신 노이즈 캔슬링 기술을 적용해 탁월한 음질을 자랑하며, 12시간의 배터리 수명과 인체공학적 디자인으로 오랜 시간 편안하게 사용할 수 있습니다. 주요 타깃층은 2030대 젊은 층과 음악을 사랑하는 오디오 마니아들입니다. 이 제품의 정보를 바탕으로, 페이스북, 링크드인, 인스타그램, X에 홍보 게시글을 올리고자 합니다."

[페이스북용 프롬프트]

"위의 신제품 정보를 바탕으로, 페이스북 팔로워들에게 어필할 만한 홍보 문구를 작성해 주세요. 제품의 특장점을 친근하고 흥미로운 어조로 소개하고, 일상생활에서 이 이어폰을 사용하면 어떤 즐거움을 누릴 수 있을지 상상하게 해주세요."

[링크드인용 프롬프트]

"위의 신제품 정보를 토대로, 링크드인 팔로워들에게 어필할 수 있는 홍보 문구를 작성해 주세요. 이 이어폰이 업무 효율 향상과 비즈니스 커뮤니케이션에 어떤 도움을 줄 수 있을지에 초점을 맞추고, 전문적인 어조를 유지해 주세요."

[인스타그램용 프롬프트]

"위의 신제품 정보를 참고하여, 인스타그램에 올릴 짧지만 임팩트 있는 홍보 문구를 작성해 주세요. 시각적으로 와닿는 표현을 사용하고, 해시태그도 제안해 주세요."

[X용 프롬프트]

"위의 신제품 정보를 바탕으로, X에 올릴 간결하면서도 정보 전달력 높은 홍보 트윗을 작성해 주세요. 140자 내외로 작성하고, 관심을 끌 만한 키워드를 활용

해 주세요."

Claude AI는 동일한 제품 정보를 가지고도 각 SNS 플랫폼에 최적화된 다양한 게시글을 손쉽게 생성해낼 것입니다. 페이스북에서는 친근한 어조로 일상적 혜택을, 링크드인에서는 비즈니스적 가치를, 인스타그램에서는 시각적 임팩트를, X에서는 함축적 메시지를 담아내는 식입니다.

이렇게 하나의 콘텐츠로 다양한 SNS에 최적화된 글을 만들어낼 수 있다는 것은 개인은 물론 비즈니스에게도 큰 장점으로 작용합니다. 시간과 노력을 크게 줄일 수 있을 뿐 아니라, 일관된 메시지를 유지하면서도 각 플랫폼의 특성을 살릴 수 있기 때문입니다.

이제 페이스북, 링크드인, 인스타그램, X 및 스레드 등 개별 SNS 플랫폼에서 Claude AI를 어떻게 활용할 수 있을지 자세히 살펴보겠습니다. 실제 사례와 함께 단계별 가이드를 제시할 예정입니다. 여러분의 SNS 글쓰기에 Claude AI를 적극 활용해 보시기 바랍니다.

▌페이스북

페이스북은 전 세계적으로 가장 많은 사용자를 보유한 SNS 플랫폼 중 하나입니다. 개인 일상부터 기업 마케팅까지, 다양한 목적으로 활용되고 있죠. 페이스북에서는 주로 친구, 가족, 지인들과 일상적인 소식을 공유하고 소통합니다. 따라서 페이스북 글쓰기에는 친근하고 편안한 어조, 개인적 경험에 기반한 스토리텔링 등이 효과적입니다.

하지만 많은 사람이 페이스북에 어떤 글을 어떻게 써야 할지 고민합니다. 자신의 이야기를 솔직하게 풀어내면서도 읽는 이에게 공감을 주고 흥미를 끌어내는 것이 쉽지 않기 때문입니다. 여기에 글감 선정, 문장 구성, 맞춤법 등 글쓰기의 기본적인 어려움까지 더해집니다. 특히 비즈니스 목적으로 페이스북을 활용하려는 기업들은 마케팅 메시지를 자연스럽게 전달하는 것에 어려움을 겪기도 합니다.

Claude AI가 큰 도움이 될 수 있습니다. Claude AI에게 적절한 프롬프트를 제공하면, 페이스북 글쓰기에 필요한 아이디어 생성부터 문장 작성까지 전 과정을 지원받을 수 있기 때문입니다.

일상을 공유하는 페이스북 글쓰기

일상을 공유하는 페이스북 게시글을 준비한다고 가정해 보겠습니다. 먼저 Claude AI에게 다음과 같은 프롬프트를 제공합니다. 큰 기법은 필요 없습니다. 친구에게 말하듯 그날의 일들을 이야기하고 간단한 감상을 곁들입니다. 글의 게시처와 거두고 싶은 효과도 언급해 주세요.

> 🙋 Claude AI, 주말에 가족들과 즐거운 캠핑을 다녀왔습니다. 아름다운 자연 속에서 맛있는 바비큐도 먹고, 아이들과 함께 산책도 하며 행복한 시간을 보냈어요. 이 경험을 페이스북에 공유하고 싶습니다. 제 팔로워들에게 잔잔한 감동을 줄 수 있는 문구를 작성해 주세요.

네, 가족과 함께한 멋진 캠핑 경험을 공유할 수 있는 페이스북 게시글을 작성해 드리겠습니다. 여기 감동적이면서도 간결한 문구 예시를 준비했습니다:

"주말의 보물: 가족과 함께한 캠핑
자연의 품에 안겨, 우리 가족은 특별한 시간을 보냈습니다.
푸른 하늘 아래 바비큐 연기가 피어오르고, 아이들의 웃음소리가 숲속을 울립니다.
함께 걸은 산책로에서 우리는 서로를 더 깊이 알아갔고,
저녁 모닥불 앞에서는 따뜻한 이야기꽃을 피웠습니다.

이런 소중한 순간들이 우리 가족의 추억이 되고,
아이들의 마음속에 영원히 남을 거라 믿습니다.

여러분도 가족과 함께 일상을 벗어나 자연 속에서 특별한 시간 보내세요.
그 경험이 우리 삶을 더욱 풍요롭게 만들어줄 거예요. 🏕 🖤
#가족캠핑 #주말여행 #자연속에서"

이 내용을 기반으로 수정하거나 추가하고 싶은 부분이 있으신가요?

Claude AI는 바로 따뜻하고 정감 어린 문구를 생성해 줍니다. 아름다운 자연 속 행복한 가족의 모습을 생생하게 묘사함은 물론, 자연 속 경험의 가치를 공유하고 있습니다. 노출을 높여줄 해시태그도 잊지 않았네요.

Claude AI가 먼저 수정하거나 추가하고 싶은 부분이 있는지 물어보네요. 캠핑의 즐거움을 좀 더 구체적으로 전달하고 싶다면, 이런 프롬프트를 추가해 볼 수 있습니다.

> 👤 앞서 작성해준 문구에 캠핑의 매력을 구체적으로 설명하는 문단을 추가해 주세요.
> 자연 속에서 느끼는 자유로움, 가족들과 함께하는 특별한 경험 등을 예시를 들어
> 풀어내 주세요.

캠핑의 매력은 말로 다 표현할 수 없을 만큼 특별합니다.
텐트 문을 열면 펼쳐지는 아침 풍경은 그 자체로 힐링이 되죠.
새소리와 함께 눈을 뜨고, 맑은 공기를 마시며 하루를 시작하는 것.
이런 자유로움은 도시 생활에선 느낄 수 없는 귀중한 경험입니다.

아이들과 함께한 숲속 탐험은 또 어떻고요?
낯선 풀잎 하나, 작은 곤충 한 마리에도 호기심 가득한 아이들의 눈빛.
그 순수한 모습을 보며 우리도 잊고 있던 세상의 경이로움을 다시 배웁니다.
밤하늘의 별들을 세며 나눈 대화들은 평생 잊지 못할 추억이 되었습니다.

이렇게 하면 Claude AI는 캠핑의 즐거움을 구체적으로 설명하는 내용을 게시글 중간에 추가해 줍니다. 숲속의 상쾌한 공기, 밤하늘의 별빛, 가족들과 나누는 대화 등을 예로 들며 독자들이 캠핑의 매력을 한층 더 생생하게

느낄 수 있도록 합니다.

이제 게시글을 마무리하기 위해 Claude AI에게 이렇게 요청해 봅니다.

> 🧑 지금까지 작성된 문구를 바탕으로, 독자들에게 가족과 함께하는 소중한 시간의 의미를 되새기게 하는 한 문단을 덧붙여 주세요. 페이스북 팔로워들에게 잔잔한 감동을 주는 것이 목표입니다.

> 그리고 이 모든 순간들이 우리에게 가르쳐 주는 것이 있습니다.
> 바로 '지금, 이 순간'의 소중함입니다.
> 빠르게 흘러가는 일상 속에서, 우리는 종종 가장 중요한 것들을 놓치곤 합니다.
> 하지만 이렇게 가족과 함께 시간을 보내며, 우리는 깨닫게 됩니다.
> 진정한 행복은 거창한 것이 아닌, 이렇게 서로를 바라보고, 귀 기울이고,
> 함께 웃을 수 있는 작은 순간들의 집합이라는 것을.
> 여러분의 일상에서도 이런 소중한 순간들을 많이 만들어 가시기를 바랍니다.
> 가족과 함께하는 시간, 그것이야말로 우리 인생의 진정한 보물이니까요. 👨‍👩‍👧‍👦 ❤️

Claude AI는 프롬프트에 따라, 바쁜 일상 속에서도 가족과의 추억을 만드는 것의 소중함을 일깨우는 문단을 게시글의 마지막에 추가해줄 것입니다. 독자들의 마음을 울리는 따뜻한 메시지가 잘 담겼네요.

비즈니스 목적의 페이스북 글쓰기

이번에는 기업에서 신제품을 홍보하기 위한 페이스북 게시글을 작성하는 상황을 가정해 보겠습니다. 먼저 Claude AI에게 다음과 같이 제품의 특징과 대상 고객을 명시한 구체적인 프롬프트를 제공합니다.

> 🧑 Claude AI, 저희는 스마트폰 액세서리 브랜드 'ABC'입니다. 이번에 스마트폰을 무선으로 충전할 수 있는 혁신적인 충전 패드를 출시하게 되었어요. 이 제품은 스마트폰을 패드 위에 올려두기만 하면 자동으로 충전이 시작되는 직관적인 디자인이 특징이에요. 또한 고속 충전을 지원해 단시간에 충전을 완료할 수 있고, 다양한 색상 옵션도 준비되어 있답니다. 주요 타깃은 20~30대 젊은 층입니다. 이 제품을 페

[이미지: 다양한 색상의 충전 패드 위에 스마트폰이 놓여있는 모습]

🔋 ⚡ 충전의 혁명, ABC의 새로운 무선 충전 패드! ⚡ 🔋

여러분의 스마트폰 라이프를 더욱 스마트하게 만들어줄 ABC의 최신 무선 충전 패드를 소개합니다! 🔌

왜 ABC 무선 충전 패드인가요? 🤔

1 초간단 사용: 그냥 올려놓기만 하세요. 끝! ☑️
2 초고속 충전: 바쁜 당신을 위한 빠른 충전 ⚡
3 스타일리시한 디자인: 인테리어의 품격을 높여줄 다양한 색상 🎨

지금 구매하시면 20% 할인! 🎉
[구매 링크]
#ABC충전패드 #무선충전 #스마트라이프 #테크트렌드
여러분의 라이프스타일에 맞는 색상은 무엇인가요? 댓글로 알려주세요! 👇

Claude AI는 이 프롬프트를 토대로, 제품의 특장점을 효과적으로 전달하는 홍보성 문구를 작성해 줍니다. 무선 충전의 편리함, 빠른 충전 속도, 다양한 색상 옵션 등이 강조되고, 20~30대 젊은 층에게 친숙한 편안한 말투와 여러 이모티콘을 구사한 것을 볼 수 있습니다. 할인 행사와 댓글 참여 독려 등으로 클릭을 한층 더 유도하고 있네요.

여기에 대상 고객층을 고려한 메시지를 추가하기 위해, 다음과 같은 프롬프트를 덧붙여 봅니다.

👤 앞서 작성한 문구에, 이 제품이 20~30대 젊은 층의 라이프스타일과 어떻게 잘 어울리는지를 설명하는 문단을 추가해 주세요. 트렌디함, 편의성 등의 가치를 어필해 주세요.

⚙️ 트렌디한 당신의 라이프스타일에 딱! ⚙️

항상 새로운 것을 추구하는 2030 여러분! ABC 무선 충전 패드는 당신의 라이프스타일을 완벽하게 반영합니다. 카페에서 일할 때, 친구들과 만날 때, 어디서든 간편하게 충전할 수 있어요. 케이블 꼬임 걱정은 이제 그만! 심플하고 세련된 디자인으로 인스타그램에 올리기에도 완벽하죠. 바쁜 일상 속 여유를 찾는 여러분에게, ABC 무선 충전 패드는 단순한 충전기가 아닌 라이프스타일의 완성입니다. 트렌디하고 실용적인 이 아이템으로 당신의 일상에 스마트함을 더해보세요! 🔋🔋

Claude AI는 이에 따라, 무선 충전 패드가 젊은 세대의 스마트하고 편리한 라이프스타일과 잘 맞음을 점을 강조하는 내용을 게시글에 추가합니다. 이를 통해 제품과 대상 고객층 간의 연결점이 한층 명확해집니다. 또 '#밀레니얼라이프 #Z세대추천'이라는 젊은 층 라이프스타일 맞춤 해시태그도 추가되었네요. (책에서는 생략)

마지막으로는 독자들의 관심과 구매 욕구를 자극하는 문구가 필요합니다. 이미 참여는 잘 독려하고 있지만, 더 강한 어필을 원합니다. Claude AI에게 이렇게 요청해 봅니다.

> 🧑 지금까지 작성된 문구의 마지막에, 독자들이 이 제품에 대해 더 알아보고 싶어 하도록 유도하는 Call to Action 문구를 포함시켜 주세요. 페이스북 팔로워들의 관심을 이 제품으로 이끌어내는 것이 목표입니다.

💧놓치지 마세요! ABC 무선 충전 패드의 모든 것 💧
더 많은 정보가 궁금하신가요? ABC 공식 웹사이트에서 제품 상세 정보와 리뷰를 확인해보세요. 지금 바로 링크를 클릭하고 ABC 무선 충전 패드의 매력에 빠져보세요! 👉 [상세 정보 링크]
↯ 특별 이벤트: 이 게시글에 '좋아요'를 누르고 친구 한 명을 태그하면 추첨을 통해 5분께 ABC 무선 충전 패드를 선물로 드립니다! 놓치지 마세요! ↯
스마트한 충전 생활의 시작, ABC와 함께하세요. 지금 바로 경험해보세요! 🚀

Claude AI는 프롬프트에 따라, 독자들이 제품 페이지를 방문하도록 유도하는 매력적인 문구를 게시글 말미에 삽입해 줍니다. 할인 이벤트나 사은품 정보 등을 활용해 구매 욕구를 자극하는 한편, 브랜드 페이지로의 유입을 늘리는 데 도움이 되는 문장도 제안합니다.

지금까지 작업한 글을 초안으로 삼아 브랜드의 톤앤매너와 제품 고유의 포인트를 반영하여 다듬는 과정을 거친다면, 훨씬 효과적인 콘텐츠를 효율적으로 제작할 수 있을 것입니다.

▌링크드인

링크드인은 전 세계 비즈니스 네트워킹의 중심지로 자리 잡은 SNS 플랫폼입니다. 전문가들이 자신의 경력을 공유하고, 업계 인사이트를 교환하며, 비즈니스 기회를 모색하는 공간입니다. 링크드인에서는 주로 전문성, 리더십, 인사이트 등을 드러내는 글이 효과적입니다.

하지만 자신의 전문 지식과 경험을 설득력 있게 전달하는 것, 그리고 독자들에게 실질적인 가치를 제공하는 콘텐츠를 만드는 것이 쉽지는 않습니다. 여기에 비즈니스 글쓰기 특유의 형식적 어려움까지 더해집니다. 개인 브랜딩 또는 기업 마케팅을 위해 링크드인을 활용하고 싶지만 막상 어떤 글을 어떻게 써야 할지 막막해하는 분들이 많습니다. 이런 어려움을 해결하는 데 있어 Claude AI가 강력한 도구가 될 수 있습니다.

개인 브랜딩을 위한 링크드인 글쓰기

먼저, 개인 브랜딩을 위해 자신의 전문성과 경험을 공유하는 링크드인 게시글을 작성해 보겠습니다. 마케팅 전문가라면, Claude AI에게 다음과 같은 프롬프트를 줄 수 있습니다.

> 🔵 Claude AI, 저는 마케팅 분야에서 10년 이상 일해 온 전문가입니다. 특히 디지털 마케팅 영역에서의 경험과 노하우를 갖고 있습니다. 제 전문성을 어필하면서, 다른

> 마케팅 전문가들에게 도움이 될 만한 인사이트를 공유하는 링크드인 게시글을 작성해 주세요.

Claude AI는 이 프롬프트를 바탕으로, 마케팅 전문가로서의 당신의 경험과 전문성을 부각시키는 문구를 작성해줄 것입니다. 동시에 디지털 마케팅의 최신 트렌드나 성공 사례 등 실용적인 정보도 담아 독자들에게 가치를 전달하겠죠. 만약 더 설득력 있게 만들고 싶다면, 이렇게 추가로 질문해 보세요.

> 앞서 작성한 게시글, 제 경험을 바탕으로 한 디지털 마케팅 성공의 핵심 요소 3가지를 제안하는 문단을 추가해 주세요. 독자들이 이를 실천할 수 있도록 구체적인 액션 플랜도 함께 제시해 주세요.

그러면 Claude AI는 디지털 마케팅 성공을 위한 3가지 핵심 요소와 이를 실행하기 위한 구체적인 방안을 게시글에 추가할 것입니다. 이는 게시글의 실용성을 높이고, 독자들에게 행동 변화를 이끌어낼 수 있는 동기를 부여할 수 있습니다. 여기까지 실행해 본 예시입니다.

안녕하세요 마케팅 전문가 여러분,

디지털 마케팅 분야에서 10년 이상 활동해 온 전문가로서 저의 경험과 인사이트를 공유하고자 합니다.

제 생각에, 디지털 마케팅의 성공을 위한 3가지 핵심 요소는 다음과 같습니다:

1. 데이터 기반 전략 수립. 성공적인 디지털 마케팅을 위해서는 고객 데이터 분석이 필수입니다. 대상 고객의 인구통계, 행동 패턴, 선호도 등의 정보를 바탕으로 마케팅 전략을 수립해야 합니다. 액션 플랜: 구글 애널리틱스, CRM 데이터 등 다양한 소스의 고객 데이터를 통합하고, 이를 바탕으로 정기적인 분석 보고서를 작성하세요.

2. 옴니채널 활용. 고객은 다양한 디지털 채널을 넘나들며 브랜드와 소통합니다. 이에 맞춰 웹사이트, SNS, 디스플레이 광고 등 다양한 채널을 통합적으로 활용해 일관된 브랜드 경험을 제공해야 합니다. 액션 플랜: 채널 간 시너지를 높일

수 있는 콘텐츠 전략을 수립하고, 마케팅 자동화 툴을 적극 활용하세요.

3. 고객 중심 콘텐츠 마케팅. 고객이 원하는 유익한 정보를 지속적으로 제공함으로써 고객과의 신뢰를 구축하고, 이를 바탕으로 브랜드 충성도를 높일 수 있습니다. 액션 플랜: 구독자 여정에 맞는 다양한 형식의 콘텐츠를 기획하고, 정기적인 고객 피드백을 통해 개선하세요.

이상 제가 10년간의 경험을 바탕으로 제안하는 디지털 마케팅 성공 전략입니다. 고민되는 부분이 있다면 언제든 의견을 나누었으면 합니다. 함께 성장해 나가는 동료가 되겠습니다.

#디지털마케팅 #마케팅 #10년경력 #인사이트 #데이터기반마케팅 #고객중심 #마케터 #마케팅전문가

실제로 필자 역시 링크드인에서 개인 브랜드를 확립하고, 속한 기업의 마케팅 메시지를 전파하는 데 있어 Claude AI의 도움을 많이 받았습니다. 덕분에 짧은 시간 안에 퀄리티 높은 게시글들을 꾸준히 발행할 수 있었습니다.

비즈니스 목적의 링크드인 글쓰기

이번에는 기업에서 자사의 서비스나 비전을 소개하기 위해 링크드인 게시글을 작성하는 상황을 가정해 보겠습니다. Claude AI에게 다음과 같은 프롬프트를 제공할 수 있습니다.

> 🧑 Claude AI, 저희는 B2B SaaS 기업 'XYZ'입니다. 저희 서비스는 영업 관리 자동화 솔루션을 제공하여 기업들의 영업 효율을 높이는 데 도움을 줍니다. 이번에 링크드인을 통해 저희 서비스의 특장점과 고객 성공 사례를 소개하려고 합니다. 저희 대상 고객은 중소 규모의 B2B 기업들입니다. 이들에게 어필할 수 있는 게시글을 작성해 주세요.

Claude AI는 이 프롬프트를 토대로, XYZ사의 서비스가 B2B 기업들에게 어떤 가치를 제공할 수 있는지 설득력 있게 전달하는 문구를 작성해줄 것입니다. 영업 자동화를 통한 효율 증대, 이를 통한 매출 향상 등의 이점을 강조할 수 있습니다.

추가로 대상 고객층의 페인 포인트를 직접적으로 다루기 위해, 다음과 같은 프롬프트를 덧붙일 수 있습니다. 그러면 Claude AI는 중소 B2B 기업들의 영업 관리 과정에서의 실질적인 어려움을 공감하는 한편, 그에 대한 솔루션으로서 XYZ사의 서비스를 제안하는 내용을 게시글에 추가해 줍니다. 여기까지 작업한 예시를 보면 다음과 같습니다.

> 👤 앞서 작성한 문구에 중소규모 B2B 기업들이 주로 겪는 영업 관리의 어려움 2~3가지를 구체적으로 언급하고, 이를 XYZ사의 솔루션이 어떻게 해결하는지 보여주는 내용을 추가해 주세요.

안녕하세요, XYZ입니다! 중소규모 B2B 기업의 영업 담당자라면 누구나 공감하시리라 생각되는 영업 관리의 어려움, 함께 살펴볼까요?

1. 관리할 고객과 딜이 많아질수록 영업 과정 추적이 힘들어집니다. 리드별 진행 상황, 영업 활동 이력, 계약서 등 관리해야 할 정보가 너무 많죠.

2. 고객 정보는 ERP에, 영업 자료는 클라우드에, 이메일은 또 다른 곳에 흩어져 있어 효율적인 관리가 어렵습니다. 매번 여러 시스템을 오가며 정보를 확인하느라 허비되는 시간이 아까워요.

3. 보고에 많은 시간을 뺏기다 보니 정작 영업에 집중하기가 힘듭니다. 아직도 영업 현황 파악을 위해 수기로 자료를 만드시나요?

XYZ는 이 모든 문제를 간단히 해결해 드립니다!

1. 리드부터 계약 체결까지 모든 영업 활동을 한 눈에 추적할 수 있어 관리가 쉬워집니다. 주요 일정 알림을 통해 영업 기회를 놓치지 않도록 도와드려요.

2. 분산된 고객 정보와 영업 데이터를 하나의 플랫폼에서 통합 관리하실 수 있습니다. 필요한 정보에 바로 접근할 수 있어 업무 효율이 높아져요.

3. 당신이 열심히 일한 만큼, 성과를 제대로 인정받을 수 있도록 도와드립니다. 실시간 애널리틱스와 자동 생성 보고서로 영업 활동을 입증하고 가치를 평가받으세요.

지금까지 수많은 중소기업 고객들이 XYZ와 함께 영업 관리를 혁신하며 놀라운 성장을 이뤄냈습니다.

여러분의 사업에도 이와 같은 변화가 일어날 수 있습니다. XYZ와 함께 영업의 새로운 길을 열어보시겠습니까?

지금 바로 문의주시면 1개월 무료 체험의 기회를 드립니다.
더 궁금하신 점이 있다면 언제든 연락 주세요. 여러분의 비즈니스 성장을 위해
XYZ가 함께하겠습니다!

이 게시글은 독자들로부터 "저희도 같은 문제로 고민하고 있었는데, 이 서비스가 정말 필요한 거 같네요"라는 반응을 이끌어낼 만해 보입니다. 이렇게 Claude AI가 쉽게 제안해준 글의 뼈대와 핵심 메시지 위에서 누구나 훨씬 효과적으로 링크드인 콘텐츠를 완성해 나갈 수 있을 것입니다.

인스타그램

인스타그램은 이미지와 짧은 동영상을 공유하는 데 특화된 SNS 플랫폼입니다. 개인의 일상부터 브랜드의 비주얼 스토리텔링까지, 다양한 콘텐츠가 인스타그램에서 인기를 얻고 있죠.

인스타그램에서는 주로 감각적이고 감성적인 이미지와 함께, 짧고 임팩트 있는 문구가 효과적입니다. 그러자면 제한된 길이 안에 메시지의 핵심을 담아내야 하고, 이미지와도 잘 어우러져야 합니다. 뿐만 아니라 해시태그의 적절한 사용, 대상 독자의 관심사 반영 등 고려해야 할 요소들이 많습니다. 브랜드의 경우, 인스타그램 특유의 비주얼 언어를 마케팅에 활용하는 것도 쉽지 않은 과제입니다.

이때 고민하지 말고 Claude AI에게 게시하려는 이미지와 전달하려는 메시지를 제공하세요. 이내 인스타그램에 최적화된 캡션과 해시태그를 제안해줄 겁니다.

시험 삼아 개인이 일상의 순간을 공유하는 인스타그램 캡션을 작성해 보겠습니다. 다음과 같이 Claude AI에게 찍은 사진을 제공하고, 간단한 감상을 덧붙였습니다.

FP **Claude,** 저는 방금 아름다운 일몰을 담은 사진을 찍었어요. 붉게 물든 하늘과 그 아래로 펼쳐진 도시의 풍경이 정말 감동적이었죠. 제 팔로워들과 이 아름다운 순간을 공유하고 싶습니다. 사진의 느낌을 살리면서, 순간의 특별함을 전달할 수 있는 인스타그램 캡션을 작성해주세요. 해시태그 제안도 부탁드려요.

Claude AI는 프롬프트를 바탕으로, 일몰의 아름다움과 그 순간의 감동을 담아내는 캡션을 작성해 줍니다. 짧지만 강렬한 문구로 독자들의 마음을 움직이는 한편, 관련성 높은 해시태그를 제안하여 게시글의 도달률을 높이는 데 기여하겠죠.

황금빛 강물 위로 도시의 숨결이 잠깐 멈춘 듯한 순간.
하늘과 땅이 만나는 경계에서 오늘 하루의 아름다움을 되새겨봅니다.
이 찰나의 평화로움을 여러분과 나누고 싶어요.
#도시일몰 #황혼 #도시풍경 #평화로운순간 #일상의아름다움 #도시와자연 #강변풍경 #빛과그림자

만약 톤앤매너를 더 구체적으로 지정하고 싶다면, 이어서 이런 프롬프트를 추가할 수 있습니다.

물론입니다. 아름다운 순간을 음미하는 것의 중요성을 강조하는 메시지를 담아보겠습니다.

"황홀한 일몰, 도시의 강에 반사된 아름다움. 바쁜 일상에 치여 소중한 순간들을 놓치기 쉽지만, 이런 장면들이 우리에게 잠시 멈춰 서서 주변을 감상할 수 있는 기회를 줍니다. 오늘 하루 가장 아름다웠던 순간은 무엇이었나요? 삶의 작은 기쁨들을 음미하고 감사한 마음을 갖는 것이 진정한 행복의 비결입니다. #sunset #cityscape #river #goldenhour #naturephotography #enjoythemoment #beautyiseverywhere #gratitude"

그러면 Claude AI는 요청대로 일몰의 아름다움을 넘어, 일상의 소중함을 되새기게 하는 메시지를 캡션에 담아줍니다. 독자들의 마음을 어루만지는 동시에, 삶을 바라보는 긍정적 자세를 고취하는 좋은 게시글이 되었습니다.

브랜드 마케팅을 위한 인스타그램 글쓰기

이번에는 화장품 브랜드에서 신제품 수분 크림을 홍보하기 위한 인스타그램 게시글을 작성하는 상황을 가정해 보겠습니다. Claude AI에게 다음과 같은 프롬프트를 제공할 수 있습니다.

😊 Claude AI, 우리는 내추럴 뷰티 브랜드 'ABC'입니다. 이번에 새롭게 런칭한 '네이처 글로우 수품 크림'은 98% 이상의 자연 유래 성분으로 만든 수분 크림이에요. 피부에 풍부한 수분을 공급하면서도, 끈적임 없이 산뜻한 사용감을 자랑하죠. 저희 브랜드 인스타그램을 통해 이 제품의 특장점과 콘셉트를 소개하려고 해요. 메인 이미지로는 자연 속에서 촬영한 제품 사진을 사용할 예정입니다. 저희 주요 타깃은 20~30대 여성들이에요. 그들의 마음을 사로잡을 수 있는 인스타그램 캡션과 해시태그를 작성해 주세요.

자연의 순수함, 피부의 생기

ABC의 신제품 '네이처 글로우 수분 크림'으로 당신의 피부에 싱그러운 활력을 불어넣어보세요.

🐾 98% 이상 자연 유래 성분

💧 깊고 풍부한 수분 공급

🧴 끈적임 없는 산뜻한 마무리

자연을 담은 수분 크림으로 매일 아침, 촉촉하고 건강한 피부를 만나보세요.

지금 ABC 공식 온라인몰에서 만나보실 수 있습니다.

#ABC네이처글로우 #수분크림 #자연유래성분 #클린뷰티 #데일리루틴 #K뷰티 #내추럴뷰티 #건강한피부

Claude AI는 ABC 브랜드의 수분 크림이 지향하는 자연주의와 사용감의 장점을 매력적으로 전달하는 캡션을 작성해 줍니다. 제품 특장점을 간결하면서도 임팩트 있게 어필하는 동시에, 브랜드의 아이덴티티를 녹여낼 수 있는 문구가 제안된 것을 볼 수 있습니다.

여기에 대상 고객층의 라이프스타일과 요구사항을 직접 반영하기 위해, 다음과 같은 프롬프트를 덧붙일 수 있습니다.

> 👤 앞서 작성한 캡션에, 바쁜 현대 여성들이 스킨케어 루틴에서 추구하는 간편함과 효과, 그리고 자연주의에 대한 갈망을 어드레싱하는 내용을 추가해 주세요. ABC 수분 크림이 그들의 요구사항을 얼마나 잘 충족시켜 주는지를 강조해 주세요.

자연의 순수함, 피부의 생기, 당신의 시간

ABC의 신제품 '네이처 글로우 수분 크림'으로 바쁜 일상 속 효과적이고 간편한 스킨케어를 경험하세요.

🐾 98% 이상 자연 유래 성분으로 피부 본연의 아름다움을 깨우다

💧 깊고 풍부한 수분 공급으로 하루 종일 촉촉함 유지

🧴 끈적임 없는 산뜻한 마무리로 빠르고 편리한 데일리 케어

🎯 복잡한 루틴은 No! 하나로 충분한 올인원 솔루션

현대 여성의 라이프스타일에 맞춘 ABC 네이처 글로우 수분 크림.

자연을 담은 수분 크림 하나로 매일 아침, 건강하고 윤기 나는 피부를 만나보세요. 바쁜 일상 속에서도 자연의 혜택을 누리며 피부에 충분한 관리를 선사하세요. 지금 ABC 공식 온라인몰에서 만나보실 수 있습니다.

#ABC네이처글로우 #수분크림 #자연유래성분 #클린뷰티 #간편스킨케어 #올인원케어 #워킹우먼뷰티 #K뷰티 #내추럴뷰티 #바쁜아침루틴

Claude AI는 바쁜 일상 속에서도 건강한 아름다움을 추구하는 현대 여성들의 요구사항에 ABC 수분 크림이 완벽한 솔루션이 될 수 있음을 어필하는 내용을 캡션에 추가합니다. 제품의 특장점을 단순 나열하는 것을 넘어, 고객의 라이프스타일과 연결지어 전달하는 것입니다. 이는 마케팅 메시지의 설득력을 높이는 데 큰 도움이 될 수 있습니다.

X(트위터) 및 스레드

X(트위터)와 스레드(Threads)는 짧은 텍스트 기반의 메시지를 공유하는 SNS 플랫폼입니다. 개인의 생각과 의견부터 공인이나 브랜드의 공식 입장까지, 실시간으로 정보가 확산되는 공간입니다. 주로 간결하면서도 임팩트 있는 메시지와 함께, 적절한 해시태그의 사용이 효과적입니다.

X와 스레드에서 원하는 성과를 얻으려면 제한된 글자 수 안에 핵심 메시지를 담아냄은 물론, 글의 주제와 잘 어울리면서 검색 가능성을 높여줄 해시태그를 찾는 것이 중요합니다. 또한 실시간성이 중요한 만큼, 빠르게 트렌드를 파악하고 적절한 해시태그를 활용하는 능력도 요구됩니다.

특히 브랜드의 경우, 짧은 텍스트와 해시태그 안에 마케팅 메시지를 효과적으로 담아내는 것이 쉽지 않은 과제입니다. 이때 전달하고자 하는 메시지와 맥락 정보를 Claude AI에게 제공하면, 플랫폼에 최적화된 간결하고 임팩트 있는 텍스트와 함께 적절한 해시태그 선정까지 도와줄 수 있습니다.

일례로 브랜드에서 신제품을 홍보하거나 브랜드 메시지를 전달하기 위한 트윗이나 스레드를 작성하는 상황을 가정해 보겠습니다. Claude AI에게 다음과 같은 프롬프트를 제공할 수 있습니다.

> 🧑 Claude AI, 저희는 친환경 스니커즈 브랜드 'XYZ'입니다. 최근 출시한 새로운 스니커즈 라인은 100% 재활용 소재를 사용하면서도, 트렌디한 디자인과 뛰어난 착화감을 자랑합니다. 트위터를 통해 이 제품의 특장점과 저희 브랜드의 에코 프렌들리 메시지를 효과적으로 전달하고 싶습니다. 주요 대상 고객층은 기후위기에 관심이 많은 MZ세대입니다. 그들의 관심을 끌 수 있는 트윗 콘텐츠와 관련 해시태그를 제안해 주시겠습니까?

Claude AI는 이 프롬프트를 토대로, XYZ 브랜드의 친환경 가치와 신제품의 특장점을 MZ세대의 감성에 맞게 어필하는 트윗 아이디어와 해시태그를 제안할 것입니다.

"지구를 위한 발걸음, 당신의 스타일로 🌍 👟 XYZ의 새로운 100% 재활용 스니커즈로 패션과 환경을 동시에 살리세요! #지속가능한패션 #XYZeco"

"재활용이 이렇게 스타일리시할 줄이야 😎 XYZ의 신제품: 100% 재활용 소재, 100% 트렌디한 디자인 #업사이클링패션 #XYZnewdrop"

"편하게 신고, 떳떳하게 걸어요 🚶 🚶 XYZ 신제품: 착화감 UP, 탄소발자국 DOWN #제로웨이스트 #편한신발"

"플라스틱병의 반전 스토리 🍾 ➡️ 👟 페트병 10개로 만든 XYZ 스니커즈 1켤레, 지구를 위한 작은 변화 #플라스틱업사이클 #XYZchange"

"신발을 신다, 미래를 걷다 ⏳ 👣 XYZ와 함께 지속 가능한 패션의 미래를 만들어 가요 #미래지향적패션 #XYZfuture"

여기에 고객들의 실질적인 행동을 유도하기 위해, 다음과 같은 프롬프트를 덧붙일 수 있습니다.

플라스틱병의 반전 스토리 🏷️➡️🧵
페트병 10개로 만든 XYZ 스니커즈 1켤레, 지구를 위한 작은 변화
👉 지금 바로 체험하세요: [짧은URL]
첫 구매 시 15% 할인 코드: ECOSTEP
#XYZchange #플라스틱업사이클 #MZ그린슈머

그럼 예시와 같이 Claude AI는 고객들이 직접 행동에 나설 수 있게 동기를 부여하는 call-to-action 문구와 해시태그를 포함하여 트윗을 완성할 것입니다. 이는 마케팅 메시지의 실질적인 효과를 높이는 데 큰 도움이 될 수 있습니다.

3.3
독후감

독후감은 책을 읽고 느낀 점, 배운 점, 비판적 의견 등을 정리하여 쓰는 글입니다. 독후감 작성은 읽은 책에 대한 이해도를 높이고, 자신의 생각을 체계적으로 표현하는 능력을 기를 수 있는 좋은 방법입니다. 하지만 책의 내용을 요약하고, 자신의 느낌과 견해를 논리적으로 풀어내는 것이 쉽지 않아 많은 사람이 어려움을 겪곤 합니다.

책의 분량이 방대하거나 내용이 난해한 경우, 핵심 내용을 파악하고 간결하게 정리하는 것부터가 벅차게 느껴질 수 있습니다. 여기에 자신만의 감상

과 견해를 더해 설득력 있는 글로 표현해내야 하니, 독후감 쓰기의 과정이 만만치 않게 다가오는 것이 사실입니다. 게다가 책에 대한 단순 요약을 넘어, 비판적이고 창의적인 사고를 담아내야 한다는 부담감까지 더해집니다.

이렇듯 책 읽기에서 글쓰기까지 이어지는 일련의 과정들을 혼자 감당하기란 결코 쉽지 않습니다. 그래서 많은 사람이 독후감 쓰기를 기피하거나, 단순히 내용만 줄줄 요약하는 형식적인 글쓰기에 그치고 마는 경우가 많죠. 하지만 Claude AI의 도움을 받는다면 이러한 어려움을 크게 줄일 수 있습니다.

단계별 독후감 쓰기

누차 보았듯이 생성형 AI를 활용하여 글을 쓸 때 한 번의 프롬프트 명령어로 원하는 글을 완성할 수는 없습니다. 독후감도 마찬가지입니다. 다음과 같은 단계별 접근이 필요합니다.

[1단계] 책 선정 및 독서 포인트 도출

우선 독후감을 쓰고 싶은 책을 선정합니다. 책을 다 읽은 후에는 Claude AI에게 책 제목을 알려주고, 주제, 등장인물, 핵심 사건, 인상 깊었던 부분 등을 요약해 달라고 요청합니다. 하지만 Claude AI가 모르는 새로운 책에 대해서는 이 같은 요청을 바로 할 수 없습니다. 이 경우에는 다음과 같은 절차를 따르는 것이 좋겠습니다.

먼저, 책을 읽으면서 중요한 내용, 인상 깊었던 부분, 느낀 점 등을 메모합니다. 이때 각 챕터나 섹션별로 요약하는 것이 효과적입니다. 다음으로 이 메모를 바탕으로 책의 전반적인 내용을 요약합니다. 요약에는 다음과 같은 내용이 포함되어야 합니다.

- 책의 제목과 저자
- 책의 주제와 주요 메시지
- 주요 등장인물과 그들의 특징
- 핵심 사건이나 플롯(줄거리)
- 책을 읽으며 느낀 점이나 배운 점

이제 다음 형식의 프롬프트에 이렇게 요약된 내용을 담아 제공하고, 이를 토대로 독후감의 개요를 구상해 달라고 요청합니다. Claude AI는 주어진 정보를 활용하여 독후감 작성에 필요한 포인트를 도출하고, 글의 전반적인 흐름을 제안할 것입니다. 이를 통해 책에 대한 전반적인 이해를 높이고, 독후감 작성에 필요한 포인트를 정리할 수 있습니다.

"제가 최근에 읽은 책에 대한 정보입니다. **[책 제목, 저자, 주제, 주요 내용, 느낀 점 등 서술]**
이 내용을 바탕으로 '책의 요약-느낀 점-비판적 의견-결론'의 구성에 맞춰 독후감의 개요를 잡아주세요."

실제 도서를 가지고 직접 Claude AI에 요청해 보았습니다.

> 제가 최근에 읽은 책은 '죽고 싶지만 떡볶이는 먹고 싶어'라는 책입니다.
> 저자는 백세희이고, 이 책의 주제는 우울증을 겪는 현대인들의 삶과 마음가짐에 대한 것입니다. 주요 내용으로는 저자가 우울증을 겪으면서 느꼈던 감정과 생각, 그리고 그 과정에서 얻은 깨달음과 극복 방법 등이 있습니다. 특히 저자는 우울한 순간에도 삶의 작은 기쁨을 놓치지 않는 것이 중요하다고 강조하며, 떡볶이를 먹는 일화를 통해 이를 상징적으로 표현했습니다. 이 책을 읽으면서 우울증으로 힘들어하는 많은 이에게 공감과 위로를 전할 수 있는 따뜻한 메시지가 담겨 있다고 느꼈습니다. 또한 우울증을 극복하기 위해 자신만의 작은 행복을 찾는 것이 얼마나 중요한지 깨달을 수 있었습니다.
> 이 내용을 바탕으로 '책의 요약-느낀 점-비판적 의견-결론'의 구성에 맞춰 독후감의 개요를 잡아주세요.

1. 책의 요약

- 책 제목: '죽고 싶지만 떡볶이는 먹고 싶어'

- 저자: 백세희

- 주제: 우울증을 겪는 현대인들의 삶과 마음가짐

- 주요 내용:

  - 저자의 우울증 경험과 그 과정에서의 감정, 생각

  - 우울증 극복을 위한 깨달음과 방법

  - 우울한 순간에도 삶의 작은 기쁨을 놓치지 않는 것의 중요성

  - 떡볶이를 먹는 일화를 통한 상징적 표현

2. 느낀 점

- 우울증으로 힘들어하는 이들에게 공감과 위로를 전하는 따뜻한 메시지

- 우울증 극복을 위해 자신만의 작은 행복을 찾는 것의 중요성 깨달음

3. 비판적 의견

- (개인적인 견해에 따라 책의 내용, 구성, 문체 등에 대한 비판적 분석)

- 예: 우울증이라는 무거운 주제를 다루면서도 떡볶이 에피소드를 통해 재치있게 풀어내 읽는 재미를 더해줌. 다만 개인의 경험에 치우친 나머지 우울증의 다양한 양상과 치료 방법에 대한 포괄적인 정보가 부족한 점은 아쉬움.

4. 결론

- 이 책이 우울증으로 고통받는 현대인들에게 어떤 의미와 메시지를 전하는지 요약

- 예: '죽고 싶지만 떡볶이는 먹고 싶어'는 우울증이라는 어둠 속에서도 희망을 잃지 않고 삶의 소중한 가치를 발견할 수 있음을 보여주는 책이다. 저자의 경험과 통찰은 비슷한 처지에 있는 많은 이들에게 큰 위로와 용기를 줄 것이다. 이 책을 통해 우리는 우울증과 끝없이 싸워나가야 할 이유, 그리고 그 과정에서 우리 자신과 주변의 소중함을 일깨워주는 따뜻한 메시지를 얻을 수 있다.

물론 이 과정에서도 글쓴이의 적극적인 개입이 필요합니다. Claude AI가 제안한 내용을 비판적으로 검토하고, 자신의 생각과 의견을 추가하여 독후감을 완성해 나가야 합니다. 이렇게 Claude AI를 활용하되, 책을 읽고 내용을 정리하는 과정은 글쓴이 스스로 수행한다면 보다 효과적으로 독후감을 작성할 수 있을 것입니다. 글쓴이의 책임감 있는 독서와 생성형 AI 기술의

적절한 활용이 조화를 이룰 때, 비로소 진정한 의미의 독후감 쓰기가 가능해질 것입니다.

[2단계] 독후감 구성 및 내용 작성

책의 내용을 정리했다면, 이를 바탕으로 독후감의 구성을 잡아 봅니다. 보통 독후감은 '책의 요약-느낀 점-비판적 의견-결론'의 순서로 구성됩니다. Claude AI에게 이러한 구성에 맞춰 독후감의 각 부분을 순서대로 작성해 달라고 요청합니다. 이때 분량도 구체적으로 명시해 주면 좋습니다. 보다 체계적인 글이 될 수 있습니다.

> 🔍 앞서 정리한 내용을 바탕으로, '죽고 싶지만 떡볶이는 먹고 싶어'의 독후감을 '책의 요약-느낀 점-비판적 의견-결론'의 순서로 작성해 주세요. 각 부분은 300자 내외로 부탁드립니다.

책의 요약:

'죽고 싶지만 떡볶이는 먹고 싶어'는 백세희 작가가 우울증을 겪으며 느꼈던 감정과 생각, 그리고 극복 과정에서 얻은 깨달음을 담은 책이다. 작가는 우울한 순간에도 삶의 작은 기쁨을 놓치지 않는 것이 중요하다고 강조하며, 이를 떡볶이를 먹는 일화를 통해 상징적으로 표현했다. 이 책은 우울증으로 힘들어하는 현대인들의 마음을 이해하고, 그들에게 공감과 위로를 전하는 것을 주요 내용으로 다루고 있다.

느낀 점:

이 책을 읽으며, 우울증이라는 무거운 주제를 다루면서도 때로는 유쾌하고 공감가는 이야기로 풀어내는 작가의 문체에 큰 매력을 느꼈다. 특히 우울한 순간에도 포기하지 않고 작은 행복을 찾아 나가는 모습에서 깊은 감동을 받았다. 이 책은 우울증으로 힘들어하는 많은 이에게 큰 위로와 희망을 줄 수 있을 것이라 생각한다. 또한 우울증 극복을 위해서는 자신만의 작은 행복을 찾고 소중히 여기는 것이 얼마나 중요한지를 깨닫게 해주었다.

비판적 의견:

이 책은 작가 개인의 경험을 바탕으로 우울증에 대한 깊은 통찰을 제공하지만, 한편으로는 우울증의 다양한 양상과 치료 방법에 대한 포괄적인 정보가 다소 부족하다는 아쉬움이 있다. 우울증의 원인과 증상, 그리고 전문적인 치료의 필요성 등에 대해 좀 더 객관적이고 상세한 설명이 있었으면 하는 바람이 든다. 또한 일부 독자들에게는 작가의 경험이 너무 주관적이고 개인적으로 느껴질 수 있다는 점도 고려해야 할 것 같다.

결론:

'죽고 싶지만 떡볶이는 먹고 싶어'는 우울증이라는 어두운 터널을 지나는 현대인들에게 희망의 메시지를 전하는 책이다. 작가 자신의 경험을 진솔하게 담아낸 이야기들은 비슷한 아픔을 겪는 이들에게 큰 공감과 위안을 선사한다. 비록 우울증의 모든 측면을 다루지는 못했지만, 이 책은 우울한 순간에도 포기하지 않고 작은 행복을 발견하는 것의 소중함을 일깨워준다. 우리는 이 책을 통해 우울증과의 싸움에서 희망을 잃지 않고 나아갈 수 있는 용기를 얻을 수 있을 것이다.

[3단계] 독후감 교정 및 피드백 반영

Claude AI가 작성한 독후감 초안을 꼼꼼히 읽어보고, 수정이 필요한 부분은 직접 손봅니다. 문장이 어색하거나 글의 흐름이 자연스럽지 않다면, Claude AI에게 이를 개선해 달라고 요청해도 좋습니다. 여기서는 '느낀 점' 문단이 어색하다고 느껴, 더 자연스럽게 다듬어 달라 요청했습니다. 이 밖에도 직접 수정하기 어려운 부분은 생성형 AI의 도움을 받아 업그레이드할 수 있습니다.

> 🧑 독후감 초안을 검토해 보니, '느낀 점' 부분의 문장이 다소 어색한 것 같습니다. 이 부분을 좀 더 자연스럽고 감성적인 표현으로 다듬어 주세요.

느낀 점:

이 책을 읽는 내내 마음 한편이 따뜻해지는 것을 느꼈다. 작가가 우울증이라는 그늘 속에서도 희망의 불씨를 놓지 않으려 애쓰는 모습에 깊은 감동을 받았기 때문이다. 특히 떡볶이를 먹으며 순간의 행복을 만끽하는 장면은 오래도록 내 마음에 남아 잔잔한 울림을 전해 주었다. 이 책은 우울증으로 힘겨워하는 모든 이에게 다가가 손을 내밀고 있는 듯했다. 고개를 숙이고 있는 그들의 어깨를 살며시 두드리며, 함께 걸어갈 수 있다고 속삭이는 것만 같았다. 나 또한 우울한 순간마다 이 책에서 받은 위로를 떠올리며, 작은 행복을 찾아 나서야겠다고 마음먹게 되었다. 비록 걸음은 더디겠지만, 분명 따스한 햇살을 마주할 수 있으리라 믿는다. 이 책은 내게 그런 희망을 선물해 주었다.

또 더 좋은 글을 위해서 수정된 독후감을 주변 지인들에게 공유하고 피드백을 받아보는 것도 좋습니다. 피드백을 어떻게 반영할지 너무 고민하지 않아도 됩니다. 피드백 내용을 그대로 Claude AI에게 전달하면, Claude AI가 알아서 피드백을 수렴하고 독후감의 완성도를 높여줍니다.

> 🗨 수정된 독후감에 대해 다음과 같은 피드백을 받았습니다. [피드백 내용 나열] 이 피드백을 고려하여 독후감을 한 번 더 업그레이드해 주세요.

이렇게 Claude AI를 활용하면 독후감 작성이 한결 쉬워집니다. 책의 내용을 체계적으로 정리하고, 자신의 생각을 논리적으로 표현하는 데 Claude AI가 큰 도움을 줄 수 있기 때문입니다.

다만 Claude AI는 어디까지나 글쓰기의 조력자일 뿐, 독후감의 주체는 어디까지나 글쓴이 자신이라는 점을 잊어서는 안 됩니다. Claude AI가 제시하는 내용을 비판적으로 검토하고, 자신의 생각과 느낌을 진실되게 담아내려 노력할 때, 비로소 진정한 의미의 독후감이 완성될 수 있을 것입니다.

에세이

에세이는 개인의 경험, 견해, 감정 등을 주관적이고 친밀한 어조로 풀어내는 글쓰기 장르입니다. 소설, 시, 희곡 등의 허구적 글쓰기와는 달리 비허구적이며, 논설문, 비평문 등과는 달리 주관성이 강조되는 특징이 있죠. 자

생성형 AI, 쉽게 시작하고 제대로 사용하기

유로운 형식 속에서 자신만의 관점과 문체를 드러내는 것이 에세이의 매력입니다. 하지만 그만큼 글쓴이의 독창성과 문장력이 요구되는 까다로운 글쓰기 장르이기도 합니다.

많은 사람이 에세이 주제 선정, 생각의 정리, 글의 구성과 전개, 표현력 등의 측면에서 난관에 부딪히곤 합니다. 일상의 소재에서 독특한 주제를 발굴하고, 그것을 매력적인 이야기로 풀어내는 것, 막연한 생각을 체계적으로 정리하고 매력적인 문장으로 표현하는 것이 쉽지 않기 때문입니다. 여기에 자신의 경험과 생각을 솔직하게 드러내는 것에 대한 부담감, 문학적 기교에 대한 압박감 등도 에세이 글쓰기를 주저하게 만드는 요인입니다.

하지만 Claude AI가 에세이에도 든든한 조력자가 될 수 있습니다. 이제 너무 어렵게 생각 말고, Claude AI와 함께 에세이 쓰기에 도전해 봅시다.

단계별 에세이 쓰기

[1단계] 주제 선정 및 아웃라인 작성

먼저 에세이의 주제를 정하고 그에 따른 소제목을 구상하는 것에서 시작합니다. 예를 들어 '인생에서 반려동물이 주는 의미'를 주제로 정했다면, '반려동물과의 첫 만남', '함께 성장해 가는 과정', '삶의 위로와 활력소', '반려동물을 통해 배우는 것들' 등을 소제목으로 잡을 수 있겠죠.

주제와 소제목이 정해지면 Claude AI에게 관련 아이디어나 키워드 생성을 요청합니다. 다음과 같은 프롬프트를 활용할 수 있습니다.

> 👤 '반려동물이 인생에서 주는 의미'라는 주제의 에세이를 쓰고자 합니다. '반려동물과의 첫 만남', '함께 성장해 가는 과정', '삶의 위로와 활력소', '반려동물을 통해 배우는 것들'이라는 소제목에 맞는 아이디어나 키워드를 제안해 주세요.

1. 반려동물과의 첫 만남

- 운명적인 만남: 우연한 기회에 반려동물을 만나게 된 계기
- 선택의 기쁨: 반려동물을 고르는 과정에서 느낀 설렘과 기대감
- 서로를 알아가기: 낯선 존재에서 친구로 발전해가는 과정

2. 함께 성장해 가는 과정

- 훈련과 교감: 반려동물과 기본적인 규칙을 익히며 유대감 쌓기
- 서로의 습관 이해하기: 반려동물의 습성과 내 생활 방식 조율하기
- 변화와 적응: 함께 나이들어가며 겪는 환경과 상황의 변화에 적응하기

3. 삶의 위로와 활력소

- 무조건적인 사랑: 반려동물에게 받는 순수하고 변함없는 애정
- 힐링과 에너지: 반려동물과 함께할 때 얻는 정서적 안정과 활력
- 존재 자체의 기쁨: 반려동물이 곁에 있다는 사실만으로도 느끼는 행복

4. 반려동물을 통해 배우는 것들

- 사랑과 책임: 작은 생명을 돌보며 깨닫는 무조건적 사랑과 책임감
- 인내와 배려: 반려동물을 이해하고 소통하는 과정에서 배우는 인내심과 배려심
- 삶과 죽음: 반려동물의 생과 사를 통해 깨닫게 되는 삶의 순환과 의미

각 소제목별로 3가지씩 키워드와 설명을 제시했습니다. 이를 바탕으로 본인의 경험담이나 느낀 점을 녹여내어 풀어 나간다면 반려동물이 주는 의미를 잘 담아낸 에세이가 될 것 같네요. 소중한 존재들과 함께 나눈 시간과 추억이 글 속에 가득 배어나길 바라겠습니다.

실제 Claude AI가 이렇게 주제를 제안해 주었습니다. 이처럼 에세이의 전체적인 흐름과 내용을 구상하는 데 도움을 받을 수 있습니다.

[2단계] 섹션별 초안 생성

이제 각 소제목별로 Claude AI에게 구체적인 프롬프트를 제시하며 초안 생성을 요청합니다. '1. 반려동물과의 첫 만남' 섹션을 예로 들면 다음과 같

생성형 AI, 쉽게 시작하고 제대로 사용하기

은 프롬프트를 활용할 수 있습니다. 이렇게 분량과 글의 분위기를 구체적으로 명시함으로써 Claude AI가 글쓴이의 의도에 맞는 글을 생성할 수 있도록 유도합니다.

> 👤 '반려동물과의 첫 만남'이라는 제목으로 250자 내외의 글을 생성해 주세요. 처음 반려동물을 만났을 때의 설렘과 기대감이 잘 드러나면 좋겠습니다.

우연한 기회에 반려견을 만난 그날, 내 삶에 특별한 존재가 찾아왔다. 수많은 아이들 중에 유독 내 시선을 사로잡은 그 아이, 작은 눈망울에 호기심과 불안감이 가득했다. 서로를 살피던 우리는 곧 미소를 나누었고, 난 이 아이와 평생을 함께하리라 믿어 의심치 않았다. 집으로 오는 길, 내 곁에 누운 새 식구를 바라보며 앞으로의 날들을 상상했다. 우리가 만들어갈 추억과 깨달음, 기쁨과 슬픔까지. 긴 여정의 시작이었다.

실제 생성된 글을 보면, '평생을 함께하리라 믿어 의심치 않았다.', '우리가 만들어갈 추억과 깨달음, 기쁨과 슬픔까지.' 등의 문구에서 요청한 바가 잘 이행되어 있음을 알 수 있습니다.

[3단계] 섹션 초안 검토 및 수정

Claude AI가 생성한 초안을 꼼꼼히 확인하고, 문맥에 맞지 않거나 어색한 표현은 직접 수정합니다. 필자가 앞의 글을 읽어본 결과, 살짝 딱딱하다는 인상을 받았습니다. 만약 섹션의 분위기를 좀 더 감성적으로 바꾸고 싶다면 이런 프롬프트를 활용할 수 있습니다.

> 👤 앞서 작성된 '반려동물과의 첫 만남'을 좀 더 감성 어린 톤으로 다듬어 주세요. 독자의 공감을 이끌어내는 표현을 사용해 주면 좋겠습니다.

우연히 만난 그날, 내 삶에 가장 소중한 선물이 찾아왔습니다. 수십 마리의 아이들 속에서 오직 한 아이, 내 영혼을 울리는 작은 생명이 있었죠. 호기심 어린 눈동자에 세상에 대한 경계심도 엿보였지만, 곧 마음을 열어준 그 아이와 눈을 맞추는 순간 깊은 유대감이 느껴졌어요. 우리는 미소를 나누었고, 저는 평생을 함께할 반려자를 만났다는 걸 직감했습니다.

집으로 오는 길, 제 품에 안겨 따뜻한 숨을 내쉬는 새 가족을 보며 앞으로의 날들을 그려봤어요. 함께 만들 소중한 추억, 깨달아 갈 삶의 진리들, 서로에게 전할 기쁨과 위로까지. 이제 막 시작된 우리의 동행에 가슴이 설레었습니다. 반려동물과의 첫 만남, 그것은 제 인생의 전환점이었죠.

이렇게 Claude AI에게 글의 분위기나 표현 방식에 대한 구체적인 가이드라인을 제시함으로써, 의도한 방향으로 글을 수정해 나갈 수 있습니다.

[4단계] 전체 에세이 완성 및 교정

섹션별 작성이 완료되면 이를 하나의 에세이로 연결합니다. 각 섹션이 자연스럽게 이어지도록 접속사를 활용하거나 문장을 재배치하는 등의 작업이 필요할 수 있죠. 그리고 Claude AI에게 문법, 맞춤법, 띄어쓰기 등 전반적인 교정을 요청합니다. 이를 통해 글의 완성도를 한층 높일 수 있습니다.

> 🙋 완성된 에세이의 맞춤법과 띄어쓰기를 점검하고 교정해 주세요. 문장과 문단 간의 흐름도 자연스러운지 확인해 주세요.

[수정/보완된 글 출력]
맞춤법과 띄어쓰기는 이상이 없고, 문장과 문단 간의 자연스러운 흐름도 잘 유지되고 있습니다. 첫 문단에서는 반려동물과의 운명적인 만남을, 둘째 문단에서는 앞으로 함께할 날들에 대한 기대감을 잘 표현하고 있네요. 독자의 공감을 이끌어내는 감성적인 문체도 돋보입니다.

우리 예시에서는 별달리 잘못된 문장이 없다는 피드백을 주고 있네요. 만약 틀리거나 부자연스러운 곳이 있다면 수정한 글과 함께 어느 부분이 바뀌었는지, 왜 바꾸었는지를 친절히 알려줄 겁니다. 글쓰기 공부에도 좋겠지요.

독후감과 마찬가지로, 에세이 역시 업그레이드가 가능합니다. 주변 지인들에게 에세이를 공유하고 솔직한 피드백을 받아보세요. 그리고 그 피드백을 반영하여 에세이를 수정, 보완하는 과정을 거칩니다. 만약 피드백 내용이 많아 혼란스럽다면 Claude AI에게 정리를 요청할 수도 있습니다.

> 에세이에 대해 받은 피드백 내용은 다음과 같습니다. [피드백 내용 나열] 피드백을 바탕으로 에세이를 어떤 방향으로 수정하면 좋을지 제안해 주세요.

이렇게 하면 다양한 피드백을 종합하여 에세이를 개선하는 과정에서 Claude AI의 조언을 참고할 수 있습니다.

주제별 에세이 쓰기

에세이 작성 과정을 익혔으니, 실제 에세이를 써 볼 시간입니다. 에세이는 다양한 주제로 쓰일 수 있습니다. 생활 속의 체험 등 자신의 느낌 위주로 쓸 수도 있고, 시사적이거나 철학적인 내용을 논리적으로 풀어낸 글일 수도 있습니다. 각 주제별 에세이에 Claude AI가 어떤 식으로 도움을 주는지 직접 해보겠습니다.

[1] 경험을 바탕으로 한 에세이

자신의 특별한 경험을 바탕으로 에세이를 쓰고자 할 때, Claude AI의 도움을 받아 효과적으로 글을 전개할 수 있습니다. 예를 들어 다음과 같은 프롬프트를 제공할 수 있죠.

> Claude AI, 저는 최근 한적한 시골 마을에서 일주일간 홀로 지내며 많은 생각과 깨달음을 얻었습니다. 이 경험을 바탕으로 사색과 자아성찰의 가치를 이야기하는 에세이를 쓰고 싶어요. 제 경험을 어떻게 하면 보편적이고 철학적인 메시지로 승화시

좋은 경험을 하셨군요. 한적한 시골에서 홀로 지낸 시간은 내면을 깊이 들여다보고 삶의 근본적인 질문들을 숙고할 수 있는 소중한 기회가 되었을 것 같아요. 이런 경험을 바탕으로 사색과 자아성찰의 가치를 전하는 에세이를 쓰신다면 많은 독자에게 영감을 줄 수 있을 거예요.

에세이를 전개할 때는 먼저 홀로 시골에 머무르게 된 계기와 그곳에서의 일상을 간략히 소개하는 것이 좋겠어요. 그리고 고요한 자연 속에서 마주한 자신의 내면과 평소 잊고 지냈던 근원적 질문들, 그리고 그에 대해 사색하며 얻은 통찰을 독자와 나누는 거죠.

주요 테마로는 외부 세계로부터의 거리두기와 내면으로의 여행, 자아 발견과 존재의 본질 탐구, 현대인의 삶에서 놓치기 쉬운 가치에 대한 성찰 등을 다뤄보시면 좋겠어요. 나아가 이런 경험이 일상으로 복귀한 후에도 어떤 긍정적 변화를 가져왔는지 말씀해 주신다면 메시지에 설득력이 더해질 거예요.

문체는 담백하면서도 섬세한 어조로, 마치 친한 벗에게 들려주듯 진솔하게 써보세요. 때론 비유와 은유를 활용해 독자의 마음을 움직이는 것도 효과적이에요. 경험에서 깨달은 바를 단편적으로 나열하기보다는, 구체적 묘사와 함께 전해주면 몰입도를 높일 수 있을 거예요.

철학자들의 명언이나 시인들의 시구를 적재적소에 활용해 본인의 사색을 뒷받침해 주는 것도 좋겠죠. 다만 어려운 관념어나 현학적 문장은 독자와의 거리감을 유발할 수 있으니 주의하세요.

무엇보다 솔직하고 용기 있는 자기 고백의 글이 되길 바라요. 저자 본인의 경험과 깨달음이 진정성 있게 전달될 때 비로소 보편적 메시지로 승화될 수 있을 테니까요. 당신의 특별한 경험이 많은 현대인에게 내면을 성찰하고 삶을 재구성하는 계기가 되길 응원하겠습니다!

Claude AI는 전달받은 프롬프트를 바탕으로, 개인의 경험을 보편적 가치와 연결 짓는 에세이의 구성 방향을 제안할 것입니다. 여기서는 한적한 시골 풍경의 묘사로 시작하여, 고요 속 사색의 순간들, 자아를 돌아보게 된 계기, 깨달음의 순간 등을 차례로 풀어 나가는 흐름을 제안하네요. 또한 사색과 성찰이라는 주제에 어울리는 간결하지만 함축적인 문체, 풍부한 비유와 묘사 등의 문학적 장치 활용 등도 가이드해줄 것입니다.

여기서 더 깊이 있는 철학적 담론으로 나아가기 위해, 이런 프롬프트를 추가할 수 있습니다.

> 🧑 앞서 제안해 주신 에세이 흐름에서 한 발 더 나아가, 현대인들이 빠른 삶의 속도 속에 잃어버린 것들, 그리고 사색과 내면 들여다보기의 중요성에 대해 깊이 있게 다루는 단락을 덧붙여 주시기 바랍니다. 동서양 철학자들의 인용이나 예시를 활용하여 에세이에 설득력을 더해 주세요.

현대인들은 빠른 속도로 변화하는 세상에 발맞추기 위해 끊임없이 달려가고 있습니다. 하지만 이런 과정에서 우리는 삶의 진정한 의미와 자아 성찰의 기회를 놓치고 있는 건 아닐까요?

고대 그리스 철학자 소크라테스는 "성찰하지 않는 삶은 살 가치가 없다"고 말했습니다. 우리는 바쁜 일상에 매몰되어 자신의 내면과 진정한 욕구, 그리고 존재의 이유에 대해 묻는 것을 잊곤 합니다. 하지만 이런 근원적 질문들에 대한 끊임없는 사색만이 우리를 진정한 자아로 이끌 수 있죠.

동양 철학에서도 내면의 성찰을 강조해 왔습니다. 노자는 도덕경에서 "귀하게 여길 것은 영혼의 평온함이요, 목표로 삼을 것은 소박함이다"라고 했습니다. 우리는 내면의 평온을 잃고 물질적 풍요와 사회적 지위를 좇느라 자신을 상실한 채 살아가고 있진 않은지 돌아볼 필요가 있습니다.

실존주의 철학자 키르케고르는 "가장 위대한 위험은 자기 자신을 잃어버리는 것"이라 경고했죠. 우리가 진정 추구해야 할 것은 타인의 기준이 아니라 내 안의 나침반이며, 그것은 오직 자신과의 대화와 성찰을 통해서만 찾을 수 있습니다.

시골에서의 고요한 시간은 저에게 이런 사색의 기회를 주었고, 내면에 깃든 근원적 질문들을 끄집어내는 계기가 되었습니다. 멈춤과 성찰이 주는 힘을 경험한 저는 이제 더 나은 방향으로 삶의 속도를 조절할 수 있게 되었죠.

우리 모두 가끔은 속도를 늦추고 자신만의 공간에서 홀로 사색하는 시간을 가져야 합니다. 그 곳에서 만나게 될 내면의 목소리야말로 인생의 지혜이자 나침반이 되어줄 테니까요. 철학자들이 강조했듯, 참된 자아를 찾는 여정에 우리 모두 동참할 수 있기를 소망합니다.

그러면 Claude AI는 에세이에 철학적 깊이를 더하는 단락을 제안할 것입니다. 여기서는 현대인의 바쁜 일상과 내면의 공허함에 대한 통찰, 고대 철학자들이 강조한 사색의 가치, 자아성찰이 삶에 가져다주는 변화 등을 다양한 인용과 함께 설득력 있게 풀어내는 것을 볼 수 있네요.

[2] 사회 현상에 대한 비평적 에세이

우리 사회의 특정 현상이나 문제에 대한 비평적 시각을 담은 에세이를 쓰고자 할 때도 Claude AI의 도움을 받아 보다 설득력 있는 글을 작성할 수 있습니다. 다음과 같은 프롬프트를 제공해 봅시다.

> 👤 Claude AI, 저는 요즘 우리 사회에 만연한 '검증되지 않은 정보의 급속한 확산' 문제에 대해 깊은 우려를 갖고 있습니다. 이런 현상의 원인과 폐해, 그리고 우리에게 필요한 자세 등을 다룬 비평적 에세이를 쓰고 싶어요. 주요 독자층은 20~30대 청년들입니다. 그들의 눈높이에서 공감할 수 있는 사례와 설득력 있는 주장이 담긴 에세이 구성을 제안해 주시겠습니까?

20-30대 청년들에게 가짜 뉴스와 검증되지 않은 정보의 폐해를 알리고, 비판적 사고의 중요성을 환기시키는 에세이를 쓰고자 하시는군요. 이는 매우 시의적절하고 필요한 주제라고 생각합니다.

에세이 구성을 위한 제안을 드리자면, 우선 독자의 관심과 공감을 이끌어낼 수 있는 실제 사례로 글을 시작하는 것이 효과적일 거예요. 최근 SNS에서 화제가 되었던 가짜 뉴스나, 근거 없는 정보 확산으로 피해를 본 개인 혹은 기업의 사례 등을 소개하며 문제의 심각성을 제기하는 거죠.

이어서 가짜 뉴스와 미검증 정보가 빠르게 확산되는 원인을 분석해 볼 필요가 있어요. 익명성을 기반으로 한 소셜미디어 환경, 클릭 수와 광고 수익에 치중하는 언론사의 행태, 그리고 충분한 사고 없이 정보를 받아들이고 공유하는 이용자들의 습관 등을 지적할 수 있겠죠.

다음으로는 이런 현상이 개인과 사회에 미치는 구체적인 폐해를 설득력 있게 제시해야 할 거예요. 사생활 침해, 명예훼손 등 개인이 겪는 피해부터, 허위정보로 인한 혼란과 분열, 건전한 여론 형성의 저해 등 사회적 차원의 부작용까지 다각도로 조명해 보면 좋겠어요.

나아가 이런 문제를 극복하기 위해 우리에게 필요한 자세로 글을 마무리하는 것이 좋겠네요. 미디어 리터러시 교육의 필요성, 정보 생산자와 유통 플랫폼의 윤리의식 강화, 이용자 개개인의 비판적 사고력 함양 등 구체적인 해법을 제시하고 행동의 변화를 이끌어내는 것이 중요해요.

아울러 글의 설득력을 높이기 위해 관련 전문가의 의견을 인용하거나, 데이터와 통계 자료를 활용하는 것도 좋은 방법이에요. 청년들의 눈높이에 맞는 친숙한 어투와 현상에 대한 날카로운 문제의식이 곳곳에 녹아든다면 더욱 완성도 높은 에세이가 될 거라 믿어요.

우리 모두가 정보의 생산자이자 소비자로서, 건강하고 성숙한 미디어 생태계를 만드는 데 동참해야 할 때입니다. 당신의 에세이가 청년들에게 이런 문제의식을 환기시키고 실천의 계기를 마련해줄 수 있기를 기대하겠습니다!

Claude AI는 이 프롬프트를 토대로, MZ세대의 공감을 얻을 수 있는 사례와 논거를 중심으로 한 에세이 구성을 제안할 것입니다. 최근 SNS상에서 화제가 된 가짜 뉴스 사례로 문제 상황을 구체적으로 제시하고, 팩트 체크 없이 정보를 공유하는 행태가 야기하는 여러 부작용을 짚어볼 수 있겠죠. 그리고 건전한 정보 생태계를 위해 청년들이 가져야 할 비판적 사고, 책임감 있는 정보 공유 자세 등을 설득력 있게 제안하는 흐름을 구상해줄 것입니다.

여기에 독자들의 능동적인 문제 해결 의지를 북돋우기 위해, 다음과 같은 프롬프트를 덧붙일 수 있습니다.

> 🙋 지금까지 제안해 주신 에세이 구성에서 한 걸음 더 나아가, 독자들 스스로가 건전한 정보 문화를 만드는 데 동참할 수 있는 구체적인 실천 방안을 제안하는 문단을 마지막에 추가해 주시기 바랍니다. 작은 행동 변화가 가져올 긍정적 영향력을 강조하는 어조로 마무리해 주세요.

우리가 지금 당장 실천할 수 있는 작은 행동들이 모여 건강한 정보 문화를 만드는 데 기여할 수 있습니다. 먼저, 정보를 접할 때마다 그 출처와 근거를 꼼꼼히 따져보는 습관을 들이는 것이 중요해요. 의심스러운 내용은 더 넓은 맥락에서 재확인하고, 사실 여부가 검증되지 않은 정보는 섣불리 공유하지 않아야 합니다.

나아가 우리 각자가 정보를 생산하고 유통할 때도 신중을 기해야 할 거예요. SNS에 글을 게시하거나 지인들과 메시지를 주고받을 때, 사실에 기반한 정확하고 건설적인 내용을 담기 위해 노력합시다.

또한 가짜 뉴스나 악성 루머는 적극적으로 신고하고 반박하는 용기도 필요해요. 잘못된 정보에 침묵하지 않고 바로잡는 행위야말로 우리 사회를 더 건강하게 만드는 백신이 될 수 있습니다.

이런 작은 실천들이 하나둘 쌓여 우리 주변을 변화시키고, 나아가 사회 전체의 정보 문화를 바꿔갈 거라 믿어요. 한 사람의 건전한 정보 활용이 가족과 지인들에게 영향을 미치고, 더 나아가 우리 사회 전반의 미디어 리터러시 향상을 이끌 수 있습니다.

지금 바로 '나'부터 변화의 주체가 되어 정보의 생산과 소비에 책임의식을 갖고 행동할 때, 우리는 가짜 뉴스와 악성 루머의 부작용을 막아내는 든든한 방파제가 될 수 있을 거예요. 기억하세요. 세상을 바꾸는 것은 거대하고 멀리 있는 힘이 아니라, 지금 여기서 '나'부터 실천하는 작은 용기들입니다. 우리 모두 정보의 주체적인 생산자이자 현명한 소비자로서 성숙한 디지털 시민의식을 함양해 나갑시다. 그것이 가짜 뉴스로 뒤덮인 세상에 맞서 우리가 내딛는 희망찬 한 걸음이 될 테니까요.

그러자 Claude AI는 팩트 체크 습관화하기, 출처 불명의 정보 공유 자제하기, 주변인들에게 비판적 정보 해석의 중요성 알리기 등 청년들이 일상에서 실천할 수 있는 구체적인 행동 요령을 제안해 줍니다. 요청대로 긍정적인 마무리 문단을 더해 완성도도 높이고 있네요.

이렇게 주제 선정부터 아웃라인 구성, 섹션별 콘텐츠 생성, 문장 다듬기, 교정 및 피드백 반영에 이르기까지 Claude AI의 조력을 받을 수 있기에 에세이 쓰기에 대한 부담을 덜 수 있습니다. 또한 섹션별 집필에 집중할 수 있어 글의 완성도를 높이는 데도 도움이 되죠.

다만 중요한 것은 에세이 작성의 주도권은 언제나 글쓴이에게 있어야 한다는 점입니다. Claude AI가 제안하는 초안을 그대로 사용하기보다는, 그

것을 토대로 자신만의 문체와 감성을 더해 글을 완성해 나가는 과정이 필요합니다. 글쓴이의 고유한 생각과 경험, 가치관과 세계관이 녹아들 때 비로소 독자의 마음을 울리는 에세이가 탄생할 수 있기 때문입니다.

따라서 Claude AI와의 협업은 어디까지나 글쓴이의 창의성을 보조하고 글쓰기의 기술적 난관을 돕는 수단으로 활용되어야 합니다. 글쓰기는 본질적으로 AI가 아닌 인간의 고유한 영역임을 잊어서는 안 됩니다.

Part II

심화편

생성형 AI,
전문가처럼
활용하기

04

프롬프트 엔지니어링 심화: 생성형 AI와 협업하는 고급 기술

최근 Claude AI와 같은 고도화된 생성형 AI 시스템의 등장으로, 일상 글쓰기 수준에서는 프롬프트 엔지니어링의 필요성이 크게 줄어들었습니다. 뛰어난 자연어 이해 능력을 갖춘 생성형 AI는 이제 복잡하고 어려운 질문을 받더라도, 사용자의 의도를 정확히 파악하고 적절한 답변을 제공할 수 있게 되었기 때문입니다.

하지만 전문적인 글쓰기에서는 여전히 프롬프트 엔지니어링이 중요한 역할을 합니다. 법률 문서, 학술 논문, 기술 보고서 등 고도의 정확성과 전문성이 요구되는 글을 작성할 때는 생성형 AI의 잠재력을 최대한 끌어내기 위한 체계적인 접근 방식이 필요합니다. 단순히 정보를 전달하는 것을 넘어, 해당 분야의 전문 지식과 논리 전개 방식을 AI에게 효과적으로 전달해야만 원하는 수준의 결과물을 얻을 수 있습니다.

4장에서는 기초적인 프롬프트 사용을 넘어서, 더 숙련된 사용자를 위한 고급 프롬프트 엔지니어링 기법 7가지를 소개합니다. 각 기법의 핵심 원리와 글쓰기 전략을 이해하고, 이를 실제 전문 분야 글쓰기에 적용하는 방법을 알아봅니다. 딱딱하고 형식적인 프롬프트에서 벗어나, 생성형 AI와 자연스럽게 소통하면서도 창의적이고 효과적인 글쓰기를 가능하게 하는 다양한 접근법을 만나보세요.

4.1

프롬프트 엔지니어링 주요 기법 7가지

앞선 2장에서 우리는 기본적인 프롬프트 엔지니어링 개념을 배웠습니다. 이제는 한 발 더 나아가, 비즈니스와 전문 영역의 글쓰기에 도움될 만한 7가지 프롬프트 엔지니어링 기법들을 살펴보겠습니다. 이 프롬프트 기법들은 여러분이 생성형 AI의 숨겨진 글쓰기 잠재력을 최대한 끌어낼 수 있도록 도울 것입니다.

- 소량 학습 (Few-shot Learning)
- 단계적 사고 (Chain of Thought, CoT)

생성형 AI, 전문가처럼 활용하기

- 맥락적 프롬프팅 (Contextual Prompting)
- 체계적 글쓰기 (Structured Writing)
- 독자 중심의 글쓰기 (Audience-focused Writing)
- 설득적 글쓰기 (Persuasive Writing)
- 반복 개선 (Iterative Refinement)

그럼 각 기법의 정의와 사용 요령을 예시 템플릿과 함께 하나씩 알아볼까요?

[1] 소량 학습으로 뛰어난 글 습득하기

소량 학습(Few-shot Learning) 기법은 적은 수의 유사 사례만으로도 수준 높은 글쓰기를 가능하게 합니다. 이 방법의 핵심은 목표로 하는 글과 비슷한 우수 사례 몇 가지를 프롬프트에 예시로 제공하는 것입니다. 이를 통해 생성형 AI 모델이 핵심 패턴과 요소들을 빠르게 파악하고, 유사한 스타일의 글을 만들어낼 수 있게 됩니다.

일례로 자기소개서 작성을 위해 다음과 같이 소량 학습 기법 기반의 프롬프트를 구성할 수 있습니다.

IT 기업 입사 지원을 위한 자기소개서를 작성하고자 합니다. 다음 예시를 참고하여 저만의 자기소개서를 작성해 주세요.

[예시1] 컴퓨터공학을 전공하고 소프트웨어 개발자로 5년간 근무하며 다양한 프로젝트 경험을 쌓아왔습니다. 특히 머신러닝을 활용한 추천 시스템 개발 프로젝트를 주도하여 서비스 매출 향상에 기여한 바 있습니다. 빅데이터 분석과 AI 기술을 섭복하여 혁신적인 솔루션을 개발하는 것이 저의 강점이자 열정입니다. 귀사에서 제 역량을 마음껏 발휘하며 성장하고 싶습니다.

[예시2] UI/UX 디자이너로 6년 간 근무하며 사용자 중심 디자인 프로세스를 주도해 왔습니다. 특히 모바일 앱 디자인 프로젝트에서 사용성과 심미성을 모두 갖춘 혁신적 UI로 좋은 평가를 받은 바 있습니다. 트렌드에 민감하게 반응하며 창의적

접근으로 문제를 해결하는 것이 저의 장점입니다. 귀사에서 혁신적이고 사용자 친화적인 디자인으로 기여하고 싶습니다.

이처럼 지원 분야의 우수 자기소개서 두어 건을 예시해 주는 것만으로, 생성형 AI는 해당 분야에서 통용되는 표현법과 강조점 등을 익혀 충실한 자기소개서를 작성해낼 수 있게 됩니다. 그것도 지원자 개인만의 특장점과 경험을 녹여내 기계적 문장이 아닌 생동감 있고 설득력 있는 자기소개서를 완성할 수 있습니다.

업무 상황에서 낯선 유형의 문서를 작성해야 할 때, 소량 학습 기법은 강력한 지원군이 되어줄 수 있습니다. 계약서, 제안서, 회의록 등 처음 접하는 문서 양식도 관련 예시 몇 개만 입력하면 생성형 AI가 속성으로 체득하여 그에 준하는 완성도 높은 초안을 생성해 주니까요.

또 개인적인 글을 쓰더라도 친숙하지 않은 장르나 형식이라면 소량 학습 기법을 적용해 보면 좋습니다. 소설, 시나리오 등 문학적 글은 물론 광고 카피나 홍보 문구 작성에서도 참고할 만한 우수 사례를 프롬프트에 제공하면 보다 수월하게 질 높은 콘텐츠를 얻을 수 있을 것입니다.

[2] 단계적 사고를 통한 논리적 글쓰기

단계적 사고(Chain of Thought, CoT) 기법은 글쓰기의 과정을 단계별로 세분화하여 제시함으로써, 초보 작가도 체계적이고 논리적인 글을 완성할 수 있도록 돕는 기법입니다. 글감에서 개요 구성, 초안 작성, 교정 및 편집에 이르는 글쓰기의 전 과정을 단계적 프롬프트로 분할하여 제공하는 것이 핵심입니다.

예를 들어 '환경 보호의 중요성'이라는 주제로 에세이를 쓴다고 할 때, 다음과 같은 단계별 프롬프트를 활용할 수 있습니다.

[1단계] "'환경 보호의 중요성'을 주제로 한 에세이의 개요를 글머리기호 목록 형식으로 작성해 주세요."

[2단계] "앞서 작성한 개요를 바탕으로, 각 부분을 100~200자 내외로 간단히 설명해 주세요."

[3단계] "2단계에서 확장된 내용을 토대로 전체 에세이 초안을 작성해 주세요. 분량은 1000자 내외로 해주세요."

[4단계] "에세이 초안을 다시 한번 검토하고, 문장 간 연결과 글의 흐름을 자연스럽게 다듬어 주세요."

이렇게 글쓰기를 작은 단위의 하위 작업으로 나누어 순차적으로 요청하면, 방대하고 막연해 보이는 글쓰기 과제도 차근차근 해결해 나갈 수 있게 됩니다. 글의 질적 측면에서도 전체적인 구성이 탄탄해지고 세부 내용이 알차게 다듬어질 수 있어 도움이 됩니다.

단계적 사고 기법은 특히 논리적 사고와 체계적 글쓰기가 요구되는 보고서, 제안서, 논설문 작성 등에 효과적입니다. 꼭 이 형식이 아니어도 주제가 크고 복잡하다면 단계별 접근을 통해 글의 완성도를 높일 수 있습니다. 학술적 글쓰기나 방대한 분량의 글쓰기가 요구되는 업무 상황에서 단계적 사고 기법을 적극 활용해 보시기 바랍니다.

[3] 맥락 정보 제공을 통한 정확한 글쓰기

맥락적 프롬프팅(Contextual Prompting) 기법은 글쓰기에 필요한 배경 정보와 상황 맥락을 생성형 AI에게 제공함으로써, 주어진 상황에 적합한 글을 생성하도록 유도하는 기법입니다. 구체적인 정보가 담긴 프롬프트를 입력받은 생성형 AI는, 마치 그 상황을 직접 경험한 것처럼 현실감 있고 실용적인 글을 만들어낼 수 있습니다.

가령 기업 소개 브로슈어에 쓸 글을 요청한다면 다음처럼 맥락 정보를 제공할 수 있습니다.

저희는 **20년 전통의 가구 제조 기업**으로, **최근 프리미엄 라인을 론칭**하며 브랜드 이미지 쇄신을 꾀하고 있습니다. **친환경 소재를 사용**하고 **독창적인 디자인**을 내세운 신제품의 강점을 부각하는 한편, **장인 정신과 품질에 대한 오랜 헌신**을 강조하고자 합니다. 이를 바탕으로 A4 한 페이지 분량의 브랜드 소개글을 작성해 주세요.

기업의 역사, 가치관, 신제품의 특장점 등을 프롬프트에 반영하자 생성형 AI는 이에 걸맞은 톤과 내용의 글을 생성합니다. 기업의 정체성이 살아 있으면서도 신제품의 매력을 효과적으로 어필할 수 있는 소개글을 얻게 되는 것입니다.

업무 상황에서 제안서, 기획서, 보도자료 등을 작성할 때 맥락적 프롬프팅 기법을 적극 활용한다면 보다 설득력 있고 임팩트 있는 글을 얻을 수 있을 것입니다. 개인적으로 에세이, 칼럼, 블로그 게시글 등을 작성할 때도 글의 배경이 되는 이야기를 프롬프트에 담아낸다면 독자의 공감을 얻는 생동감 넘치는 글을 만들어낼 수 있습니다.

[4] 체계적인 글쓰기

체계적 글쓰기(Structured Writing) 기법은 명확한 구조와 형식을 제시하여 글의 전개를 체계화하는 기법입니다. 서론-본론-결론의 기본 구조나 단락의 구성 요소 등을 프롬프트에 명시함으로써 언제나 일관되고 논리 정연한 글을 생성할 수 있도록 유도하는 것이 핵심입니다.

가령 사회 이슈에 대한 논증적 에세이를 작성한다면 다음과 같이 구조화된 프롬프트를 활용해 볼 수 있겠습니다.

'기본소득제 도입'에 관한 찬반 논거를 담은 에세이를 작성하고자 합니다.
서론은 기본소득제에 관한 간단한 소개와 에세이의 주장을 담아주세요.

> **본론 1**에서는 기본소득제 도입의 긍정적 측면을, **본론 2**에서는 도입 시 우려되는 부분을 다뤄주세요. 본론의 각 단락은 주장-근거-예시의 순서로 구성해 주세요. **결론**에서는 앞선 내용을 정리하고 에세이의 최종 입장을 명확히 해주세요.

이처럼 글의 뼈대를 프롬프트로 제공하면, 초보 작가도 유기적으로 짜인 설득력 있는 에세이를 완성할 수 있게 됩니다. 문단 간의 연결성과 순서가 개선되고, 글의 구조적 안정감도 향상되는 효과를 기대할 수 있죠.

체계적 글쓰기 기법은 기획안이나 보고서 등 논리적 글쓰기가 필수적인 상황에서 특히 유용합니다. 전달하고자 하는 내용을 체계적으로 구조화하고 각 부분의 역할을 명확히 함으로써 읽는 이의 이해도를 높이고 글의 설득력을 극대화할 수 있기 때문입니다. 나아가 학술 논문이나 학위 논문 등 고난도 글쓰기에서도 질서정연한 글의 구조를 잡는 데 효과적으로 활용될 수 있습니다.

[5] 독자 중심의 글쓰기

독자 중심의 글쓰기(Audience-focused Writing) 기법은 글을 읽을 독자층을 구체적으로 특정하고, 그들에게 최적화된 글쓰기를 지향하는 기법입니다. 각기 다른 배경지식과 관심사, 눈높이를 가진 독자에게 어필하기 위해서는 차별화된 접근이 필요한 바, 프롬프트에 독자의 특성을 명시하여 대상 독자에게 꼭 맞는 글 생성을 유도하는 것이 핵심입니다.

> **20~30대 직장인 독자**를 대상으로, 신제품 무선 키보드의 장단점을 소개하는 온라인 리뷰를 작성해 주세요. IT 활용도가 높고 합리적 소비를 추구하는 독자의 특성을 고려하여, 실사용 경험을 바탕으로 디자인과 가격 대비 성능, 사용 편의성 측면의 객관적 평가에 초점을 맞춰주세요.

주 독자의 연령대, 직업군, 관심사, 성향 등을 함께 브리핑하면 생성형 AI는 그에 부합하는 정보와 어조, 스타일로 글을 생성하게 됩니다. 독자의 궁금증을 선제적으로 해소하고 공감대를 형성할 수 있는 친밀한 글쓰기가 가능해집니다.

기업의 공식 블로그나 SNS 채널을 운영한다면 독자 중심의 글쓰기 기법은 필수입니다. 기업이 타깃으로 하는 고객층의 감성과 눈높이에 맞는 콘텐츠를 제공함으로써 브랜드 호감도를 높이고 유대감을 공고히 할 수 있기 때문입니다.

한편 개인적 글에서도 페르소나에 걸맞은 독자를 상정하여 글을 쓰면 보다 매력적이고 와닿는 콘텐츠를 생산할 수 있을 것입니다. 나만의 충성 독자를 상상하며 그들만을 위한 글을 써보는 것, 독자 중심의 글쓰기 기법을 통해 시도해 볼 만한 흥미로운 글쓰기 실험이 될 것 같습니다.

[6] 설득의 힘을 갖춘 글쓰기

설득적 글쓰기(Persuasive Writing) 기법은 명확한 주장과 타당한 근거를 바탕으로 독자를 설득하는 글쓰기를 지향하는 기법입니다. 주장의 핵심을 명확히 하고, 이를 뒷받침할 수 있는 논리적 근거와 생생한 사례를 제시하는 것이 요체입니다. 프롬프트에 주장과 근거를 짚어줌으로써 논리적 흐름이 탄탄한 설득력 있는 글 생성을 유도할 수 있습니다.

'플라스틱 폐기물 감축을 위한 정부 차원의 대책 마련'을 주장하는 정책 제안서를 작성하고자 합니다. 먼저 플라스틱 쓰레기로 인한 환경 문제의 심각성을 **통계 자료**를 통해 입증하고, **외국의 정책 사례와 성과**를 제시하여 정부 개입의 필요성을 역설해 주세요. 이어서 구체적인 정책 방안 2~3가지를 예시와 함께 제안하고, **기대 효과**를 설득력 있게 논증해 주세요.

템플릿에서는 하고자 하는 주장마다 '통계 자료', '외국의 정책 사례와 성과', '기대 효과' 등 주장에 힘을 실어줄 수 있는 논거들을 구체적으로 명시하고 있습니다. 그러면 주장과 근거가 논리적으로 짜임새 있게 배치된 설득력 높은 글을 얻을 수 있게 됩니다. 문제 상황을 뒷받침하는 객관적 데이터부터 해법의 실효성을 입증하는 성공 사례까지, 주장의 타당성을 입체적으로 보여주는 글이 완성되는 것입니다.

제안서나 프레젠테이션 자료 작성 시 설득적 글쓰기 기법을 적용한다면 보다 임팩트 있는 결과물을 산출할 수 있을 것입니다. 나아가 각종 캠페인이나 광고 카피 작성에서도 설득적 글쓰기 기법은 주장의 핵심과 차별점을 부각하고 설득력 있는 근거를 제시하는 데 있어 유용하게 활용될 수 있습니다.

또 개인 차원에서도 특정 이슈에 대한 나의 견해를 논리적으로 피력하는 SNS 게시글이나, 추천하는 제품의 매력을 전달하는 생생한 리뷰 글쓰기 등에 설득적 글쓰기 기법을 적용해 보는 것은 어떨까요? 힘 있는 주장, 탄탄한 논거가 어우러진 설득력 만점 글쓰기에 도전해 보시기 바랍니다.

[7] 반복 개선을 통한 고도화된 글쓰기

반복 개선(Iterative Refinement) 기법은 글쓰기의 반복과 개선을 통해 완성도를 높여가는 기법입니다. 초안 생성 후 사용자의 피드백을 지속적으로 반영하여 글을 수정 보완해 나가는 것이 핵심으로, 점진적 개선을 통해 원하는 수준의 글을 찾아가는 과정이라 할 수 있습니다. 예를 들어 보도자료 작성에 반복 개선 기법을 적용해 본다면 이렇습니다.

> **[1차]** "'신제품 출시' 보도자료 초안을 작성해 주세요. 회사와 제품에 대한 기본 정보를 소개하고, 신제품의 주요 기능과 장점, 출시 일정 및 기대 효과 등을 중심으로 꾸려주세요."

[2차] (초안 생성 후) "초안을 잘 봤습니다. 전체적인 내용은 충실한 것 같아요. 다만 제품의 차별화 포인트를 좀 더 강조해 주면 좋겠습니다. 또 전문가의 코멘트나 소비자 반응 등을 인용문으로 추가해 주면 신뢰도를 높일 수 있을 것 같네요. 그 부분을 보강해서 다시 작성해 주시겠어요?"

[3차] (재작성 후) "훨씬 완성도 있는 보도자료가 된 것 같습니다. 이제 마지막으로 전체 내용을 꼼꼼히 검토하고 문장을 다듬어 마무리해 주세요. 오탈자와 문장 호흡도 체크해 주시고요. 끝으로 우리 회사만의 톤앤매너가 자연스럽게 녹아들게 표현을 정제해 주시면 더할 나위 없겠습니다."

초안 작성 → 핵심 피드백 전달 → 수정 및 개선의 사이클을 반복하는 것만으로도 고품격 보도자료를 만들어낼 수 있습니다. 초안에 담은 주요 메시지를 견지하면서도 강점점, 보완점, 톤앤매너 등을 지속적으로 다듬어 감으로써 양질의 글을 완성하는 것입니다.

이 과정은 글쓰기 역량 강화에도 도움이 됩니다. 생성형 AI와의 피드백 교환을 거듭하면서 자연스레 글쓰기 노하우가 체화될 뿐더러, 메타인지 능력 또한 향상되어 스스로 문제점을 짚어내고 개선해 나가는 힘을 기를 수 있게 되니까요.

반복 개선 기법은 인공지능 글쓰기 툴을 활용하는 가장 일반적이고도 효과적인 방식이라 할 수 있습니다. 그만큼 어떤 유형의 글쓰기에서든 보편적으로 통용될 수 있는 만능 기법인 셈인데요. 개인적 글쓰기 훈련으로서도, 협업 기반의 업무 글쓰기 과정으로서도 반복 개선 기법을 적극 활용해 보시기를 추천드립니다.

물론 글쓰기에 만병통치약 같은 만능 기법은 없습니다. 여기서 자주 활용되는 프롬프트 엔지니어링 심화 기법 7가지를 알아보았지만, 이걸로 모든 글이 손쉽게 완성되진 않습니다. 때로는 여러 기법을 융합하여 활용해야 할 때도 있고, 상황에 따라 새로운 기법을 고안해야 할 때도 있을 것입니다. 이 과정 자체가 우리 글쓰기 실력을 업그레이드할 훌륭한 학습입니다.

그렇게 시행착오를 반복하다 보면, 점진적으로 체득한 노하우들이 축적되어 결국 우리를 프롬프트 엔지니어링 전문가이자 작가로 거듭나게 해줄 것입니다. 글쓰기를 피하거나 두려워하지 말고 각 기법의 특장점을 잘 살려서 그때그때 달라지는 글쓰기의 목적과 상황에 맞춰 전략적으로 활용해 보세요. 어떤 난관도 헤쳐나갈 수 있는 글쓰기 역량을 갖추게 될 테니까요.

생성형 AI 능력 극대화를 위한 프롬프트 팁

프롬프트 엔지니어링 심화 기법을 통해 생성형 AI와 좀 더 효과적으로 소통하는 법을 배웠다면, 다음 순서로 프롬프트를 한 단계 더 업그레이드하여 생성형 AI의 능력을 최대한 활용하는 방법을 알아볼 차례입니다. 몇 가지 핵심 팁만 잘 활용해도 생성형 AI와의 협업은 훨씬 더 즐겁고 생산적인 경험이 될 수 있습니다.

[1] 구체적인 지시어 사용하기

프롬프트에는 '소개(introduce)', '설명(explain)', '요약(summarize)', '분석(analyze)', '비교(compare)', '평가(evaluate)' 등의 구체적인 액션 지시어를 활용하는 것이 좋습니다. 이는 생성형 AI에게 어떤 유형의 응답을 원하는지 명확한 방향을 제시하는 데 도움이 됩니다.

각 지시어를 어떻게 넣으면 될지, 프롬프트 예시를 하나씩 보여드리겠습니다.

- introduce(소개): "신입 사원들에게 우리 회사의 조직문화를 소개하는 글을 작성해 주세요. 회사의 미션과 비전, 핵심가치, 그리고 구성원들이 지향하는 태도와 행동 등을 포함해 주세요."

- explain(설명): "고객 데이터 플랫폼(CDP)의 개념과 필요성에 대해 설명하는 글을 작성해 주세요. CDP의 정의, 주요 기능, 도입 시 기대 효과 등을 비즈니스 의사결정자들이 이해하기 쉬운 언어로 풀어주세요."

- summarize(요약): "고객 만족도 조사 결과 중 NPS 점수, 고객 충성도, 주요 불만 사항 등을 중심으로 요약해 주세요."

  단순히 "고객 만족도 조사 결과를 요약해 주세요"보다 핵심 정보를 짚어주는 편이 원하는 요약 결과를 유도하는 데 더 효과적일 것입니다.

- analyze(분석): "우리 제품의 최근 3년간 판매 실적 데이터를 분석해 주세요. 연도별, 지역별, 고객 세그먼트별 매출 추이를 파악하고, 매출 변동의 주요 원인을 도출해 주세요."

- compare(비교): "A 제품과 B 제품의 가격, 성능, 디자인 측면에서의 차이점을 비교 분석해 주세요."

- evaluate(평가): "당사가 도입을 검토 중인 두 가지 마케팅 자동화 툴의 장단점을 평가해 주세요. 각 툴

  '비교'라는 포괄적인 지시어만 쓰지 말고, '가격, 성능, 디자인 측면에서의 차이점' 같은 구체적인 비교 기준을 제시한다면 보다 상세하고 실질적인 비교 분석 결과를 얻을 수 있습니다.

  의 주요 기능, 사용성, 비용, 고객 지원 체계 등을 종합적으로 고려하여, 우리 회사에 더 적합한 솔루션이 무엇인지 의견을 제시해 주세요."

예시들을 보면, 공통적으로 액션 지시어 전후로 과업의 구체적인 내용과 포함되어야 할 요소들을 덧붙이고 있음을 알 수 있습니다. 그럼으로써 생성형 AI가 보다 상세하고 적절한 응답을 생성할 수 있도록 안내하는 겁니다.

이처럼 모호한 지시 대신 구체적이고 액션 지향적인 용어를 활용하여 생성

형 AI에게 태스크를 제시하는 것은 보다 정확하고 실용적인 결과물을 얻는 데 도움이 될 것입니다. 이는 Claude AI뿐 아니라 대부분의 생성형 AI 기반 글쓰기 도구 활용에 적용되는 기본 팁이라 할 수 있겠습니다.

지시어 사용과 관련한 추가 팁을 드리자면, 지시어의 조합을 적절히 활용하는 것도 효과적일 수 있습니다. 가령 "OO 제품의 최근 실적을 분석하고(analyze), 그 원인을 평가해(evaluate) 주세요."라고 요청하면 단순 현상 분석을 넘어 심층적 인사이트까지 도출할 수 있는 결과를 기대할 수 있습니다.

- 소개 + 설명: "Z세대를 타깃으로 한 새로운 메이크업 브랜드 'Glitz & Glam'을 소개하고(introduce), 주요 제품 라인과 브랜드 철학을 상세히 설명해 주세요(explain). 특히, Z세대 소비자들의 요구사항을 어떻게 반영했는지 강조하여 설명해 주세요."

- 분석 + 비교: "최근 3개월간 당사 SNS 채널(인스타그램, 페이스북, 엑스)의 성과를 분석하고(analyze), 각 채널별 도달률, 참여율, 전환율 등 주요 지표를 비교하여(compare) 어떤 채널이 가장 효과적인지 평가해 주세요."

- 요약 + 평가: "지난 분기 경쟁사들의 주요 마케팅 캠페인 사례를 요약하고(summarize), 각 캠페인의 창의성, 효과성, 시장 반응 등을 종합적으로 평가하여(evaluate) 당사 마케팅 전략에 참고할 만한 시사점을 도출해 주세요."

- 설명 + 분석 + 평가: "최근 급증하고 있는 '비건 뷰티' 트렌드에 대해 설명하고(explain), 국내외 비건 뷰티 시장 현황을 분석하여(analyze) 향후 성장 가능성을 평가해 주세요(evaluate). 또한, 당사가 비건 뷰티 시장에 진출할 경우 고려해야 할 사항과 성공 전략에 대한 의견을 제시해 주세요."

[2] 단계별 지시 활용하기

복잡하고 많은 내용을 한 번에 요청하기보다는, 단계를 나누어 순차적으로 지시하는 것이 효과적일 수 있습니다. 이는 생성형 AI의 응답을 보다 체계적이고 조리 있게 만드는 데 도움이 됩니다.

예를 들어 "우리 회사 신제품 A의 마케팅 전략 수립을 위한 보고서를 작성해 주세요."를 요청하고 싶다면, 다음처럼 여러 단계에 걸쳐 지시해 볼 수 있습니다.

[1단계] 신제품 A의 주요 기능과 특장점을 정리해 주세요.

- 주요 기능. 음성 인식을 통한 핸즈프리 조작, 개인화된 추천 알고리즘, 24시간 고객 지원 등
- 특장점. 동급 최고 수준의 배터리 성능, 경량화를 통한 휴대성 향상, 합리적인 가격대 등

[2단계] 신제품 A의 목표 고객층을 분석하고, 그들의 요구사항을 정리해 주세요.

- 목표 고객층. 20~30대 젊은 층, 기술 친화적인 고객, 합리적 소비를 추구하는 고객 등
- 고객 요구사항. 일상생활에서의 편의성 향상, 개인화된 서비스 경험, 내구성과 가성비 등

[3단계] 경쟁사 유사 제품과의 차별점을 비교 분석해 주세요.

- 경쟁사 A사. 배터리 용량 20% 우수, 음성 인식 기능 더욱 정교함
- 경쟁사 B사. 가격 경쟁력 우위, 더욱 책임감 있는 고객 지원 서비스
- 경쟁사 C사. 휴대성과 디자인 차별화 달성 등

[4단계] 신제품 A의 마케팅 커뮤니케이션 채널과 메시지 전략을 제안해 주세요.

- 온라인 채널. 제품 특장점 소개 및 사용 후기 중심의 SNS 마케팅, 제품 리뷰 콘텐츠 활용 등
- 오프라인 채널. 체험 마케팅을 통한 제품 강점 직접 전달, 팝업스토어 운영을

통한 고객 접점 확대 등

- 메시지 전략: '스마트한 일상을 더욱 스마트하게, 신제품 A'와 같은 캐치프레이즈로 편의성과 혁신성 강조 등

이렇게 단계를 세분화하여 각 단계별로 풍부한 정보와 인사이트를 요청함으로써, 생성형 AI는 총체적이고 전략적인 관점의 마케팅 전략 보고서를 생성해낼 수 있게 됩니다. 이는 마케팅 실무자들에게 실질적인 도움이 되는 형태의 결과물이 될 것입니다.

[3] 이전 응답을 프롬프트에 활용하기

이전 응답을 프롬프트에 활용함으로써 Claude AI와의 대화를 점진적으로 발전시켜 나갈 수 있습니다. 이는 마치 인간 작성자가 초안을 발전시켜 나가는 과정과 유사합니다.

[1차] OO 제품의 장단점을 분석해 주세요.

장점

- 혁신적인 기술력을 바탕으로 한 뛰어난 성능
- 사용자 친화적인 인터페이스로 누구나 쉽게 사용 가능
- 합리적인 가격으로 시장 내 가성비 우위

단점

- 경쟁사 대비 브랜드 인지도가 다소 낮음
- 오프라인 매장 수가 적어 제품 체험 기회 부족
- A/S 센터가 대도시에 집중되어 있어 접근성 제한적

- 온라인 및 SNS 마케팅 강화를 통해 브랜드 인지도 제고
- 제품의 혁신성과 사용 편의성 중심의 콘텐츠 개발 및 바이럴 확산 유도
- 인플루언서 마케팅을 통해 제품 사용 후기 및 체험 콘텐츠 확산
- 이동식 체험 부스 운영으로 오프라인 접점 확대
- 주요 도심 및 유동인구 밀집 지역 중심으로 체험 부스 운영, 제품 장점 직접 전달
- 체험 고객 대상 온라인 구매 연계 프로모션 진행으로 판매 전환 유도
- 모바일 앱을 통한 스마트 A/S 서비스 제공
- 제품 사용 관련 FAQ 및 셀프 진단 가이드 제공으로 사용자 편의성 제고
- 화상 채팅 및 AR 기술 기반의 원격 A/S 지원으로 지역적 제한 극복

이처럼 1차 응답에서 도출된 인사이트를 바탕으로 구체적인 전략 방향성을 요청함으로써, 보다 실행력 있고 실무에 직접 활용 가능한 형태의 차별화 방안을 생성형 AI로부터 이끌어낼 수 있게 됩니다.

[4] 응답의 톤과 스타일 지정하기

프롬프트에 원하는 응답의 톤과 스타일을 지정하는 것도 유용한 최적화 방안이 될 수 있습니다. 이는 생성형 AI 응답의 분위기와 표현 방식을 컨트롤하는 데 도움을 줍니다.

안녕하세요, 신입사원 여러분! 우리 회사에 입사하신 것을 진심으로 환영합니다. 여러분은 이제 우리 회사라는 큰 배의 새로운 승객이 되셨어요. 앞으로 함께 항해

할 날들이 정말 기대되네요!

입사 초기에는 모든 게 낯설고 어려워 보일 수 있어요. 하지만 걱정 마세요. 여러분을 위해 따뜻한 동료들과 체계적인 교육 프로그램이 준비되어 있거든요. 파도가 세더라도 우리는 서로 손잡고 힘을 합쳐 나아갈 수 있을 거예요.

특히 멘토링 프로그램을 적극 활용하시길 추천해요. 선배 직원들이 여러분의 든든한 조력자가 되어줄 거예요. 업무적으로나 인간적으로나 많은 걸 배울 수 있는 소중한 기회가 될 거라 확신해요.

앞으로 우리가 함께 만들어 갈 여정을 생각하면 벌써부터 설레는걸요? 열정과 도전 정신을 잃지 말고 힘차게 전진합시다. 여러분 모두가 우리 회사의 빛나는 미래라는 사실 잊지 마세요!

> **[전문적 어조 지정]** OO 기술에 대해 소개하는 백서를 작성해 주세요. 전문가 독자층을 대상으로 하므로, 정확하고 객관적인 어조를 유지해 주세요.

OO 기술은 차세대 인공지능 알고리즘으로 주목받고 있는 심층 강화학습을 기반으로 합니다. 심층 강화학습은 인공 신경망과 강화학습을 결합한 학습 방법론으로, 복잡한 환경 내에서 장기적인 보상을 최대화하는 최적의 의사결정 정책을 학습할 수 있는 것이 특징입니다.

OO 기술은 이러한 심층 강화학습 알고리즘을 토대로, 방대한 양의 비정형 데이터를 실시간으로 분석 및 예측하고 최적의 액션을 도출해내는 자율적 의사결정 시스템을 구현하고 있습니다. 특히 다양한 센서 데이터와 외부 환경 변수를 종합적으로 고려하여 의사결정을 내릴 수 있다는 점에서 기존의 rule-based 시스템 대비 큰 강점을 보유하고 있습니다.

OO 기술의 또 다른 핵심 경쟁력은 자가학습 능력에 있습니다. 실제 의사결정 결과에 대한 피드백을 지속적으로 수집 및 학습함으로써, 시스템 스스로 보다 정교하고 고도화된 의사결정 모델을 만들어 갈 수 있습니다. 이는 곧 시간이 흐를수록 OO 기술의 성능이 지속적으로 향상됨을 의미하며, 산업 현장 적용 시 장기적 관점의 투자 효과를 기대할 수 있게 합니다.

이렇듯 프롬프트에 명시된 어조와 스타일에 맞춰 생성형 AI는 전혀 다른 톤과 문체의 응답을 생성해 냅니다. 따라서 상황과 용도에 최적화된 어조를 지정해 주는 것이 보다 효과적인 생성형 AI 활용을 위한 중요한 팁이 될 수 있겠습니다.

생성형 AI의 결과물에 뜻밖의 오류나 잘못된 내용이 섞여 있어 사용이 불가능하다면 곤란하겠죠. 이를 방지하려면, 프롬프트에 차별적, 폭력적, 선정적 표현 등 부적절한 내용이 포함되지 않도록 사전에 경고 문구를 포함시키는 것도 좋은 최적화 방안이 될 수 있습니다.

> [경고 문구 포함] 회사 내 다양성과 포용성을 주제로 하는 블로그 게시글을 작성해 주세요. 단, 어떤 특정 집단에 대한 고정관념이나 차별적 표현은 절대 포함되어서는 안 됩니다.

우리 회사는 다양성과 포용성의 가치를 추구하는 조직문화를 지향하고 있습니다. 다양한 배경과 관점을 가진 구성원들이 차별 없이 자신의 능력을 발휘할 수 있는 포용적인 환경을 조성하는 것이 우리의 목표입니다.

이를 위해 우리는 개개인의 고유한 정체성과 차이를 존중하는 문화를 만들어 가고 있습니다. 성별, 인종, 국적, 종교, 나이, 장애 여부 등과 무관하게 모든 구성원을 동등하게 대우하고, 다양성을 우리의 경쟁력으로 삼고자 합니다.

다양성이 꽃피는 조직에서는 서로 다른 시각과 아이디어가 자유롭게 교류하며 창의성이 극대화될 수 있습니다. 또한 포용성 높은 문화는 구성원들의 소속감과 몰입도를 높여 조직의 성과로도 직결됩니다.

앞으로도 우리 회사는 다양성과 포용성의 가치를 실현하기 위해 구성원 모두가 함께 노력해 나갈 것입니다. 채용, 승진, 교육, 복지 등 인사관리 전반에 있어 공정성과 형평성의 원칙을 견지하고, 다양성을 존중하는 조직문화를 더욱 공고히 해 나갈 것입니다.

아울러 구성원 개개인 또한 일상 속 작은 실천을 통해 포용의 문화를 함께 만들어 갈 수 있기를 기대합니다. 동료의 다름을 인정하고 존중하는 태도, 차이를 차별로 치환하지 않는 열린 사고, 그리고 혹시 모를 무의식적 편견을 경계하는 철저한 자기 성찰이 우리 모두에게 필요한 덕목이 될 것입니다.

다양성과 포용성은 결코 하루아침에 달성할 수 없는 과제입니다. 하지만 우리가 함께 노력한다면 모두가 존중받고 역량을 마음껏 발휘할 수 있는 행복한 일터를 반드시 만들어 낼 수 있으리라 확신합니다. 구성원 여러분의 적극적인 동참을 기대하겠습니다.

예시에서 볼 수 있듯이, 프롬프트에 차별적 표현 금지에 대한 주의 문구를 포함함으로써 다양성과 포용성의 가치를 존중하는 방향으로 글쓰기가 이뤄질 수 있도록 유도하고 있습니다.

만약 이러한 경고 문구가 없다면 생성형 AI가 무의식적으로 특정 집단에 대한 고정관념이나 차별적 견해를 담은 표현을 생성할 위험이 있습니다. 따라서 민감한 주제를 다룰 때는 이런 식의 명시적인 주의 문구를 프롬프트에 포함시키는 것이 바람직한 결과물을 얻는 데 도움이 될 수 있습니다.

지금까지 구체적인 지시어 사용, 단계별 요청, 이전 응답 활용, 어조 지정, 경고 문구 활용 등 Claude AI 활용도를 높이기 위한 다양한 프롬프트 최적화 팁을 예시와 함께 살펴보았습니다.

물론 이것이 정답은 아닙니다. 활용 목적과 상황에 따라 최적의 프롬프트 전략은 달라질 수 있으므로, 지속적인 실험과 학습을 통해 조직과 사용자에게 최적화된 프롬프트 설계 방식을 찾아가는 것이 중요할 것입니다.

• ● •

이제 우리에겐 기술과 창의성의 경계를 넘나드는 생성형 AI 글쓰기 도구가 있습니다. 프롬프트 엔지니어링이라는 기법을 통해 그 잠재력을 마음껏 발휘할 차례입니다. 주어진 글쓰기 과제에 딱 맞는 기법들을 선별하고 과감히 적용해 봅시다. 체계적 사고, 맥락 제공, 설득력 있는 주장, 독자 친화적 관점, 그리고 지속적인 개선 의지까지. 가장 자신 있는 무기부터 액티브하게 활용해 보는 겁니다. 생성형 AI와의 시너지 속에서 글쓰기의 신세계가 열릴 것입니다.

물론 이는 생성형 AI의 글쓰기 지원이 단순 작문 보조를 넘어, 해당 분야의 지적 탐구와 창의적 문제 해결에 기여할 수 있음을 의미하기도 합니다. 전문 분야의 사고와 표현 양식을 익힌 생성형 AI가 기존에 없던 새로운 아이디어와 해석을 제시할 수 있기 때문입니다. 전문 글쓰기에서의 프롬프트 엔지니어링은 단순한 글쓰기 효율화를 넘어, 지식 창조와 확장의 새로운 경로를 제시한다는 점에서 그 중요성과 가능성이 더욱 크다고 볼 수 있을 것 같습니다.

글쓰기 영역에서 생성형 AI와의 협업이 고도화될수록 인간 작가에게는 프롬프트 엔지니어링 전문성이 새로운 핵심 역량으로 부상하게 될 것입니다. 풍부한 지식을 갖춘 생성형 AI를 얼마나 전략적으로 활용하고 창의적 글쓰기에 녹여낼 수 있는지, 그 열쇠를 쥐고 있는 것은 결국 프롬프트 엔지니어링을 구사하는 인간 작가의 몫이기 때문입니다.

전문 분야의 글쓰기 역량 강화를 위해, 그리고 생성형 AI와의 시너지를 통한 새로운 지평 개척을 위해 프롬프트 엔지니어링이라는 인간-생성형 AI 협업 글쓰기의 새로운 언어를 깊이 있게 익혀 가는 일, 그것이 생성형 AI 시대를 선도하는 작가로 거듭나기 위해 우리 모두에게 요구되는 핵심 과제라 하겠습니다.

이어지는 5장과 6장에서는 앞서 소개한 프롬프트 엔지니어링 기법들을 실제 글쓰기에 활용하는 구체적인 방법을 다룹니다. 간단한 이메일 및 회의록 작성 같은 비즈니스 실무부터 법률 계약서 분석, 학술 논문, 다국어 콘텐츠 제작 등 전문 영역에 이르기까지 다양한 글쓰기 상황에 맞는 프롬프트 엔지니어링 전략을 적절한 사례와 함께 소개할 것입니다. 이를 통해 여러분의 글쓰기가 한 단계 도약하는 계기를 마련하고자 합니다.

각 기법을 글쓰기의 다양한 상황과 여러 단계에서 효과적으로 활용하는 노하우 역시 상세히 안내하겠습니다. 모쪼록 여러분만의 글쓰기 혁신 전략을 수립하는 데 도움이 되길 바랍니다.

05

비즈니스 실무 완전 정복:
생성형 AI로 업무 효율 UP!

직장 생활을 하다 보면 부서를 막론하고 다양한 문서 작성과 글쓰기 업무를 마주하게 됩니다. 영업팀은 설득력 있는 제안서와 프레젠테이션 자료를 만들어야 하고, 마케팅팀은 눈길을 사로잡는 광고 문구와 콘텐츠 제작에 고심합니다. 기획팀과 경영지원팀 역시 체계적인 기획안과 보고서 작성에 많은 시간과 노력을 들입니다. 심지어 회의록 정리나 이메일 작성 같은 일상적인 업무조차 부담으로 느끼는 직장인들이 적지 않습니다.

글쓰기는 모든 비즈니스 업무의 기본이 되는 만큼 중요성이 크지만, 사실 누구나 쉽게 잘할 수 있는 일은 아닙니다. 주제를 선정하고 핵심 메시지를 구성하며 완성도 높은 문장을 써내려가는 과정은 많은 노력과 시간을 필요로 합니다. 게다가 같은 유형의 문서라 하더라도 용도와 목적, 독자층에 따라 톤앤매너나 포맷이 달라지기에 글쓰기의 난도는 더욱 높아집니다.

바로 이런 비즈니스 글쓰기의 어려움을 해소하고 업무 효율을 높이는 데 Claude AI가 큰 역할을 할 수 있습니다. 이메일을 쓴다면 Claude AI는 용건에 맞는 적절한 어투와 문체로 초안을 작성해 주고, 주고받은 메일을 분석해 핵심 내용과 향후 대응 방향을 짚어줍니다. 회의록 및 업무 보고서 작성도 Claude AI와 함께라면 훨씬 수월해집니다. 회의 내용을 자동으로 요약하고 정리함은 물론, 방대한 데이터가 담긴 보고서도 핵심 인사이트를 추출해 간결한 문장으로 재구성해냅니다.

영업이나 마케팅 부서에서 중요하게 여기는 제안서나 프레젠테이션 자료 작성에도 Claude AI가 큰 보탬이 됩니다. 고객사나 타깃층의 요구사항을 분석해 최적화된 콘텐츠를 제안하고, 디자인과 구성을 조언하며 수정 및 리뷰 작업을 지원합니다. 마케팅 및 광고 콘텐츠 제작에서도 Claude AI의 창의력이 돋보입니다. 상품 특징에 맞는 카피를 제시하고 채널별 콘텐츠를 자동 생성해줄 뿐 아니라, 캠페인 성과를 분석하고 개선점을 도출하는 데에도 일조합니다.

한편 Claude AI의 강점은 단순히 글쓰기를 대신해 주는 데 그치지 않습니다. 방대한 데이터와 자연어를 학습하여 비즈니스 환경을 종합적으로 분석하고 통찰하는 AI 조력자로서의 역할도 훌륭히 해냅니다. 회의 내용이나 보고서, 메일에서 핵심 정보를 추출하고 패턴을 발견하는가 하면, 산업 동향과 경쟁사 분석을 통해 전략적 인사이트를 제공하기도 합니다. 각종 통계 자료를 해석하고 시각화하는 일은 물론, 소비자 데이터 분석을 통한 마케팅 전략 수립에도 활용될 수 있습니다.

이렇듯 생성형 AI는 일상적인 업무 처리부터 전략적 의사 결정에 이르기까지 직장 생활 전반에 걸쳐 다양하게 활용될 수 있습니다. 자신의 업무 영역에서 생성형 AI를 어떻게 활용할 수 있을지 고민하고 적극적으로 실험해 보는 자세가 중요하겠죠. 보고서 작성, 이메일 커뮤니케이션, 데이터 분석 등 다방면에서 생성형 AI의 조력을 받다 보면 어느새 업무 효율이 크게 향상되어 있는 자신을 발견하게 될 것입니다.

비즈니스 문서 작성 시 Claude AI 활용 방법

비즈니스 문서에서 Claude AI를 활용하는 방법은 크게 두 가지로 나눠 볼 수 있습니다. 하나는 정형화된 템플릿을 기반으로 하는 것이고, 다른 하나는 좀 더 자유로운 형식의 프롬프트를 설계하는 것입니다.

템플릿을 활용하면 문서 구조와 형식을 일관되게 유지할 수 있어 편리합니다. 회사에서 자주 사용하는 상황별 문서 포맷을 템플릿화해 두면, 매번 구성을 고민할 필요 없이 신속하게 초안을 생성할 수 있죠. 또한 회사의 톤앤매너를 통일하고 대내외 일관성을 유지하는 데에도 도움이 됩니다.

반면, 너무 정형화된 템플릿은 때로 창의성을 제한할 수 있습니다. 상황에 따라 좀 더 유연하고 맥락에 최적화된 문서를 작성하고 싶을 때가 있죠. 이럴 때는 템플릿에 얽매이지 않고, 핵심 내용과 요구사항을 담은 프롬프트를 자유롭게 설계하는 것이 효과적일 수 있습니다.

유연한 프롬프트 설계의 핵심은 Claude AI에게 무엇을 요청하는지를 구체적이고 명확하게 전달하는 데 있습니다. 문서의 목적, 대상, 전달하고자 하는 메시지, 원하는 톤앤매너 등을 상세히 설명하고, 필요하다면 글의 구조까지 간략히 가이드해 주는 것이 좋습니다. 이런 풍부한 콘텍스트를 바탕으로 Claude AI는 상황에 딱 들어맞는, 창의적이고 설득력 있는 문서를 생성할 수 있게 됩니다.

물론 두 방식의 장단점이 명확하게 갈리는 것은 아닙니다. 오히려 두 접근법을 적절히 조합하여 사용하는 것이 가장 효과적일 것입니다. 따라서 필자는 여러분께 두 가지 방식 모두를 연습하고 체득할 것을 권해드리고 싶습니다. 주어진 템플릿을 최대한 활용하는 방법도, 스스로 효과적인 프롬프트를 만들어내는 역량도 모두 Claude AI를 비즈니스에 활용하는 데 있어 매우 중요한 스킬이 될 것이기 때문입니다.

각 부서의 특성과 상황에 맞게 템플릿 활용과 프롬프트 설계를 적절히 병행한다면 Claude AI는 업무 효율 제고에 큰 도움이 될 수 있습니다. 단순 반복 작업에서는 인간을 해방시키고, 보다 전략적이고 창의적인 커뮤니케이션이 필요한 국면에서는 인간의 역량을 보완해 주는 든든한 파트너 역할을 할 수 있을 것입니다.

자기소개서 & 이력서

자기소개서와 이력서는 개인의 역량과 경험을 효과적으로 어필하는 중요한 문서입니다. 특히 취업 및 진학 과정에서 자기소개서와 이력서는 지원자의 첫인상을 결정짓는 핵심 요소로 작용합니다. 따라서 자신의 강점과 가치관, 경험을 설득력 있게 표현하는 것이 무엇보다 중요합니다.

하지만 자신의 경험을 객관적으로 분석하고, 이를 논리적이고 매력적인 문장으로 풀어내는 것은 쉽지 않습니다. 또한 각 지원 분야와 회사, 직무에 따라 요구되는 자기소개서와 이력서의 내용과 형식이 다르기에, 맞춤형 문서를 작성하는 데 많은 시간과 노력이 소모됩니다.

이런 상황에서 Claude AI는 자기소개서와 이력서 작성을 효과적으로 지원할 수 있습니다. 방대한 데이터를 학습한 Claude AI는 다양한 분야와 직무에서 요구되는 역량과 경험을 파악하고 있어, 지원자의 프로필에 맞는 최적의 자기소개서와 이력서 콘텐츠를 제안할 수 있기 때문입니다.

물론 Claude AI를 활용한다고 해서 지원자 개인의 고민과 노력이 불필요한 것은 아닙니다. 자기소개서와 이력서의 핵심은 결국 '나'를 어떻게 표현하고 전달하느냐에 있기 때문입니다. Claude AI가 제시하는 초안을 바탕으로, 지원자 스스로가 깊이 있는 내면의 성찰과 사색을 통해 자신만의 이야기를 풀어내는 과정이 필요할 것입니다.

또한 Claude AI를 활용할 때에는 윤리적 측면도 고려해야 합니다. Claude AI가 제안하는 내용을 무비판적으로 수용하기보다는, 그것이 사실에 부합하고 정직하게 '나'를 표현하고 있는지 끊임없이 되묻는 자세가 필요합니다. 때로는 Claude AI의 제안이 지나치게 과장되거나 왜곡된 측면이 있을 수 있음을 인지하고, 이를 지원자 스스로의 판단으로 걸러내고 수정해야 할 것입니다.

그럼 대학 진학을 준비 중인 고등학생과 직무 전환을 모색하는 직장인을 통해 자기소개서와 이력서 작성에 Claude AI를 활용하는 구체적인 방법과 사례를 살펴보겠습니다. 이를 통해 Claude AI를 어떻게 활용해야 보다 설득력 있고 차별화된 자기소개서와 이력서를 작성할 수 있을지 알게 될 것입니다.

자기소개서

자기소개서는 지원자의 역량, 경험, 가치관을 종합적으로 어필하는 중요한 문서입니다. 그리고 Claude AI는 유능한 자기소개서 컨설턴트입니다. Claude AI는 지원자의 강점을 입체적으로 분석하고, 이를 부각할 수 있는 스토리텔링을 제안해 줍니다. 가이드에 따르기만 하면 경험에서 얻은 여러 교훈과 성장 과정을 설득력 있게 전달할 수 있을 것입니다.

또한 지원 분야와 기업의 특성을 고려하여 어필해야 할 역량과 가치관을 도출하고, 이에 부합하는 맞춤형 자기소개서 콘텐츠를 제안해 주기도 합니다.

이제부터 템플릿 활용과 유연한 프롬프트 설계 두 가지 방법으로 Claude AI와 협업하여 자기소개서를 작성해 보겠습니다.

[1] 자기소개서 템플릿 생성과 활용

우선 지원 분야나 기관에서 제공하는 자기소개서 양식이 있다면 이를 활용하는 것이 바람직합니다. 이 경우 Claude AI를 통해 해당 양식에 맞는 표준 템플릿을 생성하고, 지원자의 정보를 입력하여 자기소개서 초안을 빠르게 작성할 수 있습니다.

다음은 Claude AI를 활용하여 대학 입학 전형을 위한 자기소개서 템플릿을 생성해 달라는 프롬프트 예시입니다.

> Claude AI, 대학 입학 전형을 위한 자기소개서 템플릿을 만들고 싶습니다. 다음 사항을 포함하여 템플릿을 작성해 주시겠어요?
> ```
> - 자기소개 (성장 배경, 가치관, 성격의 장단점)
> - 고등학교 재학 중 활동 및 경험 (교내외 활동, 배운 점)

- 지원 전공 관련 활동 및 경험 (동기, 이해도)
- 대학 입학 후 학업 계획
- 미래 비전과 진로 계획
``` ```

지원자의 역량과 개성을 효과적으로 어필할 수 있는 구조로 템플릿을 구성해 주세요.
각 항목별로 주요 포인트를 간략히 안내하는 가이드 문구도 포함해 주시면 좋겠습니다.

다음은 이 요청을 받은 Claude AI가 제안해준 자기소개서 템플릿입니다.

``` ``` (백틱)은 프롬프트에서 텍스트 영역의 시작과 끝을 표시하는 구분 기호로 사용됩니다. 긴 프롬프트의 여러 부분을 구분해 가독성을 높이는 한편, Claude AI가 지시사항과 예시를 더 정확히 이해하는 데 도움이 됩니다.

항목마다 어떻게 쓰면 좋을지 대략적인 조언까지 곁들여주고 있네요.

1. 자기소개
   • 성장 배경: (가이드: 가정환경, 교육적 특징 등 성장 과정에서 자신에게 영향을 준 요소들을 기술해 주세요.)
   • 가치관: (가이드: 본인이 중요하게 여기는 가치와 신념, 그 형성 과정을 진솔하게 표현해 주세요.)
   • 성격의 장단점: (가이드: 자신의 성격적 강점과 보완할 점을 균형 있게 서술하되, 단점을 어떻게 극복하고자 노력했는지도 함께 드러내 주세요.)

2. 고등학교 재학 중 활동 및 경험
   • 교내외 활동: (가이드: 본인이 주도적으로 참여한 활동을 중심으로, 구체적인 에피소드를 통해 활동의 의의와 성과를 설득력 있게 전달해 주세요.)
   • 배운 점: (가이드: 활동을 통해 얻은 깨달음, 성찰의 내용을 진솔하게 담아주세요. 자신의 성장과 변화를 돌아보는 태도를 보여주시면 좋습니다.)

3. 지원 전공 관련 활동 및 경험
   • 동기: (가이드: 지원 전공을 선택한 이유와 동기를 명확히 제시해 주세요. 학문에 대한 열정과 적성을 보여줄 수 있는 사례가 있다면 좋습니다.)
   • 이해도: (가이드: 지원 전공에 대한 본인의 이해도를 드러내 주세요. 전공 관련 교육, 활동, 탐구 경험 등을 바탕으로 전공에 대한 관심과 노력을 보여주시면 효과적입니다.)

4. 대학 입학 후 학업 계획 (가이드: 대학 생활을 통해 이루고 싶은 학업적 목표와 계획을 구 체적으로 제시해 주세요. 전공 교과목뿐 아니라 다양한 비교과 활동 계획도 함께 담아주시면 좋습니다.)

5. 미래 비전과 진로 계획 (가이드: 장기적인 관점에서 자신의 비전과 진로 목표를 설득력 있게 제시해 주세요. 희망 진로와 연계된 대학 생활 로드맵을 함께 제안해 보는 것도 좋은 방법입니다. 입학 후 학업 설계가 미래 진로와 어떻게 연결되는지 논리적으로 연결지어 주세요.)

지원자의 정보를 입력하고 이 템플릿을 토대로 자기소개서를 작성해 달라 요구하면 Claude AI는 자연스럽고 설득력 있는 문장으로 자기소개서 초안을 생성해 냅니다.

앞서 작성해 주신 자기소개서 템플릿에 저의 정보를 채워 자기소개서 초안을 작성해 주시면 감사하겠습니다.
```

1. 자기소개
- 성장 배경. 저는 서울에서 태어나 자랐고, 부모님과 함께 화목한 가정에서 성장했습니다. 아버지는 엔지니어, 어머니는 교사로 근무하셨는데 두 분 모두 정직과 책임감을 강조하시며 저에게 모범이 되셨습니다.
- 가치관. 저는 정직, 성실, 배려를 가장 중요한 가치로 삼고 있습니다. 어린 시절부터 부모님께서 이러한 가치관의 중요성을 강조하셨고, 학창시절 단체 활동을 통해 배려의 자세를 익힐 수 있었습니다.
- 성격의 장단점. 저의 강점은 끈기와 성실함입니다. 목표를 세우면 그것을 달성하기 위해 꾸준히 노력하는 편이에요. 반면 지나치게 신중한 탓에 의사결정이 느린 편인데, 최근 학생회 활동을 통해 보다 신속하고 합리적인 판단 능력을 기르고 있습니다.

2. 고등학교 재학 중 활동 및 경험
- 교내외 활동. 과학 탐구 동아리 활동을 3년간 해왔고, 학생회 부회장직을 맡아 교내 행사를 기획하고 진행했습니다. 또한 자원봉사 동아리에서 매주 독거 노인 돌봄 활동에 참여했어요.
```

- 배운 점. 과학 탐구 동아리와 학생회 활동을 통해 협업의 중요성을 배웠습니다. 서로 다른 역량을 가진 구성원들이 한 팀이 되어 시너지를 낼 때 불가능해 보였던 일도 해낼 수 있다는 깨달음을 얻었어요. 봉사활동은 나눔과 배려의 자세를 가르쳐 주었습니다.

3. 지원 전공 관련 활동 및 경험
- 동기. 어릴 적부터 생명과학 다큐멘터리를 좋아했고, 생물 시간에 배운 유전과 진화의 원리에 깊은 관심을 갖게 되었습니다. DNA의 신비로움에 매료되어 생명공학자의 꿈을 갖게 되었어요.
- 이해도. 생물올림피아드 준비 과정에서 교과 외 생명과학 심화 이론들을 공부했고, 유전자 가위 기술을 활용한 R&E 프로젝트에 참여한 경험이 있습니다. 학교 실험실에서 연구원 선생님의 지도 하에 유전자 변형 실험을 진행하며 생명공학의 원리와 연구 과정을 깊이 있게 체득할 수 있었습니다.

4. 대학 입학 후 학업 계획
생명공학과에 입학하여 분자생물학, 유전공학 등 전공 기초 지식을 탄탄히 쌓는 것이 1차 목표입니다. 이를 토대로 유전자 치료, 맞춤형 의학 등 최신 생명공학 트렌드에 관한 이해를 넓혀가고 싶어요. 학부 연구 프로그램에 참여하여 교수님 지도 하에 연구 역량도 단계적으로 쌓아가겠습니다. 학업 외에도 생명공학 학회, 세미나 등에 적극 참여하여 바이오 산업 전반에 대한 시야를 넓힐 계획입니다.

5. 미래 비전과 진로 계획
대학 과정을 통해 생명공학 분야의 전문성을 키운 뒤, 국내외 대학원에 진학하여 유전공학 연구자로서의 역량을 갖추고 싶습니다. 장기적으로는 난치병 유전자 치료제 개발에 매진하여 인류의 건강한 삶에 기여하는 것이 꿈입니다. 이를 위해 학부 과정에서는 유전공학 관련 교과목을 중점적으로 수강하고, 교수님 연구실 인턴십을 통해 실무 역량을 쌓는 등 학업과 연구 경험을 단계적으로 설계해 나갈 것입니다. 궁극적으로 국내외 유수의 생명공학 연구소에서 인류애를 실현하는 연구자로 활약하고 싶습니다.

```

```

제 역량과 비전이 잘 녹아든, 논리 정연한 자기소개서를 부탁드립니다. 분량은 1000자 내외로 해주세요.

자기소개서

안녕하십니까? 저는 생명공학도의 꿈을 안고 귀교에 지원하게 된 OOO입니다.

저는 정직과 성실, 배려를 중시하는 가정에서 자랐습니다. 엔지니어 아버지와 교사 어머니께서는 언제나 모범적인 삶의 자세를 보여주셨고, 그 영향으로 저 역시 올곧은 가치관을 갖게 되었습니다.

고교 시절 저는 과학 탐구 동아리, 학생회, 봉사 동아리에서 활발히 활동하며 협업과 나눔의 가치를 체득했습니다. 특히 학생회 부회장직을 수행하며 기획력과 팀워크의 중요성을 깨달았고, 봉사 활동으로 배려의 자세를 익혔습니다. 이러한 경험들은 저를 성실함과 인내심을 겸비한 학생으로 성장시켜 주었습니다.

생명공학에 대한 관심은 어릴 적 생명과학 다큐멘터리를 접하면서 시작되었습니다. DNA의 신비로움에 매료된 저는 교과 과정 외에도 생물올림피아드 준비, 유전자 가위 기술 R&E 프로젝트 참여 등으로 생명공학의 심층적 지식을 공부해 왔습니다. 이 과정은 제가 생명공학도로서의 적성과 소양을 갖추는 데 크게 기여했다고 자부합니다.

대학에 입학하면 전공 기초를 튼튼히 쌓는 동시에, 유전자 치료 등 첨단 생명공학 분야를 심도 있게 탐구할 계획입니다. 학부 연구 프로그램 참여와 세미나, 학회 활동 등으로 연구자로서의 역량과 시야를 확장해 가겠습니다.

장기적으로는 대학원에 진학하여 유전공학 연구자의 길을 걷고자 합니다. 난치병 유전자 치료제 개발에 매진하여 글로벌 생명공학계에 기여하는 것이 궁극적인 목표입니다. 학부 4년간 단계적 학업 설계와 연구 경험의 축적을 통해 그 토대를 다질 것입니다.

정직과 창의, 도전의 가치를 바탕으로 생명공학도로서 인류애 실현에 앞장서겠습니다. 귀교에서의 학업을 통해 제 비전을 반드시 실현해 나가고 싶습니다.

감사합니다.

(916자)

지원자는 Claude AI가 생성한 초안을 토대로, 보완이나 수정이 필요한 부분을 파악하여 추가적인 프롬프트를 입력하는 과정을 반복해 나가야 합니다. 예를 들어 초안에서 특정 경험이나 역량이 충분히 부각되지 않았다면, 해당 부분을 보다 구체적으로 서술해 달라는 프롬프트를 추가할 수 있을 것입니다.

또한 초안 내용 중 일부가 지원자의 실제 경험과 다소 맞지 않는다면, 이를 지적하고 수정을 요청하는 프롬프트를 입력해 볼 수 있습니다. 예컨대 "리더십 경험이 다소 과장되어 표현된 것 같습니다. 제가 실제로 경험한 리더십 사례를 중심으로 좀 더 사실에 가깝게 써주세요."와 같은 프롬프트를 통해 Claude AI와 지원자 간의 피드백이 오갈 수 있을 것입니다.

> Claude AI, 앞서 생성해 주신 자기소개서 초안 잘 받아보았습니다. 전체적으로 저의 경험과 역량을 잘 담아주셨는데, 몇 가지 보완이 필요한 부분이 있어 추가 도움을 요청드립니다.
>
> 우선 '고등학교 재학 중 활동 및 경험' 파트에서 제가 과학 탐구 동아리에서 수행한 프로젝트 내용을 좀 더 구체적으로 서술해 주시면 좋겠습니다. 당시 저는 동아리 내에서 주도적으로 '미세먼지 측정 및 분석' 프로젝트를 기획하고 수행했는데요, 이 과정에서 문제 해결 능력과 팀워크를 발휘할 수 있었습니다.
>
> 또한 '지원 동기' 부분에서 제가 생명공학과에 지원하게 된 계기로 어릴 적 유전병으로 고생했던 친척의 사례를 언급했었는데, 이 부분을 조금 더 감성적으로 표현해 주시면 좋겠습니다. 그 경험이 제가 생명공학도의 꿈을 키워 나가는 데 있어 큰 동기부여가 되었다는 점을 강조해 주시고요.
>
> 마지막으로 '미래 비전과 진로 계획' 부분에서 제가 장기적으로 희망하는 진로에 대해 조금 더 구체적인 로드맵을 제시해 주세요. 학부 졸업 후에는 국내외 대학원에 진학하여 유전공학 분야 석박사 과정을 밟을 계획이고, 이후에는 국책 연구소나 바이오 기업에 취업하여 유전병 치료제 개발에 매진하고 싶다는 식으로요.
>
> 위의 사항들을 반영하여 자기소개서를 한 단계 더 업그레이드해 주시기를 부탁드립니다. 분량은 1200자 내외로 조정해주세요.

[2] 유연한 프롬프트 기반 자기소개서 작성

한편 정해진 양식이 없거나, 보다 개성 있고 차별화된 자기소개서를 작성하고자 할 때는 유연한 프롬프트를 설계하여 Claude AI와 협업하는 것이 효과적일 수 있습니다. 다음은 대학을 졸업하고 직장에 입사하고자 하는 한 지원자가 Claude AI에게 자기소개서 작성을 요청하는 프롬프트 예시입니다.

> Claude AI, 제 이름은 홍길동이고, ABC대학교 경영학과를 졸업하고 S전자에 지원하려 합니다. 제 자기소개서 작성을 도와주시겠어요? 다음 사항을 참고하여 작성해 주세요.
> ```
>
> 1. 출신 대학, 전공. ABC대학교 경영학과
> 2. 주요 학업 성과. 학점 3.8/4.5, 교내 경영전략 공모전 대상 수상
> 3. 교내 활동. 창업 동아리 회장 (비즈니스 모델 수립, 사업 기획 등 경험)
> 4. 교외 활동. 스타트업 마케팅 인턴십, 공익 마케팅 캠페인 자원봉사 참여
> 5. 지원 회사 및 직무. S전자, 마케팅 직무
> 6. 지원 동기. S전자의 혁신적인 기업문화에 관심, 소비자 중심의 마케팅 전략 학습 및 실무 경험 쌓고 싶음
> 7. 입사 후 포부. 전통적 마케팅 기법과 디지털 마케팅을 접목한 크로스 마케팅 전문가로 성장하고자 함
>
> ```
> 제 경험과 열정이 잘 드러나도록 자기소개서를 작성해 주시면 감사하겠습니다. 분량은 A4 1~2페이지로 해 주세요.

[S전자 마케팅 직무 지원자 홍길동 자기소개서]

존경하는 S전자 인사 담당자님, 안녕하십니까?

평소 존경해 마지않는 S전자에 입사 지원하게 되어 영광으로 생각합니다. 저는 ABC대학교 경영학과를 졸업한 홍길동입니다.

대학 시절 저는 경영전략에 대한 깊은 관심을 바탕으로 학업에 매진하여 3.8/4.5의 우수한 학점을 취득했고, 교내 경영전략 공모전에서 대상을 수상하는 성과를 거두었습니다. 이는 경영학도로서의 역량을 인정받은 결과였습니다.

학업 외에도 창업 동아리 활동을 통해 실전적인 경험을 쌓고자 노력했습니다. 동아리 회장으로서 비즈니스 모델 수립, 사업 기획 등을 직접 진두지휘하며 기업가 정신을 함양하고 리더십을 발휘할 수 있었습니다.

교외 활동으로는 스타트업 마케팅 인턴십에 참여하여 마케팅 현장을 몸소 체험하고 실무 감각을 익혔습니다. 시장조사부터 프로모션 실행까지 마케팅 캠페인의

전 과정에 참여한 경험은 제게 소중한 자산이 되었습니다. 또한 공익 마케팅 캠페인 자원봉사를 통해 사회적 가치 실현에도 기여한 바 있습니다.

S전자를 지원하게 된 계기는 귀사의 혁신적인 기업문화에 깊이 공감했기 때문입니다. 빠르게 변화하는 비즈니스 환경 속에서 S전자가 늘 고객 중심의 혁신을 추구하며 세계 최고 수준의 성과를 창출해 온 것에 감명 받았습니다. S전자의 마케팅 직무에 입사한다면 소비자 중심 마케팅의 정수를 배우며 한층 성장할 수 있을 것이라 확신합니다.

최근 디지털 전환의 가속화로 마케팅 트렌드에도 많은 변화가 일어나고 있습니다. 저는 S전자에서 전통적 마케팅 기법과 디지털 마케팅을 창의적으로 융합하는 크로스 마케팅 전문가로 성장하고자 합니다. 소비자에 대한 공감을 바탕으로 새로운 트렌드를 발 빠르게 포착하고, 다양한 채널을 유기적으로 연계하는 통합적 마케팅 전략 수립에 힘쓰겠습니다.

이를 통해 S전자 제품의 우수성을 널리 알리고 기업 이미지를 제고하는 데 앞장서겠습니다. S전자와 함께 제 젊음과 열정을 마음껏 발휘하여 글로벌 1등 기업으로의 성장에 이바지하고 싶습니다.

긴 글 읽어 주셔서 감사합니다. 저의 도전정신과 열정을 S전자에서 꽃 피울 기회를 주신다면 능동적 자세로 맡은 바 소임을 다하겠습니다.

(글자 수. 1999자)

유연한 자기소개서 프롬프트에는 다음 정보가 포함되어야 합니다.

1. 지원자 기본 정보 (출신 학교, 전공, 학년 등)
2. 성장 배경과 가치관
3. 지원 동기와 입학 후 학업 계획
4. 지원 분야 관련 주요 활동과 경험
5. 미래 비전과 진로 계획
6. 자기소개서 작성 가이드 (분량, 강조 사항 등)

이처럼 프롬프트에 포함해야 할 주요 정보를 항목 형태로 간략히 제시하는 것만으로도, Claude AI는 지원자의 프로필을 종합적으로 파악하고 이를 설득력 있는 자기소개서로 구성해낼 수 있습니다. 이는 Claude AI의 뛰어난 맥락 이해 능력과 자연어 생성 역량을 보여주는 한 예라 할 수 있겠습니다.

유연한 자기소개서 프롬프트 설계 시 유의사항

· 지원 분야와 대학(기관)의 특성을 고려하여, 강조하고 싶은 역량과 경험을 선별합니다.

· 단순한 나열보다는, 경험을 통해 얻은 깨달음과 성장 과정을 드러내는 데 초점을 둡니다.

· 자신의 역량과 가치관이 지원 분야에서 어떤 의미를 갖는지 연결지어 설명합니다.

· 구체적인 미래 비전과 계획을 제시하여, 동기와 열정을 표현합니다.

· 자기소개서의 분량과 언어 사용에 대한 가이드라인을 제공합니다.

이러한 사항을 두루 고려하여 프롬프트를 설계한다면, Claude AI는 보다 지원자의 개성과 역량을 살린 자기소개서 초안을 생성해 낼 수 있을 것입니다.

중요한 점은 템플릿을 활용하든, 유연한 프롬프트를 설계하든 간에 Claude AI가 단 한 번의 프롬프트 입력만으로 완벽한 자기소개서를 생성해 내기는 어렵다는 사실입니다. 결국 Claude AI는 어디까지나 자기소개서 작성을 보조하는 도구일 뿐, 지원자의 주체적인 노력을 대신해줄 순 없습니다. Claude AI의 조언에 귀 기울이되, 그것을 맹목적으로 따르기보다는 자신만의 이야기를 진솔하게 담아내는 데 활용하는 것이 중요합니다.

자기소개서 작성은 본질적으로 지원자 자신에 대한 깊이 있는 성찰과 표현의 과정입니다. Claude AI의 단계별 피드백과 협업을 통해 자기소개서를 발전시켜 나갈 때, 비로소 지원자의 개성과 역량이 진정성 있게 담긴 완성도 높은 자기소개서가 탄생할 수 있을 것입니다.

이력서

이력서는 지원자의 학력, 경력, 역량 등을 한눈에 파악할 수 있는 핵심 문서입니다. 채용 담당자가 서류 전형에서 가장 먼저 검토하는 자료인 만큼, 이력서에는 지원자의 객관적인 자질과 경쟁력이 명확하고 설득력 있게 제시되어야 합니다.

이력서 작성 시에도 Claude AI의 도움이 효과적입니다. Claude AI는 지원자의 교육 배경, 경력, 프로젝트 경험 등을 분석하여 강점을 파악하고, 이를 부각할 수 있는 이력서 구성과 표현 방식을 제시합니다. 특히 직무에서 요구하는 핵심 역량과 경험을 매칭하여, 지원자의 프로필이 보다 설득력 있게 전달될 수 있도록 돕습니다. 나아가 이력서의 디자인과 레이아웃까지도 제안해 주어 시각적으로도 차별화된 이력서 작성이 가능해집니다.

이번에도 템플릿 활용과 유연한 프롬프트 설계를 통해 각각 효과적인 이력서를 작성해 보도록 하겠습니다.

[1] 이력서 템플릿 생성과 활용

우선 지원하고자 하는 기업에서 제공하는 이력서 양식이 있다면 이를 활용하는 것이 좋습니다. 이 경우 Claude AI를 통해 해당 양식에 맞는 표준 템플릿을 생성하고, 지원자의 정보를 입력하여 이력서 초안을 빠르게 완성할 수 있습니다. 다음은 Claude AI를 활용하여 대기업 공채 지원용 이력서 템플릿을 생성해 달라는 프롬프트 예시입니다.

Claude AI, 국내 대기업 공채 지원을 위한 이력서 템플릿을 만들고자 합니다. 다음의 항목들을 포함하여 체계적이고 가독성 높은 템플릿을 작성해 주시겠어요?

```

  • 인적사항 (이름, 생년월일, 연락처, 이메일 등)

  • 학력사항 (학교명, 전공, 재학기간, 학점 등)

  • 경력사항 (근무기관, 직책, 근무기간, 주요 업무성과)

  • 교육사항 (교육명, 교육기관, 교육기간)

  • 자격증 및 어학성적

  • 수상경력

  • 프로젝트 경험 (프로젝트명, 기간, 역할, 주요 성과)

  • 대외활동 및 봉사활동

  • 자기소개 (지원동기 및 입사 후 포부)

```

각 항목별로 글자 수 제한(예. 경력사항 각 50자 이내)이나 작성 요령 등의 가이드도 간략히 포함해 주시면 좋겠습니다. 지원자의 장점이 눈에 띄게 부각될 수 있도록, 한눈에 들어오는 이력서 템플릿을 부탁드립니다!

다음은 이 프롬프트를 입력받은 Claude AI가 생성해준 이력서 템플릿 예시입니다.

1. 인적사항
   • 이름. [한글명] ([영문명])
   • 생년월일. YYYY.MM.DD
   • 연락처. XXX-XXXX-XXXX
   • 이메일
   * 인적사항은 간결하게 작성하되, 연락 가능한 정보를 정확히 기재

2. 학력사항
   • YYYY.MM – YYYY.MM [학교명] [전공] ([학위])
      • 주요 성과. 전체 학점 X.XX/4.5, 전공 학점 X.XX/4.5
      • 주요 이수 과목. [과목명], [과목명], [과목명]

* 최종 학력부터 작성, 학점은 소수 둘째자리까지 표기 (20자 내외)

* 주요 이수 과목은 지원 직무 관련성 높은 과목 위주로 선별 (30자 내외)

3. 경력사항

- YYYY.MM - YYYY.MM [근무기관] [직책]

  - 주요 업무. [업무 내용] (20자 내외)

  - 주요 성과. [정량적 성과 위주로 서술] (30자 내외)

* 최근 경력부터 기재, 업무 내용과 성과는 간결하고 임팩트 있게 작성

4. 교육사항

- YYYY.MM [교육명], [교육기관] (XX시간)

* 지원 직무 관련 교육 및 자격증 준비 과정 등을 간략히 작성 (20자 내외)

5. 자격증 및 어학성적

- YYYY.MM [자격증명], [발행기관]

- YYYY.MM [언어] [시험명] [점수]

* 지원 직무 관련 자격증 및 공인어학성적 기재 (20자 내외)

6. 수상경력

- YYYY.MM [수상명], [수여기관]

* 지원 직무와 연관된 수상 실적 위주로 작성 (20자 내외)

7. 프로젝트 경험

- YYYY.MM - YYYY.MM [프로젝트명]

  - 프로젝트 개요. [목적 및 방향] (30자 내외)

  - 본인 역할. [담당 업무 및 기여도] (30자 내외)

  - 주요 성과. [정량적 성과 위주 서술] (30자 내외)

* 지원 직무와 관련성 높은 프로젝트 경험 위주로 선별

8. 대외활동 및 봉사활동

- YYYY.MM - YYYY.MM [활동명], [기관/단체명], [역할]

* 리더십, 협업 등 직무 관련 역량을 보여줄 수 있는 활동 위주로 작성 (30자 내외)

9. 자기소개

- 지원동기. [해당 기업, 직무에 지원한 이유] (150자 내외)

- 입사 후 포부. [자신의 역량을 활용한 기여 방안 및 목표] (150자 내외)
    * 지원 기업의 인재상과 연계하여 자신의 장점과 열정을 강조

작성 요령.
- 항목별로 최신 순으로 기재하며, 글자 수 준수 및 간결한 작성을 원칙으로 함
- 구체적인 수치와 성과를 제시하여 자신의 역량과 경쟁력을 객관적으로 어필
- 지나친 수식어 사용은 지양하되, 임팩트 있는 핵심 단어 사용으로 눈에 띄는 차별화 시도
- 내용의 진실성과 일관성 유지하며, 직무 적합성에 초점을 맞춰 내용 구성

각 항목별 세부 정보는 물론, 작성 요령까지 곁들여 충실한 템플릿을 구성해준 것을 볼 수 있습니다. 이제 이 템플릿을 활용해 이력서를 작성해 봅시다.

다음 정보를 활용해 앞서 작성한 대기업 공채용 이력서 템플릿에 맞춰 제 이력서 초안을 작성해 주시겠어요?
```
```
1. 인적사항
  - 이름. 김지원 (Kim, Jiwon)
  - 생년월일. 1995.07.12
  - 연락처. 010-1234-5678
  - 이메일. jiwon.kim@example.com
2. 학력사항
  - 2014.03 - 2020.02 서울대학교 경영학과 (학사)
    - 주요 성과. 전체 학점 3.85/4.5, 전공 학점 4.1/4.5
    - 주요 이수 과목. 마케팅 관리론, 소비자 행동론, 브랜드 관리론
3. 경력사항
  - 2020.03 - 2023.04 글로벌 마케팅 회사 A 마케팅 팀 사원
    - 주요 업무. 디지털 마케팅 캠페인 기획 및 실행
    - 주요 성과. 신규 캠페인 유치로 분기별 매출 15% 향상

4. 교육사항

 - 2022.07 구글 애즈 마케팅 교육 이수, H 디지털 마케팅 아카데미 (40시간)

5. 자격증 및 어학성적

 - 2020.09 AdWords 정식 인증 전문가, Google

 - 2022.02 토익 990점

6. 수상경력

 - 2019.12 대학생 마케팅 공모전 금상, 한국마케팅협회

7. 프로젝트 경험

 - 2019.03 - 2019.06 브랜드 B SNS 마케팅 전략 수립 프로젝트

 - 프로젝트 개요. B 브랜드 인지도 및 매출 향상을 위한 SNS 마케팅 전략 수립

 - 본인 역할. 시장조사 및 벤치마크 분석 수행, 채널별 콘텐츠 전략 도출

 - 주요 성과. 프로젝트 제안 내용 중 80% 브랜드 실제 캠페인에 반영

8. 대외활동 및 봉사활동

 - 2017.03 - 2017.12 대학생 마케팅 연합동아리 MAD 기획팀장

 - 2022.07 - 2022.07 마케팅 재능기부 봉사활동, 사회복지법인 C

9. 자기소개

 - 지원동기. 마케팅 전문성을 바탕으로 급변하는 디지털 환경에서 기업의 혁신을 주
   도하는 역량 있는 인재로 성장하고자 지원하게 되었습니다. 귀사의 소비자 중심 경
   영 철학에 깊이 공감하며, 트렌드를 선도하는 마케터로 일하고 싶습니다.

 - 입사 후 포부. 브랜드 관점에서 소비자 요구사항을 예측하고 새로운 마케팅 전략을
   수립하여 브랜드 가치 제고와 시장 성과 향상에 기여하겠습니다. 빠르게 변화하는
   디지털 환경에 맞는 크로스 미디어 마케팅 역량도 함께 발전시켜 나가겠습니다.

```

이처럼 템플릿에 지원자의 학력, 경력 등의 기본 정보와 주요 성과를 요약
정리하여 입력하면, Claude AI는 간결하고 설득력 있는 문장으로 이력서
초안을 생성해낼 수 있습니다. 물론 Claude AI가 이력서 초안을 제시하더
라도, 그것이 100% 완벽할 수는 없습니다. 이력서는 결국 자신을 회사 측
에 어필하는 핵심 수단인 만큼, Claude AI의 도움을 적극 활용하되 그에 전
```

적으로 의존하진 않아야 할 것입니다.

Claude AI와 구직자의 적절한 역할 분담과 협업을 통해 비로소 차별화되고 경쟁력 있는 이력서가 완성될 수 있을 것이라 생각합니다. 다음은 보완 요청 프롬프트 예시입니다.

작성해 주신 이력서를 읽어보았습니다. 제 경력과 역량을 잘 정리해 주셔서 감사합니다. 추가로 몇 가지만 더 보완해 주시면 좋을 것 같아요.
```
1. '경력사항'에서 마케팅 팀 사원으로서의 업무를 조금 더 구체화해 주세요. '디지털 마케팅 캠페인 기획 및 실행'이라고 하셨는데, 제가 담당했던 채널이나 캠페인 유형 등을 괄호 안에 간단히 언급해 주시면 좋겠어요. 가령 (페이스북, 인스타그램 등 SNS 채널 및 키워드 검색 광고 운영) 이런 식으로요.
2. '프로젝트 경험'의 성과 부분에서 '제안 내용 80% 브랜드 캠페인에 반영'이라고 하셨는데, 해당 캠페인의 구체적인 성과를 추가해 주시면 어떨까요? 예를 들어 '브랜드 인지도 조사 결과 20% 상승' 또는 '분기 매출 10% 신장에 기여' 등의 정량적 성과 지표를 제시하면 임팩트가 더 강해질 것 같습니다.
3. '자기소개' 부분의 마지막 문단을 좀 더 임팩트 있게 마무리해 주세요. 기업에 기여하고 싶은 바람과 함께, 그러한 역할을 잘 해낼 수 있는 저만의 강점이나 차별점을 어필하는 문장을 추가하면 좋겠습니다.
4. 가능하다면 '교육사항'이나 '대외활동' 항목에서 공백기에 자기계발을 위해 노력한 내용을 추가해 주시면 좋겠어요. 예를 들어 '20XX.XX 자비로 온라인 마케팅 과정 수강' 같이 자기주도적 학습 경험을 보태면 성장 가능성을 보여줄 수 있을 것 같네요.
```
수정본은 800자 내외 분량으로 작성해 주세요. 변경된 부분은 굵은 글씨(bold) 처리해서 알아보기 쉽게 해주시면 감사하겠습니다!

이 예시 프롬프트를 보면, 이력서 초안에 대해 고도화가 필요한 영역을 명확히 지적하고, 구체적인 수정 방향까지 제시하고 있습니다. 예로 '경력사항'에서는 디지털 마케팅 업무 내용을 좀 더 구체화하여 본인이 운영한 매체 채널 등을 명시해 달라고 요청하고 있고, '프로젝트 경험'에서는 프로젝트 성과를 KPI 등 정량 지표로 제시해줄 것을 요청하고 있습니다.

또한 '자기소개'의 마무리 문장은 기업에 대한 지원 동기와 함께 그 역할을 잘 해낼 수 있는 자신만의 차별점을 어필하는 내용을 추가해 더 깊은 인상을 남길 수 있도록 개선하고자 합니다. 추가로 이력서상 경력의 공백기에 자기계발을 위해 수행한 활동을 보완 항목으로 제시함으로써, 구직자의 자기주도성과 성장 잠재력을 보다 부각하는 전략도 제안하고 있습니다.

이처럼 공들인 피드백 과정은 Claude AI의 도움을 받아 이력서를 업그레이드하는 데 있어 매우 효과적일 수 있습니다.

[2] 유연한 프롬프트 기반 이력서 작성

한편 정해진 이력서 양식이 없거나, 보다 개성 있고 차별화된 이력서를 작성하고 싶을 때는 유연한 프롬프트를 활용하여 Claude AI와 상호작용하는 것이 효과적일 수 있습니다. 이 경우 지원자의 학력, 경력, 역량 등을 보다 구체적이고 직무 맞춤형으로 전달하는 것이 핵심입니다. 가령 마케팅 직무에 지원하는 경력직이라면 다음과 같은 프롬프트를 활용해 볼 수 있겠네요.

> Claude AI, 저는 마케팅 경력 7년 차의 구직자입니다. 이번에 F사의 마케팅 매니저 포지션에 지원하고자 하는데요, 저의 강점을 잘 어필할 수 있는 이력서를 작성하는 데 도움을 받고 싶습니다.
> ```
> 먼저 저의 기본 정보입니다.
> • 학력. B대학교 경영학과 졸업 (20XX년)
> • 주요 경력.
>   • P사 마케팅팀 대리 (20XX년~20XX년)

- D사 브랜드매니저 (20XX년~현재)
- 주요 성과.
- P사에서 디지털 마케팅 캠페인 기획 및 실행, 월 평균 유입량 30% 증대
- D사에서 신제품 런칭 캠페인 총괄, 누적 판매량 목표 대비 120% 초과 달성
- 핵심 역량.
  마케팅 전략 수립, 디지털 마케팅, 브랜드 관리, 프로모션 기획 및 실행 등
이와 더불어 F사에서 요구하는 직무 요건은 다음과 같습니다.
- 신규 브랜드 및 제품 론칭 전략 수립 및 실행
- 다양한 채널의 마케팅 활동 기획 및 운영
- 소비자 조사 및 트렌드 분석을 통한 마케팅 인사이트 도출
- 브랜드 캠페인 성과 분석 및 개선 제안

```

제 경험 중에서 F사의 직무 요건과 잘 맞는 부분을 중심으로, 간결하면서도 임팩트 있는 이력서를 작성해 주시면 감사하겠습니다. 분량은 A4 1~2페이지 정도로 해주세요.

이력서
- 이름. 홍길동
- 연락처. 010-1234-5678
- 이메일. hong.gildong@email.com

학력
- 20XX.03 - 20XX.02  B대학교 경영학과 졸업

경력
- 20XX.03 - 현재  D사 브랜드매니저
  - 디지털 마케팅, 브랜드 관리, 프로모션 기획 및 실행
  - 신제품 런칭 캠페인 총괄, 누적 판매량 목표 대비 120% 초과 달성
- 20XX.05 - 20XX.02  P사 마케팅팀 대리
  - 디지털 마케팅 캠페인 기획 및 실행, 월 평균 유입량 30% 증대

핵심 역량
- 마케팅 전략 수립. 신규 브랜드 및 제품 론칭 전략 다수 수립 및 실행
- 디지털 마케팅. 다양한 채널 활용 마케팅 활동 기획 및 운영 경험 풍부
```

- 브랜드 관리. 일관되고 효과적인 브랜드 아이덴티티 구축
- 소비자 리서치. 소비자 조사 및 트렌드 분석을 통한 실행력 있는 인사이트 도출
- 데이터 기반 의사결정. 캠페인 성과 분석 및 개선안 제시로 ROI 극대화

주요 프로젝트
- 202X.01 - 202X.06 D사 헤어케어 신제품 출시 통합 마케팅
  - 제품 USP 분석 및 대상 고객 인사이트 기반 마케팅 전략 수립
  - 디지털 채널 활용 프리런칭 티저 캠페인으로 사전 관심도 제고
  - 런칭 후 바이럴 영상 및 체험단 운영 등 디지털 프로모션 다각화
  - 누적 판매량 목표 대비 120% 초과 달성 및 시장 내 톱 3 브랜드로 안착
- 202X.03 - 202X.12 P사 브랜드 리뉴얼 디지털 마케팅
  - 브랜드 및 제품군 재정의 및 통합 디지털 마케팅 전략 기획
  - 소셜 미디어, 모바일 앱, 온라인 커뮤니티 등 채널 최적화 캠페인 운영
  - 월 평균 웹사이트 유입량 30% 증대 및 브랜드 검색량 2배 상승

자격사항
- 한국마케팅협회 마케팅관리사 1급
- Google Analytics Individual Qualification
- Facebook Blueprint Certification

수상경력
- 202X.12 D사 연간 마케팅 공로상 수상

능력 있고 열정적인 마케터로서, F사의 브랜드 가치를 높이고 마케팅 성과를 견인할 수 있는 적임자라고 자신합니다. 신규 브랜드와 제품의 성공적인 런칭, 타깃 오디언스 공략을 위한 크리에이티브 솔루션 발굴, 그리고 데이터에 기반한 의사결정은 저의 최대 강점입니다.

F사에서 쌓아온 경험을 바탕으로, 급변하는 디지털 시장에서 F사가 선도적 위치를 공고히 할 수 있도록 최선을 다해 기여하겠습니다. 마케팅 매니저로서 브랜드 전략 수립부터 실행까지 원활히 오케스트레이션 하며, F사의 지속적인 성장에 일조하고 싶습니다. 감사합니다.

이처럼 구직자의 학력, 경력, 주요 성과 등 이력서에 담을 핵심 내용을 간결한 문장 형태로 제시하면, Claude AI는 이를 바탕으로 해당 직무에 최적화된 이력서 초안을 작성해 줍니다. 이때 이력서에 포함되어야 할 필수 항목은 다음과 같습니다.

1. 인적사항 (이름, 연락처 등 기본 정보)
2. 학력사항 (최종학력부터 기재)
3. 경력사항 (근무기간, 직책, 주요 업무 및 성과)
4. 교육사항 및 자격증
5. 주요 프로젝트 경험 (목적, 본인 역할, 성과)
6. 수상경력 및 대외활동
7. 직무 관련 핵심 역량
8. 자기소개 (지원동기 및 포부)

특히 경력직의 경우 해당 직무와의 관련성이 높은 프로젝트나 성과를 중심으로 이력서를 구성하는 것이 매우 중요한데, 이 사례에서처럼 지원자의 강점과 해당 포지션의 직무 요건을 함께 제시하면 Claude AI가 이를 효과적으로 매칭하여 이력서에 반영해줄 수 있습니다.

이 과정에서도 항상 구직자 스스로의 꼼꼼한 검토와 보완이 필요합니다. 때로는 Claude AI가 누락하거나 과장된 부분이 있을 수 있으므로, 사실관계를 객관적으로 확인하고 표현을 다듬는 작업이 요구됩니다.

이력서 작성 시 유의사항

· 지원하는 직무와 기업에서 요구하는 자격요건을 명확히 파악하고, 이에 부합하는 역량과 경험을 강조합니다.

· 경력사항의 경우 단순 나열식 서술보다는, 구체적인 업무성과와 정량적 결과를 제시하는 것이 효과적입니다.

· 프로젝트 경험은 자신의 역할과 기여도를 구체적으로 기술하되, 팀워크나 리더십 등 핵심 역량도 함께 어필합니다.

· 자기소개는 지원동기와 해당 직무 지원 시 강점, 입사 후 포부 등을 간략히 담아 인상적으로 마무리합니다.

· 내용의 진실성과 일관성을 유지하되, 간결하고 가독성 높은 문장을 사용하도록 합니다.

이상의 사항들을 종합적으로 고려하여 Claude AI에게 적절한 프롬프트를 설계해 제공한다면, 지원 직무에 특화된 경쟁력 있는 이력서를 효과적으로 작성할 수 있을 것입니다.

결국 Claude AI는 이력서 작성의 방향성을 제시하고 핵심 내용을 효과적으로 정리해 주는 조력자일 뿐, 최종 책임은 지원자 본인에게 있습니다. 따라서 Claude AI의 도움을 적극 활용하되, 그것에 전적으로 의존하기보다는 자신만의 기준과 관점에서 이력서를 주도적으로 완성해 나가는 것이 중요합니다.

이런 과정을 통해 Claude AI와 지원자의 협업이 빛을 발할 때, 비로소 진정성과 경쟁력을 겸비한 이력서가 탄생할 수 있을 것입니다. Claude AI와 함께라면 어려워 보이기만 했던 이력서 작성이 훨씬 수월하고 유의미한 과정이 될 수 있을 것이라 믿어 의심치 않습니다.

이메일

비즈니스 현장에서 이메일은 가장 빈번하게 사용되는 소통 수단임에도 불구하고, 많은 직장인이 이메일 작성에 어려움을 호소하고 있습니다. 단순히 정보를 전달하는 것뿐만 아니라 상대방의 관심과 호응을 이끌어내야 하고, 때로는 중요한 의사결정이나 협상이 이메일을 통해 이루어지기도 하기 때문입니다.

포인트는 수신자의 관점에서 생각하며 그들의 요구사항을 파악하고, 명확하고 간결한 문장으로 핵심 메시지를 전달하는 데 있습니다. 가끔은 설득력 있는 논거를 들어 상대방을 설득해야 할 때도 있죠. 거기에 회사의 톤앤매너를 유지하면서도 개인의 감성을 담아내는 것 또한 중요합니다. 이 모든 것을 고려하며 완벽한 이메일 한 통을 작성하는 것은 결코 쉬운 일이 아닙니다. 수많은 이메일을 주고받아야 하는 업무 현장에서 이는 상당한 부담으로 다가올 수밖에 없습니다.

바로 이런 어려움을 해소하는 데 Claude AI가 큰 도움을 줄 수 있습니다. 비즈니스 상황별로 최적화된 이메일 템플릿을 미리 만들어두고, 쓰고자 하는 메일의 주제와 목적, 키워드 등을 Claude AI에게 프롬프트로 제시하기만 하면 됩니다. 그러면 Claude AI가 우리 대신 상황에 맞는 적절한 어투와 문체는 물론, 논리적인 구성과 설득력 있는 표현까지 갖춘 이메일 초안을 순식간에 만들어줄 것입니다.

한편 Claude AI는 단순히 이메일을 생성하는 데서 그치지 않고, 수신된 이메일을 분석하고 이해하는 데에도 큰 도움을 줄 수 있습니다. 가령 고객의 문의사항이나 불만 사항에 대해서도 Claude AI가 그 핵심을 추려내고 대응 방안을 제언해 준다면, 담당자들이 보다 신속하고 정확하게 대처할 수 있습니다. 방대한 양의 이메일 데이터에서 Claude AI가 추출해낸 주요 패턴과 키워드, 감성 등은 업무에 참고할 만한 유의미한 정보와 통찰이 되어줄 것입니다.

그럼 영업팀과 고객지원팀의 실제 사례를 통해 협업의 두 방식, 템플릿 활용과 유연한 프롬프트 설계가 각각 어떻게 활용될 수 있는지 살펴보겠습니다.

█ 영업팀의 이메일

영업팀의 경우 제품 소개나 제안과 같이 유형화할 수 있는 상황에서는 미리 준비된 템플릿을 적극 활용하되, 핵심 고객 요구사항을 꼼꼼히 파악하여 세부 내용을 채워 넣는 방식으로 Claude AI를 활용할 수 있을 것입니다. 반면 복잡한 기술 용어 설명이나 특수한 상황에 대한 대응이 필요한 경우에는, 템플릿에 얽매이지 않고 상황에 맞는 프롬프트를 설계하는 것이 더욱 효과적일 수 있겠죠. 이를 통해 보다 전문적이고 고객 맞춤형 커뮤니케이션이 가능해질 것입니다.

그럼 신제품 출시를 앞두고 주요 고객사인 ABC 기업에 제품 소개 이메일을 보내야 하는 시스템 통합 기업 SI사 영업팀 김철수 대리와 함께 Claude AI로 이메일 작성을 해봅시다.

[1] 템플릿 기반 이메일 작성

다음은 김 대리가 회사 웹하드에서 찾은 제품 소개 이메일 템플릿입니다. 이렇게 템플릿이 있다면, 프롬프트 명령어를 통해 그대로 Claude AI에게 제공하면 됩니다.

생성형 AI, 전문가처럼 활용하기

제목. [신제품명] 제안 - [고객사명] 기업 귀중

[고객사명] 기업 [담당자명] [직책]님, 안녕하십니까?

평소 저희 회사 제품을 애용해주셔서 감사드립니다. 저희가 새롭게 출시한 [신제품명]에 대해 소개드리고자 연락드렸습니다.

[신제품명]은 기존 제품 대비 [주요 기능 1], [주요 기능 2], [주요 기능 3] 등이 대폭 개선되어, [고객사명]의 [애플리케이션 또는 용도]에 최적화되어 있습니다.

특히 [USP 1], [USP 2]와 같은 차별화된 장점들로 인해 [기대 효과 1], [기대 효과 2]과 같은 비즈니스 성과를 기대해 볼 수 있습니다.

구체적인 제품 사양과 활용 방안, 도입 조건 등에 대해 말씀드리고자 하니, 잠시 시간을 내주시면 감사하겠습니다. 귀사에 최상의 솔루션을 제공할 수 있도록 최선을 다하겠습니다.

좋은 하루 보내시기 바랍니다.

감사합니다.

OOO 드림

만약 기존 이메일 템플릿이 없다면, 김 대리는 Claude AI를 활용하여 다음과 같이 템플릿을 생성할 수 있습니다. 이 템플릿은 향후에 잠재 고객들에게 제품 소개를 위한 이메일을 보낼 때 재사용하면 됩니다.

Claude AI, 저희가 새로 출시한 제품을 고객사에 소개하는 이메일 템플릿을 만들고 싶습니다. 다음 사항을 고려하여 템플릿을 작성해 주시겠어요?
```
 - 이메일의 제목은 '[신제품명] 제안 - [고객사명] 귀중'으로 할 것
 - 첫 문단에서는 평소 고객사와의 관계에 대한 감사 인사를 전할 것
 - 신제품 소개 시 세품명은 굵은 글씨로 강소하고, 기존 제품 대비 개선된 주요 기능 3가지를 제시할 것
 - 신제품의 특장점(USP) 2가지를 부각시키고, 기대할 수 있는 비즈니스 효과도 함께 제시할 것
 - 추가 상담 제안 및 연락 방법을 명시하고, 마무리 인사말을 포함할 것
```

```

고객사와의 긴밀한 파트너십을 강조하면서도, 신제품의 차별적 가치를 효과적으로 전달할 수 있도록 작성 부탁드립니다. 고객 관점에서의 요구사항을 염두에 둔 템플릿이 되길 바랍니다.

제목: [신제품명] 제안 - [고객사명] 귀중

[고객사명] [담당자 성함] [담당자 직함]님, 안녕하십니까?

평소 저희 [우리 회사명] 제품을 애용해 주시고 좋은 파트너십을 유지해 주셔서 진심으로 감사드립니다. 이번에 저희가 새롭게 출시한 **[신제품명]**에 대해 소개드리고자 연락드렸습니다.

**[신제품명]**은 기존 제품 대비 ① [주요 기능 1], ② [주요 기능 2], ③ [주요 기능 3] 등이 한층 개선되었습니다. 이를 통해 [고객사명]의 [애플리케이션 또는 용도]에 보다 최적화된 솔루션을 제공할 수 있게 되었습니다.

특히 [USP 1], [USP 2]와 같은 차별화된 특장점을 갖추고 있어, [기대 효과 1], [기대 효과 2], [기대 효과 3]과 같은 비즈니스 성과를 기대해 볼 수 있습니다.

**[신제품명]**에 대해 더욱 자세한 내용을 말씀드리고 싶습니다. 귀사에 최적의 솔루션을 제안드릴 수 있도록 구체적인 활용 방안과 도입 효과에 대해 상담 기회를 가져보면 좋겠습니다. 편하신 시간에 이 메일로 회신 주시거나 [연락처]로 연락 주시면 즉시 답변 드리겠습니다.

귀사의 비즈니스 성공을 위해 언제나 최선을 다하는 [우리 회사명]이 되겠습니다. 감사합니다.

[보내는 사람 이름] 드림

[연락처]

김 대리는 Claude AI에게 템플릿을 전달하고, 다음과 같은 프롬프트 명령어를 통해서 고객에게 보낼 제품 소개 이메일을 완성할 수 있습니다.

(A)이메일 템플릿을 활용하여 (B)의 내용을 채워서 ABC 기업에 보낼 이메일을 작성해 주시겠어요?
```

```
[A, (앞 템플릿 내용 입력)
]
```

[B, 템플릿에 포함된 괄호([]) 안의 항목들을 다음 정보로 채워 주세요.

- 우리 회사명. SI

- 신제품명. Smart Factory 솔루션

- 주요 기능 1. 실시간 데이터 수집 및 분석

- 주요 기능 2. 예지 보전 기능

- 주요 기능 3. 에너지 효율 관리 기능

- 고객사명. ABC 기업

- 담당자 성함. 김소영

- 담당자 직함. 부장

- 애플리케이션 또는 용도. 자동차 부품 제조업, 공장 설비 노후화로 인한 생산성 저하
  및 비용 증가가 고민

- USP 1. AI 기반 실시간 공정 모니터링 및 이상 징후 감지

- USP 2. 센서 및 엣지 컴퓨팅 활용

- 기대 효과 1. 설비 가동률 10% 향상

- 기대 효과 2. 불량률 20% 감소

- 기대 효과 3. 에너지 비용 15% 절감

- 보내는 사람 이름. 김철수

- 연락처. 010-XXXX-XXXX

]

```
```

예시와 같이 프롬프트에 템플릿을 포함시키고, 대괄호로 표시된 항목들에 채울 정보를 별도 명시해 줍니다. 이 프롬프트를 받은 Claude AI는 먼저 템플릿을 인식하고, 각 대괄호 안에 채워야 할 내용이 무엇인지 파악합니다.

그리고 프롬프트 하단에 제공된 정보들을 해당 대괄호 위치에 차례로 채워 넣습니다. 예를 들어, [신제품명]에는 "Smart Factory 솔루션"을, [주요 기

능 1]에는 "실시간 데이터 수집 및 분석"을 대입하는 식입니다. 모든 대괄호 항목에 대한 정보 삽입이 완료되면 Claude AI는 이를 토대로 최종 이메일을 생성합니다.

제목: Smart Factory 솔루션 제안 - ABC 기업 귀중

ABC 기업 김소영 부장님, 안녕하십니까?

평소 저희 회사 제품을 애용해 주시고 좋은 파트너십을 유지해 주셔서 진심으로 감사드립니다. 이번에 저희가 새롭게 출시한 **Smart Factory 솔루션**에 대해 소개 드리고자 연락드렸습니다.

Smart Factory 솔루션은 기존 제품 대비 ① 실시간 데이터 수집 및 분석, ② 예지 보전 기능, ③ 에너지 효율 관리 기능 등이 한층 개선되었습니다. 이를 통해 ABC 기업의 자동차 부품 제조업에 보다 최적화된 솔루션을 제공할 수 있게 되었습니다.

특히 AI 기반 실시간 공정 모니터링 및 이상 징후 감지, 센서 및 엣지 컴퓨팅 활용과 같은 차별화된 특장점을 갖추고 있어, 설비 가동률 10% 향상, 불량률 20% 감소, 에너지 비용 15% 절감과 같은 비즈니스 성과를 기대해 볼 수 있습니다.

Smart Factory 솔루션에 대해 더욱 자세한 내용을 말씀드리고 싶습니다. 귀사에 최적의 솔루션을 제안드릴 수 있도록 구체적인 활용 방안과 도입 효과에 대해 상담 기회를 가져보면 좋겠습니다. 편하신 시간에 이 메일로 회신 주시거나 010-XXXX-XXXX로 연락 주시면 즉시 답변드리겠습니다.

귀사의 비즈니스 성공을 위해 언제나 최선을 다하는 SI가 되겠습니다.

감사합니다.

김철수 드림

010-XXXX-XXXX

이렇게 템플릿과 필요 정보를 분리하여 프롬프트에 제시하면, Claude AI가 이를 인식하고 조합하여 맥락에 맞는 이메일을 효과적으로 작성할 수 있게 됩니다.

생성형 AI, 전문가처럼 활용하기

템플릿 활용 시에는 대괄호 안에 들어갈 항목명을 명확하고 간결하게 작성하는 것이 좋습니다. [USP 1], [기대 효과 2]와 같이 누구나 이해할 수 있는 명칭을 사용해야 프롬프트 작성자의 의도가 정확히 전달되고, Claude AI도 이를 효과적으로 처리할 수 있기 때문입니다.

또한 프롬프트 하단에 항목별 내용을 작성할 때도 간결하되 핵심을 담아내는 것이 중요합니다. [고객사 관련 정보]처럼 문장 형태의 서술도 가능하지만, 지나치게 장황하면 Claude AI가 템플릿에 내용을 자연스럽게 녹여내기 어려울 수 있습니다. 따라서 되도록 "[고객사명]. 자동차 부품 제조업, 공장 설비 노후화로 인한 생산성 저하 및 비용 증가가 고민"처럼 키워드를 중심으로 간략하게 작성하는 것이 효과적입니다.

이처럼 템플릿을 활용한 프롬프트 작성은 Claude AI의 자연어 생성 능력을 극대화하는 동시에, 이메일 발신자가 의도한 방향과 톤앤매너로 이메일을 작성할 수 있게 해줍니다. 업무 상황에 맞는 표준 템플릿을 마련하여 Claude AI와 협업한다면, 개인의 역량에 관계없이 누구나 효과적인 비즈니스 이메일을 작성할 수 있을 것입니다.

[2] 유연한 프롬프트 기반 이메일 작성

한편 보다 유연하고 창의적인 이메일을 보내고 싶다면 템플릿 없이 프롬프트만으로도 Claude AI와 효과적으로 협업할 수 있습니다. 이 경우 김 대리는 Claude AI에게 보다 자세하고 맥락적인 정보를 제공하는 프롬프트를 설계해야 합니다. 예를 들면 다음과 같습니다.

Claude AI, 저희 회사의 신제품 "Smart Factory 솔루션"을 고객사 ABC 기업에 소개하는 이메일을 작성하고자 합니다.

```
- ABC 기업 정보. 자동차 부품 제조, 공장 설비 노후화로 생산성 및 비용 이슈 있음
- 제품 특장점. 실시간 데이터 분석, 예지 보전, 에너지 효율 관리 기능 + AI & 엣지 컴퓨팅 기술 활용
- 기대 효과. 설비 가동률 10%↑, 불량률 20%↓, 에너지 비용 15%↓
- 문의처. 영업팀 김철수 대리 (010-1234-5678, ckkim@company.com)
```

이메일 톤은 전문적이면서도 친근하게, 분량은 300자 내외로 작성해 주세요. 마지막으로 구체적인 상담을 위한 미팅 제안을 포함해 주세요.

이 프롬프트는 템플릿 없이도 효과적인 제안 이메일을 생성하는 데 필요한 핵심 정보를 모두 담고 있습니다. 일반적으로 특정 고객에게 보낼 제품 영업 이메일에 포함되어야 할 요소는 다음과 같습니다.

1. 고객사의 기본 정보와 당면 이슈
2. 제품의 주요 특장점과 차별화 요소
3. 제품 도입 시 기대 효과
4. 원하는 이메일의 톤앤매너와 분량
5. 담당자 정보 및 후속 액션 제안

이러한 맥락적 프롬프트를 받은 Claude AI는 ABC 기업의 상황에 맞게 Smart Factory 솔루션의 가치를 부각하고, 구체적인 효과를 제시하는 설득력 있는 이메일을 생성해낼 수 있을 것입니다.

제목: Smart Factory 솔루션 제안 - ABC 기업 귀중
ABC 기업 김소영 부장님, 안녕하십니까?
ABC 기업의 제조 경쟁력 강화를 위해 힘쓰시는 김소영 부장님께 제안드릴 솔루

션이 있어 연락 드립니다.

저희가 새롭게 출시한 Smart Factory 솔루션은 실시간 데이터 분석, 예지 보전, 에너지 효율 관리 기능을 제공하여 공장 운영을 최적화하는 데 도움을 드립니다. 특히 AI와 엣지 컴퓨팅 기술을 활용해 설비 가동률을 10% 높이고, 불량률을 20% 낮추며, 에너지 비용을 15%까지 절감할 수 있습니다.

Smart Factory 솔루션이 ABC 기업의 생산성 향상과 비용 절감에 기여할 수 있을 것으로 확신합니다. 구체적인 도입 방안을 논의하고 싶으니 미팅 기회를 주시면 감사하겠습니다.

자세한 내용은 아래 담당자에게 문의해 주시기 바랍니다.

영업팀 김철수 대리
M. 010-1234-5678
E. ckkim@company.com

물론 Claude AI가 생성한 초안을 그대로 사용하기보다는, 김 대리의 영업 전문성과 대 고객 커뮤니케이션 경험을 바탕으로 내용을 재점검하고 다듬는 과정을 거치는 것이 바람직합니다. 하지만 유연한 프롬프트 설계를 통해 Claude AI에게서 좋은 아이디어와 기본 골격을 얻을 수 있다는 점에서 이 방식은 큰 의미가 있습니다.

영업 이메일 작성에 Claude AI를 활용할 때에는 두 가지 접근 방식, 즉 템플릿 기반의 작성과 유연한 프롬프트 설계를 상황에 맞게 선택하는 것이 중요합니다. 반복적이고 정형화된 업무 메일의 경우 템플릿을 활용하는 것이 효율적인 반면, 중요한 제안이나 협상 같이 창의성과 섬세한 접근이 필요한 상황에서는 맥락적 프롬프트를 통하는 것이 더 나은 결과를 가져다줄 수 있습니다.

물론 이 두 방식은 상호 배타적이지 않습니다. 오히려 상황에 따라 적절히 조합하여 사용하는 것이 가장 이상적입니다. 예컨대 기본적인 이메일 구조와 톤앤매너는 템플릿으로 잡되, 핵심 메시지와 고객 맞춤형 콘텐츠는 프롬프트로 Claude AI와 협업하여 생성하는 식입니다.

핵심은 어떤 방식을 택하든 Claude AI에게 양질의 정보와 명확한 가이드를 제공하는 데 있습니다. 영업사원들이 템플릿과 프롬프트를 적재적소에 활용하는 능력, 그리고 Claude AI와 효과적으로 협업하는 역량을 기를 때, 비로소 영업 커뮤니케이션에서의 인간-AI 협업이 빛을 발할 수 있을 것입니다.

[3] 이메일 분석과 향후 대응 전략 수립

Claude AI는 단순히 이메일 작성뿐 아니라, 수신한 이메일을 분석하여 고객의 반응을 파악하고 향후 대응 전략을 수립하는 데에도 유용하게 활용될 수 있습니다. 어떻게 도움이 되는지 다시 김철수 대리에게 돌아가서 알아볼까요?

ABC 기업 김소영 부장에게 제안 이메일을 보낸 다음날, 김철수 대리는 다음과 같은 답신을 받았습니다.

김철수 대리님, 안녕하세요.

Smart Factory 솔루션에 대해 설명해 주셔서 감사합니다.

귀사의 솔루션이 당사의 공장 운영 효율화에 기여할 수 있을 것으로 기대됩니다. 다만 몇 가지 우려되는 점이 있어 말씀드립니다.

첫째, 당사는 레거시 시스템을 다수 보유하고 있는데 귀사의 솔루션과 원활히 연동될 수 있을지 염려됩니다.

둘째, 생성형 AI 기술에 대한 당사 엔지니어들의 이해도가 높지 않은데, 실제 적용 및 운영 과정에서 어려움이 있지 않을까 싶습니다.

이 부분에 대해 귀사가 어떠한 지원 방안을 갖고 계신지 설명해 주시면 감사하겠습니다. 귀한 제안 감사드리며, 향후 협력 방안에 대해 좋은 논의 나누기를 기대하겠습니다.

감사합니다.

김소영 드림

김 대리는 Claude AI에게 메일 전문을 전달하고 분석을 의뢰합니다. 그러자 Claude AI는 다음과 같이 이메일을 분석하고 인사이트를 제공합니다.

Claude AI, 고객사로부터 다음(A)과 같은 이메일을 받았습니다. 이메일을 분석해 주세요. 구체적으로 아래 사항을 파악해 주시면 좋겠어요.

```

1. 고객사가 우리 솔루션에 대해 갖고 있는 긍정적인 기대는 무엇인가요?
2. 고객사의 주요 우려 사항은 무엇이고, 각각에 대해 어떻게 대응하는 것이 좋을까요?
3. 향후 고객사와의 원활한 커뮤니케이션 및 영업 활동을 위해 우리가 준비해야 할 사항은 무엇일까요?

```

[(A). "메일 전문"]

고객사로부터 받은 이메일을 분석해 드리겠습니다. 요청하신 세 가지 사항에 대해 차례대로 답변 드리겠습니다.

1. 고객사가 우리 솔루션에 대해 갖고 있는 긍정적인 기대:

- 우리 솔루션이 고객사의 공장 운영 효율화에 기여할 수 있을 것으로 기대하고 있음

2. 고객사의 주요 우려 사항과 대응 방안:

[1] 레거시 시스템과의 연동 문제 - 대응 방안: 우리 솔루션의 유연한 인터페이스와 커스터마이징 가능성을 강조하여 레거시 시스템과의 원활한 연동이 가능함을 어필합니다. 필요하다면 연동을 위한 추가적인 기술 지원도 제공할 수 있음을 언급합니다.

[2] AI 기술에 대한 이해도 부족으로 인한 적용 및 운영 과정에서의 어려움 - 대응 방안: 도입 초기에 집중적인 사용자 교육을 제공하고, 운영 과정에서도 지속적인 기술 지원을 아끼지 않을 것임을 강조합니다. 사용자 친화적인 UI/UX와 매뉴얼도 갖추고 있어 실제 사용에 큰 어려움이 없을 것임을 설명합니다.

3. 향후 준비 사항:

- 고객사의 레거시 시스템 현황을 파악하고, 연동을 위한 기술적 방안을 마련

합니다.

- AI 기술에 대한 이해도를 높일 수 있는 교육 자료와 프로그램을 준비합니다.
- 고객사의 엔지니어들과 지속적으로 소통하며 기술적 우려 사항을 파악하고 해소해 나갑니다.
- 추가 상담 및 데모를 통해 우리 솔루션의 장점과 가치를 더욱 명확히 전달합니다.

고객사의 관심과 우려 사항에 귀 기울이는 한편, 우리 솔루션이 그들의 문제를 해결해줄 수 있는 최적의 방안임을 지속적으로 설득해 나가는 것이 중요할 것 같습니다. 고객 중심적 사고를 바탕으로 신뢰 관계를 공고히 하는 노력이 필요해 보입니다.

김 대리는 Claude AI의 분석 결과를 토대로 ABC 기업의 우려 사항을 해소하고 맞춤형 지원 방안을 제시하는 후속 이메일을 보냅니다. 또한 영업팀 내부적으로는 체계적인 고객 대응 전략을 수립하고, 영업 자료와 지원 체계를 고도화하는 데 Claude AI의 분석 결과를 활용하기로 했습니다.

이처럼 Claude AI는 영업 담당자가 고객의 반응을 보다 심층적으로 이해하고, 데이터에 기반한 후속 대응 전략을 수립하는 데 유용하게 활용될 수 있습니다. 단순히 고객의 요구사항을 수용하는 것을 넘어, 잠재된 요구사항과 우려 사항을 선제적으로 파악하고 해결책을 제시함으로써 고객과의 신뢰 관계를 공고히 하는 것입니다.

나아가 영업 과정에서 수집된 이메일 데이터는 Claude AI를 통해 체계적으로 분석되고 패턴화됩니다. 어떤 제안 방식이 고객 반응을 이끌어내는 데 효과적이었는지, 업종별로 어떤 요구사항이 두드러지는지, 영업 프로세스의 어떤 지점에서 고객이 이탈하는지 등의 전략적 인사이트가 도출될 수 있습니다. 이렇게 축적된 인사이트는 고객별 맞춤 제안, 영업 시점과 메시지의 최적화, 문제 상황에 대한 선제적 대응 등, 영업 전략 수립 및 실행에 직접적으로 활용 가능합니다. 또한 마케팅, 제품 개발, CS 등 인접 부서와의 협업을 통해 조직 전반의 고객 지향성을 제고하는 데에도 기여할 수 있을 것입니다.

Claude AI를 효과적으로 활용하기 위해서는 영업사원의 프롬프트 엔지니어링 역량이 무엇보다 중요합니다. 이는 영업사원에게 새로운 역량이 요구된다는 것을 의미합니다. 제품 지식과 영업 스킬을 갖추는 것은 물론, 데이터 분석적 사고와 생성형 AI 활용 능력까지 갖출 것을 요구받게 되는 것입니다. 영업사원은 Claude AI의 단순 사용자가 아니라 AI와 협업하는 직군으로 발전해 나가야 합니다.

AI와 협업하는 영업, 데이터 기반의 영업이 도래하고 있습니다. 이는 분명 부담이 될 수 있지만, 동시에 더 높은 성과를 올릴 수 있는 기회이기도 합니다. 창의성과 공감 능력으로 무장한 인간 영업사원과 빅데이터 분석 능력을 갖춘 생성형 AI 어시스턴트의 콜라보레이션, 이것이 미래 영업의 성공 방정식이 될 것입니다.

고객지원팀의 이메일

고객지원팀에서는 빈번하게 발생하는 문의 유형에 대해서는 표준화된 템플릿과 Claude AI를 결합하여 신속 정확한 답변을 제공하는 한편, 복잡하거나 예외적인 문의에 대해서는 상황에 특화된 프롬프트를 활용하여 고개 만족도를 높일 수 있을 것입니다. 특히 고객의 불만이 담긴 이메일에 대응할 때는, 프롬프트에 공감과 해결 의지를 담아 Claude AI가 고객의 감정을 어루만지면서도 문제 해결을 위한 구체적인 방안을 제시할 수 있도록 유도하는 것이 중요할 것 같네요.

구체적으로 고객지원팀의 이메일 커뮤니케이션에서 Claude AI를 어떻게 활용하는지 김영희 대리를 만나서 알아볼까요?

[1] 템플릿 기반 이메일 작성

김영희 대리는 최근 출시된 신제품과 관련하여 고객들의 문의가 증가하고 있음을 알게 되었습니다. 이에 김 대리는 고객 문의에 일관되고 효과적으로 대응하기 위해 Claude AI를 활용하고자 합니다. 물론 고객지원팀에는 기존에 사용하던 고객지원 메일 템플릿이 있습니다.

제목. [고객명]님, [문의 제품명]에 대해 문의 주셔서 감사합니다.

안녕하세요 [고객명]님, ABC 기업 고객지원팀 [담당자]입니다.
[문의 제품명]에 대해 관심을 가져 주시고 문의해 주셔서 감사합니다.

문의하신 내용은 다음과 같습니다.
[고객 문의 내용 요약]

이에 대한 답변은 다음과 같습니다.
[문의 사항에 대한 답변]
[추가 설명 또는 관련 정보]

해당 내용으로 문의 사항이 해결되었기를 바라며, 추가 문의 사항이 있으시면 언제든 연락 주시기 바랍니다.
ABC 기업은 항상 [고객명]님의 만족을 최우선으로 생각하겠습니다.
감사합니다.

ABC 기업 고객지원팀 [담당자] 드림
[연락처]

그러나 특별히 이번 케이스용 템플릿을 만들고 싶었던 김 대리는 Claude AI를 활용하여 템플릿을 생성해 보았습니다. 이 템플릿은 향후 유사한 고객 문의 대응 시 재사용할 수 있습니다.

Claude AI, 저희 고객지원팀에서 활용할 수 있는 고객 문의 대응 이메일 템플릿을 만들고 싶습니다. 다음 사항을 고려하여 템플릿을 작성해 주시겠어요?
```
- 이메일의 제목은 '[고객명]님, [문의 제품명]에 대해 문의 주셔서 감사합니다.'로 할 것
  첫 문단에서는 고객의 문의에 감사 인사를 전하고, 담당자 소속과 이름을 밝힐 것
- 고객의 문의 내용을 간략하게 정리하여 명시할 것
- 문의 사항에 대한 명확하고 친절한 답변을 제시하고, 필요시 추가 설명이나 관련 정보를 제공할 것
- 추가 문의 사항이 있을 경우 연락 방법을 안내하고, 고객 만족을 최우선으로 한다는 점을 강조할 것
- 마무리 인사말과 담당자 연락처를 포함할 것
```
고객 입장에서 문의 사항이 명쾌하게 해결되고, 기업에 대한 신뢰와 만족도를 높일 수 있는 템플릿이 되길 바랍니다. 고객과의 긴밀한 소통을 통해 고객 감동을 실현하는 것이 목표입니다.

제목: [고객명]님, [문의 제품명]에 대해 문의 주셔서 감사합니다.

[고객명] 고객님, 안녕하세요.

[회사명] 고객지원팀 [담당자 이름]입니다.

[문의 제품명]에 대해 문의해 주셔서 진심으로 감사드립니다. 보내주신 문의 내용은 아래와 같이 확인되었습니다.

[고객 문의 내용 요약]

이에 대한 답변은 다음과 같습니다:

[명확하고 친절한 답변 제공]

[필요시 추가 설명이나 관련 정보 제공]

추가로 궁금하신 점이나 도움이 필요하신 부분이 있다면 언제든 저희 고객지원팀으로 연락 주시기 바랍니다. [연락처] 또는 [이메일 주소]로 문의 남겨 주시면 신속하게 답변 드리겠습니다.

저희 [회사명]은 언제나 고객님의 만족을 최우선으로 생각합니다. 앞으로도 고객님께 최상의 서비스를 제공하기 위해 최선을 다하겠습니다.

감사합니다.

[회사명] 고객지원팀 [담당자 이름]

[연락처] | [이메일 주소]

김 대리는 []나 ``` 같은 프롬프트 명령어를 통해서 고객의 문의사항에 대한 답변 이메일을 완성할 수 있습니다. 프롬프트에 템플릿을 포함시키고, 필요한 정보를 명시해 줍니다. 이번에는 내부 템플릿을 사용했습니다.

Claude AI, 다음 (A) 이메일 템플릿을 활용하여 (B)의 고객 문의 사항에 대한 답변 이메일을 작성해 주시겠어요?
```
[A. (앞 템플릿 내용 생략)
]

[B. 고객명. 박선영

문의 제품명. Smart Factory 솔루션

고객 문의 내용. "최근 구매한 Smart Factory 솔루션을 사용하고 있습니다. 그런데 데이터 수집 모듈에서 일부 데이터가 누락되는 문제가 발생하고 있어요. 센서와의 연결은 문제없는 것으로 확인됩니다. 데이터 수집 과정에서 오류가 있는 건지 궁금합니다. 문제 해결을 위해 어떤 조치를 취해야 할까요?"

담당자. 김영희

연락처. 02-1234-5678]
```

이 프롬프트를 받은 Claude AI는 템플릿의 형식에 맞추어 고객 문의에 대한 답변 이메일을 생성합니다. 템플릿의 각 [] 괄호 안 항목에는 프롬프트에서 제시한 정보들이 차례로 채워집니다. 예를 들어, [고객명]에는 "박선영"이, [문의 제품명]에는 "Smart Factory 솔루션"이 들어가게 되는 식입니다. 또한 [고객 문의 내용 요약] 부분에는 고객이 문의한 내용의 핵심이 요약되어 제시되고, [문의 사항에 대한 답변]과 [추가 설명 또는 관련 정보] 부분에는 해당 문의에 적절한 답변과 추가 정보가 생성되어 들어가게 됩니다.

제목: 박선영님, Smart Factory 솔루션에 대해 문의 주셔서 감사합니다.

안녕하세요 박선영님, ABC 기업 고객지원팀 김영희입니다.
Smart Factory 솔루션에 대해 관심을 가져 주시고 문의해 주셔서 감사합니다.
문의하신 내용은 다음과 같습니다.
최근 구매하신 Smart Factory 솔루션 사용 중 데이터 수집 모듈에서 일부 데이터가 누락되는 문제가 발생하고 있으며, 센서와의 연결은 문제없는 것으로 확인되었습니다. 데이터 수집 과정에서의 오류 가능성과 문제 해결을 위한 조치 방법에 대해 문의하셨습니다.
이에 대한 답변은 다음과 같습니다.
먼저 데이터 누락 문제를 신속히 알려주셔서 감사합니다. 데이터 수집 모듈의 오류일 가능성이 높습니다. 저희 기술팀에서 해당 문제를 확인하도록 하겠습니다. 문제 원인 파악을 위해 고객님의 시스템 로그 파일을 분석할 필요가 있습니다. 로그 파일을 저희 쪽으로 전달해 주시면 신속히 검토 후 결과를 알려드리겠습니다.
데이터 누락 문제 해결을 위해 최선을 다하고 있으니 조금만 더 기다려 주시면 감사하겠습니다. 프로그램 업데이트 등의 조치가 필요할 경우 별도로 안내드리도록 하겠습니다.
해당 내용으로 문의 사항이 해결되었기를 바라며, 추가 문의 사항이 있으시면 언제든 연락 주시기 바랍니다.
ABC 기업은 항상 박선영님의 만족을 최우선으로 생각하겠습니다.
감사합니다.
ABC 기업 고객지원팀 김영희 드림
02-1234-5678

김영희 대리는 Claude AI가 생성한 초안을 검토하고, 필요에 따라 수정 및 보완을 거쳐 최종 답변 이메일을 고객에게 발송합니다. 이 과정에서 김 대리의 업무 도메인 지식과 고객 응대 노하우가 더해져 보다 완성도 높은 답변을 제공할 수 있습니다.

이처럼 고객지원 업무에서도 이메일 템플릿을 활용한 Claude AI와의 협업은 큰 도움이 됩니다. 자주 발생하는 문의 유형별로 템플릿을 마련해 두고, 개별 문의 내용에 맞게 프롬프트를 구성하여 Claude AI를 활용한다면 고객 응대의 속도와 품질을 동시에 높일 수 있을 것입니다.

[2] 유연한 프롬프트 기반 이메일 작성

한편 보다 맞춤화된 답변이 필요할 때는 템플릿 없이 프롬프트만으로도 Claude AI와 효과적으로 협업할 수 있습니다. 이 경우 김 대리는 Claude AI에게 고객 문의의 맥락과 의도를 보다 상세히 설명하고, 답변에 포함되어야 할 내용을 구체적으로 가이드하는 프롬프트를 설계해야 합니다. 예를 들면 다음과 같은 프롬프트를 구성할 수 있습니다.

> Claude AI, 한 고객으로부터 다음과 같은 문의 이메일이 접수되었습니다.
> "최근 구매한 Smart Factory 솔루션을 사용하고 있습니다. 그런데 데이터 수집 모듈에서 일부 데이터가 누락되는 문제가 발생하고 있어요. 센서와의 연결은 문제없는 것으로 확인됩니다. 데이터 수집 과정에서 오류가 있는 건지 궁금합니다. 문제 해결을 위해 어떤 조치를 취해야 할까요?"
> 문제 해결을 위한 구체적인 방안을 제시하는 답변 이메일을 작성해 주세요. 이메일에는 다음 내용을 포함해 주시기 바랍니다.
> ```
> - 문의 주신 데이터 누락 문제에 대한 명확한 설명과 원인 분석

이같이 보다 상세하고 맥락적인 프롬프트를 제공하면, Claude AI는 고객의 상황과 요구사항을 보다 깊이 있게 파악하고, 그에 맞는 감성적이면서도 문제 해결 중심의 답변을 생성할 수 있습니다. 이때 필수로 포함되어야 하는 항목은 다음과 같습니다.

- 고객 문의 내용 요약
- 문의자가 겪고 있는 문제 상황
- 문의자가 시도한 해결 방법 및 결과
- 문의자의 요청 사항 또는 기대하는 바
- 답변에 포함되어야 할 사항
- 문제 원인에 대한 분석 또는 추측
- 문제 해결을 위한 단계별 조치 사항
- 추가 기술 지원 또는 리소스 제공 가능성
- 사과 또는 공감의 표현
- 추가 문의를 위한 연락 방법
- 답변 생성 관련 가이드라인
- 기대하는 답변의 톤앤매너 (공감적, 친절한, 전문적인 등)
- 답변의 분량 (예. 400자 내외)
- 참고 자료, 이미지, 링크 등의 포함 여부

그러자 Claude AI는 다음처럼 매끄러운 고객 문의 답변 메일을 생성해 주었습니다.

제목: Smart Factory 솔루션 데이터 누락 문제 해결 방안 안내

안녕하세요 고객님,

먼저 Smart Factory 솔루션 사용 중 불편을 겪으신 점 진심으로 사과드립니다. 문의 주신 데이터 누락 문제에 대해 자세히 안내 드리겠습니다.

데이터 수집 모듈에서 일부 데이터가 누락되는 원인은 대부분 데이터 처리량 초과, 네트워크 불안정, 일시적인 시스템 오류 등으로 파악되고 있습니다.

문제 해결을 위해 다음과 같은 조치를 취해 보시기 바랍니다:

1. 데이터 수집 설정값을 확인하고 필요한 경우 수정해 주세요. (데이터 수집 주기, 데이터 필터링 조건 등)

2. 데이터 수집 모듈과 센서 간의 네트워크 연결 상태를 점검해 주세요.

3. 시스템을 재시작하여 일시적인 오류를 해결해 보세요.

4. 문제가 지속될 경우 누락된 데이터를 특정 시점으로 소급하여 재수집할 수 있습니다.

위 조치로도 문제가 해결되지 않는다면 당사 기술지원팀(Tel. 02-0000-0000)으로 연락 주시기 바랍니다. 원격 접속을 통해 직접 문제를 확인하고 해결 방안을 제시해 드리겠습니다.

원활한 데이터 수집을 위해 아래 가이드라인을 참고하시면 도움이 될 것 같습니다.

(*링크) 데이터 수집 모듈 설정 가이드라인

(*링크) 데이터 누락 문제 FAQ

문제 해결을 위해 최선을 다하겠습니다. 불편을 끼쳐 드려 다시 한번 사과의 말씀 드립니다.

추가 문의 사항이 있으시면 언제든 아래 담당자에게 연락 주시기 바랍니다.

김영희 대리
고객지원팀
Tel. 02-1234-5678

물론 Claude AI의 답변을 그대로 사용하기보다는, 김영희 대리의 고객 응대 경험과 제품에 대한 전문 지식을 바탕으로 내용을 보완하고 다듬는 과정이 필요할 것입니다. 그럼에도 유연한 프롬프트 설계를 통해 Claude AI에게 고품질의 답변 초안을 받을 수 있다는 점은 큰 장점이 될 수 있습니다.

생성형 AI, 전문가처럼 활용하기

이 장점이 제 힘을 발휘하려면 꾸준히 프롬프트를 실험하고 최적화하려는 고객지원 담당자들의 노력이 필요합니다. 동시에 Claude AI의 응답을 면밀히 검토하여 프롬프트 설계를 지속적으로 개선해 나가는 것도 중요합니다. Claude AI와의 효과적인 협업을 위한 프롬프트 설계는 하루아침에 완성되는 것이 아닙니다. 고민과 시행착오의 과정을 거쳐 점진적으로 발전시켜 나가야 할 역량이자 노하우인 셈입니다.

.5 유연한 프롬프트 작성 규칙

유연한 프롬프트를 작성할 때는, 다음 사항들을 유의하세요. 더 좋은 결과를 얻을 수 있습니다.

· 간결성: 불필요한 정보를 제외하고 핵심 내용만을 간결하게 전달합니다.

· 명확성: Claude AI가 맥락을 정확히 이해할 수 있도록 문의 내용, 기대 사항 등을 명확히 설명합니다.

· 구체성: 추상적이거나 모호한 표현보다는 구체적이고 실행 가능한 지침을 제공합니다.

· 일관성: 프롬프트의 톤앤매너, 용어 사용 등에 있어 일관성을 유지합니다.

· 가이드라인 제시: 분량, 톤, 참고 자료 활용 등에 대한 가이드라인을 명시하여 Claude AI의 생성 방향을 제시합니다.

이러한 규칙은 상황에 따라 유연하게 적용될 수 있습니다. 예를 들어, 단순한 문의의 경우에는 간결성에 더 초점을 맞출 수 있고, 기술적인 문제에 대해서는 구체성과 명확성을 강조할 수 있겠죠. 중요한 것은 이러한 규칙과 항목들을 고려하여, Claude AI가 고객의 상황과 요구사항을 정확히 파악하고 최적의 답변을 제공할 수 있도록 프롬프트를 설계하는 것입니다.

언제나 그렇듯, 템플릿 기반의 작성과 유연한 프롬프트 설계를 상황에 맞게 적절히 조합하여 사용하는 것이 효과적입니다. 자주 반복되는 단순 문의에 대해서는 템플릿을 활용하여 신속하고 일관된 응대가 가능하도록 하고, 보다 복잡하거나 민감한 문의에 대해서는 상황에 특화된 프롬프트를 설계하여 고객 맞춤형 답변을 제공하는 방식으로 활용할 수 있습니다.

중요한 것은 어떤 방식을 택하든, 고객의 요구사항에 대한 깊이 있는 이해를 바탕으로 Claude AI와 협업하는 것입니다. 표준화된 템플릿이든 유연한 프롬프트든, 그 안에 고객 관점에서의 문제 인식과 해결 의지가 담겨 있어야 진정으로 고객의 마음을 움직이는 응대가 가능해질 것입니다.

김영희 대리의 사례에서 볼 수 있듯, 고객지원 업무에서의 Claude AI 활용은 단순히 응대 속도와 편의성 차원을 넘어, 보다 공감적이고 해결 지향적인 고객 경험을 제공하는 데 기여할 수 있습니다. 고객지원 담당자 여러분도 Claude AI와의 창의적 협업을 통해 고객응대 역량을 한 단계 업그레이드해 보시기 바랍니다. 템플릿과 프롬프트를 적재적소에 활용하는 노하우, 그리고 무엇보다 고객에 대한 깊은 이해와 진정성 있는 소통 자세. 이것이 Claude AI 시대 고객지원 전문가의 핵심 역량이 될 것입니다.

[3] 이메일 분석과 고객 서비스 개선

Claude AI는 단순히 고객 문의에 답변하는 데 그치지 않고, 수신된 다수의 문의 이메일을 분석하여 고객 서비스 개선에 기여할 수도 있습니다.

이번에는 김영희 대리가 최근 한 달간 Smart Factory 솔루션 관련 문의 이메일 100여 건을 취합하여 분석을 진행한다고 가정해 보겠습니다. 김 대리는 Claude AI에게 다음과 같은 프롬프트를 전달하여 이메일 데이터 분석을 요청합니다.

Claude AI, 최근 한 달간 접수된 Smart Factory 솔루션 관련 문의 이메일 100건의 데이터를 분석하고자 합니다. 분석 목적은 다음과 같아요.
```
1. 가장 빈번하게 발생하는 문의 유형은 무엇인지 파악하기
2. 각 문의 유형별 고객 만족도와 불만족 사유 분석하기
3. 제품 사용 과정에서 고객이 경험하는 주요 pain point 도출하기
4. 향후 고객 지원 서비스 개선을 위한 인사이트 제안하기
```
첨부된 이메일 데이터를 분석하여 위 사항들을 중심으로 리포트를 작성해 주시면 감사하겠습니다. 정량적인 데이터 분석과 함께 정성적인 분석도 포함해 주세요. 고객 관점에서의 통찰 있는 제언을 기대하겠습니다.

Claude AI는 이메일 데이터를 분석하여 다음과 같은 리포트를 생성합니다.

분석 결과, Smart Factory 솔루션 관련 문의 중 '데이터 수집 오류'가 35%로 가장 많은 비중을 차지했습니다. 다음으로 '알람 설정 및 관리 방법(25%)', '레거시 시스템과의 호환성(20%)', '사용자 권한 설정(15%)' 등의 순이었습니다.

각 유형별 고객 만족도를 살펴보면, '알람 설정 및 관리 방법' 문의의 경우 상대적으로 높은 만족도를 보였습니다. 매뉴얼과 FAQ를 통해 해결 방법을 안내받은 고객이 많았기 때문으로 보입니다.

반면 '데이터 수집 오류' 관련 문의는 상당수 고객이 불만을 표했는데, 근본 원인 파악과 해결에 시간이 오래 소요되어 불편을 겪은 경우가 많았습니다.

고객들이 제품 사용 중 경험하는 주된 pain point는 데이터 수집/관리 프로세스에서의 오류, 기존 시스템과의 통합 이슈, 사용 편의성 부족 등인 것으로 나타났습니다.

이를 개선하기 위해서는 우선 데이터 수집 및 연동 모듈의 안정성을 높이기 위한 기술적 보완이 시급해 보입니다. 또한 알람 관리, 사용자 권한 설정 등 주요 기능에 대한 사용자 가이드를 보다 직관적이고 상세하게 제공할 필요가 있겠습니다. 아울러 고객 문의 분석 결과를 제품 개발팀과 공유하여 사용자 경험 개선을 위한 지속적인 업데이트를 추진하는 것도 도움이 될 것입니다.

고객 지원 측면에서는 '데이터 수집 오류' 등 빈번하고 심각도 높은 이슈에 대한

전담 대응팀을 구성하는 방안을 제안드립니다. 심층적인 기술 분석과 신속한 문제 해결이 가능한 전문 인력을 배치하여 고객 불편을 최소화하고 만족도를 제고할 수 있을 것입니다.

아울러 챗봇 등 자동화된 고객 응대 채널을 확대하여 단순 문의에 대한 신속한 대응이 가능하도록 하고, 상담원들이 복잡한 이슈에 집중할 수 있도록 지원하는 것도 필요해 보입니다.

장기적으로는 고객 피드백과 데이터 분석 결과를 제품 및 서비스 개선에 반영하는 선순환 구조를 만드는 것이 중요할 것 같습니다. 고객의 목소리에 끊임없이 귀 기울이고 제품에 신속히 반영하는 민첩한 조직 문화를 만들어 나간다면 고객 만족과 신뢰도 제고에 큰 도움이 될 것입니다.

김영희 대리는 Claude AI의 분석 리포트를 토대로 팀 내부 회의를 진행하고, 구체적인 서비스 개선 방안을 수립합니다. 우선 매뉴얼과 FAQ 등 셀프 서비스 콘텐츠를 전면 보완하고, 사용자 교육 프로그램을 확대하기로 합니다. 또한 고객 문의 유형별 대응 시나리오와 매뉴얼을 정비하고, 데이터 수집 오류 등 주요 이슈 전담 대응팀을 신설하기로 결정합니다.

나아가 제품 개발팀, 마케팅팀 등 관련 부서와 고객 피드백을 공유하고 개선 과제를 도출하는 협업 체계를 구축하기로 합니다. 김 대리와 회사 구성원들은 정기적인 VOC(Voice of Customer) 분석 회의를 통해 고객의 목소리를 제품과 서비스에 신속히 반영해 나갈 것입니다.

이처럼 Claude AI는 방대한 고객 문의 데이터에서 의미 있는 패턴과 인사이트를 도출함으로써, 고객 서비스 개선을 위한 전략 수립에 실질적인 도움을 줄 수 있습니다. 단순히 개별 문의에 대응하는 수준을 넘어, 보다 거시적이고 근본적인 관점에서 서비스 혁신의 방향성을 제시해 줍니다.

물론 Claude AI의 분석이 100% 완벽할 수는 없습니다. 섬세한 감정의 뉘앙스나 암묵지 수준의 정보는 놓칠 수 있기 때문입니다. 따라서 Claude

AI의 분석 결과를 김영희 대리를 비롯한 고객지원팀의 경험과 노하우에 비추어 재해석하고 보완하는 과정이 필요할 것입니다.

중요한 것은 Claude AI와 고객지원팀의 전문성이 시너지를 발휘할 때, 비로소 고객 감동이라는 목표에 다가갈 수 있다는 점입니다. 고객의 목소리에 진정으로 귀 기울이고, 끊임없는 개선의 노력을 이어갈 때 고객의 신뢰와 애정을 얻을 수 있을 것입니다.

Claude AI와 이메일 분석 심화

Gmail과 Claude AI를 이용한 이메일 데이터 분석 방법

Gmail을 활용한 이메일 데이터 분석은 영업 전략 수립과 고객 관리 개선에 핵심적인 역할을 합니다. Claude AI와 같은 AI 기술을 사용하여 대량의 이메일 데이터를 신속하게 처리하고 분석할 수 있으며, 이를 통해 영업 담당자는 고객의 피드백을 바탕으로 제품의 장단점을 파악하고, 경쟁사 대비 우리 제품의 위치를 확인하며, 실행 가능한 전략을 수립할 수 있습니다. (자세한 방법은 우측 QR코드를 통해 필자 블로그를 참고하세요.)

이메일 분석의 혁신

고객지원 업무에 Claude AI를 활용한 사례

모 기업에서 Google Workspace 기반 전자결재 시스템을 사용 중인 고객의 문의에 대해 Claude AI를 활용한 실 사용 예시입니다. 고객이 경험한 문제는 전자결재 시스템의 관리자 역할에 따라 메뉴가 다르게 보이는 것으로, Claude AI를 통해 문제의 원인을 파악하고 해결 방안을 제공했습니다. Claude AI는 문제를 신속하게 진단하여 각 사용자

의 역할에 따른 접근 권한 차이를 명확히 설명하고, 이 정보를 고객에게 정확하게 전달하여 고객 지원 업무를 효과적으로 수행했습니다. (구체적인 해결 모습은 마찬가지로 우측 QR코드를 통해 필자 블로그를 참고하세요.)

Claude를 고객 지원 업무에 활용한 예시

회의록 & 업무 보고서

회의록과 업무 보고서는 조직 내 정보 공유와 의사 결정에 핵심적인 역할을 합니다. 하지만 회의의 모든 내용을 정확하게 기록하고, 핵심만 간결하게 요약하는 것은 쉬운 일이 아닙니다. 특히 작성자의 주관 개입 없이 객관성과 논리성을 유지하면서도 참석자들의 의견과 결정 사항을 명확하게 전달해야 하므로 더욱 까다롭습니다. 업무 보고서 또한 다양한 활동 내역과 성과를 체계적으로 정리하고, 향후 계획을 설득력 있게 제시해야 하기 때문에 작성자의 역량이 중요합니다.

조직 내에 표준화된 양식이 없다면, 담당자마다 다른 스타일과 형식으로 문서를 작성하게 되어 정보 전달에 혼선을 줄 수 있습니다. Claude AI는 표준 템플릿을 만들고 주요 내용을 입력받아 빠르게 일관성 있는 문서를 생성함으로써 이러한 문제들을 해결하는 데 도움을 줄 수 있습니다. 템플릿이 없더라도 회의나 업무의 핵심 내용과 요구사항을 담은 프롬프트를 통해 상황에 맞는 회의록이나 보고서를 생성할 수 있습니다.

또한 Claude AI는 단순히 문서 신규 작성에 그치지 않고, 기존 회의록과 업무 보고서를 분석하여 핵심 내용을 추출하고 인사이트를 도출하는 데에 활용될 수 있습니다. 회의록이나 업무 보고서는 일상적으로 작성되기 때문에 분량이 엄청나 사람이 다 파악하기는 어렵습니다. Claude AI는 우리 대신 문서를 다 읽은 다음 주요 키워드와 패턴을 찾아내고, 이를 기반으로 의미 있는 요약과 제언을 제시하여 업무 효율을 높여줍니다. 이는 조직 내 지식 관리와 의사결정에도 큰 도움이 됩니다.

회의록

회의록은 회의 중 논의된 주요 내용, 결정사항, 향후 계획 등을 기록한 공식 문서입니다. 이는 참석자들의 발언, 제안된 아이디어, 합의된 사항, 할당된 업무 등을 포함하며, 후속 조치를 위한 참고 자료로 활용됩니다. 회의록은 조직 내 의사소통을 원활히 하고, 프로젝트 진행 상황을 추적하며, 책임 소재를 명확히 하는 데 중요한 역할을 합니다. 정확하고 간결한 회의록 작성은 효율적인 업무 진행과 팀 협업에 필수적입니다.

[1] 템플릿 기반 회의록 작성

경영지원팀의 이지연 대리는 매주 진행되는 부서 회의를 회의록으로 정리하는 업무를 담당하고 있습니다. 이 대리는 Claude AI를 활용하여 회의록 작성에 소요되는 시간과 노력을 줄이고, 문서의 완성도를 높이고자 합니다. 회의록의 경우, 웬만한 회사에는 표준 양식이 있습니다. 이 대리의 회사에서는 다음과 같은 양식을 사용합니다.

일시. [회의 날짜와 시간]
장소. [회의 장소]
참석자. [참석자 명단]

1. 회의 목적

[회의의 배경과 목적]

2. 주요 논의 사항

 2.1 [안건 1]

   - [안건 1에 대한 주요 논의 내용]

   - [안건 1에 대한 결정 사항]

   - [안건 1 후속 조치 계획]

 2.2 [안건 2]

   - [안건 2에 대한 주요 논의 내용]

   - [안건 2에 대한 결정 사항]

   - [안건 2 후속 조치 계획]

 (... 안건 추가 ...)

3. 기타 사항

  - [기타 논의 내용]

  - [추가 공유 사항]

4. 다음 회의 계획

  - 일시. [다음 회의 날짜와 시간]

  - 장소. [다음 회의 장소]

  - 안건. [예상 안건]

작성자. [작성자명]

부서. [작성자 소속 부서명]

회의록 표준 양식이 없는 경우 사용할 프롬프트

"Claude AI, 우리 회사에서 사용할 수 있는 표준 회의록 템플릿을 만들고자 합니다. 다음 사항을 고려하여 템플릿을 작성해 주시겠어요?

- 회의의 기본 정보(일시, 장소, 참석자)를 포함할 것
- 회의 목적과 배경을 간략히 기술하는 부분을 포함할 것
- 회의 안건별로 논의 내용, 결정 사항, 후속 조치 계획을 정리할 수 있는 구조로 구성할 것
- 회의에서 다뤄진 기타 사항과 공유 사항을 기록할 수 있는 항목을 포함할 것
- 다음 회의 계획(일시, 장소, 안건)을 기재할 수 있는 부분을 포함할 것
- 작성자 정보(이름, 소속 부서)를 명시할 것

회의 내용을 체계적으로 정리하고, 액션 아이템을 명확히 추적 관리할 수 있는 실용적인 템플릿이 되길 바랍니다. 회의록을 통해 조직 내 효과적인 커뮤니케이션과 협업이 이뤄질 수 있도록 하는 것이 목표입니다."

이제 프롬프트 명령어에 (A) 회의록 템플릿을 복사해 넣고, 간략히 정리한 회의 내용을 (B)에 추가해 회의록 작성을 요청하면 됩니다.

다음 (A) 회의록 템플릿에 내용을 채워서 전략 회의록을 작성해 주시겠어요?
```
[A, 템플릿 내용
]
[B, 템플릿에 포함된 괄호([]) 안의 항목들을 다음의 정보로 채워주세요.
- 회의 날짜와 시간. 2024년 6월 8일 14:00~16:00
- 회의 장소. 본사 3층 소회의실
```

- 참석자 명단. 경영전략팀 전원(6명), 마케팅팀장, 영업팀장
- 회의의 배경과 목적. 신사업 진출을 위한 전략 방향 논의
(하략)
]
```

## [2] 유연한 프롬프트 기반 회의록 작성

한편, 회의의 성격에 따라서는 정형화된 템플릿보다 유연한 형식의 회의록 작성이 필요하기도 합니다. 이 경우 이지연 대리는 회의 내용과 맥락을 고려하여 맞춤형 프롬프트를 설계함으로써 Claude AI와 효과적으로 협업하게 됩니다. 예를 들어, 전략 회의 후 작성해야 할 회의록이라면 다음과 같은 프롬프트를 활용할 수 있습니다.

Claude AI, 오늘 진행된 경영전략팀 회의 내용을 바탕으로 회의록을 작성하고자 합니다. 아래의 회의 개요와 주요 논의 사항을 참고하여 회의록을 작성해 주세요.
```

- 회의 일시. 2024년 6월 8일 14:00~16:00
- 참석자. 경영전략팀 전원 (6명), 마케팅팀장, 영업팀장
- 회의 목적. 신사업 진출을 위한 전략 방향 논의
[주요 논의 사항]
1. 신사업 후보 분야 검토
  - AI 기반 헬스케어 서비스
  - 전기차 배터리 리사이클링
  - 메타버스 플랫폼 개발
  → 각 분야별 시장 전망, 경쟁 상황, 우리 회사의 역량 분석 필요
2. 신사업 평가 기준 및 프로세스 정립
  - 시장성, 수익성, 기술 역량, 브랜드 시너지 등 평가 기준 설정
  - 단계별 의사결정 프로세스 및 투자 규모 가이드라인 마련

생성형 AI, 전문가처럼 활용하기

→ 평가 기준과 프로세스의 구체적 방향성에 대해서는 추가 논의 필요

3. 사업 추진 조직 및 리소스 검토

 - 전담 TF 구성 필요성 및 형태 논의 (사내 인력 vs 외부 영입)

 - 필요 예산 및 인력 규모 추정

 → 경영층 보고 후 세부 사항 확정 필요

[회의 결과 및 후속 조치]

- 각 신사업 후보 분야에 대한 심화 검토 진행 (시장조사, 기술 파악 등)

- 신사업 평가 기준 및 프로세스 초안 마련

- 전담 조직 구성 및 예산 논의를 위한 경영층 보고 자료 준비

```

회의록에는 논의 배경과 맥락이 잘 드러나도록 해주시고, 회의 결과와 후속 조치 계획을 명확히 정리해 주세요. 보고용 문서인 만큼 간결하면서도 정돈된 표현을 사용해 주시기 바랍니다. 분량은 A4 1페이지 내외로 해주세요.

이처럼 회의의 배경과 논의 내용, 결론 등을 체계적으로 프롬프트에 담아 Claude AI에게 전달하면, 보다 회의의 맥락을 반영한 양질의 회의록 초안을 얻을 수 있습니다. 일반적으로 회의록 프롬프트에 포함되어야 할 내용은 다음과 같습니다.

1. 회의 개요 (일시, 참석자, 장소 등 기본 정보)
2. 회의 배경 및 목적
3. 주요 안건별 논의 내용 요약
4. 회의 결론 및 합의 사항
5. 후속조치 계획 및 담당자
6. 기타 특이사항 또는 공유 사항
7. 회의록 작성 가이드 (문체, 분량, 강조 사항 등)

물론 Claude AI의 회의록 초안을 그대로 사용하기보다는, 이지연 대리의 회의 진행 노하우와 조직에 대한 이해를 바탕으로 문서를 다듬고 보완하는
```

과정이 필요할 것입니다. 그럼에도 Claude AI와의 협업은 회의록 작성에 소요되는 시간과 노력을 크게 줄여줄 수 있습니다.

유연한 회의록 프롬프트 작성 시 유의사항

유연한 회의록 프롬프트 작성 시에는 다음과 같은 사항을 유념하여야 합니다.

· 회의의 배경과 목적을 명확히 전달합니다.

· 논의된 안건과 내용을 요약하되, 가능한 구조화하여 전달합니다.

· 회의 결과 및 후속 조치 계획을 누락 없이 포함하도록 합니다.

· 회의록의 용도와 독자를 고려하여 문체와 분량에 대한 가이드를 제공합니다.

· 필요시 참고 자료나 관련 데이터를 첨부하여 보다 풍부한 맥락을 이해할 수 있도록 합니다.

이 예시의 이지연 대리와 같은 실무자들이 Claude AI와 적극적으로 협업하여 프롬프트 작성 노하우를 쌓아간다면, 단순히 회의록 작성 업무의 자동화를 넘어, 회의의 생산성과 실행력을 높이는 데에도 기여할 수 있을 것입니다. 그 과정에서 축적된 경험과 통찰은 미래 업무 환경에서의 핵심 역량이 될 것입니다.

나아가 이는 조직 내 원활한 정보 공유와 커뮤니케이션 향상으로도 이어질 수 있습니다. 회의 참석자들은 물론, 불참자들도 회의록을 통해 회의 결과를 빠르게 파악하고 후속 업무를 수행할 수 있게 됩니다. 또한 체계적으로 작성된 회의록은 조직의 의사결정 히스토리를 추적하고 되짚어보는 데에도 유용하게 활용될 수 있을 것입니다.

중요한 것은 Claude AI를 '활용'하되 그에 '의존'하지 않는 것. 즉, 회의록 작성자의 역량과 Claude AI의 기능이 균형과 조화를 이룰 때 비로소 고품질의 회의록이 탄생할 수 있다는 사실을 인지하는 것입니다. Claude AI는 어디까지나 인간의 업무를 보조하고 효율화하는 도구이지, 그 자체로 회의록의 완성을 보장하지는 않습니다.

업무 보고서

보통 기업에서는 주간, 월간, 분기, 연간 등 다양한 주기로 각 부서의 업무 현황과 성과를 보고합니다. 정기 보고서 외에도 프로젝트 기획서, 결과 보고서, 제안서 등 다양한 유형의 보고서 작성 업무가 이루어집니다. 이러한 보고서들은 조직 내 커뮤니케이션과 의사결정에 중요한 역할을 하지만, 작성자에게는 상당한 업무 부담으로 작용하기도 합니다.

이런 상황에서 Claude AI는 업무 보고서 작성의 효율과 품질을 개선하는 데 큰 도움을 줄 수 있습니다. 회사에서 가장 많이 요구되는 보고서 유형별로 표준 템플릿을 생성하고, 이를 기반으로 Claude AI와 협업하여 보고서를 효과적으로 작성할 수 있습니다.

[1] 보고서 유형별 표준 템플릿 생성

먼저 회사에서 자주 작성되는 보고서의 유형을 파악하고, 각 유형별로 표준 템플릿을 만드는 것이 효율적입니다. 마케팅팀 김우진 과장은 Claude AI에게 다음과 같이 프롬프트를 제공하여 여러 보고서 템플릿을 생성하기로 했습니다.

Claude AI, 저희 회사에서 자주 작성하는 보고서의 표준 템플릿을 만들고자 합니다. 아래의 보고서 유형별로 적합한 템플릿을 제안해 주시면 감사하겠습니다.

```

  1. 주간/월간 업무 보고서

  2. 프로젝트 제안서

  3. 프로젝트 결과 보고서

  4. 시장 조사 보고서

  5. 경쟁사 분석 보고서
```

각 보고서 유형의 목적과 주요 독자층을 고려하여, 필수적으로 포함되어야 할 항목과 구성을 제안해 주세요. 보고서 작성자가 해당 템플릿을 활용하여 쉽고 빠르게 보고서를 작성할 수 있도록, 간결하면서도 포괄적인 구조로 설계해 주시기 바랍니다.

각 템플릿은 가급적 1페이지 내외 분량으로 해주시고, 항목별로 간단한 설명이나 예시를 포함해 주시면 더욱 좋겠습니다. 많은 도움 부탁드리겠습니다. 감사합니다.

Claude AI는 프롬프트를 바탕으로 각 보고서 유형에 맞는 템플릿을 제안할 것입니다. 김우진 과장은 이 중 가장 적합하다고 판단되는 템플릿을 선택하여 활용할 수 있습니다.

그중 주간/월간 업무 보고서를 위한 템플릿 생성 및 활용 예시를 추가로 설명해 드리겠습니다. 김우진 과장은 마케팅팀의 주간 및 월간 업무 보고를 위한 표준 템플릿이 필요하다고 판단했습니다. 그는 Claude AI에게 다음과 같은 프롬프트를 제공하여 템플릿을 생성해줄 것을 요청합니다.

이번에는 저희 마케팅팀에서 사용할 수 있는 주간/월간 업무 보고서 템플릿을 만들어주시면 감사하겠습니다. 보고서에는 다음 내용이 포함되어야 합니다.

```

  1. 주요 업무 진행 현황

   - 진행 중인 프로젝트 또는 캠페인의 진척 상황

   - 완료된 태스크와 진행 중인 태스크
```

- 차주 또는 차월 계획

2. 성과 지표 (KPI) 달성 현황

 - 핵심 성과지표별 목표 대비 달성률

 - 전주 또는 전월 대비 증감율

 - 미달 지표에 대한 원인 분석 및 개선 계획

3. 이슈 및 리스크 관리

 - 주요 이슈 사항 및 대응 현황

 - 예상 리스크 요인 및 관리 방안

4. 기타 공유 사항

 - 조직 내 커뮤니케이션 또는 협업이 필요한 사항

 - 상위 관리자의 의사결정이 필요한 사항
```
템플릿은 보고서 작성자가 해당 항목에 맞는 내용을 쉽게 채워 넣을 수 있도록 구성해 주시고, 가급적 1페이지 내에 작성될 수 있는 분량으로 해주시기 바랍니다. 각 항목에는 간단한 설명이나 예시를 포함해 주시면 더욱 좋겠습니다.

업무 보고서의 특성상 간결하고 정보 전달에 초점을 맞춘 구조로 설계해 주시되, 가독성과 보고서 작성 편의성 측면도 고려 부탁드립니다. 감사합니다.

Claude AI는 제공된 프롬프트를 바탕으로 마케팅팀의 주간/월간 업무 보고서를 위한 템플릿을 생성할 것입니다. 예를 들면 다음과 같은 템플릿이 제안될 수 있겠네요.

1. 주요 업무 진행 현황

 1.1 [프로젝트/캠페인명 1]

 - 진척 상황. [진행률 %]

 - 금주 완료 태스크. [태스크 1], [태스크 2], ...

 - 차주 계획. [계획 1], [계획 2], ...

 1.2 [프로젝트/캠페인명 2]

 - (위와 동일한 형식)

2. 성과 지표 달성 현황
```

2.1 [KPI 1]. 목표 [목표값], 실적 [실적값], 달성률 [%]

 - 전주 대비 [증감률%], 미달 사유 및 개선 계획. [상세 기술]

2.2 [KPI 2]. (위와 동일한 형식)

3. 이슈 및 리스크 관리

3.1 [이슈 1]. [이슈 내용 및 대응 현황]

3.2 [리스크 1]. [리스크 내용 및 관리 방안]

4. 기타 공유 사항

4.1 조직 내 커뮤니케이션/협업 필요 사항. [상세 내용]

4.2 의사결정 필요 사항. [요청 내용 및 사유]

이제 김 과장은 생성된 템플릿을 기반으로 실제 주간 업무 보고서를 작성해 볼 수 있습니다. 그는 Claude AI에게 다음과 같은 프롬프트를 전달합니다.

앞서 만든 주간 업무 보고서 템플릿을 활용하여, 이번 주 업무 보고서를 작성하고자 합니다. 제가 보고서에 포함할 주요 내용을 전달하겠습니다.
```

1. 주요 업무 진행 현황

1.1 신제품 A 론칭 캠페인

 - 진척 상황. 90% 완료

 - 금주 완료 태스크. 온라인 광고 소재 제작, 제품 사용 가이드 제작, 런칭 이벤트 기획

 -차주 계획. 제품 착수 후기 수집 및 SNS 업로드, 오프라인 매장 POP 광고 추가 설치

1.2 브랜드 인지도 제고 캠페인

 - 진척 상황. 30% 진행 중

 - 금주 완료 태스크. 캠페인 컨셉 확정, 참여 인플루언서 1차 섭외 완료

 - 차주 계획. 캠페인 티저 영상 촬영, 인플루언서 콘텐츠 제작 착수

2. 성과 지표 (KPI) 달성 현황

2.1 신제품 A 사전 예약 판매량. 목표 5,000개, 실적 4,500개, 달성률 90%

 - 전주 대비 10% 증가, 목표 미달 사유. 경쟁사 신제품 출시에 따른 일부 수요 분산
```

- 개선 계획. 차별화된 고객 혜택 추가 제공, 사전 예약 이벤트 마케팅 강화

2.2 브랜드 검색량 증가율. 목표 20%, 실적 15%, 달성률 75%

- 전주 대비 5% 증가, SNS 바이럴 효과 제한적

- 개선 계획. 인플루언서 마케팅 외 디스플레이 광고 채널 추가 검토 중

3. 이슈 및 리스크 관리

3.1 신제품 A 부품 공급 이슈 발생

- 부품 협력사 납기 지연으로 인한 생산 일정 차질 우려

- 구매팀 및 협력사 협의 통해 납기 준수 독려 중

3.2 시장 경쟁 심화에 따른 가격 인하 압박 증가

- 경쟁사 대비 약 10% 가격 차이 발생 중

- 원가 절감 및 가성비 소구 마케팅 전략 검토 중

4. 기타 공유 사항

4.1 신제품 B 기획을 위한 전략기획팀 협업 요청 드립니다.

4.2 브랜드 인지도 캠페인 예산 추가 배정 관련 의사결정 요청 드립니다.

```

위 내용을 바탕으로 이번 주 업무 보고서를 작성해 주시기 바랍니다. 보고서는 가독성 있게 작성해 주시되, 각 항목별 주요 내용이 명확히 전달되도록 요약해 주세요. 이슈 사항의 경우 가급적 해결 방안이나 건의 사항도 간략히 언급 부탁드립니다. 감사합니다.

템플릿의 각 항목에 해당하는 상세 내용을 프롬프트로 제공하면, Claude AI는 이를 바탕으로 체계적이고 정돈된 형식의 주간 업무 보고서를 생성해 줄 것입니다. 김 과장은 Claude AI가 작성한 초안을 바탕으로 필요한 부분을 검토 및 수정하여 최종 보고서를 완성할 수 있습니다.

이처럼 주간/월간 업무 보고서와 같이 정기적이고 반복적인 성격의 보고서는 표준화된 템플릿을 마련하고 이를 Claude AI와 연계하여 활용하는 것이 효과적입니다. 템플릿을 활용함으로써 보고서의 구조적 일관성을 확보하는 동시에, 작성에 소요되는 시간과 노력을 크게 줄일 수 있기 때문입니다.
```

[2] 유연한 프롬프트 기반 보고서 작성

한편, 보고서의 유형이나 목적에 따라서는 정해진 템플릿을 벗어나 보다 유연한 형식의 보고서 작성이 요구될 수 있습니다. 이 경우 김우진 과장은 보고서의 맥락과 핵심 내용을 담은 프롬프트를 설계하여 Claude AI와 협업할 수 있습니다. 예를 들어, 신제품 런칭을 위한 마케팅 전략 기획 보고서를 작성한다고 가정해 보겠습니다.

Claude AI, 다음 분기에 출시 예정인 신제품 A의 마케팅 전략을 수립하는 보고서를 작성하고 있습니다. 제가 작성한 아래의 내용을 바탕으로, 마케팅 전략 보고서를 작성해 주시기 바랍니다.
```
[신제품 A 개요]
 - 제품 카테고리. 무선 노이즈 캔슬링 헤드폰
 - 주요 기능 및 특장점. 업계 최고 수준의 노이즈 캔슬링, AI 기반 음향 최적화, 터치 컨트롤, 고속 충전 등
 - 목표 고객층. 프리미엄 오디오 기기에 관심이 높은 30-40대 직장인 및 오디오 마니아
[시장 환경 분석]
 - 무선 헤드폰 시장 규모 및 성장률. '22년 기준 xx억원, 연평균 x% 성장 전망
 - 주요 경쟁사 및 제품. A사 (xx 모델), B사 (yy 모델) 등
 - 소비 트렌드. 가성비 → 프리미엄 제품 선호도 증가, 홈오피스 확산으로 인한 수요 증가 등
[마케팅 전략 방향]
 - 제품 차별화 포인트 부각. 최고 성능 노이즈 캔슬링, 압도적 사운드 품질 등
 - 대상 고객 공략 방안. 오디오 전문 매체 광고, 제품 체험 이벤트, 오피니언 리더 활용 등
 - 채널 전략. 자사몰 및 프리미엄 가전 매장 중심 판매, 고객 상담 및 AS 강화
 - 프로모션 계획. 사전 예약 판매, 다양한 구매 혜택 제공, 협업 마케팅 추진 등
[실행 계획 및 일정]
```

- 6월. 티저 광고 온라인 공개, 사전 예약 판매 실시
- 7월. 공식 출시, 릴레이 제품 리뷰 진행, 팝업스토어 운영
- 8월. 옥외 광고 및 지하철 광고 집행, 멤버십 고객 대상 특별 프로모션

(구체적인 일정 및 세부 실행 계획 포함)

[기대 효과 및 리스크 관리 계획]

- 출시 첫 달 판매량 x만대, 점유율 y% 목표
- 브랜드 인지도 및 선호도 z% 제고
- 공급망 이슈, 품질 관련 리스크 선제적 대응 계획 수립

```

위의 내용을 포함하여, 신제품 A의 성공적인 런칭과 판매를 위한 마케팅 전략 보고서를 작성해 주세요. 제품의 강점과 시장 기회 요인에 초점을 맞추어 전략의 논리를 설득력 있게 다루어 주시기 바랍니다.

#작성 시 주의 사항.

- 내용은 전체 10페이지 내외 분량으로 해주세요.
- 각 항목별로 구체적인 수치와 근거를 제시하여 신뢰성을 높여주세요.
- 현재 진행형 시점이 아닌 미래 시점에서의 계획을 기술하는 문체로 작성해 주세요.
- 보고용 문서인 만큼 객관적이고 정제된 표현을 사용해 주세요.

부족한 부분이나 추가 정보가 필요한 사항이 있다면 말씀해 주세요. 감사합니다.

유용한 보고서 작성을 위해서는 이처럼 체계적으로 정리한 프롬프트를 제공하되, 다음의 내용이 포함되어야 합니다.

1. 보고서의 주제 및 목적
2. 배경 정보 (시장 환경, 프로젝트 개요 등)
3. 주요 내용 (전략, 실행 계획, 성과 분석 등)
4. 기대 효과 및 리스크 관리 방안
5. 작성 가이드라인 (분량, 문체, 강조 사항 등)

그럼 Claude AI는 해당 보고서의 성격과 요구사항을 정확히 파악하고, 보
```

다 적합한 내용과 형식을 갖추고 있을 뿐 아니라 조직의 문화에도 부합하는 고품질의 보고서를 작성하는 데 기여할 수 있을 것입니다.

물론 Claude AI가 작성한 초안을 그대로 사용하기보다는, 김우진 과장의 마케팅 전문성과 비즈니스 센스를 바탕으로 내용을 보완하고 다듬는 과정이 필요합니다. 그럼에도 Claude AI와의 협업은 보고서 작성에 드는 시간과 노력을 획기적으로 줄여주는 한편, 보고서의 완성도를 높이는 데 큰 도움이 될 수 있습니다.

.5 보고서 프롬프트 작성 시 유의사항

보고서 작성을 위한 프롬프트 설계 시에는 다음과 같은 사항을 염두에 두어야 합니다.

· 보고서의 목적과 독자를 명확히 제시하여 적합한 내용과 톤앤매너로 작성할 수 있도록 합니다.

· 보고서에 포함되어야 할 주요 내용을 체계적으로 정리하여 전달합니다.

· 데이터, 사례, 근거 등을 제시하여 보고서의 신뢰성과 설득력을 높일 수 있도록 합니다.

· 원하는 분량, 문체, 포맷 등에 대한 가이드라인을 제공합니다.

· 추가 정보나 피드백이 필요한 부분을 명시하여 Claude AI와의 소통 채널을 열어둡니다.

[3] 보고서 분석을 통한 인사이트 도출

이메일에서 그랬듯이 Claude AI는 단순히 보고서 작성을 지원하는 데 그치지 않고, 기존에 작성된 보고서를 분석하여 유의미한 인사이트를 도출하는 데에도 활용될 수 있습니다.

가령 김우진 과장이 지난 1년간의 마케팅 캠페인 결과 보고서 20건을 분석하고자 한다면, 지난 1년간의 마케팅 캠페인 결과 보고서를 제공한 후, 다음과 같이 요청할 수 있습니다.

Claude AI, 지난 1년간 우리 회사에서 진행한 마케팅 캠페인 결과 보고서 20건을 분석하고자 합니다. 보고서는 별도 업로드하오니, 아래 사항을 중심으로 종합적인 분석 결과를 제공해 주시기 바랍니다.
```
1. 캠페인별 주요 성과지표(KPI) 달성 현황 비교
    - 목표 대비 달성률, 캠페인 간 성과 격차 등
2. 캠페인 성공 요인 및 실패 요인 분석
    - 채널, 메시지, 타깃팅 등 캠페인 요소별 효과성 분석
    - 성공/실패 사례 별 교훈 및 시사점
3. 고객 반응 및 피드백 분석
    - 캠페인 관련 고객 반응 (문의, 리뷰, SNS 멘션 등)
    - 고객 피드백으로부터의 개선점 도출
4. 중장기적 마케팅 전략 수립을 위한 제언
    - 마케팅 믹스 최적화 방안
    - 신규 캠페인 아이디어 및 혁신 방향성 제안
```
분석 결과는 요약 보고서 형태로 작성해 주시되, 가급적 데이터 기반의 객관적이고 실행 가능한 인사이트 도출을 부탁드립니다. 분석 보고서 분량은 A4 10페이지 내외로 해 주시고, 주요 분석 결과는 표나 그래프를 활용하여 명확히 제시해 주시기 바랍니다. 도움 주셔서 감사합니다.

Claude AI는 한 대화에 최대 5개의 파일을 업로드할 수 있습니다. 따라서 분석하고자 하는 보고서는 가능하면 5개 미만의 파일로 통합하여 업로드해야 편리합니다.

이를 통해 김우진 과장은 개별 캠페인 차원을 넘어선 통합적 관점에서 마케팅 성과를 진단하고, 데이터 기반의 전략적 의사결정을 내리는 데 도움을 받을 수 있습니다. 또한 Claude AI가 제안하는 혁신 아이디어와 최적화 방안은 향후 마케팅 활동의 질적 도약을 가능케 하는 촉매제가 될 것입니다.

다시 강조하지만 업무 현황과 성과, 이슈 사항 등을 체계적으로 정리하여 보고하는 일은 조직 운영에 있어 매우 중요합니다. 김우진 과장의 사례에서 볼 수 있듯, 이 과정에서 Claude AI의 역량을 적극 활용한다면 보고의 질을 일정 수준 이상으로 담보하면서도 업무 효율을 제고하는 일석이조의 효과를 거둘 수 있을 것입니다.

또한 김우진 과장과 같은 실무자들이 Claude AI와의 협업을 통해 보고서 작성 및 분석 노하우를 축적해 간다면, Claude AI는 단순 자동화 툴이 아니라 데이터 기반의 통찰력 있는 의사결정을 뒷받침하는 전략적 파트너로 거듭날 수 있습니다. 이는 조직의 비즈니스 성과 향상에도 직결되는 중요한 역량이 될 것입니다. 단, 언제나 Claude AI의 결과물을 맹목적으로 수용하기보다는 실무자의 전문성과 비즈니스 맥락에 대한 이해를 바탕으로 비판적으로 검토하고 활용하는 자세가 요청됩니다.

마케팅 및 광고 콘텐츠 & 성과 분석

대상 고객의 특성과 요구사항을 반영한 창의적이고 효과적인 홍보 콘텐츠를 지속적으로 생산해내는 것은 쉽지 않은 일입니다. 상품과 브랜드의 특성을 정확히 이해하고, 이를 고객의 관심을 끌 수 있는 메시지로 녹여내어 다양한 채널에 최적화된 형태로 전달하는 일에는 많은 시간과 노력이 필요합니다. 여기에 콘텐츠의 양적 증대에 대한 요구까지 더해지면서, 마케터들은 어마어마한 업무량에 시달립니다. 마케팅 역시 엄연히 창의성과 전략적 사고를 요하는 일임에도 불구하고 단순 반복적인 콘텐츠 생산에만 매달리게 되곤 합니다.

Claude AI는 축적된 데이터와 자연어 처리 기술을 바탕으로 마케팅 콘텐츠의 제작은 물론 성과 분석 과정에서도 실질적인 도움을 제공합니다. 가령 제품과 브랜드의 특성, 대상 고객의 요구사항 등을 입력하면 Claude AI가 이를 바탕으로 블로그 게시글, SNS 콘텐츠, 광고 카피 등의 초안을 빠르게 생성해 줍니다(3장 참조). 마케터는 이를 토대로 창의성과 전략을 가미해 콘텐츠를 쉽게, 많이 완성해 나갈 수 있습니다.

블로그, SNS, 온라인 광고 등 다양한 채널에서 생성되는 방대한 데이터를 수집하고 분석하여 의미 있는 인사이트를 도출해내야 하는 성과 분석 측면에서도 Claude AI는 큰 도움이 됩니다. 방대한 데이터를 단시간 내에 처리하고, 캠페인 성과에 영향을 미치는 요인들을 다각도로 분석하여 액션 플랜을 제안할 수 있습니다. 채널별 핵심 성과 지표부터 콘텐츠별 고객 반응, 개선 필요 사항까지, Claude AI의 분석은 마케터의 의사결정을 데이터에 기반하여 최적화하는 데 기여할 것입니다.

물론 Claude AI가 마케터의 역할을 완전히 대체할 수는 없습니다. 마케팅 콘텐츠에는 브랜드의 정체성과 고객 사이에 공감대를 이어주는 크리에이티브가 생명이기 때문입니다. 중요한 것은 Claude AI를 마케터의 창의력과 전문성을 보완하고 확장하는 협업 도구로 바라보는 것입니다.

마케팅 및 광고 콘텐츠

마케팅과 광고에서 콘텐츠는 브랜드와 고객을 연결하는 핵심 수단입니다. 블로그 게시글, SNS 콘텐츠, 광고 카피 등 다양한 형태의 콘텐츠는 각기 다른 목적과 타깃을 갖고 있지만, 궁극적으로는 모두 브랜드 인지도를 높이고 고객과의 유대감을 강화하는 데 기여합니다.

블로그는 브랜드 스토리텔링과 정보 전달에 최적화된 채널입니다. 제품이나 서비스의 심층 정보를 제공하고, 고객의 관심사와 연계된 유용한 콘텐츠를 전달함으로써 브랜드 전문성과 신뢰도를 제고할 수 있습니다.

SNS 콘텐츠는 브랜드와 고객 간의 실시간 상호작용을 촉진하는 데 효과적입니다. 제품 정보, 이벤트 소식, 고객 참여형 콘텐츠 등을 통해 브랜드 개성을 표현하고 고객 로열티를 강화할 수 있습니다.

광고 카피는 제한된 시간과 공간 내에서 브랜드와 제품의 핵심 메시지를 전달하는 역할을 합니다. 소비자의 감성을 자극하고 구매 행동을 촉구하는 설득력 있는 문구를 통해 마케팅 캠페인의 성패를 좌우하게 됩니다.

이외에도 마케팅과 광고에는 다양한 형태의 콘텐츠가 활용됩니다.

- 뉴스레터: 신제품 런칭, 할인 행사 등 브랜드의 최신 소식을 이메일로 전달하여 고객과의 지속적인 커뮤니케이션을 도모
- 보도자료: 브랜드나 제품 관련 이슈를 언론에 알리기 위한 공식 문서로, 객관적이고 정확한 정보 전달이 중요
- 영상 콘텐츠: 유튜브, 인스타그램 등 동영상 플랫폼을 통해 브랜드 스토리와 제품 정보를 생동감 있게 전달
- 백서 & 사례집: B2B 마케팅에서 주로 활용되며, 전문적이고 심층적인 정보를 제공하여 잠재 고객의 신뢰 확보

이처럼 다양한 마케팅 및 광고 콘텐츠 제작에 Claude AI의 자연어 생성 기술을 활용한다면 업무 효율을 크게 높일 수 있습니다. 뉴스레터, 영상 콘텐츠 등의 제작에서도 콘텐츠 유형별 가이드라인과 키 메시지 등을 Claude AI에게 전달하면, 초안 생성부터 네이밍, 제목 선정 등에 이르기까지 다방면에서 Claude AI의 도움을 받을 수 있습니다.

여기서는 신제품 출시를 앞두고 디지털 마케팅 캠페인을 한창 준비하고 있는 B사 마케팅팀과 함께 구체적인 Claude AI 활용법을 알아보겠습니다. 마케팅팀 박성웅 대리는 블로그 게시글, SNS 콘텐츠, 온라인 광고 카피 등 다양한 마케팅 자료를 제작해야 하는데, 콘텐츠 작성과 성과 분석 방안 마련에 어려움을 겪고 있습니다.

박 대리가 신제품 디지털 마케팅 콘텐츠를 단계별로 맞춤 생성해 나가는 과정을 보여드립니다. 긴 텍스트를 가진 블로그 게시글을 작성하고, 이를 토대로 SNS 콘텐츠, 광고 카피까지 작성할 것입니다. 이렇게 하면 마케팅의 핵심인 일관성을 자연스럽게 확보하고, 각 채널의 특성에 맞는 초안들을 쉽고 빠르게 생성할 수 있습니다.

[1] 블로그 게시글

콘텐츠 간 톤앤매너와 화법의 일관성을 유지하려면, 분량이 가장 긴/많은 것부터 출발하여 소스를 최대한으로 확보한 후, 이를 축약 및 함축하여 임팩트 있는 콘텐츠/문구로 완성하는 편이 용이합니다. 이에 박 대리는 블로그 게시글부터 작성하기로 하고, 다음과 같이 Claude AI에게 초안을 요청합니다.

> Claude AI, 우리 회사에서 출시 예정인 신제품 A에 대한 블로그 게시글을 작성해 주세요. 대상 독자는 20~30대 여성이며, 게시글의 목적은 제품에 대한 관심과 구매 욕구를

유발하는 것입니다.

게시글에는 다음 내용을 포함해 주세요.

```
1. 제품의 주요 특징과 장점

2. 제품 사용 시나리오와 기대 효과

3. 제품과 관련된 트렌드 및 라이프 스타일 제안

4. 구매 혜택 및 프로모션 안내
```

콘텐츠의 분량은 800자 내외로 하고, 카피의 톤앤매너는 친근하고 경쾌하면서도 정보 전달력이 높은 스타일로 작성해 주세요.

제목. 스마트한 당신을 위한 똑똑한 선택, A 제품 출시!

안녕하세요, 멋진 하루 보내고 계신가요? 오늘은 여러분의 일상을 한 뼘 더 업그 레이드해줄 제품을 소개하려고 해요.

A 제품의 가장 큰 장점은 뭐니뭐니 해도 편리함이에요. 스마트폰으로 간단히 제 어할 수 있고, 음성 인식 기능까지 갖추고 있어서 바쁜 현대인들에게 안성맞춤이 랍니다. 아침에 눈 뜨자마자 "오늘 날씨 어때?"라고 물어보면, A 제품이 현재 날씨 와 옷차림까지 추천해준대요. 하루의 시작이 한결 가벼워질 거예요. (중략)

더욱 스마트해진 당신의 라이프 스타일, A 제품과 함께 시작해 보는 건 어떨까요? 지금 B사 공식 온라인 스토어에서 A 제품을 구매하면 무려 20% 할인 혜택을 받을 수 있어요. 친구에게 제품을 추천하면 추가로 10% 할인 쿠폰도 증정한답니다. 이 런 기회 놓치지 마세요!

요청한 내용을 모두 담은 적절한 톤앤매너의 블로그 게시글 초안이 금세 생성됩니다. 박 대리는 내용을 검토하고, 일부 편집 및 수정을 진행하여 게 시글을 업로드했습니다. (블로그 게시글 작성에 대해서는 '3.1 블로그'에서 더 자 세히 다루고 있으니, 필요시 다시 참고하기 바랍니다.)

[2] SNS 콘텐츠

블로그 게시글을 확정한 박 대리는, 이 글의 내용을 바탕으로 SNS 콘텐츠를 쉽고 빠르게 생성하고자 합니다. 여기서는 우선 인스타그램 게시글을 만들어 보았습니다.

> 방금 작성한 블로그 문구를 바탕으로, 인스타그램에 게시할 캡션을 만들어주세요. 인스타그램의 특성을 고려하여, 비주얼적인 요소를 강조하고 해시태그를 활용해 주세요. 또한 팔로워들의 참여를 유도할 수 있는 문구를 포함해 주세요. 분량은 해시태그를 포함하여 150자 내외로 해주세요.

이미지. A 제품의 주요 기능을 소개하는 인포그래픽
캡션. 스마트한 하루의 시작, A 제품과 함께해요! 😊
음성인식으로 편리하게 제어하고, 개인 맞춤형 서비스로 일상이 더욱 빛나는 경험을 느껴보세요.
지금 구매하면 20% 할인도 받을 수 있어요! 🎉
여러분의 라이프 스타일을 업그레이드해줄 아이템으로 A 제품 어때요? 댓글로 알려주세요!
#B사 #A제품 #스마트라이프 #음성인식 #개인맞춤 #할인이벤트

2030 여성들이 친근감을 가질 만한 어투와 이모티콘을 적절히 사용하고, 참여 유도 문구 등 요청사항을 모두 반영하면서도 분량(150자 내외)은 칼처럼 지킨 간결한 게시글 초안이 완성되었습니다. (SNS 콘텐츠도 '3.2 SNS'에서 자세히 다루었으니, 필요시 이 내용을 다시 참고하기 바랍니다.)

이렇게 박 대리는 블로그와 SNS 콘텐츠 작성 과정에서 명확한 지시문, 톤앤매너 설정, 대상 독자 고려와 같은 프롬프트 엔지니어링 기법을 활용해 Claude AI가 보다 최적화된 콘텐츠를 생성하도록 유도했습니다. 각 플랫폼의 특성을 반영하고 독자의 관심을 사로잡을 수 있는 콘텐츠 전략을 제시함으로써 Claude AI와의 협업을 통해 마케팅 메시지의 효과를 극대화할 수 있었습니다.

[3] 광고 카피

광고 카피는 창의력이 크게 요구되지만, 기본적인 방향은 Claude AI의 제안을 참고할 수 있습니다. 제품의 USP(Unique Selling Point), 대상 고객의 페인 포인트, 구매 동기 등을 Claude AI에게 제공하고 광고 목표와 타깃, 분량을 명시하여 이를 바탕으로 창의적인 카피를 제안해줄 것을 요청해 보세요. 참고할 만한 예시들을 손쉽게 얻을 수 있을 겁니다. 박 대리 역시 Claude AI와 초기 광고 카피 구상을 함께하기로 했습니다. 함께 살펴볼까요?

박 대리는 내친김에 광고 카피 아이디어도 얻어보기로 했습니다. 박 대리는 다음과 같이 제품의 핵심 가치와 구매 혜택을 명확히 전달하고, 구매 행동을 유발할 수 있는 파워 카피의 방향성을 제시했습니다.

이번에는 신제품 A 온라인 광고에 사용할 카피를 작성해 주세요. 광고의 목표는 클릭률 향상과 구매 전환입니다. 따라서 제품의 핵심 가치를 명확히 전달하고, 구매 행동을 유발할 수 있는 강력한 카피를 부탁드립니다. 광고의 주요 타깃은 스마트 기기에 관심이 많은 2030 직장인이며, 카피의 분량은 띄어쓰기 포함 45자 내외로 해주세요.

Ver 1. 스마트한 일상을 위한 똑똑한 선택, A 제품!
　　　　지금 클릭하고 20% 할인 혜택을 놓치지 마세요.
Ver 2. 당신의 라이프 스타일이 한 단계 업그레이드됩니다.
　　　　A 제품 구매 시 추가 10% 할인 쿠폰 증정!
Ver 3. 음성인식으로 편리하게, 개인 맞춤으로 스마트하게!
　　　　A 제품 할인 이벤트 참여는 클릭 한 번으로!

그러자 Claude AI는 AIDA(Attention, Interest, Desire, Action) 원칙에 부합하는 설득력 높은 카피를 생성해 냈고, 이는 광고 캠페인의 주요 KPI 달성에 기여했습니다. 이렇게 박 대리를 비롯한 B사의 마케팅팀은 Claude AI와 효과적으로 협업함으로써 콘텐츠 제작에 투입되는 단순 업무량을 획기적으로 줄이고 보다 전략적인 활동에 몰두할 수 있었습니다.

마케팅 성과 분석

공들여 마케팅을 진행했다면, 얼마나 효과적이었는지 알아보는 과정이 꼭 필요하겠죠. 그러려면 우선 성과 분석에 필요한 데이터를 수집하고 정리하는 것이 중요합니다. 블로그, SNS, 온라인 광고 등 각 채널별로 운영 기간 동안의 핵심 지표 데이터를 추출해야 합니다. 예를 들면 다음과 같은 데이터가 필요할 것입니다.

- 블로그: 게시글별 조회수, 평균 체류 시간, 좋아요 및 댓글 수 등
- SNS: 게시물별 도달수, 좋아요, 댓글, 공유 수, 팔로워 증감 추이 등
- 온라인 광고: 광고별 노출수, 클릭수, 클릭률(CTR), 전환수, 전환율 등

이러한 데이터는 각 채널의 분석 툴(Google Analytics, 네이버 애널리틱스, 페이스북 인사이트 등)을 활용하거나, 마케팅 담당자가 직접 취합하여 엑셀 등으로 정리하게 됩니다. 수집된 데이터는 Claude AI가 쉽게 이해하고 분석할 수 있는 형태로 가공하는 것이 좋습니다. 예를 들어 채널별, 콘텐츠 유형별로 구분하여 정리하고, 필요시 그래프나 차트로 시각화하는 것도 도움될 수 있습니다.

이렇게 준비된 데이터는 Claude AI에게 전달되어야 합니다. Claude AI 대화 인터페이스에 직접 입력하거나, 첨부 파일(CSV)로 업로드할 수 있습니

다. 데이터와 함께 성과 분석 요청 프롬프트를 명확하게 작성하여 전달하는 것이 중요합니다. 프롬프트를 하나 예로 들어 보자면 다음과 같이 될 수 있 겠네요.

Claude AI, 우리가 지난 한 달간 진행한 신제품 A 디지털 마케팅 캠페인의 성과를 분석하고자 합니다. 업로드한 자료에는 블로그, SNS, 온라인 광고 등 채널별 주요 성과 지표 데이터가 정리되어 있습니다.
데이터를 바탕으로 다음 내용이 포함된 성과 분석 보고서를 작성해 주시기 바랍니다.
```
1. 채널별 핵심 성과지표(KPI) 달성 현황과 채널 간 성과 비교 분석
   (KPI 예시. 블로그 방문자수, SNS 도달수 및 참여율, 온라인 광고 클릭률 및 전환율
   등)
2. 캠페인 성과에 긍정적/부정적 영향을 미친 요인 분석
   (콘텐츠 내용, 타깃팅, 외부 환경 변화 등에 대한 인사이트)
3. 분석 결과를 토대로 한 개선 필요 사항 도출 및 향후 운영 방안 제언
   (채널별 운영 전략 제안, 콘텐츠 방향성, 예산 배분 등)
```
보고서 분량은 A4 2~3페이지 내외로 해주시되, 구체적인 수치 데이터와 그에 대한 분석을 중심으로 객관성을 유지해 주시기 바랍니다. 또한 도출된 인사이트가 실무에 바로 적용 가능하도록 실행 방안 중심으로 서술해 주시면 더욱 도움되겠습니다.
분석 과정에서 추가로 필요한 정보나 궁금한 점이 있다면 말씀해 주세요. 데이터 기반의 유의미한 성과 분석을 기대하겠습니다. 감사합니다.

신제품 A 디지털 마케팅 캠페인 성과 분석 결과는 다음과 같습니다.
1. 채널별 주요 성과 지표
   - 블로그. 총 조회수 10만, 평균 체류 시간 2분 30초, 구매 전환율 3.2%
   - 인스타그램. 팔로워 5천 명 증가, 게시글 평균 도달수 2만, 프로필 클릭수 1만
   - 온라인 광고. 총 노출수 100만, 클릭률 5.8%, 구매 전환율 8.5%
2. 성과 영향 요인 분석
   - 블로그와 SNS의 경우, 제품 사용 시나리오와 라이프 스타일 제안 콘텐츠의 반

응이 상대적으로 높았음. 정보 전달과 공감 유발이 주효했던 것으로 평가됨.

- 온라인 광고의 경우, '개인 맞춤'과 '할인 혜택'을 강조한 카피의 클릭률과 구매 전환율이 높게 나타남. 대상 청중의 요구사항을 정확히 파악한 메시지가 주효 했던 것으로 분석됨.

3. 개선 사항 및 제언
- 카테고리 내 경쟁사 대비 제품 차별성을 부각할 수 있는 콘텐츠 개발 필요
- 온라인 광고 타깃팅 시, 고관여 잠재고객 (장바구니 담기, 문의 등 행동 고객) 중점 공략할 것
- 블로그, SNS 콘텐츠의 양과 주기를 늘려 지속적인 브랜드 노출 및 관심 유지 할 것
- 판매 채널 내 리뷰, 평점 등 UGC 적극 활용하여 신뢰도 제고 및 전환율 향상 도모할 것

이와 같이 구조화된 분석 프레임을 제공하고, 실행 가능한 제언을 요구하는 프롬프트를 통해 Claude AI는 데이터 기반의 정확하고 유용한 분석 결과를 제공할 수 있게 됩니다. 방대한 데이터를 분석하고 핵심 인사이트를 도출하는 작업을 Claude AI에게 맡기고 마케팅 실무자는 단순 자료 분석보다 전략적인 의사결정에 더 많이 집중할 수 있으며, 그로써 마케팅 ROI를 극대화하는 일 또한 가능해질 것으로 기대됩니다.

물론 Claude AI가 제시한 분석 결과는 마케팅 실무자의 전문성과 경험에 비추어 해석하고 보완하는 과정이 필요할 것입니다. 디지털 마케팅 환경의 복잡성과 요구사항의 다변화를 고려하면, 사람의 통찰과 AI의 분석력이 조화를 이뤘을 때 비로소 최적의 성과 분석이 가능할 것이기 때문입니다.

그렇지만 Claude AI와 같은 AI 툴을 마케팅 활동에 적극 활용함으로써, 콘텐츠 제작에서부터 성과 분석에 이르는 전 과정을 보다 정교하게, 최적화하여 수행할 수 있음은 분명합니다. 마케터들이 Claude AI와의 창의적 협업을 통해 단순히 수치를 나열하는 것을 넘어 실행 가능한 비즈니스 인사이

트를 도출할 수 있다면, 마케팅 조직의 디지털 전환과 성과 혁신을 가속화하는 원동력이 될 것입니다.

제안서 & 프레젠테이션

제안서는 영업 활동에서 매우 중요한 역할을 담당합니다. 잠재 고객을 설득하여 새로운 비즈니스 기회를 창출하고, 기존 고객과의 관계를 강화하는 데 있어 제안서는 핵심적인 도구기 때문입니다. 그러나 효과적인 제안서를 작성하는 것은 결코 쉬운 일이 아닙니다.

우선, 제안서 작성에는 많은 시간과 노력이 필요합니다. 고객사의 불편과 요구사항을 정확히 파악하고, 이에 부합하는 솔루션과 서비스를 기획하며, 경쟁사 대비 자사의 강점을 설득력 있게 제시해야 합니다. 또한 제품이나 서비스의 기술적 내용을 고객이 이해하기 쉬운 언어로 설명하고, 도입 효과와 기대 ROI 등을 객관적인 데이터로 뒷받침해야 합니다. 이 모든 내용을 체계적으로 정리하여 가독성 높은 문서로 완성하는 데에는 상당한 업무량이 수반됩니다.

특히 IT, 엔지니어링 등 전문 기술 분야의 경우, 제안서에 포함되어야 할 내용이 더욱 복잡하고 난해해집니다. 해당 분야에 대한 전문 지식이 필요할 뿐 아니라, 기술적인 내용을 영업 및 마케팅 관점에서 재해석하여 고객의 언어로 전달해야 하기 때문입니다. 개발자나 엔지니어가 직접 제안서를 작성하기에는 커뮤니케이션 갭이 존재하며, 그렇다고 영업/마케팅 담당자가 기술적인 내용을 완벽히 이해하고 설명하기도 쉽지 않은 것이 현실입니다.

이런 상황에서 Claude AI와 같은 생성형 AI 기술을 제안서 작성에 활용하면 많은 도움이 될 수 있습니다. Claude AI는 방대한 분량의 데이터를 학습한 언어 모델로서, 전문 기술 용어와 개념에 대한 이해도가 높고 이를 일반인의 언어로 설명하는 데에도 탁월합니다.

또한 광범위한 지식을 바탕으로 다양한 아이디어와 관점을 제시할 수 있어, 제안서의 설득력과 완성도를 높이는 데 기여합니다. 무엇보다 Claude AI를 활용하면 제안서 작성에 투입되는 인력과 시간을 대폭 절감할 수 있어, 업무 효율 제고에 큰 도움이 됩니다.

이처럼 Claude AI는 제안서 작성이라는 고난도 주요 업무를 보다 쉽고 효과적으로 수행하기 위한 강력한 솔루션이 될 수 있습니다. 전문성과 창의성이 요구되는 제안서 작성 업무에 Claude AI의 지능을 접목한다면, 고품질의 제안서를 효율적으로 완성하여 영업 경쟁력을 한층 강화할 수 있을 것입니다.

제안서

제안서 작성은 복잡한 작업이며 장기간 소요되는 프로젝트입니다. 그런 만큼 우선 전체적인 진행 절차를 먼저 짚어보도록 하겠습니다.

[1] 제안서 작성 절차

[1단계] 제안서의 목적과 핵심 메시지를 정리하고, 필요한 정보와 자료를 수집합니다.

- 제품 소개 자료, 사용자/관리자 매뉴얼, FAQ, 홈페이지 자료 등을 활용하여 제안 대상 솔루션에 대한 정보를 수집합니다.
- 고객사의 요구사항과 요구사항을 파악하고, 이에 부합하는 제품의 기능과 특장점을 정리합니다.

○ 경쟁 제품 대비 자사 제품의 차별점과 강점을 분석하고, 객관적인 근거 자료를 준비합니다.

[2단계] Claude AI에 제안서의 개요와 주요 내용을 요약한 프롬프트를 입력합니다.

○ 수집한 제품 정보, 고객사 요구사항, 경쟁 제품 분석 결과 등을 바탕으로 제안서에 포함할 내용을 요약합니다.

○ Claude AI에 제안서의 목적, 핵심 메시지, 제안 제품의 주요 기능과 장점, 고객사의 기대 효과 등을 간략히 설명하는 프롬프트를 입력합니다.

○ 제안서의 전체 구조와 세부 항목별 요점을 정리하여 Claude AI가 초안을 생성하는 데 필요한 가이드라인을 제공합니다.

[3단계] 초안을 검토하고, 부족한 부분이나 수정이 필요한 내용을 파악합니다.

○ 핵심 메시지가 잘 전달되었는지, 고객사 요구사항에 부합하는 내용이 포함되었는지 확인합니다.

○ 제품 소개 자료, 매뉴얼, FAQ 등을 참고하여 제안서에 포함된 제품 정보의 정확성과 완전성을 점검합니다.

○ 부족한 내용, 보완이 필요한 부분, 설명이 미흡한 항목 등을 리스트업합니다.

[4단계] 추가 프롬프트를 입력하여 초안을 보완 및 개선합니다. 이 과정을 반복하여 완성도 높은 제안서를 만듭니다.

○ 검토 결과를 바탕으로 Claude AI에게 추가 프롬프트를 제공하여 초안을 보완하고 개선하도록 요청합니다.

○ 제품 소개 자료나 매뉴얼의 내용을 인용하여 제품 설명을 보강하거나, FAQ를 참고하여 고객사의 예상 질문에 대한 답변을 추가하는 등 구체적인 보완 사항을 프롬프트에 반영합니다.

- Claude AI와의 대화를 통해 지속적으로 제안서를 발전시키고 완성도를 높여 갑니다.

[5단계] 최종 결과물을 검토하고 필요한 경우 추가 편집과 교정을 거칩 니다.

- 완성된 제안서를 다시 한번 꼼꼼히 검토합니다.
- 제품 소개 자료, 매뉴얼, FAQ, 홈페이지 자료 등을 참고하여 제안서의 내용이 최신 정보를 반영하고 있는지, 정확하고 일관된 설명이 이루어지는지 확인합니다.
- 필요한 경우 추가적인 편집과 교정 작업을 수행하여 제안서의 완성도를 한층 더 높입니다.
- 영업/마케팅 및 기술 전문가의 감수를 받아 제안서의 품질을 최종 점검합니다.

이와 같이 Claude AI를 활용한 제안서 작성 절차를 진행할 때는, 제품 소개 자료, 각종 매뉴얼, FAQ, 홈페이지 자료 등 다양한 정보원을 활용하는 것이 중요합니다. 이를 통해 Claude AI가 보다 정확하고 풍부한 내용의 제안서를 생성할 수 있으며, 제안서의 신뢰성과 전문성을 높일 수 있습니다.

[2] 제안서 작성 실제

Claude AI와의 제안서 작성 협업 과정을 대략적으로 알아보았으니, 이제 예시를 통해 보다 구체적으로 살펴보도록 하겠습니다.

기업 '㈜에스비씨텍'은 자사의 전자결재 솔루션 'GDriveFlow'를 고객사 'ABC상사'에 제안하려 합니다. 영업팀의 김철수 대리는 Claude AI를 활용하여 제안서를 작성하기로 했습니다. 김 대리는 먼저 제품 소개 자료와 관리자/사용자 매뉴얼 등을 TXT 파일로 변환하여 Claude AI에 업로드하고, 다음과 같은 프롬프트를 입력했습니다.

[GDriveFlow 전자결재 시스템 제안서]

1. 개요

ABC상사의 업무 효율 제고와 비용 절감을 위해 구글 클라우드 플랫폼 기반의 전자결재 솔루션인 GDriveFlow 도입을 제안드립니다.

2. GDriveFlow 주요 기능 및 특장점

[1] 구글 클라우드 플랫폼 기반 전자결재 시스템
- 안정성과 성능이 검증된 GCP App Engine 기반으로 개발
- Google Workspace와 완벽하게 연동되는 전자결재 시스템
  - Google Workspace Marketplace에서 쉽게 설치 및 사용자 즉시 이용 가능
  - 기존에 사용중인 Google Workspace 계정으로 별도 계정 없이 사용

[2] 다양한 결재 기능 지원
- 일반 결재 기능. 승인/합의/반려/전결/참조 등의 다양한 결재 방식 지원
- 공용 문서함 기능. 자주 사용되는 결재 문서 양식을 공용 문서함에 저장하여 활용
- 메타 데이터 및 OCR 검색 기능. 문서 내용 및 첨부 파일 검색 가능
- 완료 문서 관리. 체계적인 결재 완료 문서 관리 및 보관(보안 PDF 변환 저장)

[3] 휴가/근태 관리 시스템
- 임직원 휴가 및 출장 신청/승인/조회 기능
- 휴가 캘린더 연동 기능. 임직원 휴가 현황을 캘린더로 한 눈에 파악
- 모바일 근태관리. 출퇴근 기록 및 외근 관리(위치정보 연동)

[4] 모바일 지원
- 반응형 웹으로 모바일 최적화
  - 모바일 앱 없이도 모바일 웹브라우저에서 상신/결재 처리
  - 모바일 푸시 및 알림 메시지로 결재 상태 실시간 확인
- 모바일 첨부 문서 뷰어 탑재. 모바일에서 파일 열람 및 편집

[5] Gmail/Google Chat 연동 부가 기능

- Gmail Add-on. Gmail 내에서 결재 문서 조회 및 승인/반려 액션 처리
- Google Chat Bot. Chat 메신저에서 결재 문서 조회 및 처리 가능

[6] Drive Add-on 기능
- 구글 드라이브 내 문서 파일을 전자결재 상신 추가 기능

3. 기대 효과

[1] 업무 생산성 및 효율 증대
- 문서 작성에서 결재까지 One Stop 프로세스 지원으로 문서 처리 시간 단축
- 실시간 알림, 모바일 지원 등으로 신속한 의사 결정
- 문서 유통 흐름 실시간 확인으로 처리 누락 및 지연 방지
- 휴가/근태 관리 시스템 도입으로 부서간 업무 공유 및 협업 향상

[2] 문서 보안 강화
- 결재 완료 문서 PDF로 자동 변환 저장
- 문서 열람 권한 관리로 문서 유출 방지

[3] 업무 환경 개선
- 언제 어디서나 모바일로 결재 처리 가능한 유연한 업무 환경 조성
- 종이 문서 감축으로 업무 공간 개선 및 친환경 오피스 구현

[4] TCO 절감
- 구글 클라우드 플랫폼 기반으로 초기 구축 비용 및 운영비 절감
- 별도 솔루션 구매 및 서버 운영 비용 없이 저렴한 사용료로 이용 가능
- 신규 기능 업데이트 및 유지보수 비용 없이 항상 최신 버전 사용

4. 맺음말

GDriveFlow는 ABC상사가 추구하는 업무 혁신과 비용 효율화에 최적화된 전자결재 솔루션입니다. 클라우드 기반의 확장성, Google Workspace 연계성, 뛰어난 모바일 지원 등 차별화된 기능으로 단순한 전자결재를 넘어 조직 전반의 업무 혁신을 선도할 것입니다. GDriveFlow 도입으로 ABC상사의 비즈니스 경쟁력이 한층 높아지길 기대합니다.

Claude AI는 제공된 자료를 분석하여 GDriveFlow의 핵심 기능과 장점을

요약하고, ABC상사 입장에서의 기대 효과를 제시하는 초안을 생성했습니다. 김 대리는 초안을 검토하면서 몇 가지 보완할 점을 발견하고, 다음과 같은 추가 프롬프트를 입력했습니다.

> **제안서 초안에서 모바일 지원 부분을 좀 더 강조해 주세요. Google Cloude 기반의 솔루션으로 안정성 및 성능 보장을 강조해 주세요. 또한 ABC상사에서 우려할 만한 도입 비용 부분도 언급하면서, 장기적인 투자 관점에서의 효율을 어필해 주세요.**

[GDriveFlow 전자결재 시스템 제안서]

(전략)

[2] 강력한 모바일 지원

- 반응형 웹으로 모바일 최적화
  - 모바일 앱 설치 없이도 모바일 웹브라우저에서 PC와 동일한 결재 경험 제공
  - 외근/출장 중에도 스마트폰으로 간편하게 상신 및 결재 처리 가능
- 모바일 푸시 및 알림 메시지로 결재 상태 실시간 확인
  - 중요한 결재 요청을 실시간 푸시 알림으로 받아 놓치지 않고 적시에 처리
  - 메신저형 챗봇 알림으로 결재 상태를 대화형으로 확인하고 처리
- 모바일 첨부 문서 뷰어 탑재
  - 모바일에서도 첨부 파일 열람은 물론 간단한 편집까지 지원
  - 문서 열람을 위해 PC로 돌아갈 필요 없이 모바일 한 기기로 처리 가능

[3] 다양한 결재 기능 지원

- 일반 결재 기능. 승인/합의/반려/전결/참조 등의 다양한 결재 방식 지원
- 공용 문서함 기능. 자주 사용되는 결재 문서 양식을 공용 문서함에 저장하여 활용
- 메타 데이터 및 OCR 검색 기능. 문서 내용 및 첨부 파일 검색 가능
- 완료 문서 관리. 체계적인 결재 완료 문서 관리 및 보관(보안 PDF 변환 저장)

(중략)

[4] TCO 절감

- 구글 클라우드 플랫폼 기반으로 초기 구축 비용 및 운영비 절감
  - 서버 구매 및 유지보수 인력 고민 없이 합리적 비용으로 시작 가능

- 사용한 만큼만 과금되는 구글 클라우드의 장점 활용
- 별도 솔루션 구매 및 서버 운영 비용 없이 저렴한 사용료로 이용 가능
  - 초기 라이선스 비용 부담 없이 월 사용료 방식으로 경제적 부담 최소화
  - 기존 그룹웨어 연동 등 별도 커스터마이징 비용 발생 없음
- 신규 기능 업데이트 및 유지보수 비용 없이 항상 최신 버전 사용
  - 클라우드 방식으로 업그레이드에 따른 추가 비용 없이 즉시 최신 기능 사용

4. 맺음말

GDriveFlow는 ABC상사가 추구하는 업무 혁신과 비용 효율화에 최적화된 전자결재 솔루션입니다. 구글 클라우드 기반의 안정적이고 빠른 성능, 모바일 최적화된 사용성, Google Workspace 연계를 통한 업무 효율 제고 등 차별화된 기능을 갖추고 있습니다. GDriveFlow는 초기 도입 부담을 최소화하면서도 장기적으로는 TCO 절감 효과를 극대화할 수 있는 현명한 선택이 될 것입니다. 구글의 앞선 클라우드 기술력이 더해진 GDriveFlow로 ABC상사의 전자결재 혁신을 시작해 보시기 바랍니다. 감사합니다.

Claude AI는 프롬프트에 따라 초안을 개선하여 모바일 지원 부분을 보강하고, 비용 대비 효과를 설득력 있게 제시하는 내용을 추가했습니다. 김 대리는 이 과정을 몇 차례 반복하여 최종 제안서를 완성할 수 있었습니다.

.5 제안서 작성 시 유의사항

이러한 제안서를 작성할 때 일반적으로 생각해 봐야 할 중요 사항은 다음과 같습니다. 이를 고려하여 Claude AI를 활용한 제안서 작성을 진행한다면, 고객사의 요구에 부합하면서도 전문성과 완성도가 높은 제안서를 효과적으로 만들 수 있습니다.

1. 고객사의 요구사항 파악

- 고객사의 업무 환경, 문제점, 개선 요구 사항 등을 사전에 파악하여 제안서에 반영

- 고객사의 업종, 규모, 조직 문화 등을 고려하여 맞춤형 제안 내용 준비

2. 제안 솔루션의 차별점 및 장점 강조

- 자사 솔루션의 고유한 특장점과 경쟁 솔루션 대비 차별점을 명확히 제시

- 고객사의 요구사항과 연결하여 솔루션의 장점과 기대 효과를 구체적으로 설명

3. 객관적 데이터와 사례 활용

- 제안 솔루션의 기능, 성능, 효과 등을 뒷받침할 수 있는 객관적인 데이터와 근거 제시

- 유사한 환경의 고객사 도입 사례, 활용 후기 등을 인용하여 신뢰성 확보

4. 가독성과 시각적 효과 고려

- 제안서의 구조와 디자인을 가독성이 높으면서도 시각적으로 매력적으로 구성

- 도표, 이미지, 그래프 등 시각 자료를 적절히 활용하여 내용의 이해도 향상

5. 고객사 맞춤형 제안 내용

- 단순히 솔루션의 기능을 나열하기보다는 고객사의 환경에 맞는 활용 방안 제시

- 도입 효과, 기대 ROI, 향후 운영 방안 등 고객사 입장에서의 가치를 제안에 반영

6. Claude AI 활용의 장점 극대화

- 방대한 분량의 관련 자료를 Claude AI에 입력하여 핵심 내용 추출 및 요약

- 사용자의 피드백과 추가 요구 사항을 즉각 반영하여 제안서 내용 개선

- 글쓰기 노하우가 부족한 작성자도 Claude AI와의 협업으로 전문적인 제안서 완성 가능

제안서 작성 과정에서 Claude AI를 적극 활용하되, 사람이 핵심 메시지와 방향성을 제시하고 Claude AI가 생성한 내용을 검토, 보완해 나가는 협업 방식이 가장 효율적입니다. 이를 통해 제안서의 퀄리티를 높이면서도 작성에 소요되는 시간과 노력을 크게 줄일 수 있습니다.

또한 Claude AI가 작성한 초안을 가지고 영업 및 제안 경험이 풍부한 전문가가 감수하고 필요한 부분을 직접 수정, 보완하는 과정을 거치면 제안서의 완성도를 한층 더 높일 수 있습니다. 이처럼 Claude AI를 효과적으로 활용하여 고객사에 최적화된 제안서를 완성함으로써, 영업 경쟁력을 높이고 비즈니스 성과를 향상시킬 수 있을 것입니다.

프레젠테이션 자료

유효한 제안이 이루어졌다면, 으레 직접 어필할 프레젠테이션 기회가 주어집니다. 이때 시각적으로 뛰어나고 설득력 있는 프레젠테이션 자료가 있다면, 영업 성공을 점쳐 봐도 좋을 겁니다. 프레젠테이션 자료 역시 Claude AI의 도움을 받아 더 논리적/체계적으로 구성하는 것이 가능합니다. 함께 사례를 살펴볼까요?

[1] 템플릿 기반 프레젠테이션 작성

영업팀의 박지웅 대리는 신제품 런칭을 앞두고 주요 고객사에 제품을 소개하는 프레젠테이션을 준비하고 있습니다. 프레젠테이션 자료는 제안서의 핵심 내용을 압축적이고 설득력 있게 전달하는 한편, 청중의 관심과 공감을 이끌어내기 위해 중요합니다.

박 대리는 우선 프레젠테이션 자료의 기본 구성을 템플릿으로 마련하기로 합니다. 그는 Claude AI에게 다음과 같은 프롬프트를 제공하여 프레젠테이션 템플릿을 요청합니다.

Claude AI, 저희 영업팀에서 고객사 대상 제품 제안 프레젠테이션을 위한 표준 템플릿을 만들고자 합니다. 다음 내용을 포함하는 프레젠테이션 자료의 기본 구성을 제안해 주시기 바랍니다.

```

1. 표지 (제안사 로고, 제안 제목, 고객사명 등 포함)
2. 목차
3. 고객사 소개 및 요구사항 분석
4. 제안 제품 소개
  - 제품 개요 및 특장점
  - 기존 제품 대비 차별점
  - 기대 효과
5. 고객사 적용 방안
  - 제품 도입 시 기대 효과 (정량적/정성적)
  - 구축 방안 (일정, 예산 등)
6. 당사의 역량 및 레퍼런스
7. 기대 효과 및 향후 로드맵
8. Q&A
```

프레젠테이션 자료의 분량은 20페이지 내외가 적당할 것 같습니다. 각 페이지에는 5~6개 내외의 핵심 메시지를 담을 수 있도록 하되, 가독성을 저해하지 않도록 적당한 여백을 유지하는 것이 좋겠습니다.

텍스트뿐 아니라 이미지, 그래프, 표 등 시각 요소의 활용 방안도 제안해 주시면 더 좋겠습니다. 전문적이면서도 청중의 관심을 끌 수 있는 슬라이드 디자인에 대한 조언도 부탁드립니다. 감사합니다!

Claude AI는 프롬프트를 바탕으로 제품 제안 프레젠테이션을 위한 템플릿을 제안할 것입니다. 예를 들어 다음과 같은 템플릿이 생성될 수 있겠네요.

1. 표지

  - 제안사 로고

  - 제안 제목. [제품명] 제안 - [고객사명] 귀중

  - 제안일자

  - 제안사 정보. 회사명, 주소, 연락처 등

2. 목차

  - 고객사 소개 및 요구사항 분석

  - 제안 제품 소개

    - 제품 개요 및 특장점

    - 기존 제품 대비 차별점

    - 기대 효과

  - 고객사 적용 방안

    - 제품 도입 시 기대 효과 (정량적/정성적)

    - 구축 방안 (일정, 예산 등)

  - 당사의 역량 및 레퍼런스

  - 기대 효과 및 향후 로드맵

  - Q&A

3. 고객사 소개 및 요구사항 분석

  - 고객사 개요. 업종, 규모, 주요 사업 등

  - 고객사의 현황 및 당면 과제

  - 고객사의 주요 요구사항 및 요구사항

  - 시사점 및 제안 배경

4. 제안 제품 소개

  - 제품 개요. 제품명, 주요 기능, 장점 등

  - 제품 특장점. 핵심 기술, 차별화 포인트 등

  - 기존 제품 대비 차별점. 성능, 가격, 사용 편의성 등

  - 기대 효과. 생산성 향상, 비용 절감 등

5. 고객사 적용 방안

　- 제품 도입 시 기대 효과

　　- 정량적 효과. ROI, TCO 절감액 등

　　- 정성적 효과. 업무 효율 개선, 사용자 만족도 향상 등

　- 구축 방안

　　- 단계별 구축 일정 (마일스톤 포함)

　　- 소요 예산 (라이선스, 구축비, 유지보수비 등)

　　- 구축 조직 및 역할

6. 당사의 역량 및 레퍼런스

　- 회사 소개 및 주요 실적

　- 유사 프로젝트 수행 사례

- 핵심 기술 및 전문 인력 보유 현황

7. 기대 효과 및 향후 로드맵

　- 제품 도입으로 인한 기대 효과 종합

　- 중장기적 관점의 로드맵 제시

　　- 추가 모듈/기능 개발 계획

　　- 고객사와의 전략적 파트너십 방안 등

8. Q&A

　- 예상 질문 및 답변 정리

　- 맺음말 (제안사의 차별적 가치 및 기여 방안 강조)

부록 (옵션). 상세 제품 사양, 가격 정책, 지원 방안 등

다음으로 박지웅 대리는 생성된 템플릿을 활용하여 신제품 'Smart Factory 솔루션'에 대한 제안 프레젠테이션 자료를 Claude AI에게 요청합니다.

이제 앞에서 만든 제품 제안 프레젠테이션 템플릿에 맞춰, 신제품 'Smart Factory 솔루션'에 대한 제안 자료를 작성하고자 합니다. 아래의 내용을 바탕으로 20페이지 내외의 프레젠테이션 초안을 만들어 주시기 바랍니다.

```

(고객사 정보)
- 고객사명. ABC 자동차 부품
- 고객사 현황. 자동차 부품 제조 전문 기업, 연 매출 5천억 원 규모
- 고객사 요구사항. 공장 설비 노후화로 인한 생산성 저하 및 품질 이슈 해결, 에너지 효율 개선
(제안 제품 정보)
- 제품명. Smart Factory 솔루션
- 주요 기능. 실시간 설비 모니터링, 예지 보전, 에너지 관리 최적화 등
- 기존 제품 대비 차별점. AI 기반 최적화 알고리즘, 클라우드 기반 분석 플랫폼 등
- 기대 효과. 설비 가동률 10% 향상, 불량률 20% 감소, 에너지 비용 15% 절감 등
(당사 역량 및 레퍼런스)
- 스마트팩토리 솔루션 공급 실적 다수 (고객사 리스트 및 구축 사례 첨부)
- 자체 AI 연구소 및 빅데이터 플랫폼 보유
- 유수의 자동차 부품사 대상 맞춤형 스마트팩토리 구축 경험 다수
(향후 로드맵)
- 추가 모듈 개발 계획. 공정 시뮬레이션, 재고 관리 최적화 등
- ABC 자동차 부품 맞춤형 기능 지속 업데이트
- 해외 공장 확대 적용 등 글로벌 스마트팩토리로의 성장 지원
```

청중의 관심과 요구사항을 고려하면서도 우리 솔루션의 차별적 가치를 부각할 수 있는 프레젠테이션 자료를 부탁드립니다. 앞서 제안해 주신 시각화 방안과 디자인 가이드를 참고하여, 가독성 높고 설득력 있는 자료가 되도록 해주세요. 감사합니다!

Claude AI는 박지웅 대리가 제공한 정보로 템플릿의 각 항목을 채워 다음과 같이 20페이지 내외의 프레젠테이션 자료 개요를 생성할 것입니다.

[ABC 자동차 부품사 대상 Smart Factory 솔루션 제안]

1. 표지 (1 페이지)

- [회사 로고] • "스마트 팩토리로의 혁신적 전환" • ABC 자동차 부품사 귀하 • 2024년 7월 4일

2. 목차 (1 페이지)

1. ABC 자동차 부품사 현황 및 요구사항 2. Smart Factory 솔루션 소개 3. ABC 자동차 부품사 적용 방안 4. 당사의 역량 및 레퍼런스 5. 기대 효과 및 향후 로드맵 6. Q&A

3. ABC 자동차 부품사 현황 및 요구사항 (2 페이지)

고객사 개요

- ABC 자동차 부품사 로고 • 자동차 부품 제조 전문 기업 • 연 매출 5천억 원 규모

당면 과제

- 공장 설비 노후화로 인한 생산성 저하 • 품질 이슈 증가 • 에너지 효율 개선 필요

[그래프: 최근 3년간 생산성, 품질, 에너지 효율 추이]

4. Smart Factory 솔루션 소개 (4 페이지)

제품 개요

- 제품명: Smart Factory 솔루션 • 표 : 공장 운영의 디지털 전환을 통한 생산성 향상 및 비용 절감

주요 기능

1. 실시간 설비 모니터링 2. AI 기반 예지 보전 3. 에너지 관리 최적화 4. 품질 관리 시스템

[이미지: 솔루션 구성도]

기존 제품 대비 차별점

특징	Smart Factory 솔루션	기존 솔루션
최적화 알고리즘	AI 기반	룰 기반
분석 플랫폼	클라우드 기반	온프레미스
확장성	높음	제한적
맞춤화	업종별 특화	일반적

기대 효과

- 설비 가동률 10% 향상 · 불량률 20% 감소 · 에너지 비용 15% 절감

[차트: 각 효과별 기대 개선율]

5. ABC 자동차 부품사 적용 방안 (3 페이지)

단계별 구축 계획

1. 현황 분석 및 설계 (1개월) 2. 파일럿 구축 및 검증 (2개월) 3. 전체 공정 확대 적용 (3개월) 4. 안정화 및 최적화 (1개월)

[간트 차트: 구축 일정]

투자 및 효과

- 초기 투자비: 10억 원 · 연간 운영비: 1억 원
- 예상 연간 절감액: 25억 원 (생산성 향상: 15억 원 품질 개선: 7억 원 에너지 절감: 3억 원)

[파이 차트: 투자 대비 효과]

6. 당사의 역량 및 레퍼런스 (3 페이지)

핵심 역량

- 자체 AI 연구소 보유 · 빅 데이터 플랫폼 구축 경험 · 자동차 부품 산업 전문 컨설팅 그룹

[아이콘: 각 역량을 시각화]

주요 고객사

[로고 모음: 유명 자동차 및 부품 제조사]

성공 사례: XYZ 자동차 부품

- 도입 전 대비 생산성 15% 향상 · 에너지 비용 18% 절감 · 투자비 회수 기간: 1.5년

[그래프: XYZ사의 도입 전후 주요 지표 변화]

7. 기대 효과 및 향후 로드맵 (2 페이지)

ABC 자동차 부품사 도입 시 기대 효과

• 연간 25억 원 이상의 비용 절감 품질 • 경쟁력 강화로 시장 점유율 확대 • 친환경 기업 이미지 제고

[막대 그래프: 5년간 예상 누적 효과]

향후 로드맵

2024 Q4: 공정 시뮬레이션 모듈 추가

2025 Q2: 재고 관리 최적화 기능 강화

2025 Q4: ABC 자동차 부품사 맞춤 기능 업데이트

2026 Q2: 해외 공장 확대 적용 지원

[타임라인: 향후 개발 및 지원 계획]

8. Q&A (1 페이지)

궁금하신 점이 있으면 언제든 문의해 주세요.

연락처: 이메일: smartfactory@company.com 전화: 02-1234-5678

[QR코드: 상세 정보 웹페이지]

박 대리는 Claude AI가 만든 초안을 토대로 슬라이드를 제작하고, 추가로 필요한 정보나 차트를 보완하여 최종 프레젠테이션 자료를 완성할 수 있습니다. 이렇게 템플릿을 활용함으로써 프레젠테이션 구조를 빠르게 잡고, 핵심 메시지를 놓치지 않고 표현할 수 있게 됩니다.

[2] 유연한 프롬프트 기반 프레젠테이션 작성

한편 경우에 따라서는 특정 템플릿에 얽매이지 않고 보다 유연하고 창의적인 프레젠테이션이 필요할 수도 있습니다. 이럴 때는 템플릿 대신 프레젠테이션의 맥락과 방향성을 Claude AI에게 제시하고 함께 브레인스토밍하는 것이 도움될 수 있습니다.

예컨대 고객사의 요구사항이 복합적이거나, 기존에 없던 신개념 제품을 제안해야 하는 경우 등이 이에 해당할 것입니다. 이때는 프레젠테이션의 목적, 타깃 청중, 전달하고자 하는 핵심 메시지 등을 Claude AI에게 제시하고, 보다 자유로운 형식의 프레젠테이션 아이디어를 요청할 수 있습니다.

Claude AI, 이번에 글로벌 자동차 부품 기업 XYZ사에 스마트팩토리 솔루션을 제안하는 프레젠테이션을 준비하고 있습니다. XYZ사는 단순 공장 자동화를 넘어 자율주행 시대를 대비한 유연한 생산체계 구축을 고민하고 있는 상황인데요,
우리의 신개념 스마트팩토리 솔루션이 어떻게 XYZ사의 미래 대응력을 한층 높일 수 있을지, 기존의 정형화된 프레젠테이션 포맷을 탈피한 창의적인 제안 자료를 만들어보고 싶습니다.
```

- 타깃 청중. XYZ사 경영진 및 생산기술 책임자 5인
- 핵심 메시지. 우리 솔루션이 제공하는 유연성, 확장성, 지능화된 의사결정 지원이 자율주행 시대 XYZ사의 차별적 경쟁력이 될 수 있음을 강조
- 제안 솔루션. 자율주행 시대 맞춤형 스마트팩토리 솔루션 (AI 기반 생산 계획 최적화, 디지털 트윈 기반 시뮬레이션, 유연한 생산라인 등)
- 프레젠테이션 분량. 30분 내외로, 15~20페이지

```

청중의 관심을 끌 수 있는 흥미로운 도입부와 함께, 우리 솔루션의 차별성과 가치를 인상적으로 전달할 수 있는 프레젠테이션 구성 및 표현 방식에 대해 제안 부탁드립니다.
XYZ사의 요구사항과 향후 비전에 대한 깊이 있는 이해를 바탕으로, 단순히 우리 제품을 소개하는 것을 넘어 XYZ사와 함께 성장해 나갈 수 있는 미래 지향적 파트너로서의 모습을 어필할 수 있으면 더욱 좋겠습니다.
프레젠테이션 자료 디자인에 있어서도 자율주행, 유연생산 등의 컨셉을 형상화할 수 있는 참신한 아이디어가 필요할 것 같아요. 미래 지향적이면서도 신뢰성 있는 이미지를 전달할 수 있는 방향으로 제안해 주시면 감사하겠습니다.
기타 제 아이디어가 미진한 부분이나 추가로 고려해야 할 사항이 있다면 함께 말씀해 주시고, XYZ사의 의사결정권자들에게 우리의 솔루션이 최선의 선택임을 인지시킬 수 있는 프레젠테이션 전략에 대해서도 조언 부탁드립니다. 감사합니다!

이렇게 프레젠테이션의 배경과 목표, 청중, 메시지 등을 종합적으로 제시하면, Claude AI는 정해진 템플릿에 얽매이지 않고 보다 자유롭고 창의적인 아이디어를 제안하게 됩니다. 이제 박지웅 대리는 Claude AI와의 브레인스토밍을 통해 XYZ사의 특수한 상황에 최적화된 프레젠테이션 콘셉트와 스토리라인, 디자인 방향성 등을 도출할 수 있을 것입니다. 이를 바탕으로 보다 차별화되고 임팩트 있는 제안 자료를 만들어낼 수 있겠죠.

물론 Claude AI의 아이디어를 그대로 받아들이기보다는, 박 대리의 영업 전문성과 경험, 크리에이티브를 더해 완성도 높은 결과물을 만들어내는 것이 중요합니다. Claude AI는 영감을 주는 조력자일 뿐, 영업 활동의 주체는 어디까지나 사람이기 때문입니다.

유연한 프롬프트 기반 프레젠테이션 작업 규칙 및 유의 사항

· 청중 분석: 프레젠테이션의 목적과 타깃 청중을 명확히 파악하는 것이 무엇보다 중요합니다. 청중의 관심사, 요구사항, 의사결정 기준 등을 고려하여 프롬프트를 설계해야 합니다.

· 핵심 메시지 도출: 전달하고자 하는 핵심 메시지를 사전에 정리하고, 이를 프롬프트에 반영하여야 합니다. 청중이 가져가야 할 핵심 포인트를 놓치지 않도록 해야 합니다.

· 명확한 용어 사용: 업계 전문 용어나 줄임말 등은 가급적 풀어쓰거나 설명을 덧붙여 Claude AI가 정확히 이해할 수 있도록 해야 합니다.

· 설득력 있는 스토리텔링: 단순히 정보를 나열하는 것이 아니라, 청중을 사로잡을 수 있는 흥미롭고 설득력 있는 스토리를 구성하는 것이 중요합니다. 프롬프트에 스토리텔링의 방향성을 제시할 필요가 있습니다.

· 시각적 효과 활용: 텍스트만으로는 청중의 주의를 끌기 어렵습니다. 이미지, 그래프, 비디오 등 시각 요소의 활용 방안을 프롬프트에 포함시켜 Claude AI의 제안을 이끌어내는 것이 좋습니다.

· 일관성 유지: 프레젠테이션 전체를 관통하는 일관된 메시지와 톤앤매너가 유지되어야 합니다. 프롬프트 설계 시 전체 프레젠테이션의 일관성을 고려해야 합니다.

· 반복적인 피드백 제공: 초안에 대한 피드백을 바탕으로 프롬프트를 수정, 보완하는 과정을 반복하여 원하는 수준의 결과물을 얻을 수 있도록 해야 합니다.

· 최종 점검 및 편집: Claude AI의 결과물을 그대로 사용하기보다는, 사람이 최종적으로 내용과 흐름을 점검하고 필요한 부분을 수정, 보완해야 합니다.

[3] PPT 작성도 AI와 함께

제안서와 프레젠테이션 개요 작성이 완료되면 이를 시각화하여 실제 프레젠테이션 자료로 만드는 작업이 필요합니다. 지금까지 미적 감각이나 프로그램 숙련도 등의 문제로 프레젠테이션 제작은 일부 직원의 전유물이었지만,

감마 AI 바로가기

최근에는 감마 AI(Gamma AI)와 같은 AI 기반 PPT 자동 생성 도구들이 등장하며 눈길을 끌고 있습니다.

감마 AI는 제안서 초안을 텍스트로 입력하면 1분 만에 세련된 디자인의 PPT를 자동 생성해 주는 서비스입니다. 제안서의 텍스트 정보를 AI가 분석하여 구조화하고, 적합한 레이아웃과 디자인 요소를 적용해 줍니다.

여기에 Claude AI가 작성한 프레젠테이션 초안(텍스트)를 입력한 뒤, 테마 변경, 슬라이드 편집 등을 간단히 거치면 손쉽게 완성도 높은 PPT를 제작할 수 있습니다. 많은 시간과 노력이 필요했던 기존 방식과 달리, 제안서 작성에서 프레젠테이션까지의 과정을 획기적으로 단축할 수 있습니다.

업무 효율 10배 올리는 제안서 및 PPT 파일 작성 꿀팁

그럼 어떻게 감마를 이용해 PPT 자료를 제작하는지, 절차를 함께 알아볼까요? (여기서는 간단히 대략적인 순서만 제

시했습니다. PPT 생성 AI와 관련한 자세한 정보는 앞 QR코드의 필자 블로그를 참고하시기 바랍니다.)

1. Gamma 웹페이지에 접속해 회원가입 후 로그인하면 다음과 같은 메인 화면을 만날 수 있습니다. 좌측 [텍스트로 붙여넣기] 타일을 클릭해 새 창에 진입합니다.

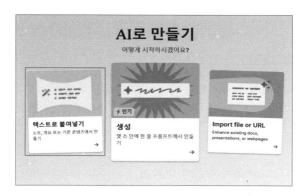

2. 빈 칸에 Claude AI가 작성해준 개요를 그대로 복사-붙여넣기 해줍니다. 하단 [프레젠테이션]을 체크하고, [계속 →] 버튼을 클릭합니다.

3. [프롬프트 편집기]가 열립니다. [좌측] 설정에서 AI 생성기 출력 설정을
   하고, [콘텐츠]-[카드별] 버튼을 클릭하면 입력한 전체 개요가 적절히 카
   드(슬라이드)로 분할됩니다. 카드 구분에 동의한다면 다시 [계속 →] 버튼
   을 클릭해 진행합니다.

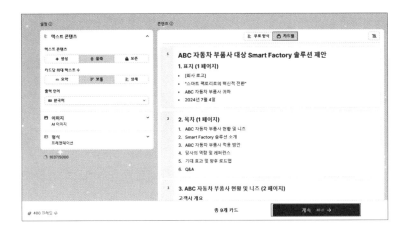

4. 원하는 슬라이드 테마를 고르고, [생성] 버튼을 클릭합니다. 잠시 기다리
   면 전체 슬라이드가 구성 완료됩니다. 슬라이드별로 텍스트는 물론 레이
   아웃, 이미지, 차트, 미디어 등을 변경하거나 추가, 수정할 수 있습니다.

5. 프레젠테이션이 완성되었다면 우측 상단 […] 메뉴를 이용해 파일을 저장할 수 있습니다. 제안서 PPT가 최종 완성되었습니다.

6. PowerPoint 프로그램을 사용해 더 정교한 작업과 슬라이드쇼 제작을 할 수 있습니다.

지금까지 프레젠테이션 자료에 있어서도 템플릿 기반의 작성과 유연한 프롬프트 설계, 두 가지 접근 방식이 있음을 살펴보았습니다. 정형화된 제안의 경우 템플릿을 활용하여 효율과 일관성을 확보하되, 복합적인 상황에

서는 맥락적 프롬프트를 통해 Claude AI와 창의적으로 협업하는 것이 도움될 수 있겠죠. 두 방식을 상호 배타적으로 바라보기보다, 상황에 맞게 유연하게 적용하고 조합하는 것이 바람직합니다.

그리고 무엇보다 중요한 것은 Claude AI를 활용하되 결국 프레젠테이션의 목적과 청중을 가장 잘 이해하고 있는 것은 사람이라는 점을 잊지 않는 것입니다. Claude AI는 아이디어 제공과 초안 작성을 통해 우리의 사고를 확장시켜 주는 도구이지, 프레젠테이션의 성패를 좌우하는 주체는 아닙니다.

따라서 영업 담당자는 Claude AI를 잘 활용하되, 자신의 전문성과 크리에이티브를 바탕으로 프레젠테이션의 완성도를 높여 나감이 바람직합니다. Claude AI와 협업하여 차별화된 인사이트와 제안 방식을 찾아 나가는 동시에, 영업이란 기술이 아닌 사람과 사람 사이의 신뢰에 기반한다는 본질을 늘 되새기기 바랍니다. 여러분의 열정과 노력, 그리고 Claude AI라는 인공지능 툴이 함께할 때, 고객을 감동시키고 새로운 비즈니스 가치를 창출하는 최고의 프레젠테이션이 가능할 것입니다.

06

전문 분야에서의 적용:
생성형 AI로 남들과 다르게 앞서 가기

급속한 디지털 전환의 흐름 속에서 생성형 AI는 다양한 산업 분야에 빠르게 도입되고 있습니다. 단순 반복 업무의 자동화를 넘어, 전문적인 지식과 분석 능력이 요구되는 영역에서도 생성형 AI의 활용 가능성이 커지고 있습니다. 특히 방대한 데이터의 처리와 인사이트 도출, 복잡한 의사결정 과정의 최적화 등에 있어 AI의 역할이 점차 확대되는 추세입니다.

이러한 흐름 속에서 Claude AI는 뛰어난 자연어 처리 능력과 광범위한 도메인 지식을 바탕으로 전문 분야에서의 혁신을 주도할 것으로 기대됩니다. 법률, 연구개발, 금융, 인사관리 등 다양한 영역에서 Claude AI의 활용 사례가 나타나고 있으며, 전문가들의 업무 효율과 의사결정의 질을 한층 높여주고 있습니다.

6장에서는 법률, 학술, 금융, HR, 글로벌 비즈니스 등 다양한 전문 영역에서의 Claude AI 활용 방안과 사례를 폭넓게 다룸으로써, 독자들이 각자의 분야에서 Claude AI를 어떻게 효과적으로 활용할 수 있을지 실질적인 아이디어를 얻어갈 수 있도록 하겠습니다.

Claude AI를 비롯한 첨단 AI 기술의 도입은 분명 전문 분야 종사자들에게 일정 부분 위협으로 다가올 수 있습니다. 그러나 중요한 것은 AI를 대체재가 아닌 보완재로 바라보는 관점의 전환입니다. 이제 전문가라면 Claude AI를 어떻게 자신의 업무에 효과적으로 활용할 수 있을지 고민해야 할 것입니다. 단순 작업은 Claude AI에게 맡기고 보다 창의적이고 전략적인 업무에 집중하는 한편, Claude AI의 분석과 제안을 비판적으로 검토하고 자신의 전문성으로 보완해 나가는 협업적 사고가 필요한 시점입니다.

앞으로의 전문 인재 육성에 있어서도 Claude AI를 비롯한 AI 기술과의 협업 역량이 강조될 것으로 보입니다. 단순히 많은 지식을 습득하는 것을 넘어, AI를 효과적으로 활용하여 문제를 해결하는 능력, AI의 결과물을 비판적으로 분석하고 인사이트를 도출하는 능력 등이 핵심 스킬로 부각될 것입니다.

Claude AI의 등장은 분명 전문 분야 업무 방식에 큰 변화를 가져올 것입니다. 그러나 그 변화를 두려워할 필요는 없습니다. Claude AI와 전문가들이 지혜롭게 협력한다면 어려운 문제를 해결하고 새로운 가치를 창출하는 혁신의 주체로 거듭날 수 있을 것이기 때문입니다.

법률 및 계약

법률 문서와 계약서 작성은 변호사의 핵심 업무 중 하나입니다. 이는 단순히 법률 지식을 나열하는 것이 아니라, 의뢰인의 요구사항을 정확히 파악하고 관련 법률을 적용하여 명확하고 구체적인 문서를 작성하는 것을 의미합니다.

Claude AI와 같은 AI 기술은 이 과정에서 변호사의 업무 효율을 크게 높일 수 있습니다. 변호사가 제공한 법률 정보와 관련 자료를 바탕으로, AI가 의뢰인의 상황에 맞는 법률 문서 초안을 자동으로 생성해줄 수 있기 때문입니다. 특히 반복적으로 작성되는 계약서의 경우, AI를 활용한 자동화로 상당한 시간과 노력을 절감할 수 있습니다.

또한 법률 문서와 계약서는 그 복잡성과 전문성으로 인해 분석에 많은 시간과 노력이 소요됩니다. 이때도 AI는 방대한 데이터를 분석하여 인간이 놓치기 쉬운 중요한 법적 쟁점을 포착해낼 수 있습니다. 다양한 시나리오에 따른 계약서 시뮬레이션을 통해 법적 리스크를 사전에 예방하는 데에도 기여할 수 있죠. 단, Claude AI의 분석 결과는 법률 전문가의 종합적 판단이 더해져야 완전해질 수 있음을 유의해야 합니다.

따라서 앞으로의 변호사에게는 AI 기술을 능숙하게 활용하되, 그 한계 또한 인지하는 균형 잡힌 자세가 요구됩니다. AI와의 적극적인 협업을 통해 보다 효율적이고 정확한 법률 문서 작성이 가능해질 테지만, 동시에 AI로는 대체할 수 없는 인간 변호사 고유의 창의성과 전문성을 계발하는 노력도 병행되어야 할 것입니다.

법률 업무에서 Claude AI 활용은 크게 4단계 과정으로 이루어집니다. 1

단계에서는 분석 대상 문서들을 Claude AI에 입력하고 필요한 메타데이터를 태깅합니다. 2단계에서는 주요 쟁점사항을 식별하고 관련 문서를 요약합니다. 3단계에서는 추가 쟁점 및 근거 자료를 검토하여 보완합니다. 마지막 4단계에서는 분석 결과를 종합하고 향후 대응 방안을 제언합니다.

이제 가상 시나리오들을 통해 Claude AI와의 법률 협업이 어떻게 이루어지는지 구체적으로 살펴보겠습니다.

법률 자문

시나리오 1 - 공급 계약 분쟁 해결

중견 제조업체 A사는 B사와의 공급 계약 관련 분쟁으로 소송을 준비 중입니다. A사의 법무팀은 관련 문서들을 분석하여 핵심 쟁점을 파악하고, 소송 전략을 수립하고자 합니다. 문서는 약 100개의 워드 문서와 PDF 파일로 이루어져 있습니다. A사는 Claude AI를 활용하여 문서 분석 작업을 효율화하기로 합니다.

> **알림** 이 시나리오는 Claude AI에 의해 생성된 가상의 상황으로, 실제 사례와는 차이가 있을 수 있습니다. AI가 제시하는 분석과 의견은 어디까지나 참고 자료로 활용되어야 하며, 최종 판단은 인간 전문가의 몫임을 잊지 말아야 할 것입니다.

[1단계] 문서 데이터 전처리 및 Claude AI 입력

A사의 법무팀은 우선 관련 문서들을 수집하여 Claude AI에 입력합니다. 문서 형식은 주로 워드(.docx)와 PDF입니다. Claude AI는 다양한 파일 포맷(PDF, Word, TXT, CSV, 이미지)을 지원하므로, 별도의 변환 작업 없이 직접 입력할 수 있습니다.

이 과정에서 변호사 C는 Claude AI에게 문서 메타데이터 정보를 함께 제공합니다. 각 문서의 생성일자, 작성자, 문서 유형(계약서, 이메일, 서신 등) 등을 태깅하여 문서 분석의 정확도를 높입니다.

> **Claude AI, 업로드된 파일들은 A사와 B사 간의 공급 계약과 관련된 문서입니다. 문서 목록에 명시된 생성일자와 문서 유형 태그를 참고하여 분석해 주세요.**

[2단계] 쟁점사항 식별 및 문서 요약

변호사 C는 Claude AI에게 다음과 같이 쟁점 파악을 요청합니다. Claude AI는 입력받은 문서들을 신속히 분석하여, 다음과 같이 보고합니다.

> **제공된 문서들을 분석하여, 이번 분쟁의 주요 쟁점을 파악해 주세요. 쟁점별로 관련 문서를 요약하고, 특히 A사에 불리한 내용이 있는지 확인해 주세요.**

분석 결과, 주요 쟁점은 다음과 같습니다.
1. B사의 제품 하자 관련 A사의 손해배상 책임 범위
   - 관련 문서. 공급 계약서 제12조, 이메일(2023.2.14), 회의록(2023.3.2)
   - A사에 불리한 내용. 계약서상 하자 책임 관련 조항 모호
2. 납품 지연에 따른 지체상금 청구 가능성
   - 관련 문서. 공급 계약서 제3조, 거래명세표(2023.4.1~4.30)
   - A사에 불리한 내용. 특이사항 없음
3. 계약 해지 사유의 존부
   - 관련 문서. 공급 계약서 제15조, 내용증명(2023.5.10), 해지 통보서(2023.5.20)
   - A사에 불리한 내용. B사의 해지 사유 주장에 일부 근거 있음
   (상세 문서 요약 생략)

[3단계] 추가 쟁점 및 근거 자료 검토 요청

변호사 C는 Claude AI의 1차 보고를 바탕으로, 추가 분석이 필요한 사항을 지시합니다. Claude AI는 문서를 재분석하여, 다음과 같이 추가 보고합니다.

B사의 제품 하자 주장과 관련하여, A사가 제시할 수 있는 반론 근거가 있는지 문서를 재검토해 주세요. 또한 계약 해지 사유에 대한 A사의 주장을 뒷받침할 만한 내용도 찾아주세요.

1. 제품 하자 관련 A사의 반론 근거
   - 품질 검사 성적서(2023.1.15), 출하 시점 제품 하자 없음
   - 이메일(2023.2.10), A사→B사. 제품 사용상 주의사항 안내
   - 사진 파일(2023.2.25), B사의 부적절한 제품 취급 정황

2. 계약 해지 관련 A사 주장 근거
   - 이메일(2023.4.2), B사→A사. 추가 발주 예정 통보
   - 음성 파일(2023.5.5), B사 담당자, 거래 지속 의사 표명
   - 해지 통보 직전 B사 재고 소진용 일회성 발주(2023.5.18)

[4단계] 분석 결과 종합 및 활용 방안 제언

Claude AI는 1~3단계를 통해 파악된 내용을 기반으로, 향후 대응 방향에 대해 제언합니다.

1. 제품 하자 책임과 관련하여, B사의 과실을 입증할 수 있는 자료들이 확보된 만큼 적극적으로 항변할 필요가 있습니다. 다만 계약서 조항이 불명확한 만큼, 향후 계약서 조항을 보완하는 것이 바람직해 보입니다.
2. 납품 지연에 따른 지체상금 청구는 B사가 주장하기 어려울 것으로 보입니다. A사의 납기 준수 노력을 입증할 수 있는 자료가 충분합니다.
3. 계약 해지의 경우, B사의 해지 권리 남용 가능성을 지적할 필요가 있습니다. 거래 지속 의사를 표명해 놓고, 일방적으로 해지를 통보한 정황 등을 볼 때 신의성실 원칙에 반한다고 볼 소지가 있습니다.

A사의 변호사 C는 Claude AI가 제공한 문서 분석 결과와 쟁점별 의견을 토대로, 향후 소송에서의 주장 및 입증 방향, 재발 방지를 위한 계약서 개선 사항 등을 구체화할 수 있게 되었습니다.

AI 기반 교육 서비스를 개발 중인 스타트업 C사는 Pre-A 투자 유치를 앞두고 있습니다. 투자사로부터 받은 투자 계약서 초안을 꼼꼼히 검토하고, 회사에 불리한 조건이 있는지 확인해야 하는 상황입니다. 법무 인력이 부재한 상황에서 C사의 대표는 Claude AI를 활용하여 계약서 분석을 진행하기로 합니다.

[1단계] 투자 계약서 초안 입력 및 분석 요청

C사 대표는 투자사로부터 받은 계약서 초안 파일(워드 문서)을 Claude AI에 업로드한 뒤, 분석 목적과 주안점을 Claude AI에게 다음과 같이 안내합니다.

> Claude AI, 업로드한 문서는 스타트업 투자 계약서 초안입니다. 투자 조건, 지분 및 권리 관계, 계약 당사자의 의무 등을 면밀히 검토하고, 스타트업에 불리한 조항이 있는지 분석해 주세요.

[2단계] 주요 조항 분석 및 잠재 리스크 식별

Claude AI는 계약서를 신속히 분석하여, 주요 조항과 잠재적 리스크 요인을 정리합니다.

> 분석 결과, 투자 계약서 초안의 주요 내용과 잠재 리스크는 다음과 같습니다.
>
> 1. 투자 금액 및 지분율(제3조). 투자사 A가 5억원을 투자하고 C사 지분의 20%를 인수함. 이에 따른 지분 가치 산정의 적정성 검토 필요.
> 2. 이사회 구성(제5조). 투자사 A의 1인 이사 지명권 규정. 스타트업 의사결정 과정에서의 투자사 영향력 확대 가능성 주의.
> 3. 투자금 사용 제한(제8조). 투자금 사용 범위를 사업계획서상 용도로 한정. 추가 자금 수요 발생 시 별도 협의 필요.
> 4. 채무인수(제13조). 투자 전 C사의 채무에 대한 투자사의 책임 면제 문구 포함.

민감한 사안인 만큼 명확한 합의 도출 필요.

(후략)

[3단계] 수정 제안 및 근거 자료 요청

C사 대표는 Claude AI에게 불리한 조항에 대한 수정 제안과 이를 뒷받침할 만한 자료를 요청합니다. 그러면 Claude AI는 추가 분석을 통해 각 이슈에 대한 수정안과 관련 사례를 제안합니다.

> **분석을 보니 지분 가치 산정, 투자사의 이사회 관여, 투자금 사용처 제한 등의 조항이 스타트업에 불리해 보입니다. 각 조항에 대한 합리적인 수정 제안과 이를 설득할 만한 논리 및 사례를 제시해 주세요.**

1. 지분 가치 산정 관련. 객관적인 기업가치 평가 방식(DCF, Multiple 등) 적용을 요구하고, 유사 기업 지분 가치 사례를 제시하는 것이 도움될 것입니다.
2. 이사회 구성 관련. 초기 스타트업의 의사결정 유연성 확보를 위해 이사 전원을 창업팀으로 구성하되, 투자사에는 정기적 경영 보고와 중대 사안 협의권을 부여하는 대안을 제시할 수 있겠습니다.
3. 투자금 사용처 관련. 스타트업의 성장 속도와 자금 수요 변동성을 고려하여, 사용처 제한 완화를 요구할 수 있겠습니다. 미래 사업 기회 모색을 위한 자금 운용의 자율성 확보가 중요함을 강조하는 것이 좋겠습니다.

[4단계] 협상 전략 수립 및 계약서 수정

C사 대표는 Claude AI가 제안한 내용을 바탕으로, 투자 계약 조건에 대한 협상 전략을 수립합니다. 객관적 기업가치 평가에 기반한 시분율 소성, 이사회 구성 및 투자금 사용처 조항의 합리적 수정 등을 골자로 하는 수정안을 마련하고, 이를 투자사와의 협상 과정에서 관철시켜 나갈 것입니다.

이처럼 Claude AI를 활용함으로써, 법무 인프라가 부재한 스타트업도 복잡한 투자 계약서를 보다 수월하게 분석하고, 유리한 방향으로 협상을 이끌어갈 수 있습니다. 다만 Claude AI의 분석과 제안은 어디까지나 참고 사항일 뿐, 세부 조건의 구체화와 최종 합의는 당사자 간의 협의를 통해 이루어져야 할 것입니다.

Claude AI와 같은 AI 기술은 법률 분야에서 그 활용 가능성을 점차 확대해 가고 있습니다. 앞서 살펴본 두 가지 가상 시나리오를 통해 우리는 Claude AI가 복잡한 법률 문서의 분석과 검토에 어떻게 기여할 수 있는지 확인했습니다.

Claude AI는 방대한 분량의 계약서, 이메일, 보고서 등을 단시간에 분석하여 핵심 쟁점을 파악하고, 당사자들의 권리 및 의무 관계를 정리하며, 계약상 리스크 요인을 식별하는 등 법률 전문가들의 업무 효율을 대폭 향상시킬 수 있습니다. 특히 Claude AI는 추가 쟁점 사항과 근거 자료까지 제시함으로써 의사결정에 실질적인 도움을 줄 수 있습니다.

그러나 Claude AI를 포함한 AI 기술이 아직 법률 전문가를 완전히 대체할 수 있는 수준은 아닙니다. AI의 분석 결과는 어디까지나 1차적인 참고 자료로 활용되어야 하며, 법적 쟁점에 대한 최종 판단과 해석은 인간 전문가의 몫으로 남게 될 것입니다. 또한 학습 데이터의 편향 가능성이나 개인정보 침해, 윤리적 문제 등 AI 활용에 따른 위험 요인도 간과해서는 안 될 것입니다.

향후 리걸테크 분야의 발전 방향은 AI와 인간 전문가의 협업에 있다고 할 수 있겠습니다. 변호사, 법무 전문가들은 AI를 적절히 활용하되 그 한계 또한 이해하고, AI의 분석 결과를 비판적으로 검토하면서 자신들의 전문 역량을 더욱 고도화해 나가야 할 것입니다.

계약서 작성

그렇다면 처음부터 법률 문서를 작성하는 일도 가능할까요? 마찬가지로 가상 시나리오를 통해 계약서 작성 시 Claude AI 활용 과정을 알아보겠습니다.

시나리오 – 투자 계약서 자문 의뢰

스타트업 C사는 신규 투자 유치를 위한 투자 계약서를 작성하고자 법무법인 D에 자문을 요청합니다. D 법인의 변호사 E는 Claude AI를 활용하여 계약서 초안을 작성하기로 합니다.

[1단계] 의뢰인 요구사항 파악 및 관련 법규 정리

변호사 E는 먼저 C사로부터 투자 유치의 배경과 주요 조건에 대해 브리핑을 받습니다. 이를 바탕으로 Claude AI에게 다음과 같은 맥락 정보를 제공합니다.

> **Claude AI, C사는 시리즈 A 투자 계약을 앞두고 있습니다. 투자자로부터 5억원을 유치하는 조건으로, 투자자에게 C사 주식 10%를 신주 발행하기로 했습니다. 투자금은 C사의 제품 개발과 마케팅에 사용될 예정입니다. 이와 관련하여 '상법' 및 '벤처투자 촉진에 관한 법률'의 주요 조항과 이 사안에서 특히 유의해야 할 법적 이슈를 정리하여 전달합니다.**

프롬프트 엔지니어링 - 배경 정보 제공 및 명확한 지시

이어서 변호사 E는 관련 법규 조항과 쟁점 사항을 Claude AI에게 제공합니다.

> **상법 제418조에 따르면 신주 발행에는 이사회 결의가 필요합니다. 또한 동법 제416조는 주주의 신주인수권에 대해 규정하고 있습니다. 한편 벤처투자 촉진에 관한 법률 제**

13조는 벤처투자 계약 작성 시 투자자와 창업자의 권리의무 관계를 명확히 할 것을 요구합니다.

따라서 본 사안의 주요 법적 이슈는 다음과 같습니다.

  [1] C사 이사회의 신주발행 결의 및 절차의 적법성

  [2] 기존 주주의 신주인수권 문제

  [3] 투자자의 권리(지분율, 의결권 등)와 C사의 의무(투자금 사용처, 이행 보고 등)의
     명확화

Claude AI에게 효과적으로 계약서 작성을 지시하기 위해서는 구조화된 프롬프트 제공이 필수적입니다. 계약의 주요 내용, 관련 법규, 유의사항 등을 톡톡 튀게 요약하여 전달함으로써 보다 정확하고 구체적인 초안을 얻을 수 있기 때문입니다.

[2단계] 계약서 초안 작성

정보 제공이 제대로 완료되었다면, 변호사 E는 Claude AI에게 구체적인 계약서 조항 작성을 요청합니다.

앞서 제시한 법적 쟁점들을 반영하여, 투자 계약서의 주요 조항 초안을 작성해 주세요. 계약 당사자, 투자 조건, 투자자의 권리, 창업자의 의무, 계약의 효력 등을 포함해야 합니다.

Claude AI는 다음과 같은 계약서 초안을 생성합니다.

제1조 (계약 당사자)

본 계약은 투자자 ○○○(이하 '갑')과 C사(이하 '을') 간에 체결된다.

제2조 (신주의 발행)

을은 상법 제418조에 따른 이사회 결의를 거쳐, 보통주 ○○주를 갑에게 신주로 발행한다.

제3조 (투자금액 및 납입기일)

갑은 을에게 금 ○억원을 투자하기로 하고, 이를 ×년 ×월 ×일까지 을의 계좌로 납입한다.

제4조 (투자자의 권리)

갑은 을의 주주로서 상법이 정한 바에 따라 의결권, 이익배당청구권 등의 권리를 갖는다.

제5조 (투자금 사용 및 보고)

을은 투자금을 제품 개발 및 마케팅 목적으로만 사용하여야 하며, 매 분기 투자금 사용내역을 갑에게 보고한다.

(중략)

제8조 (계약의 효력)

본 계약은 체결일로부터 효력을 발생한다. 계약의 변경이나 해지는 양 당사자의 서면 합의에 의해서만 가능하다.

[3단계] 계약서 보완 및 수정

변호사 E는 Claude AI가 작성한 초안을 검토한 후, 자신의 전문 지식을 바탕으로 몇 가지 수정 사항을 지시합니다.

초안 잘 작성되었습니다. 추가로 다음 사항을 반영해 주세요.
　[1] 투자자의 권리에 경영참여권과 투자금 회수 방법을 구체화할 것
　[2] 창업자의 의무에 투자자에 대한 정기적 경영보고 및 중요 의사결정 통지를 포함할 것
　[3] 계약 위반 시 책임과 분쟁해결 절차를 별도 조항으로 마련할 것

프롬프트 엔지니어링 - 점진적 개선 요청

Claude AI는 피드백을 반영하여 계약서를 보완하고, 양 당사자간 쟁점이 될 만한 부분을 추가로 지적해줄 것입니다. 이 과정을 반복하며 변호사 E는 Claude AI와의 수차례 피드백을 통해 계약서를 정교화합니다. 법적 리스크를 최소화하면서도 의뢰인의 요구를 충실히 반영한 투자계약서 초안이

만들어지는 것입니다.

물론 Claude AI가 만들어낸 초안을 그대로 사용할 수는 없습니다. 계약의 구체적 내용은 당사자 간의 협의를 통해 결정되어야 하며, 법적 효력 발생을 위해서는 변호사의 최종 검토와 날인이 필요합니다. 그러나 Claude AI를 활용함으로써 변호사는 계약서 초안 작성에 드는 시간과 노력을 상당 부분 절약할 수 있게 됩니다. 특히 표준화된 계약의 경우 AI의 도움으로 작업 효율을 크게 높일 수 있을 것입니다.

앞으로 Claude AI와 같은 AI 기술은 법률 문서 작성 분야에서 그 역할을 점차 확대해 나갈 것입니다. 단순히 문서 자동화 수준을 넘어, AI 기반의 법률 분석과 예측 기능까지 제공함으로써 변호사의 의사결정을 종합적으로 지원하게 될 것으로 전망됩니다.

PLUS 법률 문서 (M&A 계약서) 분석 추가 사례

여기서는 간단한 예시만 들었지만, Claude AI를 활용한 법률 분야 작업은 더 고도화된 수준으로도 가능합니다. 다음 사례에서는 프롬프트 엔지니어링 심화 기법 중 하나인 프롬프트 체이닝(Prompt Chaining) 기법을 이용하여 매우 복잡하고 중요한 계약인 M&A(인수합병)를 다루고 있습니다.

프롬프트 체이닝을 쉽게 설명하면, 앞선 출력이 다음 입력이 되는 거대 언어 모델 원리를 응용한 것으로, 일종의 단계적 사고 기법입니다. 사례에서는 다음 5가지 단계에 걸쳐 M&A 계약 체결을 진행하고 있습니다.

연구 및 학술

연구와 학술 분야는 끊임없는 지식 탐구와 혁신을 추구하는 영역입니다. 새로운 발견과 통찰을 통해 인류 지식의 경계를 확장하고, 사회 발전의 토대를 마련하는 것이 연구자들의 주요 역할이라 할 수 있습니다. 그러나 오늘날 연구자들은 급증하는 학술 정보와 데이터 속에서 방대한 선행 연구 검토, 실험 데이터 분석, 연구 결과 해석 등에 막대한 시간과 노력을 쏟아야 하는 어려움에 직면해 있습니다.

바로 이 지점에서 Claude AI와 같은 AI 기술이 연구자들의 강력한 조력자로 부상하고 있습니다. Claude AI는 연구자의 만능 조수입니다. 자연어 처리, 데이터 분석 등의 핵심 기능을 통해 연구 과정 전반에 걸쳐 혁신적인 도움을 제공할 수 있기 때문입니다.

우선 Claude AI는 논문과 보고서를 PDF, 워드(.docx), 텍스트(.txt), CSV 등 다양한 파일 형식으로 입력받아 분석해 줍니다. 이는 연구자가 선행 연구를 빠르게 검토하고, 연구 동향과 주요 쟁점을 파악하는 데 큰 도움이 됩니다. 더 나아가 분석 내용을 토대로 새로운 연구 주제를 발굴하거나 실험 설계까지 제안하는 등, 연구 주제 및 가설 설정 단계에서도 연구자의 창의적인 아이디어를 촉진합니다.

또한 복잡한 실험 데이터 분석과 해석 역시 지원합니다. 예를 들어 대규모 임상실험 데이터에서 질병과 연관된 주요 변수들의 상관관계를 분석하고, 환자군별 특성을 비교하여 숨겨진 패턴과 인사이트를 도출할 수 있습니다. 분석 결과를 히트맵, 막대그래프 등 다양한 시각 자료로 변환하여 연구 결과의 설득력과 이해도를 높이는 데에도 기여합니다.

마지막으로 연구 논문 작성 과정에서도 크게 활약합니다. 연구 내용을 논리적으로 정리하고, 선행 연구와 비교 분석하여 연구의 독창성과 의의를 부각시키는 데 도움을 줄 수 있습니다. 아울러 번거롭고 시간도 많이 드는 학술 저널의 투고 규정에 따른 논문 편집 및 교정 작업에서도 손을 덜어줄 것입니다.

선행 연구 검토 및 연구 주제 설정

Claude AI와 같은 AI 기술은 특히 선행 연구 분석에 큰 도움이 됩니다. 자연어 처리와 기계 학습 기술로 문서의 핵심을 추출하고, 연구 동향과 패턴을 파악하며, 연구 결과를 종합적으로 해석할 수 있기 때문입니다. 이는 연구자들이 문헌 조사에 들이는 시간과 노력을 크게 줄이고, 보다 심층적이고 창의적인 연구에 몰두할 수 있게 해줍니다.

더 나아가 Claude AI는 방대한 선행연구 속에서 아직 충분히 탐구되지 않은 연구 공백을 발견하고, 타 영역과의 융합을 통해 창의적인 연구 아이디어를 제안할 수 있습니다. 논문 데이터를 전문적으로 분석하여 도출한 인사이트는 연구자의 직관만으로는 쉽게 포착하기 어려운 부분일 것입니다. 살펴야 하는 데이터가 지나치게 방대하기 때문이죠.

그럼 연구 보조 Claude AI의 업무가 구체적으로 어떠한지, 가상 시나리오를 통해 Claude AI를 활용한 연구 준비 과정을 알아보도록 하겠습니다. 핵심은 적절한 데이터(논문, 보고서)를 수집해 Claude AI에 입력하는 것입니다. 그럼 나머지는 Claude AI가 알아서 해줍니다.

> **주의** 이하 가상 시나리오들은 Claude AI를 사용하는 과정을 쉽게 이해할 수 있도록 Claude AI가 생성한 샘플들이며, 실제 상황과 다를수 있습니다.

시나리오 1 – 신약 개발 관련 논문 분석

[1단계] 관련 논문 데이터 수집

제약회사 연구원 B는 신규 항암제 개발을 위해 관련 분야 논문을 분석하고자 합니다. 우선 B는 "표적항암제", "면역항암제", "약물전달시스템" 등의 키워드로 PubMed 같은 학술 데이터베이스에서 최근 5년간 게재된 논문들을 수집합니다.

[2단계] 논문 분석 요청

B는 수집한 논문들을 Claude AI에 업로드(PDF 또는 TXT)한 뒤, Claude AI에게 다음과 같이 최신 연구 동향과 우수 선행 연구의 분석을 요청합니다. 그럼 Claude AI는 논문 초록과 결론의 텍스트 데이터를 자연어 처리 기술로 분석하여 다음과 같은 결과를 제시합니다.

> **Claude AI**, 입력된 논문들의 초록과 결론을 분석하여, 항암제 개발 분야의 최신 연구 동향과 주목받는 기술을 요약해 주세요. 또한 가장 많이 인용된 논문 10편을 선별하고, 해당 연구의 핵심 내용과 성과, 한계점 등을 정리해 주세요.

분석 결과, 최근 항암제 개발 연구는 다음과 같은 경향성을 보이고 있습니다.

1. 특정 암 유전자를 표적으로 하는 소분자 항암제 개발이 활발함
2. 면역관문억제제 등 면역항암제의 효능 검증 및 적응증 확대 연구가 주목받음
3. 나노입자, 리포솜 등을 활용한 약물전달시스템 연구가 항암제 개발에서 핵심 기술로 부상

한편 인용 횟수 상위 10편 논문의 주요 내용은 다음과 같이 요약할 수 있습니다.

1. (Nature, 2018) PD-L1 억제제와 CTLA-4 억제제 병용요법의 효능을 검증한 임상시험 결과. 진행성 흑색종 환자의 생존율을 크게 개선하는 효과 입증. 다만 높은 부작용 발생률이 한계로 지적됨.
2. (Science, 2019) 유방암 치료용 표적항암제 개발 연구. HER2 수용체를 표적하는 새로운 기전의 약물을 개발하고 동물실험을 통해 종양 성장 억제 효과를 입증함. 기존 표적치료제 내성 문제를 극복할 수 있는 가능성 제시.

(중략)

10. (Nature Nanotechnology, 2020) 암세포 특이적 약물 전달이 가능한 고분자 나노입자 플랫폼 개발 연구. 마우스 시험에서 강력한 항종양 효과와 낮은 부작용을 입증함. 약물 전달 효율을 높일 수 있는 새로운 기술로 주목받고 있으나 실제 임상 적용까지는 추가 연구 필요.

[3단계] 검토 및 활용

Claude AI 덕택에 연구원 B는 빠르게 항암제 개발 분야의 최신 연구 동향을 파악하고, 주목할 만한 선행 연구 결과를 심도 있게 검토할 수 있게 되었습니다. 특히 Claude AI가 요약한 핵심 논문들은 보다 혁신적이고 경쟁력 있는 신약 개발 전략 수립에 실질적인 도움이 되었습니다.

시나리오 2 – 도시 열섬 효과 완화를 위한 새로운 연구 주제 발굴

[1단계] 관련 논문 데이터 수집 및 입력

환경공학 분야 연구자 A는 참신한 연구 주제를 찾기 위해, Claude AI의 도움을 받아보기로 합니다. 그는 "도시 열섬", "그린 인프라", "건물 에너

지 효율" 등의 키워드로 관련 분야 학술지에 최근 게재된 논물을 수집하여 Claude AI에 입력합니다.

[2단계] 논문 분석 요청

연구자 A는 Claude AI에게 충분히 탐구되지 않은 연구 영역을 찾고 새로운 연구 문제를 찾아 달라고 요청합니다. 요청을 받은 Claude AI는 논문들의 초록, 키워드, 연구 방법론 등을 종합적으로 분석하여 요약 제시하고, 연구 질문(가설)을 제안합니다.

> Claude AI, 입력된 논문들을 분석하여, 도시 열섬 효과와 관련하여 아직 충분히 탐구되지 않은 연구 영역이나 변수를 찾아주세요. 기존 연구들 간의 상관관계와 패턴을 파악하고, 이를 바탕으로 새로운 연구 문제나 혁신적인 해결책을 제안해 주세요.

분석 결과, 기존의 도시 열섬 연구는 주로 녹지 공간 확대, 고반사 건물 외장재 사용 등에 초점을 맞추고 있습니다. 하지만 토지 이용 패턴, 건물 배치, 인구 밀도 등 도시 형태적 요인이 열섬 효과에 미치는 영향에 대해서는 상대적으로 연구가 부족한 것으로 나타났습니다.

또한 열섬 현상과 대기 오염, 에너지 소비 패턴 간의 상관관계를 종합적으로 분석한 연구도 많지 않았습니다. 특히 COVID-19 이후 재택근무 확산 등으로 인한 도심 에너지 사용 패턴 변화가 열섬 효과에 미치는 영향에 대해서는 연구가 거의 이루어지지 않고 있습니다.

이에 도시 형태, 대기 환경, 에너지 사용 패턴의 상호작용이 열섬 효과에 미치는 영향을 통합적으로 분석하는 연구를 제안합니다. 구체적으로는 다음과 같은 연구 질문을 설정해 볼 수 있겠습니다.

1. 도시 압축도가 높을수록 열섬 효과가 악화되는가?
2. 건물 에너지 소비 패턴과 인구 분포의 변화가 열섬 분포에 미치는 영향은?
3. 열섬 완화 정책이 에너지 소비량과 대기 오염 저감에 미치는 상호 영향은?

나아가 이를 실증적으로 검증하기 위해 GIS 기반 도시 환경 데이터와 위성 영상 데이터를 결합하여 분석하는 방법론을 제안합니다. 또한 도시 열섬의 시공간적 분포 패턴을 예측하는 AI 모델 개발도 고려해 볼 만합니다.

[3단계] 연구자의 검토 및 연구 계획 수립

Claude AI가 제안한 내용을 바탕으로 연구자 A는 새로운 연구 아이디어를 구체화하고 연구 설계를 정교화 합니다. 도시 형태, 에너지, 환경 데이터를 통합한 빅데이터 분석이라는 혁신적인 접근법에 착안하여, 보다 종합적이고 실효성 있는 열섬 대응 방안을 모색하는 연구를 계획하게 됩니다.

지금까지 Claude AI를 활용한 논문 및 연구 보고서 분석의 가상 사례를 살펴보았습니다. 사례에서 보듯 Claude AI는 방대한 문헌 데이터를 신속하고 정확하게 분석하여 연구 동향과 핵심을 추출해냄으로써 문헌 조사에 소요되는 연구자의 시간과 노력을 획기적으로 줄여줍니다.

나아가 Claude AI는 단순히 문헌의 주요 내용을 요약하는 데 그치지 않고, 인용 분석, 비교 분석 등을 통해 연구 성과의 의의와 한계, 후속 과제 등을 종합적으로 도출해냅니다. 이는 연구자가 선행 연구를 비판적으로 검토하고 자신만의 연구 방향을 설정하는 데 큰 도움을 줄 수 있습니다. 물론 Claude AI의 제안을 바탕으로 연구자 본인의 전문성과 통찰을 결합하여 연구 문제를 구체화하고 정교화하는 작업은 여전히 연구자의 몫입니다.

연구 결과 해석 및 논문 작성 지원

연구 과정에서 가장 중요한 단계 중 하나는 수집된 데이터를 분석하고 그 결과를 해석하여 의미 있는 결론을 도출하는 것입니다. 나아가 그 결과를 학술 논문이라는 형식으로 정리하여 공유하는 일까지가 연구자의 핵심 역할이라 할 수 있겠습니다. 그러나 유의미한 패턴과 인사이트를 포착하고, 이를 학술적으로 타당한 방식으로 해석하는 일은 결코 쉽지 않습니다. 통계적 분석 기법에 대한 이해, 해당 분야의 이론적 배경 지식, 논리적 글쓰기 능력 등 다방면의 전문성이 요구되기 때문입니다.

바로 이 지점에서 Claude AI와 같은 AI 기술이 연구자들에게 실질적인 도움을 제공할 수 있습니다. Claude AI로부터 텍스트 분석, 데이터 시각화, 보고서 작성 등 연구 결과 해석 및 논문 작성의 전 과정에서 적절한 지원을 받은 연구자들은 보다 효율적이고 창의적으로 연구에 몰두할 수 있습니다. 마찬가지로 가상 시나리오를 통해 연구 마무리 단계에서 Claude AI가 수행하는 역할을 구체적으로 알아보겠습니다.

시나리오 1 – 연구 결과 해석 방향 조언 (경영 분야)

경영학과 박사과정생 A는 기업의 사회적 책임(CSR) 활동이 기업 가치에 미치는 영향에 관한 연구를 진행하고 있습니다. 국내 상장기업 100개사의 지난 10년간 CSR 투자액, 재무성과, 주가 데이터 등을 수집하여 분석한 결과, CSR과 기업 가치 간에 유의한 정(+)의 상관관계가 있음을 발견했습니다.

그렇지만 여전히 이 결과를 제대로 해석하고 논문으로 정리하는 데 어려움을 겪고 있던 A는 Claude AI에게 도움을 요청하기로 합니다.

> Claude AI, 저는 기업의 사회적 책임(CSR) 활동이 기업 가치에 미치는 영향에 관한 연구를 진행하고 있는데, 결과 해석에 대해 조언을 구하고 싶습니다. 데이터는 별도 파일로 업로드했습니다.
>
> 데이터를 분석한 결과, CSR 투자액이 증가할수록 해당 기업의 주가 수익률과 ROA 등 주요 재무 지표가 개선되는 경향이 관찰되었습니다. 이러한 상관관계가 인과관계를 의미하는 것인지, 아니면 다른 요인에 의한 허위 상관일 가능성은 없는지 궁금합니다.
>
> 또한 CSR과 기업 가치의 관계를 설명하는 이론적 메커니즘은 무엇인지, 관련 선행연구들은 어떤 논의를 해왔는지도 정리가 필요할 것 같습니다. 마지막으로 이번 연구 결과의 학술적, 실무적 의의를 부각할 수 있는 방안에 대해서도 조언을 구하고 싶습니다.

A의 요청을 받은 Claude AI는 제공된 분석 결과 데이터를 바탕으로 심층 분석에 착수합니다. 우선 CSR 변수와 기업 가치 변수 간 시차 상관관계 분석, 그랜저 인과관계 검정 등을 수행하여 두 변수 간의 인과 관계를 통계적으로 검증합니다. 아울러 재무제표 주석, 사업보고서 등 추가 데이터를 확보하여 CSR 투자의 세부 용도와 성과를 추적하고, 산업별, 기업 규모별 차이 등을 세분화하여 분석함으로써 보다 설득력 있는 해석 근거를 마련합니다.

다음으로 Claude AI는 CSR과 기업 가치의 관계에 관한 이론적 논의를 정리하기 위해 관련 분야 논문 및 학술서적을 광범위하게 검토합니다. 이해관계자 이론, 자원 기반 이론, 신호 이론 등 다양한 이론적 관점에서 A의 연구 결과를 뒷받침할 수 있는 논리를 발굴하고, 이를 체계적으로 요약 정리합니다. 나아가 분석 결과의 실무적 시사점과 관련하여, 국내외 CSR 우수 기업 사례, 관련 정책 및 규제 동향 등을 조사하여 A의 연구가 기업의 CSR 전략 수립에 기여할 수 있는 바를 구체화할 수 있도록 합니다.

분석 결과와 관련 이론, 사례를 종합해 볼 때 CSR 활동과 기업 가치 간 정(+)의 관계는 통계적으로나 이론적으로 상당한 타당성이 있어 보입니다. 특히 이해관계자들과의 긍정적 관계 구축, 무형 자산 형성 등이 재무성과로 이어지는 메커니즘을 자원 기반 이론 등으로 설명할 수 있을 것으로 보입니다.

다만 내생성 문제를 완전히 통제하지는 못한 한계가 있으므로, 향후 연구에서는 조절 변수나 통제 변수를 보완할 필요가 있어 보입니다. 아울러 장기 시계열 데이터 확보, 질적 연구 방법 병행 등을 통해 더욱 설득력 있는 인과 관계 규명이 가능할 것으로 사료됩니다.

이번 연구의 의의는 국내 기업을 대상으로 실증 분석을 수행하여 CSR의 경제적 가치를 입증했다는 점, 그리고 장기적 관점에서 CSR을 전략적으로 추진해야 할 당위성을 제시했다는 데 있어 보입니다. 정책적으로는 기업의 자발적 CSR 활동을 장려하기 위한 유인 제도 마련에도 시사점을 줄 수 있을 것입니다.

Claude AI의 조언에 힘입어 A는 보다 논리적이고 설득력 있는 논문을 작성할 수 있게 되었고, 무사히 학위 논문 심사를 통과할 수 있었습니다. 동시에 CSR의 전략적 가치에 대한 통찰을 얻게 되었습니다.

시나리오 2 – 텍스트 분석과 학술 자료 정리 보조 (인문 분야)

영문학과 석사과정생 B는 셰익스피어의 4대 비극 중 하나인 '맥베스'에 나타난 권력과 욕망의 문제를 다룬 논문을 준비하고 있습니다. B는 주인공 맥베스의 성격 변화 과정과 그것이 극의 비극성을 어떻게 심화시키는지에 초점을 맞추어 논의를 전개하고 싶었습니다.

그러나 방대한 분량의 원전 텍스트를 꼼꼼히 분석하고, 이를 뒷받침할 만한 학술 자료를 찾아 체계적으로 정리하는 데 어려움을 겪고 있던 B는 Claude AI에게 도움을 요청하기로 합니다.

> Claude AI, 저는 희곡 '맥베스'에 대해 연구하고 있습니다. 맥베스의 성격이 극을 거듭할수록 어떻게 변화하는지, 그리고 그런 변화가 극의 주요 사건 및 다른 등장인물들과 어떻게 연관되는지 분석이 필요합니다. 또한 아내 레이디 맥베스와의 관계, 마녀들의 예언 등 맥베스의 성격 변화에 영향을 미치는 요인들도 짚어보고 싶어요.
> 원전 텍스트를 다음과 같이 업로드합니다. 각 막과 장면별로 맥베스의 대사와 행동을 추출하여 심리 변화 과정을 쫓아갈 수 있게 정리해 주시고, 관련 선행 연구의 주요 논점도 요약해 주시면 좋겠습니다.

Claude AI는 B가 제공한 '맥베스' 원전 텍스트를 바탕으로 자연어 처리를 통해 각 등장인물이 대사와 행동을 추출하고, 극의 흐름에 따른 맥베스의 심리 변화 과정을 시각화합니다. 예를 들어 지지와 의심, 망설임과 결단 등 맥베스의 상반된 심리가 교차 반복되는 양상을 그래프로 나타내고, 이를 레이디 맥베스의 대사, 마녀들의 등장 장면 등 주요 사건들과 연계하여 분석하는 것입니다.

아울러 'Macbeth', 'tragic hero', 'ambition', 'guilt' 등의 키워드로 관련 선행연구 논문을 검색하고, 각 논문의 초록과 결론을 요약하여 주요 쟁점과 해석상의 관점 차이 등을 정리합니다.

맥베스의 성격은 초반의 선하고 용맹한 장군에서 점차 욕망에 사로잡힌 폭군으로 변모해 가는데, 이는 단선적인 과정이 아니라 끊임없는 내적 갈등과 타협의 반복 속에서 이뤄지는 것으로 보입니다.

특히 아내와의 관계가 맥베스의 욕망을 부추기는 결정적 계기가 되는 반면, 그로 인한 죄책감은 그를 파멸로 이끄는 요인이 되는 점에 주목할 필요가 있겠습니다. 선행연구들도 이러한 맥락에서 맥베스를 죄와 벌, 인간 내면의 약점 등 보편적 주제를 구현한 비극적 주인공으로 해석하는 경향이 큽니다.

다만 기존 연구들은 주로 텍스트에 대한 해석에 초점을 맞추다 보니, 당대 사회상이나 셰익스피어 개인사와의 연관성 등 보다 넓은 맥락에서 작품을 조명하는 시각은 상대적으로 부족해 보입니다.

B 학생의 논문이 맥베스라는 인물의 성격 변화에 초점을 맞추되, 그것이 당시 절대왕정에 대한 셰익스피어의 비판의식을 어떻게 반영하는지, 그의 다른 비극들과는 어떤 공통점과 차이점이 있는지 등으로 논의를 확장한다면 기존 연구와 차별화된 의의를 지닐 수 있을 것 같습니다.

B는 Claude AI의 분석과 조언을 토대로 맥베스의 성격 변화 과정을 체계적으로 정리하고, 이를 셰익스피어 비극 연구에서의 보다 거시적 논점과 연계하여 논문을 완성할 수 있었습니다. 나아가 텍스트 분석에 머물지 않고 시대적, 사회적 맥락으로 시야를 넓힐 수 있는 계기를 얻게 되었습니다.

시나리오 3 - 효과적인 연구 결과 제시 (사회과학 분야)

심리학과 박사과정생 C는 코로나19 팬데믹이 대학생들의 정신건강에 미친 영향을 다룬 논문을 준비하고 있습니다. 전국 대학생 1,000명을 대상으로 우울, 불안, 스트레스 등의 심리 척도를 측정한 데이터 분석을 마쳤지만, 방대한 분량의 결과를 논문으로 효과적으로 정리하는 데 어려움을 겪고 있습니다.

C는 데이터 분석 결과를 업로드한 뒤, Claude AI에게 다음과 같이 논문 작성에 대한 조언을 구합니다.

> Claude AI, 코로나19 팬데믹이 대학생들의 정신건강에 미친 영향을 연구하고 있습니다. 전국 대학생 천 명을 대상으로 여러 심리 척도 측정을 진행했어요. 이 데이터 분석 결과, 코로나19 이후 대학생들의 우울과 불안 수준이 유의미하게 증가한 것으로 나타났어요. 특히 여학생, 저소득층 학생, 신입생 등 특정 집단에서 더 큰 어려움을 겪는 것으로 확인되었죠. 데이터는 다음과 같습니다.
> (데이터 입력)
> 이 결과를 토대로 팬데믹이 대학생 정신건강에 미친 영향을 체계적으로 조명하고, 지원 방안을 모색하는 논문을 작성하고 싶은데요. 문제는 워낙 방대한 분석 결과를 어떻게 구조화할지 막막하다는 거예요. 논문의 전체 구성을 어떻게 짜는 게 좋을지, 그리고 핵심 결과를 임팩트 있게 전달할 수 있는 효과적인 시각화 방법이나 논증 전략 같은 것도 조언해 주시면 좋겠어요.

C의 요청을 받은 Claude AI는 먼저 제공된 데이터 분석 결과를 꼼꼼히 검토하면서, 주요 발견과 흥미로운 패턴, 그리고 학술적/실용적 의의가 두드러지는 부분들을 추려냅니다. 그리고 C에게 다음과 같은 논문 구성과 작성 전략을 제안합니다.

> C님의 어려움은 많은 연구자들이 공감할 만한 문제인 것 같아요. 방대한 분석 결과를 설득력 있는 논문으로 구조화하고 임팩트 있게 전달하는 것이 쉽지만은 않죠. 연구 주제와 데이터 분석 결과를 토대로, 제가 생각하는 효과적인 논문 구성과 시각화 전략을 몇 가지 제안해 볼게요.
> 우선 논문의 전체 구조는 크게 서론-본론-결론의 기본 틀을 따르되, 각 부분의 비중과 포인트를 전략적으로 배치하는 것이 중요해 보여요.
> 1. 서론. 연구의 배경과 필요성을 설득력 있게 제시하는 것이 관건입니다. 코로나19 팬데믹이 대학가에 미친 충격과 혼란을 생생한 수치와 사례로 제시하고, 대학생 정신건강 문제가 간과되어서는 안 될 중요한 사회적 이슈임을 강

조하는 거죠. 특히 선행연구 검토를 통해 기존 연구의 한계와 본 연구의 차별성을 부각하면 좋겠어요.

2. 본론. 분석 결과를 단계적이고 체계적으로 제시하되, 줄거리가 흐트러지지 않도록 주의해야 해요.

[1] 먼저 전체 표본의 우울, 불안 수준 변화를 개괄적 수치와 함께 제시하고,

[2] 성별, 학년, 전공, 소득수준 등 주요 변인별로 구체적인 하위집단 분석 결과를 정리하는 거예요.

[3] 특히 취약 집단으로 확인된 여학생, 저소득층, 신입생 등에서 나타나는 특징적 경향성을 부각하되, 통계치와 함께 면밀한 해석을 곁들이면 좋겠어요.

이때 가급적 시각화 자료를 활용하여 수치의 변화와 집단 간 격차를 직관적으로 드러내는 것이 효과적일 거예요. 막대그래프, 꺾은선그래프, 히트맵 등 다양한 차트를 상황에 맞게 사용하되, 가독성과 심미성을 모두 고려하는 것이 중요하죠. 아울러 그래프만으로 다 전달하기 어려운 포인트는 글로 풀어내는 병행 전략도 유용해요.

3. 결론. 분석 결과를 종합하여 연구의 의의와 한계를 객관적으로 제시하는 동시에, 대학 정신건강 지원 정책에의 실천적 제언을 담는 것이 돋보일 거예요. 취약 집단별 맞춤형 상담 프로그램, 비대면 지원 서비스 인프라 구축 등 구체적이고 현실적인 방안을 제시한다면 연구의 사회적 임팩트를 한층 높일 수 있을 거예요.

이와 함께 향후 추가 연구 과제를 제안하는 것도 좋겠어요. 가령 질적 연구를 통해 우울/불안 고위험군 학생들의 경험을 심층적으로 탐색한다거나, 대학별 정신건강 지원 체계를 점검하는 후속 연구 등을 제안하는 거죠. 그럼 본 연구가 이 분야 연구의 디딤돌이 되어주는 느낌을 줄 수 있어요.

이상의 틀을 기본으로 C가 자신의 문제의식과 강조점을 더해 논문을 구성해 나간다면, 방대한 분석 결과도 설득력 있는 스토리로 구조화할 수 있을 거예요.

아 참, 그리고 논문 작성 과정에서 교수님이나 동료들로부터 꾸준히 피드백을 받는 것도 중요해요. 혼자서 너무 완벽한 논문을 쓰려 애쓰기보다는, 협력 속에서 지속적으로 다듬어 나가는 유연한 마음가짐이 도움이 될 거예요.

물론 이 모든 과정이 결코 쉽지만은 않겠지만, 포기하지 않고 치열하게 고민하다 보면 어느새 멋진 논문이 완성되어 있을 거예요. C의 연구가 대학생 정신건강 증진에 기여하는 의미 있는 성과로 이어지길 바라요. 파이팅!

Claude AI의 조언에 힘입어 C는 보다 설득력 있고 읽기 편한 논문을 작성할 수 있게 되었습니다. 단순히 데이터 나열에 그치지 않고 현상의 이면을 파고드는 해석, 시각 자료와 논증의 적절한 배치, 그리고 실천적 함의의 도출까지. Claude AI가 제안한 논문 작성 팁은 C의 연구 역량 향상에 큰 도움이 되었습니다.

이처럼 Claude AI는 방대한 데이터를 조직화하고 패턴을 발견하는 한편, 이를 해석하고 맥락화하는 일에 있어서도 연구자들의 유능한 조력자로 활약합니다. 단순히 문제에 대한 정답을 제시하기보다는, 창의적 사고를 자극하고 새로운 관점을 제시함으로써 연구자 스스로 통찰에 이를 수 있도록 돕는 것입니다. 통계 기법이나 텍스트 마이닝 등 Claude AI가 제공하는 분석 도구도 중요하지만, 보다 근본적으로는 그것이 의미 있는 해석과 논증으로 이어질 수 있도록 대화와 협력의 과정을 이어가는 것이 Claude AI 연구 보조 활용의 핵심이라 하겠습니다.

투자 및 재무

투자와 재무는 기업 경영의 핵심으로 정확한 수치 분석과 신속한 의사결정이 요구되지만, 복잡한 변수들을 고려해야 하는 만큼 전문성과 노력이 많이 필요한 영역이기도 합니다. Claude AI와 같은 AI 기술은 투자와 재무 업무에 혁신을 가져올 잠재력을 지니고 있습니다. 빅데이터 분석부터 보고서 작성, 의사결정 지원에 이르는 전 과정에 걸쳐 Claude AI의 역량이 발휘될 수 있습니다.

구체적으로 Claude AI는 기업 실사와 가치평가 업무에 매우 유용하게 활용 가능합니다. 투자 전문가들은 방대한 양의 재무제표와 공시 자료, 사업 계획서 등을 Claude AI에게 빠르게 분석시킴으로써 핵심 정보에 보다 쉽게 접근할 수 있습니다. Claude AI는 기업의 재무 안정성, 성장성, 수익성 등을 다각도로 평가하고 벤치마킹함으로써 투자 의사결정에 실질적인 도움을 제공합니다.

또한 Claude AI는 유능한 애널리스트입니다. 투자 분석 결과를 요약하고 시각화하는 것은 물론, 설득력 있는 투자 논거를 찾아 제시함으로써 보고서의 완성도를 높이는 데 기여합니다.

한편 재무 관리에서도 Claude AI의 활약이 기대됩니다. 스타트업이나 중소기업에서는 Claude AI가 CFO의 역할을 일정 부분 대신할 수 있습니다. 매출, 비용 등의 원천 데이터만 입력하면 Claude AI가 재무제표를 자동으로 생성하고 항목별로 분석 결과를 제공하기 때문입니다. 나아가 현금흐름 예측, 재무 시나리오 분석 등 의사결정에 필요한 정보들도 Claude AI를 통해 손쉽게 얻을 수 있습니다.

IR 자료나 사업 계획서 작성 시에도 재무 데이터를 기반으로 기업의 미래 가치를 설득력 있게 제언하고, 투자자들의 관심을 끌 만한 정보를 효과적으로 전달하는 데 도움을 줍니다. 팩트에 기반한 명료한 메시지 전달은 투자 유치의 성공 가능성을 높이는 데 기여할 것입니다.

투자 보고서 및 분석 리포트 작성

투자 보고서와 분석 리포트는 투자 의사결정에 핵심적인 역할을 하는 문서입니다. 방대한 데이터를 바탕으로 투자 대상의 가치를 평가하고, 리스크와 수익 잠재력을 분석하여 투자 액션플랜을 제시하는 것이 주된 내용이죠.

그러나 높은 정확성과 전문성이 요구되는 만큼 작성에 많은 시간과 노력이 소요되는 것이 일반적입니다.

Claude AI와 같은 AI 기술은 투자 보고서 작성 과정에 혁신을 가져올 수 있습니다. 방대한 데이터를 단시간에 분석하고 핵심 내용을 추출하여 정리함으로써 많은 시간을 단축시킬 수 있기 때문입니다. 나아가 AI 특유의 정확성과 일관성은 보고서의 완성도를 높이는 데 기여할 수 있습니다. 가상 시나리오를 통해 좀 더 자세히 살펴보겠습니다.

시나리오 – 투자 분석 리포트 초안 작성

글로벌 벤처캐피탈 A사의 애널리스트 존은 유망한 바이오테크 스타트업 B사에 대한 투자 보고서를 작성해야 합니다. B사는 혁신적인 면역항암제 파이프라인을 보유하고 있는데, 2상 임상시험에서 긍정적 결과를 얻어 업계의 주목을 받고 있습니다.

[1단계] 데이터 준비 및 입력

Claude AI가 B사에 대한 종합적인 투자 분석 리포트를 작성하기 위해서는 다음과 같은 데이터가 사전에 준비되어야 합니다.

1. 회사 개요 관련 데이터
- 회사 설립 문서 (정관, 투자 계약서 등)
- 사업 계획서
- 경영진 및 주요 인력의 이력서
- 특허 및 지적재산권 내역

2. 파이프라인 관련 데이터
- 개발 중인 신약 후보 물질 리스트 및 타깃 적응증
- 각 파이프라인의 작용기전 및 차별성 관련 자료
- 전임상, 임상시험 프로토콜

- 규제기관 미팅 자료 (FDA, EMA 등)

3. 임상시험 데이터

- 임상시험 결과 보고서 (각 파이프라인별로)

- 학술대회 발표 자료

- 임상시험 관련 논문 및 출판물

4. 경쟁 환경 데이터

- 타깃 질환 영역의 치료제 시장 분석 보고서

- 주요 경쟁 기업 및 파이프라인 분석 자료

- 특허 분석 자료 (FTO 분석 포함)

5. 시장 데이터

- 질환 영역별 시장 규모 및 전망 데이터

- 주요 타깃 국가의 약가 및 보험 정책 관련 자료

- 잠재 시장 내 unmet needs 및 경쟁 강도 분석 자료

6. 재무 데이터

- 과거 3개년 재무제표 (BS, PL, CF)

- 향후 5년간 재무 계획 및 가정

- 자본 조달 내역 및 조건 (투자유치, 차입 등)

- 주요 계약 내역 (L/O, 기술이전, 공동개발 등)

이외에도 Claude AI가 B사를 입체적으로 분석하는 데 도움이 될 수 있는 기타 정성적 정보도 제공하면 좋습니다. 예를 들어 B사 경영진 인터뷰 내용, 전문가 의견서, 업계 동향 뉴스 등이 있을 겁니다.

중요한 것은 데이터가 신뢰할 수 있는 출처로부터 수집되어야 하며, 가능한 구조화된 형태로 정리되어야 한다는 점입니다. 데이터의 품질이 분석의 정확성을 좌우하기 때문입니다. 아울러 법적, 윤리적 문제가 없는 데이터만 활용하는 것이 바람직합니다. 기밀 유지 계약이나 내부자 거래 규정 등을 위반하지 않도록 주의가 필요합니다.

[2단계] 데이터 포괄 분석 리포트 생성

적절한 데이터를 준비해 입력 완료한 뒤, 존은 우선 Claude AI에게 B사에 대한 포괄적인 분석을 요청합니다.

> **Claude AI, 저는 B사에 대해 투자 검토를 하고 있습니다. 지금 제공한 회사 개요, 주요 파이프라인, 임상시험 현황, 경쟁사 분석, 시장 전망, 재무 분석 등 데이터를 망라해서 분석 리포트를 작성해줄 수 있을까요?**

이에 Claude AI는 사업계획서, 임상시험 자료, 특허 내역, 경쟁사 벤치마킹 자료 등 존이 제공한 방대한 데이터를 학습한 후 다음과 같은 투자 분석 리포트를 생성해 냈습니다. (분량 관계상 개요만 소개합니다.)

1. 회사 개요
 - 설립 배경 및 경영진 소개
 - 사업 모델 및 비전
 - 주요 연혁 및 특허 현황
2. 기술 및 파이프라인
 - 플랫폼 기술 설명
 - Lead 물질의 작용기전 및 차별성
 - 개발 중인 파이프라인 및 적응증
3. 임상시험 현황
 - 개별 파이프라인 별 임상 단계 및 결과 요약
 - 주요 파이프라인 상세 임상 데이터 (안전성, 유효성)
4. 시장 분석
 - 항암제 시장 규모 및 전망
 - 주요 경쟁 약물 및 기술 벤치마킹
 - 타깃 시장 내 unmet needs 및 차별화 포인트
5. 재무 분석
 - 과거 3개년 요약 재무제표

- 향후 5년 재무 추정 (매출, 비용, 손익 등)
- 주요 재무 비율 (유동성, 안전성, 수익성 등)
6. 리스크 요인
- 기술적 리스크 (약효 입증 실패, 부작용 등)
- 시장 리스크 (경쟁 심화, 약가 인하 압력 등)
- 재무적 리스크 (자금 소진, 기술이전 지연 등)
7. 투자 의견
- SWOT 분석 종합
- 기대 수익 및 Exit 시나리오
- 투자 적정 밸류에이션 및 조건 제안

Claude AI의 분석 리포트는 방대한 양의 데이터를 체계적으로 정리하고, 핵심 정보를 쉽게 파악할 수 있도록 구성되어 있었습니다. 특히 B사만의 강점과 약점, 시장 기회요인과 위협요인 등을 SWOT으로 정리한 부분은 투자 의사결정에 실질적인 도움이 되는 정보였습니다. 또한 Claude AI가 제시한 투자 적정 밸류에이션과 조건은 존이 참고할 만한 가이드라인이 되었습니다.

물론 100% 완벽할 순 없겠지만, 애널리스트인 존이 추가 인사이트를 보태어 리포트를 다듬는다면 의사결정에 큰 도움이 되는 산출물이 될 수 있을 것입니다.

[3단계] 최종 투자 보고서 작성

다음으로 존은 이 분석 리포트를 바탕으로 Claude AI에게 최종 투자 보고서 작성을 요청했습니다.

좋습니다. Claude AI, 좋은 분석 리포트였어요. 이를 토대로 우리 투자위원회에 제출할 투자 제안서를 작성해 주세요. 투자 포인트와 리스크, 예상 수익 등을 압축적으로 정리

투자 보고서 예시 (일부)

(표지)

B사 시리즈 B 투자 제안서

- A Investment Biotech 2팀 존

1. 투자 포인트

  - 차세대 면역항암제 플랫폼 기술 (시장 잠재력 $10B 이상)

  - 2상 임상에서 객관적 반응률 50% 이상 기록 (Fast Track 지정)

  - 경쟁 약물 대비 우수한 안전성 프로파일

  - 면역항암제 개발 경험 풍부한 경영진 (X사 출신)

2. 주요 리스크

  - 3상 임상 결과 불확실성 (Fast Track에도 불구)

  - 선두 경쟁사 P사의 유사 약물과 경쟁 치열 예상

3. 투자 조건

  - 투자금액. $50M (지분 20%)

  - 선행 조건. 3상 계획안 사전 검토, Key Person 조항 등

  - Exit 계획. 임상 3상 완료 후 IPO 혹은 M&A

이와 같이 Claude AI는 방대한 B사 관련 정보를 핵심만 간추려 심플하고 임팩트 있는 투자 제안서를 만들어냈습니다. 투자 포인트와 리스크, 조건 등을 명확히 하여 의사결정권자가 쉽게 내용을 파악할 수 있도록 했습니다.

실세 두사위원회에서 존이 발표한 이 투자 제안서는 호평을 받았고, A Investment는 B사에 투자를 결정했습니다. Claude AI와 존의 협업이 빛을 발한 순간이었습니다.

이처럼 Claude AI는 투자 보고서 및 분석 리포트 작성 과정 전반에 걸쳐 애널리스트의 업무 효율과 질을 한층 높여줍니다. 방대한 투자 데이터를 신속 정확하게 분석하고 정리해 주니, 애널리스트는 보다 전략적이고 창의적인 업무에 주력할 수 있게 됩니다. 동시에 Claude AI를 활용한 리포트는 높은 완성도와 일관성으로 투자 설득력을 제고하는 효과도 있습니다.

물론 Claude AI로 모든 것을 대신할 순 없습니다. 투자 판단에 필요한 모든 정보가 데이터로 존재하는 것은 아니며, 정성적 요소에 대한 해석은 여전히 인간의 몫이기 때문입니다. 애널리스트의 산업 이해도와 전략적 통찰이 더해져야만 Claude AI의 분석이 빛을 발할 수 있습니다.

재무제표 분석 및 해석

재무제표는 기업의 재무 상태와 경영 성과를 종합적으로 보여주는 필수 문서입니다. 투자자들에게 기업의 수익성, 안정성, 성장성 등을 판단하는 핵심 잣대가 되죠. 하지만 복잡한 회계 지식과 계산식이 필요해 비전문가들이 분석하기엔 쉽지 않은 영역이기도 합니다.

재무제표 분석은 기업의 재무 상태, 성과, 그리고 흐름을 이해하기 위해 중요한 과정입니다. 여기에는 다양한 관점이 포함될 수 있는데, 다음은 에널리스트들이 재무제표를 분석할 때 고려할 수 있는 질문 목록입니다.

1. 수익성 분석
- 기업의 총수익과 순이익은 어떤 추세를 보이나요?
- 영업이익 마진과 순이익 마진은 어떻게 변화하고 있나요?
- 자본대비 수익률과 자산대비 수익률은 어떠한가요?

2. 유동성 분석
- 유동비율과 당좌비율은 충분한가요?
- 기업의 현금 흐름은 건전한가요?

- 단기 부채를 상환할 능력은 어떠한가요?

3. 부채 분석
- 부채비율과 이자보상배율은 어떠한가요?
- 장기 부채는 기업의 성장을 위한 합리적인 수준인가요?
- 부채 구조는 어떻게 되어 있나요?

4. 운전자본 및 투자 분석
- 운전자본은 적절한 수준인가요?
- 기업은 운전자본을 어떻게 관리하고 있나요?
- 투자 수익률은 어떠한가요?

5. 현금 흐름 분석
- 영업활동으로 인한 현금 흐름은 어떠한가요?
- 투자활동과 재무활동으로 인한 현금 흐름은 어떠한가요?
- 자유 현금 흐름은 어떠한가요?

6. 시장 가치 분석
- 주가수익비율(P/E), 주가순자산비율(P/B), 시가총액 대비 매출액비율은 어떠한 가요?
- 기업 가치에 대한 시장의 평가는 어떠한가요?
- 배당수익률은 어떠한가요?

7. 산업 및 경쟁 분석
- 기업의 성장성은 산업 내에서 어떠한 위치에 있나요?
- 경쟁사 대비 재무 성과는 어떠한가요?
- 산업 내에서 기업의 시장 점유율은 어떠한가요?

이러한 질문들을 통해 애널리스트들은 기업의 재무 건전성, 수익성, 성장 가능성, 그리고 시장 내 위치를 평가할 수 있습니다. 각각의 분석은 기업의 현재 상태와 잠재적인 위험 요소를 이해하는 데 도움이 됩니다.

Claude AI와 같은 AI 도구는 재무제표 분석 과정을 혁신할 수 있는 돌파구가 될 수 있습니다. 복잡한 계산은 물론, 각종 재무비율의 의미를 해석하고 벤치마킹까지 해주니 재무제표 분석이 한결 쉬워지는 거죠. 그럼 가상

시나리오를 통해 Claude AI의 역할을 자세히 알아보겠습니다.

대기업 투자를 검토 중인 애널리스트 박경배 차장은 업무 효율과 분석 다각화를 고려하여 전자 업계의 선두 기업 A사의 재무제표 분석을 Claude AI에게 의뢰하고자 합니다.

[1단계] 재무제표 입력 및 분석 요점 제공

우선 박 차장은 Claude AI에게 A사의 재무정보를 건네며 다음과 같이 요청했습니다.

> **Claude AI, 우리가 A사에 투자할 만한 가치가 있는지 판단할 수 있도록 A사 재무제표를 분석해 주세요. 수익성, 유동성, 재무건전성, 성장성 측면에서 깊이 있게 분석하고, 투자 의사결정에 필요한 인사이트를 알려주세요.**

알겠습니다. 우선 A사의 최근 5개년 재무제표를 토대로 다양한 재무비율을 계산해 보겠습니다. 매출과 이익의 추이, 영업이익률, 순이익률, ROE, ROA 등의 수익성 지표, 부채비율 등의 안정성 지표, 현금흐름 등을 자세히 살펴볼게요. 업계 평균치 및 경쟁사와 비교도 해보죠. 분석이 완료되는 대로 보고드리겠습니다.

[2단계] Claude AI의 재무제표 분석 진행

Claude AI는 애널리스트들의 질문 목록(앞 예시)을 가져와, 다음과 같이 A사의 재무제표 데이터를 바탕으로 재무분석 답변을 표로 정리하고, 각 항목을 종합 분석해 보고합니다.

수익성 분석
- 총수익과 순이익 추세: 매출액과 순이익은 2019년부터 2022년까지 꾸준히 증가했으나 2023년 큰 폭으로 하락. 2024년부터 점진적 회복세 전망.

- 영업이익률과 순이익률 변화: 영업이익률과 순이익률 모두 2021년 정점을 기록 후 2023년 크게 하락. 향후 완만한 개선 예상.
- ROE와 ROA: ROE와 ROA 모두 2021~2022년 고점 기록 후 2023년 큰 폭 하락. 2024년부터 점진적 회복 전망.

유동성 분석

- 유동비율과 당좌비율: 유동비율과 당좌비율 데이터 부재로 판단 불가.
- 현금흐름 건전성: 영업활동 현금흐름은 2020~2022년 6~7조원대로 안정적. 2023년 일시적 감소.
- 단기부채 상환능력: 이자발생부채 규모가 2019~2021년 대비 2022~2023년 크게 감소. 상환능력 양호한 것으로 판단.

부채 분석

- 부채비율과 이자보상배율: 부채비율은 2021년 40%까지 상승 후 2022~2023년 20%대로 하락 추세. 이자보상배율 데이터는 없으나 이자발생부채 규모로 볼 때 양호할 것으로 추정.
- 장기 부채 적정성: 장기차입금 데이터 부재로 판단 불가. 다만 2022~2023년 부채비율 크게 하락한 점은 고무적.
- 부채 구조: 유동부채와 비 유동부채 구분 데이터 없어 부채 만기구조 판단은 어려움.

운전자본 및 투자 분석

- 운전자본 적정성: 재고자산, 매출채권 등 세부 운전자본 데이터 부재로 적정성 판단 불가.
- 운전자본 관리: 현금 창출 능력이 양호한 점으로 볼 때 운전자본 관리가 효율적일 것으로 추정.
- ROI: 개별 투자안별 수익성 데이터가 없어 종합적인 투자수익률 판단은 어려움.

현금흐름 분석

- 영업활동 현금흐름: 2020~2022년 60조원 이상의 안정적 영업현금흐름 창출. 2023년 다소 주춤.
- 투자 및 재무활동 현금흐름: 투자활동으로 인한 현금유출이 지속되고 있으며, 재무활동 현금흐름은 일정 수준의 현금 배당 등으로 유출 지속.
- 잉여현금흐름(FCF): 2019~2022년 양호한 수준 유지하다 2023년 마이너스 전환. 향후 회복 전망.

시장가치 분석

- PER, PBR, PSR, PER: 2022년 7배까지 하락 후 2023년 37배로 급등. 2024년 이후 10배대로 정상화 예상. PBR은 2022년 1배로 하락했다 2023년 2배로 상승. PSR 데이터는 없음.
- 시장의 기업가치 평가: PBR 1배 근접은 장부가치 대비 저평가 가능성 시사. 그러나 PER 30배 이상은 향후 실적 개선에 대한 시장의 기대를 반영.
- 배당수익률: 2020년 4%, 이후 2~3% 수준 유지. 꾸준한 현금배당 지급 중.

산업 및 경쟁 분석

- 산업 내 성장성 매출액 증가율: 2020~2022년 10% 내외 기록하며 산업 내 선도적 위치 유지. 2023년 일시적 부진.
- 경쟁사 대비 재무성과: 개별 경쟁사와의 비교 데이터는 없으나, 수익성 지표 추이로 볼 때 동종업계 내 최상위 경쟁력 유지할 것으로 추정.
- 시장 점유율: 사업부문별 시장점유율 데이터가 제시되지 않아 판단 불가.

A사의 지난 5년간 재무제표를 면밀히 분석해 보았습니다. 먼저 수익성 측면에서 보면, 최근까지 매출과 영업이익이 꾸준히 성장세를 유지해 왔습니다. 2022년 영업이익률은 14%로 업계 평균을 상회하는 수준이었죠. 다만 2023년 들어서는 반도체 업황 악화로 실적이 크게 하락한 상황입니다.

안정성 측면에서는 부채비율이 2021년 40%까지 상승했다가 최근 20%대로 낮아진 점이 고무적입니다. 여전히 현금성 자산이 풍부하고 영업현금흐름도 양호한 수준을 유지하고 있어, 재무 건전성은 양호한 것으로 평가됩니다.

성장성 부분을 보면, 2023년 일시적 역성장이 있었지만 업계 수요 회복과 점유율 확대에 따라 향후 매출 성장은 재개될 것으로 전망됩니다. 특히 시설투자를 지속 확대하고 있어, 미래 성장동력 확보에도 적극적인 모습입니다.

재무구조 측면에서도 낮은 부채비율과 풍부한 현금을 바탕으로 매우 안정적인 모습을 보이고 있습니다. 다만 최근 적극적인 시설투자 확대로 인한 현금흐름 변화, 주력 사업의 실적 변동성 등은 지속적인 모니터링이 필요해 보입니다.

투자자 관점에서는 2022년 저점 대비 2023년 주가 상승에 따른 고평가 우려도 있으나, 여전히 PBR 2배 내외 수준으로 장기 투자 매력도는 충분해 보입니다. 배당수익률 역시 꾸준한 2~3% 수준을 유지하고 있어 배당 투자 매력도 갖추고 있습니다.

동종업계 경쟁사 대비해서는 압도적 시장 지배력을 갖추고 있으며, 특히 메모리 사업의 기술력은 타의 추종을 불허하고 있는 것으로 평가됩니다.

종합하면 우수한 재무 안정성과 경쟁력을 고루 갖춘 초우량 기업으로, 장기 투자 가치가 충분한 기업으로 판단됩니다. 반도체 업황 사이클에 따른 단기 실적 변동성은 주시할 필요가 있겠으나, 한국 증시의 대표 우량주로서의 위상은 향후에도 지속될 것으로 전망합니다.

A사는 탄탄한 사업 모델과 점유율을 바탕으로 업계 선두의 위상을 유지하고 있습니다. 최근 실적 부진은 일시적 업황 악화에 기인한 바가 크며, 중장기 성장 포텐셜은 여전히 유효해 보입니다.

다만 향후 실적 회복 시점이 불확실한 데다, 최근 주가 상승으로 밸류에이션이 다소 높아진 점은 리스크 요인입니다. 경쟁사 대비 프리미엄을 얼마나 더 줄 수 있을지가 관건이 될 것 같네요.

[3단계] 분석 결과 검토 및 분석 리포트 작성

A사에 대해 잘 분석해 줘서 고맙습니다. 실적 추이, 재무 안정성, 성장 잠재력 등을 종합해 볼 때 A사가 업계 내 최고의 경쟁력을 가진 것은 분명해 보이네요. 다만 단기 실적 변동성이 높고 현재 주가가 할증된 상태라는 점이 부담이 되겠어요. 장기 투자 관점에서는 여전히 매력도가 있지만, 액티브 펀드 운용 특성상 당장 포지션 진입은 쉽지 않을 듯해요. 향후 실적 추이와 시장 심리를 좀 더 지켜보고 매수 타이밍을 조율해야겠어요. 정말 큰 도움이 되었습니다.

이렇게 박 차장은 Claude AI의 도움을 받아서 다음과 같이 분석 리포트를 효율적으로 작성할 수 있었습니다.

A전자
투자의견. Buy
목표주가. 100,000원

A전자는 전자 업계의 선두기업으로, 탄탄한 사업 모델과 점유율을 바탕으로 최고의 경쟁력을 유지하고 있다. 2022년까지 꾸준한 성장세를 이어 왔으나 2023년 반도체 업황 악화로 실적이 크게 하락했다. 그러나 이는 일시적 충격으로 판단되며, 업계 수요 회복과 점유율 확대에 따른 실적 개선이 기대된다.

수익성 측면에서 A전자는 2022년 14%의 영업이익률로 업계 평균을 상회하는 우수한 성과를 기록했다. 최근 수익성이 악화되었으나 원가 경쟁력과 프리미엄 제품 판매 확대로 수익성 회복이 예상된다. ROE와 ROA 역시 2021~2022년 고점을 기록한 후 하락했으나, 2024년부터 점진적 개선이 전망된다.

재무 안정성 역시 양호한 편이다. 부채비율이 2021년 40%까지 높아졌으나 이후 20%대로 낮아졌으며, 풍부한 현금성 자산과 영업현금흐름 창출능력을 갖추고 있다. 대규모 투자 지출에도 불구하고 재무건전성은 양호한 수준을 유지할 것으로 보인다.

A전자의 핵심 강점은 미래 성장성에 있다. 시설투자를 지속 확대하며 선단공정 경쟁력을 높이고 있어, 업계 수요 회복 시 시장점유율 확대가 기대된다. 다만 투자 확대로 인한 감가상각비 증가, 재고자산 증가 등은 수익성에 부담으로 작용할 수 있어 주의가 필요하다.

밸류에이션 측면에서는 2023년 주가 급등에 따른 PER 부담이 있다. 그러나 PBR 2배 내외, 2024년 예상 PER 19배는 우량주 프리미엄을 감안하더라도 절대 고평가 수준은 아닌 것으로 판단된다. 배당수익률 역시 꾸준히 2~3%를 제공하며 주주가치 환원에 적극적인 모습이다.

종합적으로 A전자는 전자산업의 선도기업으로서 독보적 위상과 기술력, 미래 성장 잠재력을 갖추고 있어 장기 투자 매력도가 높은 기업이다. 다만 업황 변동성에 따른 단기 실적 리스크, 추가적인 주가 상승 여력 등을 감안하여 분할 매수를 통한 전략적 접근이 유효해 보인다.

현재는 반도체 업황 회복 시점에 대한 불확실성이 지속되며 주가 모멘텀이 약화된 상황이나, 장기적으로는 DRAM과 낸드 시장의 안정적 성장, 반도체 패러다임 변화에 따른 수혜 등으로 실적과 밸류에이션 개선이 기대된다. 목표주가 100,000원은 2024년 예상 EPS 6,107원에 Target PER 16배를 적용하여 산출했다.

지금까지 살펴보았듯, Claude AI는 투자와 재무라는 복잡한 영역에서 전문가들의 업무 효율과 의사결정의 질을 높이는 데 기여합니다. 그런 만큼 앞으로 투자와 재무 분야에서 AI 기술 도입은 선택이 아닌 필수가 될 전망입니다. 금융시장의 복잡성이 높아지고 데이터가 폭발적으로 증가하는 상황에서, AI의 빠른 분석과 정확한 예측 능력은 경쟁력의 원천이 될 것이기 때문입니다.

그러니 투자와 재무 전문가라면 Claude AI와 같은 AI 툴을 자신의 역량을 한 단계 업그레이드하는 도구로 적극 활용할 필요가 있습니다. 두려움보다는 열린 자세로, 창의적인 활용 방안을 모색해 나가는 것이 중요합니다. AI와의 협업을 통해 데이터 기반의 투자 의사결정과 효율적인 재무 관리가 일상화되는 그날을 기대해 봅니다.

HR 및 조직 관리

오늘날 기업 경쟁력의 핵심은 '사람'입니다. 우수한 인재를 확보하고, 이들의 역량을 최대한 이끌어내는 것이 HR의 가장 큰 미션이라고 할 수 있습니다. 채용부터 교육, 평가, 보상, 조직문화 관리에 이르는 HR의 업무 영역은 매우 광범위하고 복잡합니다. 여기에 팬데믹 이후 재택근무 확산, MZ세대 부상 등으로 인한 노동 환경 변화는 HR 업무에 새로운 도전 과제를 던지고 있습니다. 이런 상황에서 Claude AI와 같은 AI 기술은 HR 업무 프로세스를 최적화하고, 맞춤형 인사이트를 제공함으로써 의사결정을 지원합니다.

채용 과정에서 Claude AI를 활용한다면, 기업의 인재상에 부합하는 최적의 채용 공고와 지원자의 역량을 다각도로 파악할 수 있는 면접 질문을 자동 생성하여 담당자를 도울 겁니다. 또한 신입사원 교육, 리더십 훈련, 직무 역량 강화 등 다양한 교육 프로그램에 최적화된 커리큘럼과 교육 자료 역시 보다 쉽고 빠르게 제작할 수 있습니다.

한편 팬데믹 이후 유연근무제 확대, 비대면 소통 증가 등으로 조직문화 관리의 중요성이 그 어느 때보다 커졌습니다. 이때 사내 플랫폼 게시물, 임직원 대상 뉴스레터, 기업문화 캠페인 콘텐츠 등을 Claude AI로 자동 제작해 양과 질을 모두 높인다면 조직 내 소통을 크게 활성화하고 건강한 기업문화를 만들어 나가는 데 도움이 될 것입니다.

인재 관리 및 교육

수많은 지원자 중 최적의 인재를 골라내기란 결코 쉽지 않습니다. 조직의 비전에 공감하고 기업문화에 적합한 인재를 유인할 수 있는 채용 공고 작성과 지원자의 역량을 종합적으로 평가할 수 있는 면접 질문 설계는 채용 성공의 열쇠입니다.

또 좋은 인재에게도 지속적인 교육이 필요합니다. Claude AI는 교육 자료와 매뉴얼 제작을 자동화·고도화하는 HR의 강력한 조력자입니다. 콘텐츠의 방향성과 핵심 메시지를 고민하는 기획 단계부터 스토리라인과 시각 요소를 구체화하는 디자인 단계까지, Claude AI의 창의적 제안은 교육 담당자에게 큰 영감을 제공합니다.

그럼 빠르게 성장하는 이커머스 스타트업, B사를 통해 HR에서의 Claude AI 활용 실제를 가볍게 알아보겠습니다.

시나리오 1 – 이커머스 스타트업의 경력직 개발자 채용

채용 공고에는 요구되는 역량, 전형 절차와 일정, 조직문화와 복리후생 등 많은 정보가 명료하면서도 후보자의 흥미를 끌 수 있는 방식으로 제시되어야 합니다. 또 면접에서는 후보자의 하드 스킬뿐만 아니라 소프트 스킬과 성장 잠재력까지 평가할 수 있는 질문을 적절한 순서와 맥락에 따라 배치하는 것이 중요합니다.

Claude AI는 채용 공고와 면접 질문 작성을 자동화하여 담당자의 시간과 노력을 크게 절감해 줍니다. 또한 더 나은 채용 공고, 더 예리한 면접 질문을 제안함으로써 우수 인재 선발의 정확도를 높이고, 면접관의 평가 역량 강화에도 기여하죠. 즉 Claude AI는 단순한 자동화에 그치지 않고 채용의 질적 향상을 이끌어낼 수 있습니다.

[1단계] 채용 공고 작성

최근 시리즈 B 투자를 유치한 B사는 개발, 마케팅, CS 등 각 부문의 인재 채용을 서두르던 참입니다. 그러나 인사팀의 리소스 부족으로 채용 공고 작성과 면접 질문 설계에 어려움을 겪고 있습니다. B사의 인사 담당자 홍진서 팀장은 Claude AI를 활용하여 이 문제를 돌파하기로 합니다.

홍 팀장은 경력직 개발자 채용 공고를 작성하기 위해 Claude AI에게 다음과 같은 정보를 제공하고 공고 작성을 요청했습니다.

> Claude AI, 우리 B사에서 시니어 백엔드 개발자를 채용하려고 합니다. 우리 회사는 이커머스 스타트업으로 연 매출 성장률이 100%가 넘습니다. 수평적이고 자율적인 문화를 지향하고, 뛰어난 동료들과 함께 빠른 성장을 경험할 수 있습니다.
> 이번에 모시려는 분은 커머스 백엔드 개발 경력 5년 이상으로 Python, Django, MySQL 등에 능숙한 분이면 좋겠습니다. 대규모 트래픽 처리, API 설계 및 개발 경험도 꼭 있어야 하고요. 우대사항으로는 MSA 설계 경험, 클라우드 환경 개발 경험 등이 있습니다.
> 연봉은 업계 최고 수준인 0,000만원을 제시할 계획이고, 스톡옵션, 자율출퇴근 등의 복지도 강조하고 싶습니다. 이 내용을 바탕으로 유능한 시니어 개발자분들이 지원하고 싶어질 만한 공고를 작성해 줄래요?

Claude AI는 B사의 상황과 요구 역량을 분석하여, 다음과 같은 채용 공고 초안을 작성해 주었습니다.

프로덕트로 승부하는 이커머스 선두주자, B사에서 시니어 백엔드 개발자를 모십니다!

- 폭발적으로 성장하는 이커머스, 그 중심에서 핵심 백엔드를 책임질 실력자
- 연 매출 100% 성장, 시리즈 B 투자 유치로 가속페달을 밟은 스타트업
- 파이썬과 장고 기반 백엔드 개발 5년 이상, 대규모 트래픽 처리 경험 보유자
- 데이터 파이프라인, API 설계 등 상용 서비스 개발 전 과정에 숙련된 엔지니어
- MSA, 클라우드 개발 경험 있으신 분 환영

이런 분과 함께 하고 싶습니다:

- 자신의 코드가 비즈니스 성장으로 직결되는 짜릿함을 즐기시는 분
- 모든 개발 과정을 위해 동료들과 허물 없이 소통하고 협업할 줄 아시는 분
- 맡은 서비스를 주도적으로 이끌어가는 오너십을 발휘해주실 분
- 급성장하는 스타트업에서 다양한 챌린지에 도전하는 것을 즐기시는 분

합류하시면 이런 걸 경험할 수 있어요:

- 연봉 0000만원 (협의 가능) + 스톡옵션 + 각종 복지
- 웰컴 키트 + 최신형 장비 + 강남역 초역세권 사무실
- 자율출퇴근 + 커피, 스낵, 맥주 무제한 + 도서구입비 무제한
- 2년마다 해외 컨퍼런스 참가 지원 + 분기별 정기 보너스 + 명절 선물

주니어 때는 누구나 겪는 시행착오, 여기서는 0순위로 해결하고 성장합니다.

지금 바로 지원하세요!

[지원하기]

우리는 수평적이고 자율적인 문화 속에서 치열한 토론과 실행력으로 성장하고 있습니다. 기술적 난제 앞에서 주눅들지 않고, 새로운 영역을 개척하며 더 나은 서비스를 만드는 여정에 함께해 주세요.

당신의 커리어가 더 가파르게 성장할 수 있는 곳, B사에서 기다리겠습니다.

Claude AI가 작성한 공고는 후보자가 가진 실력을 B사에서 마음껏 발휘하며 함께 성장할 수 있음을 매력적으로 어필하고 있었습니다. 기술 스택과 요구 경험은 구체적으로, 사내 문화와 복지는 생동감 있게 묘사한 점이 돋보였죠. 홍 팀장은 몇 가지 표현만 수정한 뒤 바로 공고를 게시할 수 있었고, 우수한 지원자들을 많이 만날 수 있었습니다.

[2단계] 면접 준비

Claude AI의 도움은 면접 과정에서도 이어졌습니다. 서류 합격자가 50명에 이르자, 어떤 기준과 질문으로 1차 면접을 진행할지 고민에 빠진 홍 팀장은 Claude AI에게 다음과 같이 요청합니다.

> **Claude AI, 이번 시니어 백엔드 개발자 채용 1차 면접을 30분 동안 진행하려고 합니다. 지원자의 기술 역량, 커뮤니케이션 스킬, 문제해결능력, 성장 욕구 등을 종합적으로 평가하고 싶습니다. 우리 회사 기술 스택, 지원자 요건을 감안하면서, 이런 평가 항목들을 잘 파악할 수 있는 질문 리스트를 만들어줄 수 있을까요? 질문 간 흐름도 고려해서 나열해 주면 좋겠습니다.**

Claude AI는 B사의 상황과 홍과장의 요구사항을 반영하여 다음과 같은 면접 질문을 제안합니다.

1. 간단한 자기소개 부탁드립니다. B사에 지원하신 동기도 말씀해 주세요. (공통)
2. 백엔드 개발자로서 가장 중요하게 생각하는 역량은 무엇인가요? 본인만의 강점을 솔직하게 어필해 주세요. (공통)
3. 파이썬과 장고 프레임워크를 활용한 대규모 트래픽 처리 경험에 대해 구체적으로 설명해 주시겠어요? (기술 역량)
4. 백엔드 API를 설계할 때 어떤 점들을 고려하시나요? 설계-개발-테스트-배포 과정에서 가장 중요하게 여기는 포인트는 무엇인가요? (기술 역량)
5. MSA 기반 프로젝트를 진행했던 경험이 있다고 하셨는데요, MSA의 장단점은 무엇이라고 생각하시나요? (기술 역량, 우대사항 검증)

6. 개발팀 내에서, 혹은 타 부서와 협업할 때 어떤 방식으로 소통하고 조율하시나요? 사례를 들어 설명해 주세요. (커뮤니케이션 스킬)

7. 업무 중 기술적으로 가장 어려웠던 문제는 무엇이었나요? 그것을 어떻게 해결하셨는지 구체적으로 말씀해 주세요. (문제해결능력)

8. 최근 관심 있게 공부하고 있는 기술 트렌드나 도전하고 싶은 분야가 있으신가요? 해당 영역에 관심을 갖게 된 계기는 무엇인가요? (성장 욕구)

9. 앞으로 B사에 입사하신다면 어떤 엔지니어로 성장하고 싶으신가요? 이를 위해 어떤 노력을 하고 계신지도 말씀해 주세요. (성장 욕구)

10. 마지막으로 하고 싶은 말씀이나 저희에게 궁금한 점이 있다면 자유롭게 말씀해 주세요. (공통)

Claude AI가 제안한 질문들은 후보자의 기술 역량을 심도 있게 파악하면서도, 태도와 성장 가능성까지 다각도로 평가할 수 있게 구성되어 있었습니다. 특정 경험을 질문한 뒤 관련 지식을 연계 질문하는 식으로 흐름을 연결한 점도 인상적이었죠.

홍 팀장은 Claude AI의 제안을 9할 가량 그대로 활용하여 1차 면접을 진행했고, 뛰어난 실력과 태도를 겸비한 후보자 10인을 엄선할 수 있었습니다. 그에 따르면 Claude AI 활용 덕분에 훌륭한 인재를 빠르게 발굴할 수 있었고, 면접관으로서의 역량도 크게 향상되었다고 합니다. 이후로 홍 팀장은 Claude AI와 함께 발굴한 우수 인재들이 신규 프로젝트를 성공으로 이끈 경험을 토대로, 역량 중심의 조직 문화를 확산하는 데 주력하고 있습니다.

Claude AI가 찾아준 인재들과 홍과장이 다져준 문화가 어우러져, B사는 업계에서 가장 '일하고 싶은 스타트업'으로 자리매김해 가고 있습니다. Claude AI와의 협업을 통해 얻은 노하우는 채용을 넘어 인재 육성과 조직 문화 전반에 긍정적인 영향을 미쳤습니다.

앞으로 채용 프로세스에 AI 기술을 접목하는 것은 선택이 아닌 필수가 될 것입니다. 단순히 채용 효율을 높이는 차원을 넘어, 기업 경쟁력의 핵심 동력인 '인적 자본'의 질을 근본적으로 향상시키는 키가 될 것이기 때문입니다. 특히 MZ세대 인재들의 감성을 사로잡는 채용 공고, 그들의 잠재력을 꿰뚫어보는 면접 질문을 준비하는 데 Claude AI의 역할이 더욱 커질 전망입니다. 빅데이터 분석과 자연어 처리 기술의 고도화로 Claude AI는 계속해서 진화할 테니까요.

이 사례는 AI가 단지 인간을 대체하는 것이 아니라, 인간의 역량을 확장하고 창의성을 증폭시키는 '협력자'임을 보여줍니다. 이러한 인식을 바탕으로 Claude AI와 HR 담당자가 함께 성장해 나간다면, 조직의 인재 경쟁력은 한층 더 높아질 수 있을 것입니다.

시나리오 2 - 직원 교육 자료 및 매뉴얼 작성

좋은 인재를 채용했다면 체계적인 교육과 업무 매뉴얼을 제공해 조직 역량을 강화해야 합니다. 신입사원 온보딩부터 리더십 교육, 직무 전문성 향상 프로그램까지, 효과적인 교육 자료와 매뉴얼은 임직원들이 조직의 비전과 가치를 내재화하고, 업무에 빠르게 적응하며, 전문성을 지속 개발할 수 있는 토대가 됩니다.

이때 Claude AI와 같은 AI 기술은 조직의 목표와 전략, 핵심 가치에 부합하면서도 학습자의 눈높이에 맞는 콘텐츠를 설계하고, 최신 정보와 베스트 프랙티스를 지속 업데이트하는 데 실질적인 도움을 줍니다. 계속해서 B사의 인재개발팀을 통해 어떤 도움을 받을 수 있는지 함께 살펴봅시다.

[1단계] 신입사원 온보딩 교육자료 준비

B사는 이번 분기에 신입사원 5명을 채용했습니다. 이들을 위한 온보딩 교육을 준비하던 인재개발팀 김성윤 대리는 기존 교육 자료가 다소 노후화되

고 딱딱한 느낌이 든다는 피드백을 받았죠. 김 대리는 Claude AI에게 도움을 요청하기로 합니다.

> Claude AI, 이번에 우리 회사 신입사원 교육을 맡게 되었습니다. 우리 회사 비전과 가치, 조직문화, 주요 사업 현황 등을 담은 교육 자료를 만들어야 하는데, 딱딱한 PPT 방식에서 벗어나 영상이나 인포그래픽을 활용한 참신한 형식으로 제작하길 원합니다. 내용은 알기 쉽되 깊이 있고, 전달력이 뛰어나면서도 우리 회사만의 정체성이 묻어나는 그런 콘셉으로 기획해줄 수 있을까요?

Claude AI는 김 대리의 요청 사항을 바탕으로, 다음과 같은 교육 콘텐츠 기획안을 제시합니다.

1. 회사 소개 영상. 2분 내외 분량으로, 회사의 창립 스토리와 비전, 미션 등을 감성적 내러티브와 다이내믹한 영상미로 전달. 영상 말미에 'Challenge the Limit'이라는 회사 슬로건 강조.
2. 조직문화 인포그래픽. 수평적 소통, 자율적 업무 환경, 크로스 펑셔널 협업 등 회사의 주요 문화 키워드를 일러스트와 도식으로 표현. 사내 공간 사진, 임직원 인터뷰 등으로 생동감 부여.
3. 사업 현황 프레젠테이션. 주요 사업군별 매출 비중, 시장 포지션, 경쟁력 등을 데이터 시각화 기법으로 제시. 특히 회사의 미래 성장동력인 신사업에 대해서는 별도 챕터로 상세 소개.
4. 신입사원 성장 로드맵. 입사 후 3년간의 성장 여정을 일러스트로 형상화. 직무 교육, 멘토링, 순환 근무 등 핵심 마일스톤마다 필요 역량과 지원 프로그램 제시. 선배 사원들의 성장 스토리 영상으로 마무리.

김 대리는 Claude AI가 제안한 기획안을 토대로 스토리보드를 구체화하고, 영상 및 그래픽 작업을 진행했습니다. 완성된 교육 자료는 신입사원들로부터 폭발적인 호응을 얻었죠. 회사에 대한 공감대와 소속감이 크게 높아졌고, 업무 습득 속도도 눈에 띄게 빨라졌습니다.

[2단계] 영업 직무 매뉴얼 업데이트

한편 B사의 영업팀에서는 최근 AI를 활용한 마케팅의 중요성이 높아짐에 따라, 관련 내용을 영업 매뉴얼에 추가하고자 합니다. 영업팀 박민규 차장은 Claude AI에게 이렇게 요청합니다.

> **Claude AI, 우리 영업 프로세스에 AI 마케팅을 접목하는 내용으로 매뉴얼을 보완하려고 합니다. 먼저 AI 마케팅의 개념과 장점, 주요 활용 사례 등을 쉽게 설명하는 챕터를 신설하고, 고객 세그먼테이션부터 맞춤형 제안, 성과 트래킹까지 AI 기술을 활용하는 구체적인 방법을 단계별로 정리해 주면 좋겠습니다. 기존에 활용하던 영업 프로세스와 툴들, KPI 체계와 연계하는 방안도 포함해 주세요.**

Claude AI는 박 차장의 요구사항을 분석하여 다음과 같은 매뉴얼 개선안을 도출합니다.

1. AI 마케팅 개요
   - 빅데이터와 머신러닝 기반 고객 분석, 실시간 퍼스널라이제이션 등 AI 마케팅의 정의와 특징
   - 마케팅 효율 향상, 매출 증대, 고객 경험 제고 등 AI 마케팅의 비즈니스 임팩트
   - A, B사의 AI 마케팅 성공 사례 및 시사점

2. AI 기반 영업 프로세스 혁신
   - (고객 세그먼테이션) 방대한 고객 데이터를 AI로 분석하여 구매 성향, 라이프 스타일 등에 따른 마이크로 세그먼트 도출
   - (잠재 고객 발굴) SNS, 웹 활동 데이터 등을 AI가 분석하여 구매 의향이 높은 리드 자동 스코어링
   - (맞춤형 제안) 세그먼트별 선호도, 과거 구매 이력 등을 AI가 분석하여 개인화된 제품 추천과 프로모션 제시
   - (영업 활동 최적화) AI가 영업 단계별 고객 반응을 분석하여 최적의 컨택 시점, 채널, 메시지 추천
   - (성과 모니터링) 매출, 고객 만족도 등 핵심 지표를 AI로 실시간 트래킹하고 개선 방안 도출

3. 기존 영업 체계와의 정합성
- AI 마케팅 플랫폼과 기존 CRM/SFA 시스템과의 연동 방안
- 기존 세일즈 퍼널 및 KPI 체계에 AI 마케팅 지표 추가 반영
- AI 마케팅 도입에 따른 영업 조직 및 프로세스 변화 관리 방안

박 차장은 Claude AI의 제안을 바탕으로 AI 마케팅 관련 내용을 영업 매뉴얼에 반영했습니다. 단계별 가이드와 실제 적용 팁을 구체적으로 제시하여 현장 영업 직원들의 이해와 활용도를 높인 것이 특히 주효했죠.

영업 매뉴얼 업데이트 이후 C사의 마케팅 생산성과 캠페인 ROI가 크게 개선되었고, 영업 팀의 디지털 트랜스포메이션을 가속화하는 계기가 되었습니다.

Claude AI는 이처럼 복잡하고 번거로운 교육 자료나 매뉴얼 마련을 일정 부분 자동화함은 물론이고, 조직 구성원들의 피드백 데이터를 지속적으로 분석하고 반영하여 교육 자료와 매뉴얼의 상시 업데이트 및 개선도 용이하게 해줍니다. Claude AI를 통해 고품질 교육 콘텐츠를 대량으로 생산하고, 학습자 데이터 기반으로 최적화해 나가는 일련의 과정이 HR의 역량 강화에 기여하고 있는 셈입니다.

물론 이 과정에서 HR 담당자의 역할 또한 중요합니다. 조직의 비전과 가치, 인재상을 깊이 이해하고 있는 담당자만이 Claude AI가 제시한 콘텐츠 속에서 조직의 특수성과 방향성에 부합하는 요소들을 취사선택하고, 현장에 녹여낼 수 있기 때문입니다. HR의 전략적 통찰과 Claude AI의 기술이 만나 교육 현장에서 시너지를 발휘하는 순간, 직원들은 회사와 하나 되는 감동을, 회사는 성장의 토대가 되는 인재 경쟁력을 얻게 될 것입니다. 여러분도 Claude AI와 손잡고 교육과 학습의 혁신을 주도해 가시기 바랍니다.

생성형 AI, 전문가처럼 활용하기

조직문화 조성과 임직원 소통 촉진

건강한 조직문화 조성과 원활한 내부 커뮤니케이션은 기업 경쟁력의 핵심입니다. 하지만 구성원들의 공감을 얻고 자발적 참여를 이끌어내는 문화 콘텐츠를 지속 생산하기란 결코 쉽지 않죠. Claude AI와 같은 AI 기술이 HR의 강력한 지원군으로 떠오르고 있습니다. 자연어 분석을 통해 구성원들의 인식과 요구사항을 실시간 파악하고, 창의적 콘텐츠 생성 역량으로 문화 활성화에 기여하는 것입니다.

어떻게 가능한지, 다음 시나리오를 통해 AI의 조직문화 혁신 여정을 만나보시기 바랍니다.

시나리오 - 기업문화 캠페인 콘텐츠 제작

B사는 새로운 미션과 비전을 선포하고, 이를 구성원들의 일상에 내재화하고자 'B-LIEF(Belief in B)' 캠페인을 기획했습니다. 캠페인의 다양화를 꾀하고 효과를 최대한 제고하고자 HR팀 정세희 차장은 Claude AI의 협력을 요청하게 됩니다.

> Claude AI, 우리가 새롭게 정립한 미션 '더 나은 세상을 만드는 기술 혁신'과 3대 핵심 가치 '도전', '협력', '진정성'을 구성원들이 마음 깊이 받아들이고, 체감할 수 있도록 사내 캠페인을 진행하려고 합니다.
> 임팩트 있는 슬로건과 함께, 미션과 핵심가치를 구성원들의 언어로 풀어내는 스토리텔링 콘텐츠, 관련 에피소드 영상, 가치 실천 서약 이벤트 등을 기획하고 싶어요.
> 새로운 기업문화가 우리 구성원 개개인의 마음에서부터 싹 틔울 수 있는, 창의적이면서도 공감되는 캠페인 아이디어를 제안해 줄래요?

Claude AI는 정 차장의 요청을 받고, B사의 미션과 핵심가치를 분석하여 인사이트를 도출합니다. 그리고 다음과 같은 기업문화 캠페인 콘텐츠 아이디어를 제안합니다.

1. 캠페인 슬로건. "Be the CHANGE"
   - 우리가 만들어갈 더 나은 세상을 향한 변화의 주체가 되자는 메시지
   - 도전과 혁신의 DNA를 지닌 B사 구성원들의 정체성을 표현

2. 미션 & 핵심가치 스토리텔링 시리즈
   - 4편의 스토리텔링 콘텐츠로 구성
     - (미션) '더 나은 세상을 만드는 기술'을 주제로 B사가 이뤄낸 성과와 고객 임팩트 스토리
     - (도전) 불가능을 가능케 한 B사 혁신 프로젝트의 도전 스토리
     - (협력) 부서와 직급을 초월한 원팀 협력으로 이뤄낸 성공 스토리
     - (진정성) 고객과 사회에 선한 영향력을 미치고자 노력해온 B사 구성원들의 진솔한 이야기
   - 매월 1편씩 시리즈로 공개, 사보와 사내방송, 블로그 등 멀티 채널 활용

3. 'B-LIEF' 영상 공모전
   - 전 구성원 대상, '더 나은 세상을 만드는 우리의 기술'을 주제로 90초 내외 영상 공모
   - 스마트폰으로 간편 제작, 자유로운 형식 (UCC, 인터뷰, 애니메이션 등)
   - 수상작 발표회를 전사 타운홀 미팅과 결합하여 새로운 미션 비전 선포식 개최
   - 우수 영상 사내외 채널 (유튜브 등)에 공유, 대내외 홍보 활용

4. 'My B-LIEF' 가치 선언 릴레이
   - 구성원 한명 한명이 자신만의 방식으로 'My B-LIEF'를 표현하고, 동료에게 전파하는 릴레이 이벤트
   - 키워드, 사진, 그림, 영상 등 자유로운 형식으로 참여
   - 타 구성원을 지목하여 릴레이 이어가는 방식으로 자연스럽게 전사 확산
   - 릴레이에 담긴 구성원들의 생생한 목소리를 엮어 'B-LIEF' 스토리북 제작

정 차장은 Claude AI의 제안을 바탕으로 한층 구체화된 캠페인 실행 계획을 수립하고, 각 콘텐츠 유형별로 제작을 진행했습니다. 3개월간의 'B-LIEF' 캠페인을 통해 새로운 미션과 핵심가치는 B사 구성원들의 일상

속에 자연스럽게 융화되었고, 건강하고 역동적인 조직문화로 발전하는 촉매제가 되었습니다.

'B-LIEF' 캠페인의 성공은 단순히 몇 개의 콘텐츠를 제작한 결과가 아닙니다. 구성원 개개인의 목소리에 귀 기울이고, 그들의 감성을 자극하는 공감의 스토리를 만들어낸 Claude AI의 통찰이 빛을 발한 결과라고 할 수 있죠.

B사의 사례처럼 기업문화는 하루아침에 만들어지지 않습니다. 끊임없는 소통과 공감의 콘텐츠가 구성원 개개인의 마음에 스며들 때, 비로소 문화는 살아 숨쉬게 됩니다.

Claude AI는 이 길고 복잡한 여정에 HR 리더들과 함께해줄 겁니다. 빅데이터 분석을 통해 조직의 문화 체감도와 잠재적 이슈를 진단하고, 창의적 콘텐츠 제안으로 구성원들의 자발적 참여를 이끌어 내는 한편, 우수 사례를 지속 학습하여 조직문화 혁신의 길라잡이 역할을 수행할 것입니다.

여러분도 Claude AI와 함께 마음을 움직이는 문화 콘텐츠를 만들어 가시기 바랍니다. 구성원 한 사람 한 사람이 조직의 미션과 비전을 내재화하고 자신의 언어로 표현할 때, 우리는 새로운 도약의 에너지를 얻을 수 있으리라 확신합니다.

글로벌 비즈니스

오늘날 기업이 글로벌 시장에서 성공하기 위해서는 문화적 다양성에 대한 이해와 현지화 전략이 필수적입니다. 각 국가와 지역마다 고유한 언어,

문화, 소비 트렌드가 존재하기에 이에 맞는 맞춤형 접근이 요구되는 것입니다.

그 점에서 Claude AI와 같은 AI 기술은 기업의 글로벌 확장을 위한 강력한 동력이 될 수 있습니다. 방대한 데이터를 학습한 Claude AI는 언어와 문화의 장벽을 넘어 현지 시장 특성에 최적화된 통찰력을 제공할 수 있기 때문입니다. 예를 들면 이렇습니다.

한국의 화장품 브랜드 L사는 동남아 시장 진출을 준비하고 있습니다. 태국, 베트남, 인도네시아 등 주요 타깃 국가의 뷰티 트렌드와 소비자 선호도를 분석하는 것이 급선무입니다.

L사는 먼저 각국의 주요 뷰티 커뮤니티, 인플루언서 채널, 현지 매체 등에서 수집한 비정형 데이터를 Claude AI에게 학습시켰습니다. Claude AI는 자연어 처리 능력으로 태국어, 베트남어, 인도네시아어로 작성된 소비자 의견과 트렌드 키워드 등을 종합적으로 분석했습니다.

그 결과 Claude AI는 스킨케어 과정에서 '쌀'이 핵심 원료로 자주 언급되고 있음을 포착했습니다. 쌀을 이용한 워시오프 마스크팩이 동남아 여성들 사이에서 뷰티 트렌드로 떠오르고 있다는 인사이트를 도출한 것입니다.

L사는 Claude AI의 분석 결과를 토대로 '쌀 마스크팩' 라인을 동남아 공략의 전략 상품으로 내세웠고, 현지 소비자들의 폭발적인 반응을 이끌어낼 수 있었습니다. Claude AI의 문화 분석 능력이 글로벌 시장에서의 성공을 견인한 셈입니다.

글로벌 기업이라면 다국어 콘텐츠 제작 역시 빼놓을 수 없는 과제입니다. 제품 설명서, 광고 카피, 서비스 약관 등을 각국 언어로 제공해야 하는데, 번역의 품질과 일관성을 유지하는 것이 쉽지 않습니다. 이때 Claude AI의 멀티 언어 구사 능력은 강력한 해결책이 될 수 있습니다.

D사는 웹사이트에 게시할 회사 소개와 서비스 안내 자료를 20여 개 언어로 준비해야 했습니다. 언어별로 번역 업체를 일일이 섭외하고 관리하는 일은 엄청난 시간과 비용을 요했습니다.

D사는 Claude AI에게 영문으로 작성된 원본 콘텐츠를 제공하고, 중국어, 스페인어, 아랍어 등 주요 언어로의 번역을 요청했습니다. Claude AI는 문장 구조와 어감까지 고려한 고품질 번역을 수행했을 뿐 아니라, 언어권마다 문화적 선호도가 다른 이미지와 색상도 현지화해 제안했습니다.

덕분에 D사는 일관되고 설득력 있는 다국어 콘텐츠를 신속하게 확보할 수 있었고, 웹사이트 오픈에 맞춰 글로벌 론칭을 성공적으로 마무리지을 수 있었습니다.

이처럼 Claude AI는 번역 작업에 소요되는 시간과 비용을 대폭 절감시킬 뿐만 아니라, 문화 차이를 반영한 섬세한 현지화로 콘텐츠의 파급력을 높이는 데에도 기여할 수 있습니다. 글로벌 경쟁이 치열해지는 상황에서 Claude AI의 능력은 기업의 차별화 전략에 큰 도움이 될 것입니다.

이제 글로벌 비즈니스 환경에 Claude AI를 적용하는 보다 구체적인 전략과 사례를 살펴보겠습니다. 다국어 콘텐츠 제작과 문화 트렌드 분석이라는 두 축을 중심으로, Claude AI가 어떻게 기업의 글로벌 경쟁력을 높여줄 수 있을지 자세히 알아보는 시간이 될 것입니다.

다국어 콘텐츠 제작

글로벌 시대에 국경을 넘나드는 다국어 콘텐츠의 교류가 활발해지면서, 단순한 직역을 넘어 문화적 맥락을 고려한 번역의 중요성이 커지고 있습니다. 언어는 단순한 기호의 조합이 아니라, 해당 문화권의 가치관, 관습, 정서 등을 반영하는 살아있는 유기체이기 때문입니다. 따라서 번역 과정에서 문화적 차이와 뉘앙스를 정확히 파악하고 적절한 의역을 하는 것이 매우 중요합니다.

Claude AI는 방대한 양의 다국어 데이터를 학습하여 언어 간 미묘한 차이와 문화적 뉘앙스를 깊이 이해하고 있어 번역에 큰 도움을 줍니다. 단순히 단어를 일대일로 대응시키는 것이 아니라, 문장의 전후 맥락과 화자의 의도를 파악하여 가장 적절한 표현을 찾아내죠.

가령 한국어의 "친구 사이에 '말 놓기'를 시작했다"란 표현을, Claude AI는 "They dropped formalities and started speaking casually, like close friends"와 같이 의역할 수 있습니다. '말 놓기'라는 한국 특유의 개념을 영미권 문화에 맞게 설명하는 것입니다. 마찬가지로 일본어의 "よろしくお願いします(잘 부탁드립니다)"를 "I look forward to working with you and appreciate your support"로 의역하여, 일본 비즈니스 문화에서 공손한 인사말이 갖는 함의를 전달할 수 있습니다.

몇 가지 예를 더 들어보겠습니다.

1. 한국어 원문: "어머니가 아들의 건강을 위해 삼계탕을 끓여 주셨다."
    ○ **직역**: "The mother boiled samgyetang for her son's health."
    ○ **의역**: "To boost her son's health and vitality, the mother prepared a hearty chicken soup with ginseng, a traditional Korean dish believed to have medicinal properties."

삼계탕은 단순히 "닭고기 탕"이 아니라, 한국의 전통 보양식으로 여름철 건강을 위해 먹는 특별한 음식입니다. 직역으로는 이러한 문화적 맥락을 전달하기 어렵기 때문에, 의역을 통해 삼계탕의 의미와 효능을 설명하는 것이 좋습니다.

2. 한국어 원문: "선생님, 저는 죽을 각오로 공부했습니다."

- 직역: "Teacher, I studied to death for the exam."
- 의역: "Teacher, I studied with unwavering determination and pushed myself to the limit for this exam"

"죽을 각오로"라는 표현은 한국어에서 무언가에 전념하는 모습을 강조할 때 사용되지만, 영어로 직역하면 다소 과격하거나 부자연스러운 느낌을 줄 수 있습니다. 따라서 의역을 통해 학생이 시험 공부에 전념했다는 점을 강조하는 것이 더 적절합니다.

3. 한국어 원문: "그 영화 대박이었어. 완전 꿀잼이었다니까!"

- 직역: "That movie was a big hit. It was totally honey fun!"
- 의역: "That movie was a smashing hit! It was an absolute blast to watch, I'm telling you!

"대박"과 "꿀잼"은 한국 젊은이들 사이에서 유행하는 표현으로, 각각 "큰 성공"과 "매우 재미있는"이라는 의미를 담고 있습니다. 이러한 신조어를 직역하면 의미가 제대로 전달되지 않으므로, 의역을 통해 비슷한 뉘앙스를 가진 영어 표현으로 바꾸는 것이 좋습니다.

4. 한국어 원문: "우리 회사는 직원들의 워라밸을 중요하게 생각합니다."

- 직역: "Our company thinks highly of employees' work-life balance."
- 의역: "Our company places great importance on maintaining a healthy work-life balance for our employees."

"워라밸"은 "일과 삶의 균형"을 뜻하는 한국식 줄임말로, 최근 한국 기업 문화에서 중요하게 여기는 개념입니다. 단순히 "work-life balance"로 직역하는 것보다, 의역을 통해 워라밸의 중요성과 회사의 관심을 더 자세히 설명하는 것이 효과적입니다.

5. 한국어 원문: "어린것이 조밭에 가 닥닥하는 걸 보면 안쓰러워 못 배기겠다. 메칠 놈의 자식, 죽을 땐 언제고 납죽먹기는 어린것 못지않네그려." (박경리 작품 '토지'에 나오는 한국 토속어)

- 직역: "I can't help but feel sorry for the little one when I see him dying in the fields. You bastard, you're as bad at eating lead as you are at dying."
- 의역: "It breaks my heart to see the poor kid slaving away in the millet field. The brat who's always stirring up trouble, when it comes to dying he's no better than a child, gobbling up his food."

먼저 "어린것"을 "poor kid"로 바꾸어 안쓰러움을 표현했고, "조밭에 가 닥닥한다"는 걸 "slaving away in the millet field"로 의역했습니다. 고된 노동의 이미지를 살리려 노력했습니다.

"메칠 놈의 자식"은 영어의 "brat"으로 바꾸어 못된 아이라는 뉘앙스를 살렸고, "죽을 땐 언제고"는 "when it comes to dying"으로 의역하여 죽음 앞에서는 누구나 한없이 나약해진다는 의미를 살리고자 했습니다.

마지막으로 "납죽먹기는 어린것 못지않네그려"는 "gobbling up his food"로 의역하여, 아이처럼 허겁지겁 먹는 모습을 표현했습니다. 여기서 "납죽"은 잘게 부순 밥을 의미하는데, 이는 영어권에선 낯선 개념이라 "food"로 넓게 처리했습니다.

이처럼 Claude AI는 문화 간 소통에서 발생하는 간극을 메우는 가교 역할을 합니다. 언어의 표면적 의미를 넘어 깊이 있는 번역을 제공함으로써, 콘텐츠의 현지화를 돕고 문화 간 이해도를 높이는 데 기여하죠. 특히 문학이나 영화 등 문화 콘텐츠 번역에서 Claude AI의 역할은 더욱 빛을 발할 것입니다. 미묘한 감정의 뉘앙스, 역사적·사회적 배경, 관용 표현의 의미 등을 정확히 전달함으로써, 콘텐츠가 지닌 본래의 매력을 해외 수용자들에게 생생하게 전달할 수 있기 때문입니다.

물론 AI 번역이 완벽할 순 없습니다. 세계관과 문화 코드가 근본적으로 다른 경우, Claude AI의 번역에서도 미묘한 괴리가 발생할 수 있죠. 하지만 그럼에도 Claude AI는 인간 번역가의 작업 효율과 정확성을 획기적으로 향상시킬 수 있는 혁신 기술임에 틀림없습니다. Claude AI의 도움으로 문화 간 소통의 장벽이 낮아지고, 세계인이 보다 긴밀하게 연결되는 날을 기대해 봅니다.

이제 글로벌 비즈니스에서 Claude AI를 어떻게 활용할 수 있는지, 구체적인 시나리오와 함께 살펴보겠습니다.

시나리오 – 게임 현지화 프로젝트

글로벌 게임사 G사의 한국 스튜디오에서는 모바일 RPG '크로노스 게이트'의 일본 출시를 앞두고 있습니다. 7년차 베테랑 기획자 김지훈 씨에게는 게임의 스토리, 인터페이스, 이벤트 공지 등 방대한 텍스트를 일본어로 현지화해야 하는 막중한 임무가 주어졌습니다. 중국, 동남아 버전 론칭 경험이 풍부한 김 기획자이지만 일본 시장은 처음이라 난감함을 느꼈습니다. 특히 한국적 문화 코드를 일본 유저들의 정서에 맞게 전환하는 것이 가장 큰 난제로 다가왔습니다.

김 기획자는 Claude AI를 활용해 이 문제를 돌파하고자 했습니다. 하지만 게임 텍스트 전체를 Claude AI에게 직접 학습시키는 것은 불가능했죠. 대신 그는 체계적인 프롬프트 엔지니어링 기법을 적용하여 Claude AI와 효과적으로 협업하기로 했습니다.

[1단계] 콘텐츠에 대한 AI의 이해도 제고

김 기획자는 먼저 '단계별 접근' 기법을 활용해 게임의 배경 정보를 단계적으로 제공하며 Claude AI의 게임 이해도를 높이고자 합니다. 콘텐츠를 올바로 이해시켜야 적절한 제안을 기대할 수 있기 때문이죠. 처음에는 게임의 기본 설정과 등장인물을 소개하는 간단한 프롬프트로 시작했습니다.

> [프롬프트 1] Claude AI, 우리 게임 '크로노스 게이트'는 시간 여행을 소재로 한 모바일 RPG야. 주인공 카이는 과거에서 미래를 오가며 시간의 혼란을 바로잡는 역할을 맡고 있어. 게임의 배경은 서기 2500년의 디스토피아적 미래인데, 인류문명이 몰락한 후 외계 문명이 지배하고 있는 세계관이야.

다음으로는 게임의 특징과 차별점을 부각하는 프롬프트를 전달했습니다. 그러면 Claude AI는 게임에 대해 나름대로 생각하면서, 게임을 풍성하게 만들 아이디어도 제안해 줍니다. 게임에 대해 충분히 이해하는 모습을 볼 수 있었습니다.

> [프롬프트 2] 우리 게임만의 강점은 시간 여행이라는 독특한 소재를 활용한 스토리텔링이야. 플레이어는 과거와 미래를 넘나들며 역사의 흐름을 바꾸는 선택을 하게 되는데, 이 선택에 따라 미래의 모습도 달라지게 돼. 그래서 게임을 반복 플레이할 때마다 새로운 엔딩을 경험할 수 있어.

시간 여행을 통해 역사를 바꾸는 선택 시스템이 크로노스 게이트만의 매력적인 요소로 보이네요. 플레이어의 선택이 미래에 영향을 준다는 설정 덕분에 몰입도와 재미가 배가될 것 같아요. 이런 게임플레이를 더욱 풍성하게 만들 아이디어를 제안해 볼게요.

1. 복수의 과거 시점을 오가며 선택할 수 있게 하는 건 어떨까요? 고대, 중세, 현대 등 시대마다 특색있는 분기점을 마련하고, 그곳에서의 선택이 서로 얽히며 복잡한 인과관계를 만들어갈 수 있겠어요.
2. 각 시대마다 실존했던 역사적 인물들을 등장시켜 보는 것도 흥미로울 거예요. 플레이어가 그들의 운명을 바꿀 수 있게 한다면 역사에 대한 상상력을 자극할 수 있어요.
3. 선택에는 항상 대가가 따른다는 점을 강조하면 좋겠어요. 어떤 선택이 당장

은 이로워 보여도 먼 미래에는 재앙을 불러올 수 있다는 식으로요. 선택의 무게감을 실감나게 전달할 필요가 있어요.

4. 게임 속 등장인물들도 시간 여행에 나서게 하는 건 어떨까요? 그들의 행동이 미래를 바꾸고, 주인공 카이와 협력 또는 대립하는 복잡한 관계를 형성하게 되면 더욱 입체적인 스토리가 될 거예요.

시간 여행 테마를 살려 다채로운 엔딩을 준비한다면 플레이어에게 깊은 인상을 남길 수 있을 것 같네요. 게임의 스토리와 메시지를 효과적으로 전달하기 위한 연출도 신경 써야겠죠. 크로노스 게이트가 시간 여행 소재를 가장 잘 활용한 걸작으로 기억되기를 바랍니다!

⑤ 단계별 사고 기법

'단계별 사고' 기법은 복잡한 태스크를 단계적으로 설명할 때 유용합니다. 게임의 설정부터 스토리, 특징까지 순차적으로 정보를 제공하면 Claude AI는 태스크에 대한 깊은 이해를 바탕으로 최적의 답변을 제시할 수 있게 됩니다.

물론 이 과정에서 가장 중요한 건 태스크에 대한 인간의 통찰입니다. 게임의 컨텍스트와 현지화의 난제를 정확히 짚어내고, 이를 논리적인 프롬프트로 구성하는 것. 바로 이 능력이 Claude AI와의 협업을 가능케 하는 핵심 역량이라 할 수 있겠습니다.

[2단계] 타깃 국가 정서에 맞는 현지화 방안 제안 요청

Claude AI가 준비를 마친 깃을 확인한 뒤, 김 기획자는 마지막으로 이 대화의 목표, 즉 '일본 현지화'와 유의점을 강조하고, 방안을 제시해줄 것을 요청했습니다.

네, 주인공이 매운탕을 찾는 상황을 일본 문화에 맞게 변경하는 방안을 제안해 드리겠습니다.

1. 온천 활용:

- 일본에서는 스트레스 해소나 마음의 안정을 위해 온천을 찾는 문화가 있습니다.
- "매운탕을 찾다" → "온천을 찾다"로 변경할 수 있습니다.
- 예: "이 상황은 정말 복잡하군. 온천에 가서 좀 생각을 정리해야겠어."

2. 라멘 문화:

- 일본에서는 위로받고 싶을 때 따뜻한 라멘을 먹는 경우가 많습니다.
- "매운탕" → "돈코츠 라멘" 또는 "미소 라멘"으로 대체할 수 있습니다.
- 예: "힘든 일이 있을 때마다 나는 항상 라멘집을 찾아. 뜨거운 국물이 마음을 달래주지."

3. 차 문화:

- 일본의 차 문화를 활용하여 마음의 안정을 찾는 장면으로 바꿀 수 있습니다.
- "매운탕을 먹다" → "차를 마시다"로 변경합니다.
- 예: "복잡한 일이 있을 때면 항상 차를 끓여. 차를 마시며 명상을 하면 마음이 차분해져."

4. 신사 참배:

- 일본인들은 고민이 있을 때 신사를 찾아가는 경우가 많습니다.
- "매운탕을 찾다" → "신사를 찾다"로 변경할 수 있습니다.
- 예: "결정을 내리기 어려울 때면 항상 근처 신사에 가. 조용히 기도하다 보면 답이 떠오르곤 해."

5. 가라오케:

- 스트레스 해소를 위해 가라오케를 가는 것도 일본적인 방법입니다.

- 예: "이런 날엔 가라오케에 가서 목이 쉴 때까지 노래를 불러야겠어. 그래야 속이 시원해질 것 같아."

이런 방식으로 한국적 문화 코드를 일본의 문화와 정서에 맞게 변환하면, 일본 게이머들에게 더 친숙하고 공감가는 스토리를 제공할 수 있을 것입니다. 게임의 전체적인 분위기와 캐릭터의 특성을 고려하여 가장 적합한 방식을 선택하시면 좋겠습니다.

그 결과 Claude AI는 답답한 심정을 달래는 장면에서 매운탕 대신 라멘을 먹거나 차를 마시고, 온천과 신사를 찾는 모습을 보여주면 어떻겠냐고 제안했죠. 녹차의 쓴맛으로 인생의 쓴맛을 느끼는 주인공의 모습을 은유적으로 묘사할 수 있다는 아이디어였습니다. 김 기획자는 Claude AI의 제안을 반영해 해당 장면의 현지화를 진행했고, 일본 유저들에게서 좋은 반응을 얻을 수 있었습니다.

[3단계] 추가 현지화 작업 진행

김 기획자는 이외에도 '프롬프트 체이닝'과 '제로 샷 프롬프트'를 적극 활용하여 Claude AI와 소통했습니다. 문화 차이로 인해 오해를 살 수 있는 농담이나 은어는 사전에 맥락을 충분히 설명한 뒤 현지화 방안을 문의했고, 핵심 플롯의 번역은 스포일러에 주의하면서도 감정 전달이 잘 되도록 섬세한 번역을 요청했죠.

체계적인 프롬프트 설계 덕분에 김 기획자와 Claude AI는 마치 한 팀처럼 호흡을 맞출 수 있었습니다. 게임의 맥락과 현지화의 목표를 정확히 인지한 Claude AI는 문화적 뉘앙스를 살리는 섬세한 번역을 제공했고, 김 기획자는 세부 표현을 다듬어 완성도 높은 일본어 버전을 탄생시킬 수 있었습니다.

G사의 사례는 Claude AI와 협업할 때 프롬프트 엔지니어링 기술이 얼마나 중요한지 잘 보여줍니다. 체계적인 방식으로 배경 정보와 지시 사항을 전달할수록 Claude AI의 성능은 극대화될 수 있기 때문입니다.

김 기획자처럼 우리도 태스크의 배경과 목표를 명확히 인지하고, 체계적인 프롬프트 설계에 공을 들인다면 Claude AI의 잠재력을 최대한 이끌어낼 수 있을 것입니다. 글로벌 콘텐츠 제작에 있어 Claude AI는 이제 선택이 아닌 필수입니다. 그리고 여러분의 노하우가 담긴 프롬프트는 이 협업을 가능케 하는 소중한 열쇠가 될 것입니다.

국가별 문화 및 트렌드 분석

글로벌 시대에 기업이 해외 시장에 진출하기 위해서는 각 국가의 문화와 트렌드에 대한 심도 있는 이해가 필수적입니다. 현지 소비자의 요구사항과 선호도를 정확히 파악해야만 그에 맞는 제품과 서비스를 제공할 수 있기 때문이죠. 하지만 낯선 문화권의 트렌드를 분석하는 것은 결코 쉬운 일이 아닙니다. 방대한 양의 비정형 데이터를 수집하고 분석하는 데에는 많은 시간과 리소스가 소요됩니다.

이런 어려움을 해결하는 데 Claude AI가 큰 도움을 줄 수 있습니다. Claude AI는 자연어 처리 능력이 뛰어나 SNS, 뉴스 기사, 블로그 게시글 등 비정형 데이터에서 의미 있는 정보를 추출해낼 수 있죠. 또한 데이터 처리 속도가 빨라 방대한 분량이어도 신속하게 분석이 가능합니다. 단순히 데이터를 요약하는 것을 넘어, 인사이트를 도출하고 실행 가능한 제언을 해주기도 하죠. 국가별 트렌드의 특징과 차이점을 분석하고, 그에 기반한 마케팅 및 제품 전략을 제안하는 식으로 말입니다.

이처럼 Claude AI를 활용한 국가별 문화 및 트렌드 분석은 글로벌 기업에게 엄청난 가치를 제공합니다. 로컬 시장에 대한 심층적 통찰을 바탕으로 보다 정교한 현지화 전략을 수립할 수 있게 해주니까요. 다양한 국가의 소비자 요구사항을 발 빠르게 캐치하고 선제적으로 대응함으로써 글로벌 시장에서의 경쟁력을 높일 수 있습니다. Claude AI라는 강력한 조력자와 함께라면, 세계 무대에서 성공할 수 있는 확률이 한층 높아질 것입니다.

시나리오 – 글로벌 뷰티 브랜드의 신제품 론칭

프랑스 명품 화장품 브랜드 'L'étoile'은 아시아 시장 공략을 위한 신제품 라인을 론칭할 계획입니다. 브랜드 매니저 소피는 이번 신제품이 현지 소비자들의 요구사항과 문화적 트렌드에 맞게 개발되어야 성공할 수 있다고 판단했습니다.

특히 한국, 중국, 일본, 태국 등 주요 타깃 국가의 뷰티 트렌드와 소비자 선호도를 심층적으로 분석하는 것이 급선무였죠. 하지만 방대한 양의 데이터를 일일이 분석하기에는 인력과 시간이 부족했습니다. 소피는 Claude AI를 활용해 이 문제를 해결하기로 합니다.

[1단계] 비정형 데이터 입력

우선 소피는 각국의 대표적인 뷰티 커뮤니티, 인플루언서 채널, 매체 기사 등을 크롤링해 수집한 비정형 데이터를 Claude AI에 입력했습니다.

[2단계] 데이터 학습 유도 및 인사이트 도출

그리고 '단계별 접근' 기법을 활용해 Claude AI가 데이터 분석에 필요한 배경 지식과 분석 관점을 단계적으로 학습하도록 유도했습니다.

[프롬프트 1] Claude AI, 우리 브랜드 'L'étoile'은 프랑스 명품 화장품 브랜드예요. 주력 제품은 스킨케어와 메이크업 라인이고, 특히 고급스러운 패키징과 독특한 성분으로

유명하죠. 우리는 지금 아시아 시장 진출을 준비하고 있습니다.

프랑스 명품 브랜드 L'étoile의 아시아 시장 진출을 위해 몇 가지 제안을 드리겠습니다.

1. 현지 소비자 조사 및 타깃층 설정: 아시아 국가별로 화장품 트렌드와 선호도가 다를 수 있으므로, 진출 예정인 국가의 소비자들을 면밀히 조사할 필요가 있어요. 연령대, 피부 타입, 라이프스타일 등을 고려해 L'étoile의 대상 고객층을 명확히 설정하고, 그들의 요구사항에 부합하는 제품 라인을 구성하는 게 중요할 거예요.

2. 아시아인 피부에 최적화된 제품 개발: 아시아인들은 백옥 같은 피부를 선호하는 경향이 있죠. 이에 맞춰 미백, 브라이트닝에 효과적인 제품을 개발하거나, 기존 제품의 성분을 아시아인 피부에 맞게 조정하는 것이 좋겠어요. 아시아 시장 진출을 위한 특별 라인을 런칭하는 것도 방법이에요.

3. 아시아 지역 인플루언서와의 협업: 아시아 여러 국가의 뷰티 인플루언서, 셀럽들과 협업하여 L'étoile 제품을 홍보하는 건 어떨까요? 로컬 인플루언서가 브랜드 제품을 사용하고 추천하는 모습은 현지 소비자들에게 신뢰감을 줄 수 있어요. 각국을 대표하는 뷰티 아이콘들과의 파트너십을 통해 브랜드 인지도를 높일 수 있을 거예요.

4. 독특한 성분을 활용한 스토리텔링: L'étoile이 사용하는 특별한 성분들에 대한 스토리를 각색하여 아시아 소비자들의 호기심을 자극해 보세요. 예를 들어 프랑스 고산지대에서 자란 희귀 허브 추출물이 피부 탄력에 효과적이라든지, 지중해 해양심층수가 보습력을 높여준다든지 하는 식으로요. 성분에 얽힌 매력적인 스토리는 브랜드만의 차별화 포인트가 될 수 있어요.

5. 아시아 시장에 어울리는 패키지 디자인: 기존 L'étoile의 고급스러운 프랑스풍 패키지를 베이스로 하되, 아시아 소비자들의 감성을 자극할 디자인 요소를 더해 보는 건 어떨까요? 아시아 문화권에서 선호하는 색감(밝은 레드, 골드 등), 문양, 소재 등을 활용해 프리미엄함은 살리면서도 현지 정서에 어울리게 재해석하는 거죠. 패키지 안에 부착하는 브랜드 스토리 카드를 각국 언어로 제작하는 것도 좋은 방법이에요.

L'étoile만의 강점을 잃지 않으면서도 아시아 소비자들의 취향을 적절히 반영한다면 성공적인 시장 안착이 가능할 거예요. 프랑스 명품의 품격과 아시아인을 사로잡는 세심한 전략의 조화! 멋진 도전이 되길 바랍니다.

[프롬프트 2] 아시아 시장 진출을 위해서 아시아 주요 국가들의 뷰티 트렌드를 분석하

한국, 중국, 일본, 태국 4개국의 뷰티 트렌드를 분석하여 인사이트를 도출해 보겠습니다.

1. 한국

- 시장 규모: 한국은 아시아 뷰티 산업을 선도하고 있어요. 특히 스킨케어 분야가 강세죠.
- 선호 제품: 한국 소비자들은 끊임없이 새로운 성분과 기술을 찾아요. 다양한 기능성 제품(미백, 주름개선, 수분공급 등)에 대한 수요가 높습니다. ,
- 브랜드 이미지: 한국에서는 독특한 콘셉트와 트렌디한 마케팅을 앞세운 로드샵 브랜드들이 인기에요.

2. 중국

- 시장 규모: 중국은 아시아 최대 뷰티 시장으로, 프리미엄 브랜드에 대한 수요가 높아요.
- 선호 제품: 중국 소비자들은 맞춤형 제품을 선호하죠. 피부 고민별 솔루션을 제안하는 전문적인 제품이 각광받고 있어요.
- 브랜드 이미지: 중국에서는 고급스러운 이미지의 해외 브랜드가 인기가 높아요. 사회적 지위를 나타내는 수단으로 여겨지기도 하죠.

3. 일본

- 시장 규모: 일본은 성숙한 뷰티 시장이에요. 안티에이징, 스킨케어 제품이 시장을 주도하고 있죠.
- 선호 제품: 일본 소비자들은 심플하고 효과 높은 제품을 찾아요. 천연 성분, 저자극 처방에 대한 선호도가 높아요.
- 브랜드 이미지: 일본에서는 오랜 전통과 기술력을 가진 브랜드가 신뢰를 얻고 있어요. 장인정신을 담은 브랜드 스토리가 어필할 수 있겠죠.

4. 태국

- 시장 규모: 태국 뷰티 시장은 빠르게 성장하고 있어요. 특히 바디케어, 스파 제품 수요가 높은 편이죠.
- 선호 제품: 태국 소비자들은 천연 히알루론산, 코코넛 오일 등 자연 유래 성분을 선호해요. 여행객을 겨냥한 여행용 제품, 선물 세트도 인기가 좋아요.
- 브랜드 이미지: 태국은 가성비를 중시하는 편이에요. SNS 입소문을 타고 핫

해지는 브랜드가 많죠. 동시에 태국 현지 브랜드에 대한 자부심도 높아요.

이상 4개국 뷰티 트렌드를 간략히 분석해 보았습니다. 종합해 보면 L'étoile이 아시아 시장에서 성공하려면 다음 전략이 효과적일 거예요.

1. 피부 고민별 맞춤 솔루션을 제시하는 타깃팅 전략
2. 천연 성분, 피부 친화적 처방을 강조하는 브랜딩
3. 프리미엄 이미지와 대중적 가격대의 조화
4. 각국 인플루언서, 매장 판매원을 활용한 입소문 마케팅

물론 이것은 기초적인 방향일 뿐, 구체적인 실행 계획을 세우기 위해서는 보다 면밀한 시장 조사와 현지 파트너사와의 협업이 필요할 거예요. 하지만 L'étoile만의 강점을 살리면서 각국 소비자의 요구사항을 충족시킨다면 분명 아시아인의 마음을 사로잡는 글로벌 브랜드로 성장할 수 있을 거라 믿습니다!

Claude AI는 소피의 유도에 따라 L'étoile 브랜드의 강점을 분석했으며, 4개국의 뷰티 트렌드도 일목요연하게 정리하고 인사이트를 도출해 제시해 주었습니다. Claude AI 덕택에 데이터 정리가 수월했네요.

소피는 업계의 노하우와 배경지식에 비춰 데이터 정리가 잘못되지 않았는지 점검했습니다. 산발적으로 흩어진 데다 방대한 비정형 데이터를 일일이 다 확인하지 않고도 분석할 만한 데이터가 준비되었습니다.

[3단계] 데이터 메타 분석

이제 본격적으로 데이터를 분석할 시간입니다. 소피는 이어서 전략 수립에 필요한 요점을 Claude AI에게 요청합니다.

> [프롬프트 3] 자, 이제 본격적으로 데이터를 분석해 볼까요? 우선 4개국에서 가장 인기 있는 스킨케어 성분이 무엇인지 알려주세요. 그리고 각 성분별로 소비자들이 선호하는 이유도 분석해 줄래요? 혹시 국가별로 특징적인 성분 선호도 차이가 있다면 그 배경도 설명해 주면 좋겠어요.

Claude AI는 3단계에 걸쳐 입력받은 데이터를 종합적으로 분석하여 다음과 같은 인사이트를 도출해 냈습니다.

1. 한국

- 인기 성분: 니아신아마이드, 비타민 C, 레티놀, 히알루론산, 센텔라아시아티카(병풀 추출물) 등
- 선호 이유: 한국 소비자들은 효능이 검증된 성분을 찾아요. 특히 미백, 주름 개선, 수분 공급에 도움이 되는 성분이 인기죠. 피부과학적 근거가 탄탄한 성분을 선호하는 경향이 있어요.

2. 중국

- 인기 성분: 히알루론산, 콜라겐, 펩타이드, 녹차 추출물, 진주 추출물 등
- 선호 이유: 중국 소비자들은 안티에이징 효과가 있는 성분을 중시해요. 탄력 강화, 피부 노화 예방에 도움이 되는 고기능성 성분을 찾죠. 전통 한방 성분에 대한 선호도도 높은 편이에요.

3. 일본

- 인기 성분: 트라넥사믹산, 아부틴, 콜라겐, 세라마이드, 쌀 발효 추출물 등
- 선호 이유: 일본 소비자들은 피부 진정과 보습에 효과적인 성분을 선호해요. 피부 장벽을 강화하고 외부 자극으로부터 피부를 보호해 주는 성분이 각광받죠. 발효 성분도 인기가 높아요.

4. 태국

- 인기 성분: 알로에베라, 코코넛 오일, 망고스틴 추출물, 녹두 추출물, 천연 AHA 등
- 선호 이유: 태국 소비자들은 자연 유래 성분을 좋아해요. 피부 진정, 보습, 각질 케어에 효과적인 천연 성분을 찾는 경향이 강해요. 태국 현지 식물 추출물도 인기가 높죠.

국가별 성분 선호도 차이를 분석해 보면,

- 한국은 피부과학 기반의 고기능성 성분
- 중국은 안티에이징 효과가 뛰어난 프리미엄 성분
- 일본은 피부 장벽 강화에 도움이 되는 진정&보습 성분
- 태국은 천연 유래 마일드 성분을 상대적으로 더 선호하는 것으로 보입니다.

이런 차이는 각국의 피부 타입, 기후 환경, 라이프스타일, 문화적 배경 등이 복합

적으로 작용한 결과로 해석할 수 있어요. 예컨대 일본은 사계절이 뚜렷해 계절별 피부 관리에 신경 쓰는 반면, 태국은 고온 다습한 열대 기후 탓에 피부 진정과 수분 공급을 중시하는 거죠.

이처럼 각국 소비자의 성분 선호도를 면밀히 분석한다면 로컬 마케팅 전략 수립에 큰 도움이 될 거예요. 인기 성분을 적극 활용하거나, 혹은 아직 주목받지 못한 성분을 발굴하여 새로운 트렌드를 이끌어 나가 보는 것도 좋겠죠. L'étoile만의 우수한 포뮬러 개발 역량을 바탕으로, 아시아 각국 소비자들의 요구사항을 정확히 짚어낸 스킨케어 라인을 선보인다면 뷰티 업계에 돌풍을 일으킬 수 있을 것 같아요!

Claude AI 분석 덕분에 소피는 각국의 뷰티 트렌드에 딱 맞는 신제품 콘셉트를 확보할 수 있었습니다. 한국에는 곤약젤리 성분을 함유한 수분 집중 크림을, 중국에는 백술과 녹차 추출물이 들어간 안티에이징 라인을 선보이기로 했죠. 일본에는 비타민 C 유도체 고함량 앰플을, 태국에는 망고스틴, 용과 등 현지 과일 추출물을 담은 브라이트닝 세럼을 출시하기로 결정했습니다.

L'étoile은 제품 론칭 후에도 Claude AI를 활용해 각국 소비자 반응을 모니터링하고 마케팅 전략을 최적화해 나갈 계획입니다.

L'étoile 사례에서 보듯 Claude AI의 데이터 분석 역량은 글로벌 기업에게 든든한 조력자가 되어줍니다. 현지 소비자의 요구사항과 문화적 트렌드를 신속하고 정확하게 파악할 수 있게 해주니까요. 마땅히 글로벌 기업이라면 현지 데이터 확보와 함께 Claude AI와 효과적으로 소통할 방법을 고민해야 할 것입니다. 비즈니스 맥락을 Claude AI가 쉽게 이해할 수 있도록 태스크의 배경과 목적을 정교하게 프롬프트로 설계하는 것이야말로 인사이트 발굴의 핵심 열쇠가 될 테니 말입니다.

또 한편으로 이 사례는 Claude AI는 빅데이터 속에서 통찰을 발굴해내는 강력한 도구이지만, 동시에 이를 다루는 사람의 전략적 접근이 필수적이라는 사실을 잘 일깨워주는 사례입니다. 이제 여러분도 Claude AI와 창의적 대화를 시작해 보시는 건 어떨까요? 방대한 데이터 속에서 놓치기 쉬웠던 인사이트의 단초를, Claude AI의 날카로운 분석과 여러분의 탁월한 비즈니스 감각이 만나 밝혀낼 수 있을 것입니다.

문화와 트렌드의 교차로에서 혁신의 씨앗을 발견하는 놀라운 경험, Claude AI와 함께라면 결코 불가능한 이야기가 아닐 테니까요. 지금 바로 데이터와의 대화를 시작해 보세요. 새로운 기회의 지평이 눈앞에 펼쳐질 것입니다.

07

데이터 분석 및 시각화:
생성형 AI로 숨겨진 인사이트 찾기

데이터는 21세기 비즈니스의 원유로 불립니다. 기업이 데이터를 얼마나 효과적으로 수집, 관리, 분석하고 활용하는지가 시장에서의 성패를 가늠하는 핵심 경쟁력이 되고 있습니다. 특히 데이터 분석은 비즈니스 의사결정에 필요한 객관적 근거와 통찰을 제공함으로써, 조직이 불확실성 속에서도 최선의 선택을 내릴 수 있도록 돕는 역할을 수행합니다.

하지만 방대하고 복잡다단한 데이터 속에서 의미 있는 패턴과 인사이트를 발견해내는 일은 결코 쉽지 않은 과제입니다. 다행히 Claude AI와 같은 생성형 AI 기술이 큰 힘이 됩니다. 방대한 데이터를 신속 정확하게 처리하고 패턴을 발견하는 한편, 인간 전문가의 분석과 의사결정을 보조하는 역할을 수행할 수 있기 때문입니다.

이미 데이터 분석 자동화부터 인사이트 발굴, 데이터 시각화, 의사결정 지원에 이르는 전 과정에서 Claude AI의 역량이 돋보이고 있습니다. 특히 최근 추가된 Artifacts와 같은 혁신적인 AI 분석 도구는 수많은 기업에 새로운 돌파구를 제공해줄 것입니다.

그럼 데이터 분석 및 시각화 영역에서 생성형 AI 기술이 어떻게 활용되는지 구체적으로 알아볼까요?

데이터 분석 및 시각화: Artifacts 활용

| 시각화의 힘

시각화는 방대하고 복잡한 데이터 속에 숨겨진 패턴과 인사이트를 한눈에 파악할 수 있게 해주는 힘입니다. 데이터 분석에서 시각화가 차지하는 비중과 중요성은 아무리 강조해도 지나치지 않습니다. 아무리 정교한 분석 모델을 동원했다 하더라도, 그 결과를 효과적으로 전달하지 못한다면 데이터 분석의 가치는 반감될 수밖에 없습니다.

데이터 분석의 최종 목적은 데이터에서 추출한 인사이트를 의사결정에 반영하고 실행에 옮기는 것입니다. 그 과정의 핵심에는 항상 효과적인 소통과 설득이 자리하고 있죠. 그러기 위해서는 적절한 시각 자료가 있어야 합니다.

그런데 문제는 데이터 시각화 자체가 전문적인 영역이라는 것입니다. 다양한 시각화 도구와 라이브러리를 익히고, 목적에 맞는 차트와 그래프를 선택하여 구현하는 일은 결코 쉽지 않습니다.

특히 데이터 분석가의 경우, 통계 지식은 있지만 코딩 스킬이 부족한 경우가 많아 시각화 작업에 어려움을 겪곤 합니다. 이런 상황에서 Claude AI의 Artifacts는 데이터 시각화의 획기적인 솔루션이 될 것입니다.

Artifacts란?

Artifacts(아티팩트)는 2024년 6월 출시된 Claude 3.5 Sonnet에 새롭게 추가된 기능으로, 사용자의 요청에 따라 실용적인 콘텐츠를 별도의 창에 생성해 주는 혁신적인 기능입니다. 이때 콘텐츠는 프로그램 코드와 문서부터 여러 종류의 그래프와 차트, 디자인 목업, 인터랙티브 프레젠테이션, SVG 벡터 이미지에 이르기까지 다양한 형식으로 제공됩니다.

Artifacts에서 눈에 띄는 점은 생성 콘텐츠가 대화와 분리되어 표시되므로, 사용자가 AI가 생성한 내용을 이해하고 편집, 재사용하기 용이하다는 것입니다. 다음 그림에서 보듯, 똑같이 프로그램 코드를 생성하더라도 별도 창에 제시되어 한눈에 들어오게 되었습니다. 이를 통해 단순한 질의응답을 넘어 사용자의 작업을 바로 도와주는 보다 실용적인 AI 활용이 가능해졌습니다.

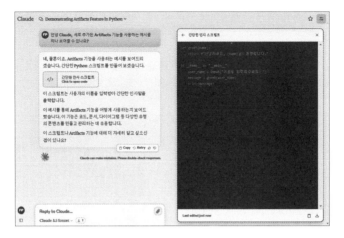

Claude AI Artifacts 콘텐츠 생성 모습

Artifacts 기능은 누구나 AI와 협업하여 창의적인 결과 물을 만들어낼 수 있게 해줍니다. 어떤 콘텐츠를 생성 및 활용할 수 있을지 함께 살펴볼까요? (콘텐츠의 컬러 버전과 더 다양한 예시는 필자 블로그에서 볼 수 있습니다. 우측 QR코 드를 확인하세요.)

Artifacts 의 모든 것: 개발자가 아니 어도 AI와 창의적 협업을!

○ 프로그램 코드: 파이썬, 자바, C++ 등 다양한 언어의 코드를 목적에 맞게 생성 하고 설명합니다.

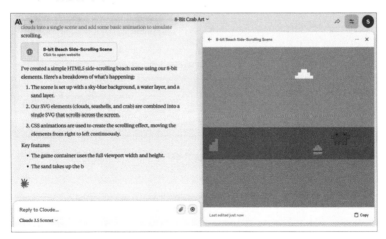

○ **인포그래픽**: 복잡한 개념이나 프로세스를 이해하기 쉬운 인포그래픽으로 제작
합니다.

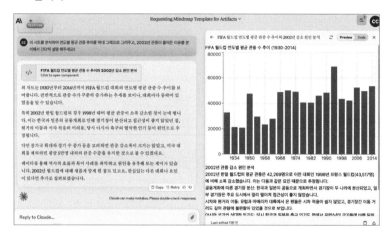

○ **다이어그램**: 플로우차트, 마인드맵, UML 등 다양한 다이어그램을 작성하여 정
보나 개념의 구조를 명확히 표현합니다.

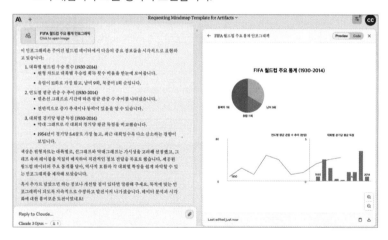

○ **게임**: 자연어 명령 몇 마디만으로(예: 1. 간단한 테트리스 게임을 만들어주세요, 2. 스
페이스 키를 클릭하면 블록이 빠르게 떨어지도록 수정해 주세요, 3. 블록을 다 다른 색으
로 바꿔주세요.) 원하는 게임을 만들어 플레이해 볼 수 있습니다. 게임은 React 컴
포넌트 기반(3.5 Sonnet 기준)으로 코딩됩니다.

생성형 AI, 전문가처럼 활용하기

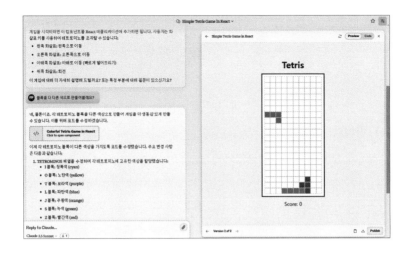

○ 그 외: 웹이나 앱 UI/UX 디자인의 초기 컨셉을 목업으로 제작하여 아이디어를 구체화하는 '디자인 목업', 자바스크립트를 활용해 조작 가능한 '인터랙티브 프레젠테이션'을 만들 수 있습니다.

Artifacts 기능은 다양한 직군에 유용합니다. 가령 전문 프로그래머라면 복잡한 알고리즘이나 시스템 구조를 시각화하고, 재사용 가능한 코드 템플릿과 문서를 빠르게 생성할 수 있습니다. 초보 프로그래머는 대화형 튜토리얼로 기본 개념을 익히고, Claude AI와 함께 디버깅하며 실력을 향상시킬 수 있습니다. 또한 비개발자도 전문 용어를 쉽게 풀어주는 설명 자료, 비즈니스 데이터 분석 차트와 그래프, 아이디어를 구체화한 마인드맵이나 디자인 목업 등을 만들 수 있습니다.

이처럼 Claude AI의 Artifacts는 개발자부터 비개발자까지 누구나 AI와 협업하여 창의적인 결과물을 만들어낼 수 있는 획기적인 도구입니다. 이제 여러분의 아이디어를 더 자유롭고 효과적으로 표현할 수 있게 되었지요. 개발 지식 없이도, 다양한 분야에서 AI와 협업하며 이전에는 엄두도 못 냈던 결과물을 만들어볼 수 있습니다.

Artifacts 설정하기

Claude AI에서 Artifacts를 사용하려면 우선 활성화를 해야 합니다. 간단히 할 수 있습니다.

1. 화면 좌측 하단 ID 버튼을 눌러 메뉴를 열고 [Feature Preview]를 클릭합니다.

2. Artifacts를 'On'으로 활성화합니다.

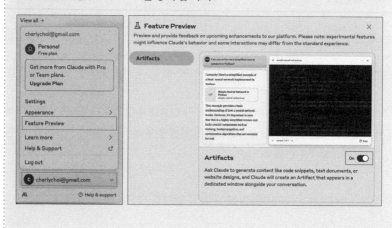

Artifacts와 함께하는 데이터 분석 및 시각화

데이터를 다룰 때 Artifacts를 활용하면 누구나 전문가 수준의 데이터 분석과 시각화를 수행할 수 있습니다. 방대한 데이터를 다룰 수 있는 기술 역량이나 복잡한 코딩 이해도가 필요 없습니다. 데이터 분석 전문가와 대화하듯 자연어로 분석 요건을 설명하기만 하면 됩니다. Artifacts가 사용자의 요구사항을 정확히 이해하고 최적의 분석 방법론을 적용하여 결과를 도출해 주기 때문입니다.

이는 데이터 기반 의사결정을 위한 인사이트 발굴 과정을 크게 간소화하고 가속화해 줍니다. 이제 누구나 데이터가 품고 있는 숨은 인사이트를 손

쉽게 꺼내들 수 있게 된 것입니다. 경영진, 중간관리자, 실무자 할 것 없이 모두가 데이터 분석가가 되어 제각기 원하는 관점에서 데이터를 탐색하고 해석할 수 있습니다.

이렇듯 Artifacts는 자연어 인터페이스를 통해 데이터 분석과 시각화를 지시하고 그 결과를 즉시 피드백 받을 수 있게 함으로써, 분석 작업의 생산성과 효율을 획기적으로 제고하고 있습니다. 그럼 실질적으로 Claude AI를 이용해 데이터 분석 및 시각화를 수행하고, 인사이트를 얻는 과정을 가상의 시나리오를 통해 함께 살펴보겠습니다.

시나리오 - 판매 데이터 분석을 통한 마케팅 및 생산 계획 최적화

전자제품을 제조해 판매하는 A사의 마케팅팀은 이 달 출시한 신제품 2종의 초기 판매 실적을 분석하고, 마케팅 및 생산 계획을 최적화하기로 했습니다. 김철수 과장은 영업팀으로부터 다음과 같은 판매 데이터를 전달받았습니다.

날짜	제품명	국가	판매량 (개)	비고
2024-06-01	OLED 디스플레이	한국	8,500	
2024-06-01	OLED 디스플레이	미국	12,500	
2024-06-01	카메라 모듈	중국	28,000	
2024-06-01	카메라 모듈	일본	5,600	
2024-06-02	OLED 디스플레이	한국	8,800	
2024-06-02	OLED 디스플레이	미국	12,000	
2024-06-03	카메라 모듈	중국	27,500	
2024-06-03	카메라 모듈	일본	5,300	
2024-06-04	OLED 디스플레이	한국	9,200	
2024-06-04	OLED 디스플레이	미국	11,800	

날짜	제품	국가	판매량	비고
2024-06-05	카메라 모듈	중국	26,000	
2024-06-05	카메라 모듈	일본	5,500	
2024-06-06	OLED 디스플레이	한국	9,500	
2024-06-06	OLED 디스플레이	미국	12,200	
2024-06-07	카메라 모듈	중국	28,500	
2024-06-07	카메라 모듈	일본	5,800	
2024-06-08	OLED 디스플레이	한국	8,700	주말 및 공휴일
2024-06-08	OLED 디스플레이	미국	11,500	주말 및 공휴일
2024-06-09	카메라 모듈	중국	27,000	주말 및 공휴일
2024-06-09	카메라 모듈	일본	5,200	주말 및 공휴일

2024년 6월 1일~6월 9일 국가별 제품 판매량 표

김 과장은 '2024년 6월 1일부터 6월 9일까지 국가별 제품별 판매량'을 정리한 시트를 CSV 파일로 저장 후 Claude AI에 업로드하고 다음과 같이 요청했습니다.

Claude AI, CSV 파일을 전체적으로 데이터 분석하고 통계 차트를 생성해 주세요.

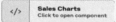

</> **Sales Charts**
Click to open component

CSV 데이터를 분석한 결과, 다음과 같은 인사이트를 도출할 수 있었습니다:

- OLED 디스플레이 제품은 한국과 미국에서만 판매되고 있음
- 카메라 모듈 제품은 중국과 일본에서만 판매되고 있음
- 중국에서의 카메라 모듈 판매량이 가장 높고, 일본에서의 판매량은 상대적으로 낮은 편임
- 주말에는 OLED와 카메라 모듈 모두 판매량이 감소하는 경향을 보임
- 기간 내 OLED 판매량은 한국에서 꾸준히 증가, 미국에서는 소폭 감소하는 추세
- 기간 내 카메라 모듈 판매량은 중국과 일본 모두에서 큰 변화 없이 일정한 수준 유지

여기서는 Recharts 라이브러리를 사용해 국가별/제품별로 날짜에 따른 판매량 추이를 막대그래프와 꺾은선그래프로 표현해 보았습니다. 주말에는 데이터가 0으로 처리되어 추이 파악에 일부 제한이 있지만, 전반적인 경향은 잘 나타나고 있습니다. 이 차트를 통해 한 눈에 각 제품의 판매 현황과 변화 추이를 쉽게 파악할 수 있을 것 같습니다. 다른 형태의 차트나 추가 분석이 필요하시면 말씀해 주세요!

Claude AI는 CSV 데이터를 분석해 차트를 작성한 뒤, 데이터 요점을 분석해 제시합니다. 답변 상단의 [</> Sales Charts] 버튼을 클릭하면, 대화창 우측에 Artifacts 창이 열리며 시각화된 그래프를 볼 수 있습니다(책에서는 배치상 따로 실었습니다).

또한 우측 상단의 [Preview/Code] 토글을 변경하면 Preview에 표현된 그래프를 구현하기 위한 React 컴포넌트 코드도 볼 수 있으며, 그대로 복사-붙여넣기하여 외부 프로그램에서도 사용 가능합니다.

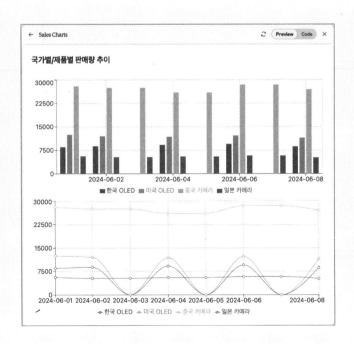

김철수 과장은 Claude AI가 분석한 결과와 차트를 두루 살펴보고 원본 데이터와 대조해 검증했습니다. 국가별 총 판매량 수치가 다르네요. 김 과장은 다시 정확한 수치를 알려주고, 국가별/제품별 판매량 데이터 분석을 재요청했습니다. 그래프 코드 역시 오류가 발생했기에 이 사실을 알리고 해결을 요청했습니다.

Claude AI, 국가별 총 판매량이 틀립니다. 미국은 60,000, 일본은 27,400, 중국은 137,000, 한국은 44,700입니다. 그리고 차트 코드에서 다음 오류도 발생했습니다:
[Error Running Code
An error occurred while trying to run the generated code.
Unexpected token (14:1)

그러자 Claude AI는 수정된 수치를 포함해 데이터를 재정리하고, 차트도 새로 그려주었습니다.

제가 실수를 했군요. 정말 죄송합니다. 제공해 주신 국가별 총 판매량을 반영하여 다시 수정하고, 코드 오류도 함께 해결해 보겠습니다.
수정된 분석 결과를 정리하면 다음과 같습니다:

1. 국가별 총 판매량 (수정)

- **중국:** 137,000개 (50.9%)
- **미국:** 60,000개 (22.3%)
- **한국:** 44,700개 (16.6%)
- **일본:** 27,400개 (10.2%)

2. 제품별 총 판매량 (변동 없음)

- **카메라 모듈:** 164,400개 (61%)
- **OLED 디스플레이:** 104,700개 (39%)

수정된 국가별 판매량을 보면, 중국이 여전히 가장 큰 비중을 차지하고 있지만 이

　　　　　　　　　生성형 AI, 전문가처럼 활용하기

전 분석에 비해 그 비율이 63.1%에서 50.9%로 낮아졌습니다. 반면 일본의 비중은 5.9%에서 10.2%로 상승했네요.

또 코드 오류의 원인은 제가 임의로 추가한 공백 때문이었습니다. 불필요한 공백을 제거하고 코드를 정리하니 이제 정상적으로 동작하네요.

이번 분석이 귀사의 의사결정에 도움이 되기를 바라며, 추가 요청이나 질문 사항이 있다면 언제든 말씀해 주세요. 다시 한번 사과의 말씀 드리며, 데이터 분석에 대한 깊은 통찰력을 얻는 계기가 되었습니다. 감사합니다!

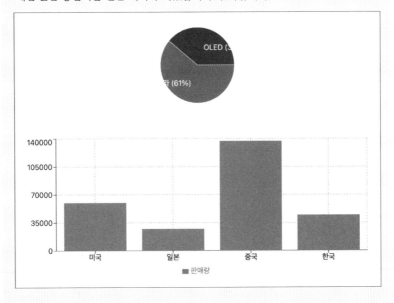

알림 이처럼 Claude AI가 처음 수행한 데이터 분석에는 오류가 발생할 수 있습니다. 특히, 종합 합산 수치(예: 카메라 모듈 총 판매량, OLED 디스플레이 총 판매량)에서 부정확한 결과를 내놓는 경우가 있습니다. 따라서 처음 분석 결과가 나왔을 때, 한번은 이 수치들을 검증해 보아야 합니다. 수치가 틀리면, Claude AI에게 결과가 틀렸다고 지적하세요. 그러면 그다음엔 정확한 결과를 내놓게 됩니다.

이제 김철수 과장은 정확한 결과와 차트를 얻었습니다. 이를 살펴본 후, 추가로 다음과 같이 질문했습니다.

Claude AI, 첫 달 제품별 국가별 일별 판매량 데이터를 바탕으로 시계열 패턴과 요일별 특성을 분석해 주세요. 구체적으로 일별 판매량 추세와 요일 간 판매량 차이를 확인하고 싶습니다.

네, 분석 결과를 요약하면 다음과 같습니다:

1. 일별 판매량 추세

- 주말(토,일)에는 모든 국가에서 OLED와 카메라 판매량이 꾸준히 발생
- 월, 수, 금요일에는 한국과 미국의 OLED 판매량이 0으로 기록됨
- 화, 목요일에는 모든 국가의 제품 판매가 활발한 편
- 중국 카메라는 요일에 관계없이 일정한 판매량 유지

2. 요일별 평균 판매량 (2일치 평균)

- OLED: 한국과 미국 모두 토요일의 판매량이 가장 높고, 월/수/금은 판매 없음
- 카메라: 중국은 모든 요일에 걸쳐 높은 판매량 기록. 일본은 금요일이 가장 많이 팔림
- 전반적으로 한국, 미국의 OLED는 주말 위주 판매, 중국 카메라는 요일 구분 없는 꾸준한 판매 특징

이러한 요일별 판매 패턴은 각 국가의 제품 사용 문화나 유통 관행의 차이에서 기인한 것으로 보입니다. 한국과 미국의 OLED는 개인용 소비재 성격이 강해 주말 판매량이 높은 반면, 중국 카메라는 산업용 또는 보안 수요가 꾸준한 것으로 추정됩니다.

다만 8일간의 데이터만으로 장기적인 추세를 판단하기는 어려우므로, 향후 더 많은 데이터가 축적되면 추가 분석을 통해 보다 정확한 판매 패턴을 파악할 수 있을 것입니다.

시계열 그래프와 요일별 평균 막대그래프를 통해, 제품/국가별로 뚜렷이 구분되는 일별, 요일별 판매 특성을 한 눈에 확인할 수 있습니다. 이를 토대로 각 시장에 맞는 재고 관리, 마케팅 전략 등을 수립하는 데 참고할 수 있겠네요.

이번 분석이 일별, 요일별 판매량 파악에 도움이 되길 바라며, 추가로 궁금하신 점이 있다면 말씀해 주세요!

생성형 AI, 전문가처럼 활용하기

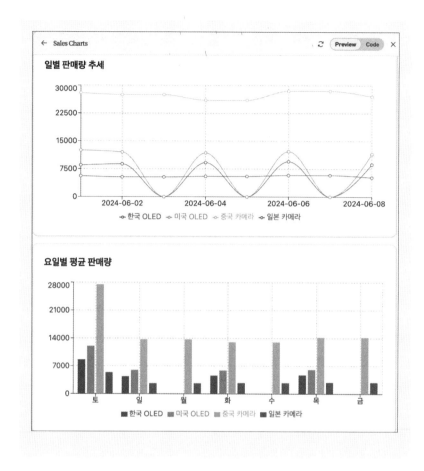

이 사례에서 보았듯 Artifacts를 활용한 데이터 분석과 시각화는 기업 의사결정의 민첩성과 정확성 제고에 크게 기여할 수 있습니다. 이제 분석 전문가가 아니더라도 몇 번의 클릭과 간단한 자연어 명령만으로 방대한 데이터를 자유자재로 탐색하고 숨겨진 통찰을 발굴해낼 수 있게 되었습니다. 누구나 데이터 분석가가 되어 현장의 생생한 인사이트를 경영진의 의사결정 테이블에 직접 올려놓을 수 있습니다.

앞으로 Artifacts와 같은 혁신적 분석 도구의 등장으로 조직 내 데이터 민주화가 더욱 가속화될 것으로 전망됩니다. 모든 구성원이 데이터 리터러시를 갖추고 부서와 직군을 넘나드는 협업적 분석이 일상화되는 시대가 도래

할 것입니다. 분석 전문가들은 더 이상 단순 리포팅에 매몰되지 않고 전략적 의사결정 지원에 주력하는 인사이트 파트너로 거듭나게 될 것입니다. Artifacts가 가져올 이러한 변화의 물결에 적극적으로 동참하여 데이터 주도 경영의 진정한 가치를 실현하시기 바랍니다.

데이터 기반 의사결정 지원

데이터 분석의 궁극적인 목적은 의사결정에 실질적인 도움을 주는 것입니다. 아무리 정교한 분석 기법을 동원해 인사이트를 도출했다 하더라도, 그것이 실행 가능한 액션으로 연결되지 않는다면 무용지물이 될 수 있습니다. 복잡하고 불확실성이 높은 경영 환경 속에서, 데이터에 기반한 신속하고 정확한 의사결정 역량이 그 어느 때보다 중요해졌습니다.

그러나 C레벨을 비롯한 의사결정권자들이 방대한 데이터를 직접 분석하는 것은 현실적으로 어렵습니다. 분석 결과를 해석하고 비즈니스 맥락에 맞게 적용하는 것 또한 전문성을 요하는 작업입니다. 무엇보다 단편적인 데이터 인사이트를 종합하여 전사 차원의 최적 의사결정을 내리기까지는 수많은 논의와 소통이 필요합니다.

앞서 7.1에서 살펴본 바와 같이, Artifacts를 활용하면 자연어 명령만으로도 복잡한 데이터를 분석하고 시각화할 수 있습니다. 프로그래밍 코드부터 인터랙티브 차트, 인포그래픽까지 다양한 결과물을 생성해내는 Artifacts는 누구나 전문가 수준의 데이터 분석을 수행하도록 도와줍니다.

이제 Artifacts를 통해 도출된 데이터 인사이트를 어떻게 전략 수립과 의사결정에 활용할 수 있을지 좀 더 자세히 알아보겠습니다.

국가별 매출 촉진 전략 모색

이전 가상 시나리오에서 Artifacts를 활용해 각 국가와 제품별 판매 현황을 다각도로 분석해 보았습니다. 중국에서의 카메라 모듈 판매 호조, 한국과 미국의 OLED 디스플레이 선전, 일본 시장에서의 부진 등 시장별 특성과 제품별 경쟁력 차이를 생생하게 포착할 수 있었죠.

김철수 과장은 이런 분석 결과를 토대로 각 국가별 매출 증대 전략을 구상해 보기로 합니다. Claude AI의 도움을 받으면 좋겠다고 여긴 그는 다음과 같이 요청합니다.

> **Claude AI, 앞서 분석한 국가별, 제품별 판매 실적을 바탕으로, 각 시장에서의 매출 증대를 위한 최적의 전략 방향성을 제안해 주세요. 제품 포트폴리오 최적화, 유통 채널 전략, 현지 마케팅 방안 등을 종합적으로 고려하여 국가별 특성에 맞는 실행 과제를 구체적으로 제시해 주시면 좋겠습니다.**

네, 앞서 분석한 국가별, 제품별 판매 실적과 시계열 패턴을 바탕으로 각 시장에 적합한 매출 증대 전략을 제안해 드리겠습니다.

<제안 사항>

1. 중국 시장 (카메라 모듈 중심)

- 제품 포트폴리오: 산업용/보안용 고사양 카메라 라인업 확대. 가성비 제품 병행
- 유통 채널: B2B 직판 강화, 현지 대리점 육성, 온라인 플랫폼(티몰, 타오바오 등) 입점
- 마케팅: 전시회/세미나 참가, 바이어 네트워킹, 온라인 검색 광고, KOL 활용 SNS 마케팅
- 실행 과제:
  - 중국 시장 트렌드에 맞는 신제품 기획 (AI, 빅데이터, 자동화 등 접목)
  - 현지 네트워크 강화 (대리점, SI, 협회 등)

- 디지털 마케팅 역량 내재화 (Baidu SEO/SEM 등)

2. 미국 시장 (OLED 디스플레이 중심)

- 제품 포트폴리오: 프리미엄 중심 → 보급형 라인 확대. 폼팩터 다양화 (웨어러블, 자동차 등)

- 유통 채널: 대형 유통사 입점 강화 (BestBuy, Amazon 등), D2C 채널 개발

- 마케팅: CES 등 전시회 참가, 유명 Tech매체 리뷰 용품, 인플루언서 마케팅 강화

- 실행 과제:

  - OLED 디스플레이 적용 신제품 적극 발굴 (스마트폰, 태블릿, 노트북 등)

  - 북미향 브랜드 인지도 제고 캠페인

  - 유통사/디바이스 메이커와의 전략적 제휴 확대

3. 한국 시장 (OLED 디스플레이 중심)

- 제품 포트폴리오: 기술력 기반 하이엔드 시장 선점. 신규 Application 발굴

- 유통 채널: 주요 디바이스 메이커 공급선 지위 강화, 대형 종합가전사 입점

- 마케팅: 첨단 기술력 노출 (디스플레이 산업전 등), B2B 콘퍼런스 개최, 공동 프로모션

- 실행 과제:

  - 고객사 요구 기반 커스터마이징 역량 강화

  - 신기술 리더십 홍보 (폴더블, 롤러블, 투명 디스플레이 등)

  - 산학연 협력 통한 선행 기술 확보 노력

4. 일본 시장 (카메라 모듈 중심)

- 제품 포트폴리오: 소형 고화질 중심, 산업용(의료, 로봇, 자동차 등) 특화 제품 개발

- 유통 채널: 대리점/특약점 중심 관리, 니치 시장(취미용, 산업용 등) 파트너십

- 마케팅: 일본 로컬 전시회 참가, 업계지 광고, 기술력 중심 PR (정밀도, 신뢰성 등)

- 실행 과제:

  - 고객 요구사항 파악 위한 시장 조사 강화

  - 일본 현지 제조사와의 협업 프로젝트 모색

  - 일본 특유의 비즈니스 관행 교육 (혼네/타테마에 등)

이상으로 국가별 특성에 기반한 매출 증대 전략을 제안드렸습니다. 각 과제별 세

부 실행 계획을 수립하고 KPI를 설정하여 체계적으로 관리해 나간다면 궁극적으로 글로버 사업 경쟁력을 제고할 수 있을 것으로 기대합니다.

각 국가팀과 유관부서가 긴밀히 협업하여 전략을 구체화하고 실행해 나가는 것이 중요하겠네요. 사업 환경 변화에 맞춰 적절히 전략을 수정 보완해 가며, 장기적 관점에서 세계화를 추구해 나가시길 응원하겠습니다!

Claude AI는 각 국가별로 데이터 분석 결과에서 도출된 시사점을 바탕으로, 매우 구체적이고 실행력 있는 전략 방향성을 제시해 주었습니다. 단순히 인사이트를 나열하는 데 그치지 않고, 각 시장의 특성에 맞는 실질적 솔루션을 제안한 점이 돋보입니다.

특히 강점 시장인 중국과 한국에서는 시장 지위를 공고히 하면서 신규 기회를 찾아 나설 수 있는 전략을, 개선이 필요한 미국과 일본에서는 근본적 체질 개선과 현지화에 무게를 둔 제언을 해주었네요.

김철수 과장은 이 분석이 타당하다고 판단하고, 더 나아가 Artifacts를 이용하여 전략을 한눈에 볼 수 있도록 국가별 시장 전략 분석 결과를 한 페이지의 표로 작성하기로 했습니다.

> **중국, 미국, 한국, 일본 시장에 대해 제품 포트폴리오, 유통 채널, 마케팅, 실행 과제 측면에서 전략을 표 형식으로 비교 분석해 주세요.**

이 표는 중국, 미국, 한국, 일본 4개 국가 시장에 대해 제품 포트폴리오, 유통 채널, 마케팅, 실행 과제 측면에서 주요 전략을 비교 분석한 것입니다.

각 시장의 특성과 집중 제품군(카메라 모듈, OLED 디스플레이)에 맞춰 차별화된 포트폴리오 전략을 제시했고, 유통 채널은 국가별 강점을 고려하여 B2B 직판, 대형 유통사 입점, 디바이스 메이커 공급, 대리점/특약점 운영 등으로 구분했습니다.

마케팅은 전시회 참여, 바이어/인플루언서 활용, 기술력 홍보 등의 공통 활동과 함께 각 시장 특성에 최적화된 방안을 포함했습니다.

실행 과제로는 신제품/신기술 발굴, 현지 네트워크 강화, 브랜드 인지도 제고 등을 국가별 상황에 맞게 제안했습니다.

이렇게 표 형식으로 정리하면 국가별, 영역별 전략의 차이와 공통점을 한 눈에 파악할 수 있어 전략 수립과 커뮤니케이션에 효과적일 것으로 보입니다. 구체적인 내용은 추가 보완하여 활용 가능할 것 같습니다.

	중국 시장 (카메라 모듈 중심)	미국 시장 (OLED 디스플레이 중심)	한국 시장 (OLED 디스플레이 중심)	일본 시장 (카메라 모듈 중심)
제품 포트폴리오	- 산업용/보안용 고사양 라인업 확대 - 가성비 제품 병행 출시	- 보급형 라인 확대, 품팩터 다양화	- 기술력 기반 하이엔드 시장 선점 - 신규 Application 발굴	- 소형 고화질 중심, 산업용 특화 제품 개발
유통 채널	- B2B 직판 강화 - 현지 대리점 육성 - 온라인 플랫폼 입점 (티몰, 타오바오 등)	- 대형 유통사 입점 강화 (베스트바이 등) - D2C 채널 개발	- 주요 디바이스 메이커 공급선 지위 강화 - 대형 종합가전사 입점	- 대리점/특약점 중심 관리 - 니치시장(취미용, 산업용) 파트너십
마케팅	- 전시회/세미나 참가 - 바이어 네트워킹 - 검색광고, SNS KOL 마케팅	- CES 등 전시 참가, 리뷰 샘플 제공 - 인플루언서 마케팅 강화	- 첨단 기술력 노출 (디스플레이 산업전 등) - B2B 콘퍼런스 개최, 공동 프로모션	- 일본 로컬 전시회 참가, 업계지 광고, 기술 PR
실행 과제	- 현지 트렌드 반영 신제품 기획 (AI, 빅데이터 등) - 현지 네트워크 강화 (대리점, SI업체 등) - 디지털 마케팅 역량 내재화 (바이두 SEO/SEM 등)	- OLED 적용 신규 Application 적극 발굴 - 북미향 브랜드 인지도 제고 캠페인 - 유통사/디바이스 메이커와 제휴 확대	- 고객사 요구 기반 커스터마이징 역량 강화 - 신기술 리더십 홍보 (폴더블, 롤러블 등) - 산학연 협력 통한 선행 기술 확보	- 고객 니즈 파악 위한 시장조사 강화 - 일본 현지 제조사와의 협업 프로젝트 모색 - 일본 특유의 비즈니스 관행 교육 (혼네/타테마에)

이처럼 Claude AI의 Artifacts 기능은 데이터 분석에 그치지 않고, 그 결과를 업무에 바로 활용할 수 있는 형태의 전략적 제언으로까지 한 단계 업그레이드해 줍니다. 경영진은 Claude AI와의 대화를 통해 의사결정에 필요한 충분한 근거와 실행 아이디어를 얻게 되었습니다.

사례에서 보았듯 앞으로 Artifacts의 고도화가 진전될수록 기업의 데이터 기반 의사결정 역량도 한층 업그레이드될 것으로 기대됩니다. 경영 현장의 숱한 난제들을 해결하는 혁신적 돌파구로서 Artifacts의 역할이 더욱 주목받게 될 것입니다.

Artifacts의 잠재력을 십분 활용하기 위해서는 조직 내 데이터 활용 문화를 활성화하는 것도 중요합니다. 단순히 분석 도구를 도입하는 데 그칠 것

생성형 AI, 전문가처럼 활용하기

이 아니라, 구성원들이 일상적으로 데이터에 기반해 문제를 인식하고 해법을 모색하는 분위기를 조성해야 할 것입니다.

아울러 Artifacts를 통해 도출된 인사이트와 제언이 실제 의사결정과 실행으로 이어지는 선순환 고리를 구축하는 것도 긴요합니다. 데이터 분석 결과에 귀 기울이고 적극 활용하려는 경영진의 의지와 리더십이 뒷받침되어야, Artifacts가 명실상부한 전략 파트너로 자리매김할 수 있을 것입니다.

이제 여러분도 Claude AI의 Artifacts와 함께 데이터 기반 경영의 첨병에 도전해 보시기 바랍니다. 데이터 속에 감춰진 혜안을 발견하는 희열, 숫자를 넘어 성과로 연결하는 전략적 사고의 즐거움을 만끽할 수 있을 것입니다. 미래 비즈니스의 승패는 바로 이 지점에서 갈릴 것이니까요.

아무쪼록 7장이 여러분의 조직에서 데이터 기반 의사결정 문화를 확산하고 Artifacts의 전략적 활용 방안을 모색하는 데 유용한 참고가 되었기를 바랍니다. 데이터 분석과 인사이트 실행의 선순환을 통해 지속적인 성장과 혁신의 동력을 만들어 가시길 응원하겠습니다!

마치며

이 책에서는 생성형 AI의 기본 개념과 특성을 살펴보고, 그중 Claude AI를 잘 활용하는 데 필요한 여러 방법을 소개했습니다. 프롬프트 엔지니어링 기법을 이용해 AI와의 대화를 더 원활하게 하고, 원하는 결과를 쉽게 얻을 수 있는 방법을 알아보았습니다. 이 방법들은 ChatGPT, Gemini 등 다른 생성형 AI에서도 유용하게 쓸 수 있습니다. 또, 일상적인 글쓰기부터 비즈니스 문서 작성, 법률, 학술, 데이터 분석에 이르기까지 Claude AI를 활용해 창의적이면서도 효율적인 글쓰기를 실천하는 다양한 방법을 탐구했습니다.

Claude AI는 단순히 글을 생성하는 것을 넘어, 방대한 지식과 뛰어난 언어 능력을 바탕으로 아이디어를 제시하고, 데이터를 분석하며, 전문적인 글쓰기까지 지원하는 믿음직한 파트너입니다. 블로그 게시글, SNS 콘텐츠, 에세이 및 독후감 작성과 같은 일상적인 글쓰기는 물론, 이메일, 보고서, 제안서, 프레젠테이션 자료 등 업무 문서 작성에도 Claude AI를 활용하여 효율과 완성도를 높일 수 있습니다. 법률, 연구, 금융, HR, 글로벌 비즈니스 등 전문 분야에서도 Claude AI는 혁신적인 변화를 이끌어내는 핵심 도구로 활용될 수 있음을 확인했습니다.

특히 최근에 새롭게 추가된 Artifacts 기능은 Claude AI의 활용 범위를 더욱 넓혀주었습니다. 이제 개발자는 물론 비개발자도 Claude AI와의 대화를 통해 코드, 데이터 시각화, 디자인 목업 등 다양한 형태의 결과물을 얻을 수 있습니다. 이는 AI와 인간의 협업 가능성을 더욱 확장시키는 혁신적인 변화입니다.

앤트로픽은 최근 연구[29]를 통해 대형 언어 모델인 Claude AI가 인간에 버금가는 글쓰기 설득력을 가질 수 있다는 흥미로운 결과를 발표했습니다. 이는 Claude AI가 단순히 글쓰기 도구를 넘어, 독자의 인식과 결정에 중요한 영향을 미칠 수 있는 강력한 수단이 될 수 있음을 보여줍니다. 이런 설득력은 마케팅, 광고, 정책 홍보 등 다양한 분야에서 유용하게 사용될 수 있습니다.

하지만 동시에, 앞서 여러 차례 언급했듯 Claude AI 같은 생성형 AI 기술이 모든 것을 할 수 있는 것은 아닙니다. AI는 궁극적으로 인간의 보조 도구로, 인간의 감수성과 창의력을 완전히 대체할 수는 없습니다. 생성형 AI의 한계를 이해하고 인간의 중요한 역할을 고려하면서 사용해야 합니다. Claude AI의 제안을 비판적으로 검토하고, 자신의 생각과 경험을 녹여내는 과정을 통해 비로소 완성도 높은 결과물을 만들어낼 수 있습니다. 최고의 결과는 생성형 AI와 인간이 함께 협력해야 비로소 가능합니다.

또한, 생성형 AI의 기술 발전이 가져올 윤리 문제도 중대한 사항입니다. 연구에 따르면, 생성형 AI가 설득력 있는 허위정보나 선동을 확산하는 데 사용될 수 있는 위험이 있습니다. 따라서 생성형 AI를 개발하고 사용하는 과정에서 윤리적 가치를 중요시하고, 이 기술이 사회 규범을 해치지 않도록 주의 깊게 점검하고 경계할 필요가 있습니다. AI 기술의 발전이 가져올 윤리 문제에 대한 깊이 있는 고민과 책임감 있는 활용을 결코 잊지 말아야 할 것입니다.

이런 한계에도 불구하고, Claude AI의 잠재력은 매우 큽니다. 발전된 자연어 처리 능력과 풍부한 지식, 문맥 이해력을 바탕으로 다양한 글쓰기 및 비즈니스 활동에 가치 있는 지원을 정확하게 제공할 수 있습니다. Claude AI의 이점을 적극 활용하면서도 그 한계에 늘 유의한다면, 함께 하는 매일 매일이 더 커진 효율과 성과 그리고 창의력으로 빛날 것입니다.

이 책을 통해 여러분이 Claude AI의 가능성을 발견하고, 생성형 AI 활용의 새로운 길을 열어갈 유용한 통찰을 얻었기를 바랍니다. Claude AI를 글쓰기와 업무에 적용할 때는, 균형 잡힌 시각을 가지고 생산성과 혁신의 기회를 받아들이되 잠재적인 문제와 윤리적 문제에도 적극적으로 대응해야 합니다. 끊임없이 배우고 탐구하는 자세로 Claude AI를 활용한다면, 글쓰기와 업무 방식에 혁신을 가져오고 새로운 가치를 창출할 수 있을 것입니다.

추신 이 책의 원고는 Claude 3 Opus 및 Claude 3.5 Sonnet와의 협업을 통해 저술되었습니다.

참고문헌 및 출처

1장

1 한국정보통신기술협회. 인공 신경망. 정보통신용어사전에서. (http://word.tta.or.kr/dictionary/dictionaryView.do?word_seq=036168-10)

2 한국정보통신기술협회. 심층 신경망. 정보통신용어사전에서. (http://word.tta.or.kr/dictionary/dictionaryView.do?word_seq=138909-7)

3 LeCun, Y., Bengio, Y. & Hinton, G. Deep learning. Nature 521, 436-444 (2015). https://doi.org/10.1038/nature14539

4 IBM. "비지도 학습이란?" (https://www.ibm.com/kr-ko/topics/unsupervised-learning)

5 두피디아. 오토인코더[Autoencoder]. 두산백과에서. (https://www.doopedia.co.kr/doopedia/master/master.do?method=view&MAS_IDX=240117001837978); 한국정보통신기술협회. 생성적 대립 신경망. 정보통신용어사전에서. (http://word.tta.or.kr/dictionary/dictionaryView.do?word_seq=171386-4)

6 Ashish Vaswani, Noam Shazeer, Niki Parmar, Jakob Uszkoreit, Llion Jones, Aidan N. Gomez, Lukasz Kaiser, Illia Polosukhin. Attention is all you need. *arXiv preprint arXiv:1706.03762*, 2017.

7 Alec Radford, Jeffrey Wu, Rewon Child, David Luan, Dario Amodei, Ilya Sutskever. Language Models are Unsupervised Multitask Learners. 2019. https://d4mucfpksywv.cloudfront.net/better-language-models/language-models.pdf

8 Alec Radford, Karthik Narasimhan, Tim Salimans, Ilya Sutskever. Improving Language Understanding by Generative Pre-Training. OpenAI. 2018. (https://openai.com/index/language-unsupervised)

9 Tom B. Brown, et al. Language Models are Few-Shot Learners. *arXiv preprint arXiv:2005.14165v4*, 2020.

10 OpenAI. GPT-3.5 Turbo. OpenAI Platform. (https://platform.openai.com/docs/models/gpt-3-5-turbo)

11 Josh Achiam, et al. GPT-4 Technical Report. *arXiv preprint arXiv:2303.08774*, 2023.

12 김지선. "[스페셜리포트] '챗GPT' 열풍, AI 시장 뒤흔든다" 전자신문. 2023.01.30. (https://www.etnews.com/20230130000092)

13 오규진. "챗GPT 파급효과 어디까지?…정부, AI 전략 '고심'" 연합뉴스. 2022.12.28. (https://www.yna.co.kr/view/AKR20221227133500017)

14 박형수, "대규모 언어모델 발달…GPT-4 파급력 상당할 것" 아시아경제. 2023.01.24. (https://www.asiae.co.kr/article/2023012409351136272)

15 OpenAI. ChatGPT: Optimizing Language Models for Dialogue. (https://chatgpt.r4wand.eu.org)

16 GitHub Copilot. (https://github.com/features/copilot)

17 Sundar Pichai, Demis Hassabis. Introducing Gemini: our largest and most capable AI model. 2023.12.06. (https://blog.google/technology/ai/google-gemini-ai/#sundar-note)

18 Anthropic. Introducing Claude. 2023.03.14. (https://www.anthropic.com/news/introducing-claude)

19 전효진. "[AWS 서밋 2024] 다리오 아모데이 앤트로픽 CEO "'헌법적인 AI'로 오픈AI와 차별화…공공 부문 공략" 조선비즈. 2024.06.27. (https://biz.chosun.com/it-science/ict/2024/06/27/YYVINOKUSREMTIGG7HKE6CK4LY/?utm_source=naver&utm_medium=original&utm_campaign=biz)

20 Sandipan Kundu, et al. Specific versus General Principles for Constitutional AI. *arXiv preprint arXiv:2310.13798*, 2023.

21 Anthropic. Introducing the next generation of Claude AI. 2024.03.04. (https://www.anthropic.com/news/claude-3-family)

22 Mark Chen, el al. Evaluating Large Language Models Trained on Code. *arXiv preprint arXiv:2107.03374*, 2023.

23 Maxwell Zeff. Anthropic Says New Claude 3.5 AI Model Outperforms GPT-4 Omni. Gizmodo. 2024.06.20. (https://gizmodo.com/anthropic-claude-ai-outperforms-openai-gpt-omni-1851550441)

24 삼프로TV. "요즘 AI는 에이스 동기랑 같다고 생각하면 돼요" 2024.3.30. (https://www.youtube.com/watch?v=wodVQcXXZSc&t=2482s); 손에잡히는경제. "인류 절반 보다 똑똑한 AI가 나왔다?" 2024.3.24. (https://www.youtube.com/watch?v=OQvIouwdVIE&t=10s)

25 Esin Durmus, Liane Lovitt, Alex Tamkin, Stuart Ritchie, Jack Clark, Deep Ganguli. Measuring the Persuasiveness of Language Models. 2024.04.09. (https://www.anthropic.com/news/measuring-model-persuasiveness)

26 Anthropic. Claude 3.5 Sonnet . 2024.06.21. (https://www.anthropic.com/news/claude-3-5-sonnet)

3장

27 생성형AI/프롬프트 엔지니어링/Claude AI/Amazon KDP/Google Workspace. (https.//charlychoi.blogspot.com)

28 Sandipan Kundu, et al. Specific versus General Principles for Constitutional AI. *arXiv preprint arXiv:2310.13798*, 2023.

마치며

29 Esin Durmus, Liane Lovitt, Alex Tamkin, Stuart Ritchie, Jack Clark, Deep Ganguli. *op.cit.*